2024 개정판

KB084094

지식재산 능력시험 예상문제집

박문각 IPAT연구소 편저

INTELLECTUAL

PROPERTY

ABILITY

TEST

I P A T

www.ipat.or.kr

국가
공인
자격

박문각

지식재산능력시험 길잡이

1 국가공인 민간자격 「지식재산능력시험」이란?

- 4차 산업혁명 시대 도래와 미래 무한 경쟁 시대에 반드시 갖추어야 할 특허 등 지식재산 활용 능력을 검증하는 지식재산 분야 국가공인 민간자격 시험
- 지식재산의 가치 증대로 지식재산 경영이 기업 경영의 핵심 전략으로 부상
- 지식재산능력을 지닌 융합형 지식재산 인력의 수급 절실
- 고등학교 학교생활기록부 자격취득사항 기재 가능
- 학점은행제 자격학점 인정

세계는 자원을 투입하여 제품을 생산하는 하드파워 시대에서 상상과 아이디어로 혁신을 이끌어 내는 소프트파워 시대로 전환되고 있으며, 혁신적 아이디어 등 소프트파워는 4차 산업혁명 시대의 경쟁력의 원천이 되고 있습니다. 빅데이터, 인공지능, 로봇공학, 사물인터넷 등 디지털 기술로 촉발되는 초연결 기반의 제4차 산업혁명 시대에는 '창의적 아이디어로 새로운 제품과 서비스를 개발하고, 이를 지식재산화하여 시장을 선점할 수 있느냐'가 성패를 좌우합니다.

지식재산의 중요성이 높아짐에 따라 기업의 지식재산 전략 역시 기업 경영에서 중요한 요소로 인식되고 있으며, 특허권을 비롯한 무형자산이 기업 이윤 창출의 주요 원천으로 부각되고 있습니다. 지식재산 파급 효과가 커짐에 따라 글로벌 기업들은 지식재산의 관리 차원을 넘어서, IP를 기반으로 하는 R&D 수행, 원천특허 확보, 기술 사업화 및 특허 보호를 통하여 특허를 활용하는 지식재산 경영을 기업 경영의 핵심 전략으로 추진하고 있습니다. 지식재산의 중요성 증대로 인하여 기업은 기술이나 경영, 디자인 등의 분야와 융합할 수 있는 지식재산 지식과 실무능력을 보유한 '융합형 지식재산 인재'를 절실히 필요로 하고 있습니다.

한국발명진흥회는 기업 등 산업계에서 요구하는 지식재산 인재를 발굴하고, 지식재산 직무와 실무 수행에 필요한 역량을 측정하기 위하여 지식재산능력시험(IPAT: Intellectual Property Ability Test)을 시행하고 있습니다. 지식재산능력시험은 대기업, 중소기업 및 공공기관 등 다양한 기관에서 직무교육, 승진시험, 인사자료뿐만 아니라 고등학교, 대학 등 교육기관에서의 평가도구로써 적극 활용되고 있으며, 응시 인원은 매년 꾸준히 증가하고 있습니다.

지식재산능력시험은 2018년 1월부터 국가공인자격을 취득하였으며, 2023년 1월 국가공인자격의 재인증 취득으로 시험의 활용도를 넓히고 있습니다. 2018학년도부터 고등학교 학교생활기록부 자격취득사항에 기재가 가능하고, 2020년에는 학점은행제 자격학점을 인정받아서 급수에 따라(1급(25학점), 2급(20학점), 3급(14학점), 4급(8학점)) 학점 취득이 가능합니다.

2 자격정보

1. 한국을 대표하는 지식재산(Intellectual Property)능력 검정시험입니다. 특허·실용신안·상표·디자인·저작권 등 지식재산 전 분야에 관한 기본적이고 실무적인 능력을 검정하는 국가공인 민간자격 시험입니다.

2. 응시자의 계층이 매우 다양합니다. 지식재산능력시험은 고등학생, 대학생, 대학원생 등 학생뿐만 아니라 과학기술자, 연구자, 대학원생, 디자이너, 기업체 및 IP 기관 종사자 등 누구나 응시할 수 있습니다.

3. 특허청 산하의 공공기관인 한국발명진흥회가 주관합니다. 발명진흥법 제52조에 의거 설립된 특수법인으로서 발명진흥사업을 체계적·효율적으로 추진하고 발명가의 이익증진을 도모하며 국내 지식재산사업을 보호·육성하여 국가 경쟁력 강화에 이바지하고자 설립된 한국발명진흥회가 주관·시행하고 있습니다.

4. 합격과 불합격을 결정하는 시험이 아닌, 지식재산에 대한 이해도를 측정하는 시험입니다. 지식재산을 공부하는 학생, 기업의 지식재산 업무 종사자, 기술 분야 종사자 또는 연구자라면 기본적·실무적으로 알아야 하는 지식재산능력을 검정할 수 있습니다.

- **자격명** : 지식재산능력시험
- **자격종류**
    - 1~4급 : 국가공인 민간자격(제2022-1호)
    - 5~7급 : 등록민간자격(2014-0408호)
- **자격발급기관** : 한국발명진흥회
- **검정(응시)료** : 35,000원
    - ※ 단체할인 : 시험본부와 협의
- **환불규정**
    - 접수기간 : 100% 환불
    - 접수기간 이후 : 취소 및 환불 불가(단, 가족 경조사 등 불가피한 사유일 경우 환불 가능)
- **주관·시행기관**
    - 기관명 : 한국발명진흥회
    - 대표자 : 황철주
- **연락처** : 시험본부 02-3459-2777 / ipat@kipa.org
- **홈페이지** : www.ipat.or.kr
- **소재지** : 서울시 강남구 테헤란로 131 한국지식재산센터 17층

● 시험 점수 및 등급체계

등급	직무 내용
(공인) 1급 (900점 이상)	전문가 수준의 뛰어난 지식재산능력을 보유하고 있습니다. 지식재산에 대한 이해력 및 활용능력이 최고급 단계에 있으며, 지식재산 관련 지식과 역량을 뛰어나게 갖추고 있습니다. 지식재산 관련 지식과 이해력, 실무역량을 활용하여 다양한 영역과 전문분야의 지식재산 업무를 수행할 수 있는 능력을 갖추고 있습니다.
(공인) 2급 (800~899점)	준전문가 수준의 지식재산능력을 보유하고 있습니다. 지식재산에 대한 이해력 및 활용능력이 고급 단계에 있으며, 지식재산 역량이 전문가에 준하는 수준입니다. 지식재산 관련 지식과 능력을 활용하여 다양한 범위의 지식재산 업무를 원활하게 수행할 수 있는 능력을 갖추고 있습니다.
(공인) 3급 (700~799점)	우수한 수준의 지식재산능력을 보유하고 있습니다. 지식재산에 대한 이해력 및 활용능력을 우수하게 갖추고 있어, 보유한 지식재산 관련 지식과 실무역량을 지식재산 업무에 적용할 수 있습니다.
(공인) 4급 (600~699점)	보통 수준의 지식재산능력을 보유하고 있습니다. 지식재산에 대한 이해력 및 활용능력을 갖추고 있으며, 지식재산 전문가의 협력을 바탕으로 한정된 범위 내에서 지식재산 업무를 수행할 수 있습니다.
5급 (500~599점)	기본 수준의 지식재산능력을 보유하고 있습니다. 지식재산 관련 업무 수행에 있어서 지식재산 전문가의 협력과 의사소통을 바탕으로 기본적인 지식재산 업무를 수행할 능력을 갖추고 있습니다.
6급 (400~499점)	지식재산 분야에 입문하는 단계에 해당하는 수준의 지식재산능력을 보유하고 있습니다. 지식재산에 대한 관심을 가지고 있는 수준으로, 한정된 범위 내에서 지식재산 전문가와의 의사소통 및 단순한 지식재산 업무 수행이 가능합니다.
7급 (300~399점)	일반 상식 수준의 지식재산능력을 보유하고 있습니다. 지식재산과 관련한 용어와 개념을 알고 있습니다.
무급 (299점 이하)	지식재산 관련 지식의 이해 및 활용을 위한 노력이 필요합니다. 지식재산에 대한 이해와 지식 축적이 요구되며, 다양한 학습을 통하여 지식재산능력의 향상을 도모하여야 합니다.

● 주요 응시 대상
  – 지식재산 관련 업종 취업 희망자
  – 기업체 및 공기업, 공공기관, 정부기관 등 취업 희망자
  – 기업 소속 지식재산 전담 인력 또는 관련 업무 종사자
  – 기업 부설 연구소, 연구기관의 연구원
  – 지식재산에 관심 있는 대학생 및 대학원생
  – 지식재산에 관심 있는 중·고등학생 등

- 출제 분야

지식재산 제도 / 지식재산 창출 / 지식재산 보호 / 지식재산 활용의 4가지 시험 분야

분야	내용
지식재산 제도	• 지식재산 제도에 대한 기초적인 지식 및 동향 • 특허, 실용신안, 디자인, 상표, 저작권, 지식재산권 분쟁
지식재산 창출	• 지식재산을 창출하는 과정에서 필요한 지식 및 창출된 지식재산을 특허권으로 보호하기 위한 내용 • 지식재산 경영, 지식재산 발굴, 특허정보 조사, 특허정보 분석
지식재산 보호	• 출원된 지식재산을 권리화하고, 권리분쟁 발생 시 대응방법 • 특허출원의 결정 및 절차, 지식재산의 유지 및 관리, 지식재산 분쟁 방어
지식재산 활용	• 지식재산을 경영에 활용하기 위한 특허 전략 수립방법, 기술가치의 산정방법 등 • 지식재산 사업화, 지식재산 가치평가, 지식재산 금융

3 실시 요강

- 시험 일정 : 매년 5월, 11월 넷째 주 토요일
- 시험 시간 : 11:00 ~ 12:20(80분)
- 문항 수 : 총 60문제
- 출제 형태 : 객관식 5지선다형
- 접수 방법 : 접수기간 내에 홈페이지(www.ipat.or.kr)에서 온라인 접수
- 응시료 : 개인(35,000원)
- 시험 장소 : 서울, 경기, 대전, 대구, 부산, 광주, 강원 등 전국 주요 지역에서 시행
  ※ 세부 고사장은 홈페이지에 있는 시험 공고에서 확인 가능
- 성적 유효기간 : 성적 교부일로부터 2년
- 문의 : 한국발명진흥회 지식재산능력시험본부(02-3459-2777)
- 시험 대비 교육 안내

  · **온라인 교육**
    – 홈페이지(www.ipat.or.kr)에 접속 후 교육프로그램 게시판 참조

  · **찾아가는 교육**
    – 시험 대비 교육을 원하는 기관에 직접 찾아가서 지식재산능력시험 교육 진행
    – 홈페이지(www.ipat.or.kr)에 접속 후 교육프로그램 게시판 참조

  · **오프라인 교육**
    – 홈페이지(www.ipat.or.kr)에 접속 후 게시판 문의
    (문의) 한국발명진흥회 지식재산능력시험본부 ☎ 02-3459-2777

지식재산능력시험 출제경향

최신 동향형

지식재산권의 중요성이 날로 증가함에 따라 개인이나 기업이 지식재산권을 창출·보호·활용하는 최신 동향을 묻는 문제가 출제된다. 지식재산 경영에 활용되는 핵심 개념 및 지식재산 경영의 구체적인 전략에 대한 이해와 암기가 필요하다.

16회 시험 다음 중 PCT 국제출원에 대한 설명 중 틀린 것은? ▶ ④

① PCT 국제출원은 국어로도 출원 가능하다.
② PCT 국제출원도 국제공개제도가 적용된다.
③ PCT 국제출원은 대한민국 특허청에 출원할 수 있다.
④ PCT 국제출원을 하였다는 것은 전 세계에서 통용될 수 있는 특허를 획득하였다는 의미이다.
⑤ 대한민국 특허청은 PCT 출원에 대한 국제조사기관 및 국제예비심사기관이다.

| 해설 | PCT 국제출원은 지정국에 직접 출원한 효과를 얻으므로, 지정국이 아닌 국가에는 해당이 없다.

15회 시험 다음은 지식재산 전략 중 어느 것인가? ▶ ③

미국의 전기자동차 회사인 테슬라(Teslar)는 전기차 기술과 관련한 특허를 모두 공개하면서 "(이러한 무료 특허를 활용해) 테슬라 모방품을 만들어 팔아도 관계없다"고 말했다. 이러한 발표에 시장의 반응은 뜨거웠는데, 테슬라가 이러한 결정을 하게 된 이유는 현재 내연기관 중심인 자동차 시장을 전기차 중심으로 바꾸어 시장을 획기적으로 확대하고자 하는 의도가 있다고 판단된다. 이는 구글이 아이폰 중심의 스마트폰 시장을 뒤흔들기 위해 안드로이드 운영체제(OS)를 공개한 것에 비견할 수 있다.

① 강한 특허 전략(Power Patenting)
② 지식재산 덤불 전략(IP Thickets)
③ 오픈 이노베이션 전략(Open Innovation)
④ 협상카드 전략(Bargaining Chips)
⑤ 횃불 전략(Burning Stick)

| 해설 | 오픈 이노베이션 전략에 대한 설명이다. 제시문은 자신의 특허권을 공중에게 무상으로 공개하여 이용하도록 하고 그 특허기술이 시장에서 유력한 기술 내지는 표준기술이 되면 특허권자의 시장 장악력이 높아지고, 기술 발전이 가속되며, 다수의 시장 참여자가 해당 특허기술을 사용함으로써 시장 자체의 규모가 커지는 효과를 보여주는 예이다. 또 다른 예로는 인터넷 백과사전인 위키피디아(Wikipedia), 창작한 저작물에 일부 제한 외에는 모두 일반 대중에게 저작물의 복제를 허용하는 크리에이티브 커먼즈(Creative Commons) 전략 등이 있다.

지식 측정형

지식재산권에 관한 법령 또는 판례의 태도에 대한 기초적인 지식을 측정하는 유형이다. 법령의 주체적·객체적·시기적 요건 중 일부 개념을 정반대적 특징을 나타내는 단어로 바꾸거나, 개념 부분을 반대로 서술하여 틀린 문장을 찾는 방식으로 출제된다.

16회 시험 다음 중 특허무효사유 중 하나인 진보성에 대한 설명으로 틀린 것은? ▶ ②

① 진보성의 판단은 해당 기술분야에서 통상의 지식을 가진 자를 기준으로 하여야 한다.
② 진보성 판단 시 공지기술은 복수의 조합을 하는 것이 불가능하다.
③ 진보성 판단의 공지기술의 범위는 특허에 한정하지 않는다.
④ 진보성 판단의 공지기술이 선행특허일 경우 선행특허의 공개일을 기준으로 출원일과 비교하여야 한다.
⑤ 공지기술의 지역적 범위는 국내뿐만 아니라 국외도 포함한다.

| 해설 | 특허요건 중 진보성은 신규성과 달리 하나 이상의 선행기술을 조합하여 출원발명의 특허등록 가부를 판단할 수 있는 요건이다.

14회 시험 상표법상 상표권의 효력과 침해에 대한 설명으로 옳지 않은 것은? ▶ ③

① 상표권에 대한 전용사용권이 설정된 경우 전용사용권자는 민사상의 보호뿐 아니라 형사상의 보호도 받을 수 있다.

② 상표권의 효력은 국내에 한하며, 외국에서 보호를 받기 위하여는 해당 국가에서 상표권을 획득하여야 함이 원칙이다.

③ 어떠한 상표가 부정경쟁의 목적 없이 타인의 상표등록출원 전부터 국내에서 계속 사용되어 타인 상표등록출원 시 국내 수요자 간에 특정인의 상품을 표시하는 것으로 인식된 경우 그 상표를 사용하는 자는 타인의 상표가 등록된 경우라도 그 상표와 동일하거나 유사한 상표를 계속 사용할 수 있다.

④ 상표권의 존속기간 갱신은 횟수의 제한 없이 가능하므로 존속기간 갱신을 통하여 사실상 영구적인 보호가 가능하다.

⑤ 상표권 침해에 관한 민사 본안소송(1심)의 관할은 '6대 고등법원 소재지 지방법원'의 전속관할로 함이 원칙이다.

| 해설 | ③ 어떠한 상표가 부정경쟁의 목적 없이 타인의 상표등록출원 전부터 국내에서 계속 사용되어 타인 상표등록출원 시 국내 수요자 간에 특정인의 상품을 표시하는 것으로 인식된 경우 그 상표를 사용하는 자는 타인의 상표가 등록된 경우라도 그 상표와 '동일한 상표'를 계속 사용할 수 있다. 즉, 동일한 상표를 계속 사용할 수 있을 뿐, 유사한 상표까지 계속 사용할 수는 없다.

① 전용사용권은 이른바 '독점배타적' 권리로 민사상의 보호뿐 아니라 형사상의 보호도 가능하다.

⑤ 담당법원의 전문성 축적 및 신속한 분쟁 해결을 위하여 2016년 1월 1일부터 상표권 침해에 관한 민사 본안소송의 관할을 1심은 '고등법원 소재지 지방법원'의 전속관할로 하고, 2심(항소심)은 '특허법원'의 전속관할로 하는 민사소송법 및 법원조직법 개정안이 시행되었다.

**사례
해결형**

지식재산권의 창출 및 보호와 관련하여 간단한 사례를 제시한 후 법리를 적용하여 사례를 해결하거나 사례 해결에 이용되는 핵심 개념을 선별하는 문제가 출제된다. 사례 해결형 문제에서는 문제 형태와 중요 논점 등을 파악하고 중요 논점과 관련된 지식재산 제도의 법령 및 판례의 태도를 숙지하는 것이 중요하다.

14회 시험 다음의 상황에서 이용할 수 있는 제도로 가장 적절한 것은? ▶ ④

A사의 특허담당자 김 부장은 특허문헌을 검색하는 과정에서, 2017년 4월 10일자로 설정등록된 특허출원의 등록공보 내용을 확인한 결과, 해당 특허출원의 출원일 전에 공개된 특허문헌과 비교하여 진보성이 명백히 없는 것으로 판단되어, 해당 특허출원을 재검증하고자 한다.

① 정보제공
② 재심사청구
③ 권리범위확인심판
④ 특허취소신청
⑤ 조기공개신청제공

| 해설 | 특허권의 설정등록일로부터 등록공고일 후 6개월이 되는 날까지 신규성, 진보성, 선출원주의 등에 위반될 경우, 누구든지 심판원에 선행기술정보를 제출하면 심판관이 신속히 검토하여 하자 있는 특허는 조기에 취소하는 제도인 특허취소신청이 가장 적절하다.

15회 시험 A 기업에 재직 중인 B 과장은 압축기 내부 구조를 개선한 아이디어를 특허팀에 제출하였다. 특허팀장인 C 부장은 이 기술을 실제 제품에 적용할 가능성은 낮으나, 혹시 다른 업체에서 추후에 특허출원하여 잠재적인 방해물이 될 수도 있다는 생각이 들었다. 이 경우, C 부장이 취할 수 있는 방법 중 가장 적절하지 못한 것은? ▶ ②

① 아이디어에 대한 특허출원
② 노하우로 사내 보관
③ 인터넷 기술 공지 센터에 등재
④ 논문에 게재 후 발표
⑤ A 기업이 운영하는 홈페이지에 업로드

| 해설 | 제3자의 특허취득 방지를 위한 방어적 전략에 대한 지식을 묻는 문제이다.

② 이러한 경우, 제3자의 권리 취득을 방지하여야 하므로 특허출원이든 비특허출원이든 제3자의 출원 전에 공지를 시키는 것이 타당하다.

Contents 이 책의 차례

I

P

A

T

INTELLECTUAL

PROPERTY

ABILITY

TEST

www.**ipat**.or.kr

지식재산능력시험

예상문제집

지식재산 제도

Chapter 1

지식재산 제도 일반

STEP 1   난도 ▶ 하   정답 및 해설 _ p.8

001   다음의 지식재산권 중 신지식재산권에 속하지 않는 것은?

① 영업비밀   ② 컴퓨터 프로그램

③ 반도체 집적 회로 배치설계   ④ 저작인접권

⑤ 데이터베이스

002   다음 중 산업재산권에 속하지 않는 것은?

① 특허권   ② 저작권

③ 상표권   ④ 디자인권

⑤ 실용신안권

003   다음 중 심사나 등록 없이 창작과 동시에 발생하는 권리는?

① 특허권   ② 실용신안권

③ 디자인권   ④ 상표권

⑤ 저작권

STEP 2 난도 ▶ 중 정답 및 해설_p.8

Part 1

Part 2

Part 3

Part 4

001 신지식재산권에 속하지 않는 것은?

① 컴퓨터 프로그램
② 반도체 직접 회로의 배치 설계
③ 식물의 신품종
④ 비밀로 유지된 영업비밀
⑤ 저작권

002 다음 중 지식재산권에 대한 설명으로 잘못된 것은?

① 지식재산권은 무형의 것이다.
② 지식재산권은 점유가 가능하다.
③ 지식재산권은 독점할 수 있다.
④ 지식재산권은 등록할 수 있다.
⑤ 지식재산권 보호의 법적 근거는 헌법에 규정되어 있다.

001 우리 헌법 제22조 제2항은 "(   ) · (   ) · (   )와 (   )의 권리는 법률로써 보호한다." 라고 규정하면서 지식재산권에 대한 헌법적 근거를 제시하고 있다. (   ) 안에 들어갈 대상이 아닌 것은?

① 저작자
② 발명가
③ 과학기술자
④ 사업가
⑤ 예술가

002 다음 중 '부정경쟁방지 및 영업비밀보호에 관한 법률'에 의해 보호받을 수 있는 영업비밀의 요건이 아닌 것은?

① 산업상 이용할 수 있을 것
② 공개되지 아니할 것
③ 경제적 가치가 있을 것
④ 기술상 또는 경영상 정보일 것
⑤ 상당한 노력에 의해 비밀로 관리될 것

003 영업비밀에 대한 다음 설명 중 잘못된 것은?

① 영업비밀이란 영업활동에 유용한 기술상 정보를 포함한다.
② 영업비밀을 보호받기 위해서는 특허와 같은 별도의 심사과정을 거칠 필요가 없다.
③ 실험과정뿐만 아니라 실험데이터도 일정 요건을 만족시키는 경우 영업비밀에 포함될 수 있다.
④ 영업비밀에는 판매 방법과 같은 경영상의 정보는 포함되지 않는다.
⑤ 영업비밀은 특허와 달리 보호기간이 한정되지 않는다.

Chapter 2 | # 특허제도와 실용신안제도 및 권리화

STEP 1 난도 ▸ 하

정답 및 해설_ p.8

001 다음 중 (   ) 안에 들어갈 용어가 순서대로 나열된 것은?

> 특허법은 (   )을/를 보호·장려하고 그 이용을 도모함으로써 기술의 발전을 촉진하여
> (   )에 이바지함을 목적으로 한다.

① 고안 – 국가발전
② 발명 – 국가발전
③ 특허 – 국가발전
④ 발명 – 산업발전
⑤ 특허 – 산업발전

002 다음 중 특허제도와 관련이 없는 것은?

① 특허권자의 권리보호
② 국가 산업의 발전
③ 발명의 보호
④ 발명의 공개
⑤ 문화산업의 향상 발전

003 다음 중 특허법의 궁극적인 목적으로 적절한 것은?

① 발명자의 보호
② 경업질서의 유지
③ 소비자 보호
④ 산업발전
⑤ 발명의 이용촉진

004 다음 중 우리 특허법의 기본원칙이라 볼 수 없는 것은?

① 권리주의
② 발신주의
③ 심사주의
④ 출원공개주의
⑤ 선출원주의

005 다음 중 우리나라 특허법의 원칙인 것은?

① 무심사주의   ② 선발명주의
③ 등록주의   ④ 무방식주의
⑤ 무공개주의

006 다음 중 특허출원의 원칙이 아닌 것을 고르면?

① 등록주의   ② 심사주의
③ 양식주의   ④ 수수료 납부주의
⑤ 구술주의

007 우리나라 특허법상 원칙인 심사주의에 대한 설명으로 옳은 것은?

① 심사에서 등록까지 시간이 단축된다.
② 법적 불안정성으로 분쟁 건수가 증가한다.
③ 권리 확보가 신속하다.
④ 심사를 통하여 등록받으므로 법적 안정성이 높다.
⑤ 심사는 특허심판원에서 1차적으로 행하여진다.

008 다음 ( ) 안에 들어갈 내용이 순서대로 나열된 것은?

> ( )은/는 20년이라는 독점기간이 지나면 누구든지 그 기술을 활용할 수 있게 된다. 이러한 독점의 상실을 원하지 않는 경우 해당 기술을 ( )로 하여 관리할 수 있다. ( )은/는 일단 기술내용이 공개가 되면 기술의 독점을 상실한다.

① 영업비밀, 특허, 특허   ② 영업비밀, 특허, 영업비밀
③ 특허, 영업비밀, 특허   ④ 영업비밀, 영업비밀, 특허
⑤ 특허, 영업비밀, 영업비밀

009 발명의 정의와 관련하여 다음 ( )에 들어갈 단어가 순서대로 나열된 것은?

> 발명이라 함은 ( )을 이용한 ( )의 ( )으로서 ( )한 것을 말한다.

① 자연법칙, 기술적 사상, 고안, 고도
② 과학, 기술, 창작, 고도
③ 자연법칙, 기술, 창작, 고도
④ 과학, 기술적 사상, 고안, 고도
⑤ 자연법칙, 기술적 사상, 창작, 고도

010 다음 중 특허의 대상이 되는 발명의 정의로 옳지 않은 것은?

① 자연법칙을 이용한다.
② 기술적 사상의 창작이어야 한다.
③ 경제적 이익이 있어야 한다.
④ 수준이 고도하여야 한다.
⑤ 발견의 경우에도 특허의 대상이 되는 경우가 있다.

011 다음 중 특허법상 발명에 해당하는 것은?

① 상품의 진열 방법
② 에너지 보존의 법칙
③ 새로 발견한 소행성
④ 새로 고안된 경제학 이론
⑤ 인터넷을 매개로 한 영업 방법

012 다음 중 특허법상 발명에 해당하는 것은?

① 프로세스의 계산 방법
② 영구 기관
③ 야구 선수의 타격 동작
④ 주소록이 저장된 데이터베이스
⑤ 치매를 방지하기 위한 약물의 제조 방법

013 다음 중 특허를 받을 수 있는 것만을 골라 짝지은 것은?

> ㉠ 순수한 컴퓨터 프로그램
> ㉡ 반도체 생산 장비
> ㉢ 새로운 정보를 정렬한 데이터베이스 자체

① ㉠   ② ㉠, ㉡
③ ㉡   ④ ㉡, ㉢
⑤ ㉢

014 다음 중 특허법상 특허받을 수 있는 발명은?

> ㉠ 인간의 질병을 진단하는 방법
> ㉡ 혈액 투석 방법에 관한 발명
> ㉢ 오프라인상의 영업 방법에 관한 발명
> ㉣ 의료 행위에 사용되는 의료 기기에 관한 발명
> ㉤ 인간을 수술하는 방법에 관한 발명

① ㉠, ㉡   ② ㉣
③ ㉠, ㉢   ④ ㉢, ㉣
⑤ ㉣, ㉤

015 다음 의료업과 관련된 발명 중 산업상 이용가능성이 인정되기 어려운 발명은?

① 모발의 웨이브방법 발명
② 혈액투석장치 발명
③ 의료기기 발명
④ 인체로부터 분리된 소변의 처리방법 발명
⑤ 치료효과·비치료효과가 있고, 치료적 용도로 한정되어 있는 발명

016 다음 중 특허요건의 산업상 이용가능성에 대한 설명으로 잘못된 것은?

① 산업상 이용가능성에서 산업이란 유용하고 실용적 기술이 속하는 모든 분야로 최광의로 해석한다.
② 산업상 이용가능성은 경제성 여부를 따지지 않는다.
③ 현실적으로 명백히 실시 불가능한 발명은 산업상 이용가능성이 없다.
④ 특허출원 시에 실시할 가능성만 있으면 산업상 이용가능성이 있다고 본다.
⑤ 인간으로부터 채취한 혈액을 처리하는 방법은 산업상 이용가능성이 없다.

017 다음 (   ) 안에 들어갈 단어로 적절한 것은?

> (   )이란 발명의 내용이 사회일반에 공개되지 않은 것을 말한다. 특허법은 (   )이 있는
> 발명을 공개한 자에게 그 대가로 특허권을 부여하는 것이므로 공개되어 (   )이 없는 발명
> 에 대하여 독점권을 주지 않는다.

① 신규성   ② 독창성
③ 창작성   ④ 진보성
⑤ 산업상 이용가능성

018 다음 중 신규성을 상실한 발명은?

① 비밀유지서약을 받고 비밀리에 공개한 A 기술
② 도서관에서 대여이력이 없이 비치된 논문에 게재된 B 기술
③ 비밀유지의무가 있는 특정인만이 접근 가능한 인터넷 웹사이트에 게재된 C 기술
④ 비밀유지의무가 있는 기술적 특징이 내부에 있고, 그 외관만이 만인에 공개된 D 기술
⑤ 답 없음

019 다음 중 특허요건의 신규성에 관한 설명으로 가장 부적절한 것은?

① 발명의 내용을 출원 전에 회사 홈페이지에 올리면 신규성을 상실할 수 있다.
② 출원 전에 발명의 내용을 다른 기업에게 팔려고 하는 경우, 상대측과 비밀유지계약을 맺은
   것이 아니라면, 상세한 설명을 하지 않는 것이 좋다.
③ 제조 방법에 관한 발명을 출원 전에, 견학 온 학생들에게 보여주는 것은 공장 안에서 이루어
   지는 행위이므로 신규성이 상실될 문제는 없다.
④ 학문의 발전을 위한 논문발표에 의해서도 신규성이 상실될 수 있다.
⑤ 신제품에 대한 시장의 반응을 알기 위해 무료로 나눠주는 행사에 의해서도 신규성이 상실될
   수 있다.

020 다음 중 특허요건의 신규성에 대한 설명으로 옳지 않은 것은?

① 특허법상 공지란 비밀유지의무가 없는 자가 발명 내용을 알 수 있는 상태에 놓여 있는 경우를
   포함한다.
② 간행물은 공중의 요구를 만족할 수 있을 정도의 부수가 복제되어 제공될 필요가 없다.
③ 비밀유지의무가 없는 자에게는 1인이라도 알 수 있는 상태에 놓여 있으면 공지된 것으로 본다.
④ 간행물이 불특정인이 알 수 있는 상태에 있다면 실제 열람 여부는 불문한다.
⑤ 특허출원된 발명이 공지된 기술로부터 쉽게 발명할 수 있다면 신규성이 없다.

021 특허법상 신규성 판단에 관한 다음 설명 중 옳지 않은 것은?

① 신규성 판단은 특허출원 시를 기준으로 판단한다.

② 특허출원 시를 기준으로 신규하지 않은 발명의 경우에도 신규성 상실의 예외를 인정받을 수 있는 경우가 있다.

③ 특허출원 전에 일반 공중에게 알려진 발명은 특허를 받을 수 없다.

④ 특허출원 전에 국내에서 반포된 간행물에 적혀 있는 발명은 특허를 받을 수 없으나 외국에서만 반포된 간행물에 적혀 있는 발명은 특허를 받을 수 있다.

⑤ 인터넷을 통하여 공개된 발명도 반포된 간행물에 적혀 있는 것과 마찬가지로 신규성을 상실하게 된다.

022 발명에 대하여 특허출원 전에 한 다음의 행위 중 신규성 상실 사유와 가장 거리가 먼 것은?

① 상업적 판매

② 누구나 참석 가능한 학회에서의 발표

③ 박람회 출품·전시

④ 개인적 연구

⑤ 해외에서의 판매

023 김발명의 A 특허가 선출원되어 등록되어 있는 상태에서 이창작이 A 특허와 동일한 특허출원을 하게 되면 신규성 상실로 거절된다. 그런데 이창작이 출원한 특허가 김발명의 선출원 특허와 동일하지 아니한 것이 분명함에도, 이창작의 B 특허는 김발명의 A 특허로부터 쉽게 발명할 수 있는 것으로 판단하여 거절되었다. 이때 이창작의 특허가 거절된 사유는?

① 산업상 이용가능성　　　　　② 신규성

③ 진보성　　　　　　　　　　④ 상업성

⑤ 공업상 이용가능성

024 다음 중 특허법상 진보성의 판단 방법으로 가장 잘못된 것은?

① 그 기술분야에서 통상의 지식을 가진 자, 즉 업계의 고도의 기술자를 가정하고 판단한다.

② 해당 발명의 목적을 출원 당시의 기술수준으로부터 쉽게 예측할 수 있는지를 판단한다.

③ 사후고찰 금지원칙도 이와 연관된다.

④ 해당 발명의 기술적 과제를 해결하기 위한 기술적 수단을 중심으로 판단한다.

⑤ 해당 발명의 구성요소들을 특정하고, 특정한 구성요소들의 결합을 통상의 기술자가 종래기술로부터 쉽게 발명할 수 있는지 여부를 판단한다.

025 다음 중 특허법상 진보성의 판단기준으로 잘못된 것은?

① 특허출원 시 공지기술을 기준으로 판단한다.
② 하나의 청구항에 대해 신규성이 없다는 거절이유와 진보성이 없다는 거절이유를 함께 통지하더라도 위법은 아니다.
③ 특허출원 전 공개된 발명을 기준으로 판단하는데, 이때 공개된 발명은 신규성 상실 사유와 동일한 사유이다.
④ 진보성 판단 시에는 2개 이상의 선행기술을 조합하여 판단할 수 없다.
⑤ 원칙적으로 청구범위에 적혀 있는 발명과 인용기술의 기술분야가 일치하여야 한다.

026 다음 중 특허법상 진보성 판단 시 주된 판단 기준을 모두 고른 것은?

㉠ 목적의 특이성　　　　　　　　　㉡ 구성의 곤란성
㉢ 상업적 성공에 의한 모방품의 발생　㉣ 효과의 현저성
㉤ 장기간 미해결 과제의 해결

① ㉠, ㉡, ㉣　　　　　　　　　　② ㉠, ㉢
③ ㉡, ㉤　　　　　　　　　　　　④ ㉢, ㉤
⑤ ㉣, ㉤

027 다음 중 특허법의 기본원칙이 아닌 것은?

① 공개주의　　　　　　　　　　　② 선발명주의
③ 선출원주의　　　　　　　　　　④ 등록주의
⑤ 심사주의

028 특허법상 선출원주의에 대한 다음 설명 중 잘못된 것은?

① 미국은 과거 세계에서 유일하게 선발명주의를 취하는 국가였으나, 현재는 선출원주의를 취하고 있다.
② 2 이상의 출원이 다른 날에 출원된 경우에는 먼저 출원한 자만이 특허를 받을 수 있다.
③ 2 이상의 출원이 같은 날에 출원된 경우에는 당사자 간의 협의에 의하고, 협의가 성립되지 않으면 모두 거절한다.
④ 선출원주의는 선·후출원의 청구범위의 동일성 여부를 판단한다.
⑤ 선·후출원이 경합할 경우 선출원된 특허가 공개되어야 선출원주의의 적용이 가능하다.

029 김발명은 2021년 5월 1일에 자신이 개발한 발명 A에 대하여 특허를 출원하였고, 이창작은 2021년 9월 1일에 김발명의 발명 A와 실질적으로 동일한 발명 A'에 대하여 특허를 출원하였다. 김발명의 선출원이 2022년 11월 1일에 공개되는 경우, 이창작의 후출원이 거절되는 이유는?

① 신규성 위반　　　　　　　　　② 확대된 선출원 위반
③ 명세서 기재요건 위반　　　　　④ 진보성 위반
⑤ 산업상 이용가능성 위반

030 특허법상 확대된 선출원주의에 대한 설명으로 가장 옳지 않은 것은?

① 다른 출원의 최초 명세서 또는 도면에 적혀 있는 내용과 그 출원의 청구범위를 비교한다.
② 다른 출원과 그 출원 발명의 동일성 판단을 기준으로 한다.
③ 다른 출원이 출원공개 또는 등록공고된 경우에 적용한다.
④ 다른 출원과 그 출원인이 동일인이어도 적용된다.
⑤ 심사 시 거절이유, 등록 후 무효사유가 된다.

031 다음 중 특허를 받을 수 없는 발명만으로 묶인 것은?

┌───┐
│ ㉠ 마약 흡입 기구
│ ㉡ 노인의 효율적인 허리 디스크 수술 방법
│ ㉢ 수치 제어 장치의 제어 방법
│ ㉣ 유성 생식에 의해 반복생산 가능한 변종 식물
└───┘

① ㉠, ㉣　　　　　　　　　　　② ㉢, ㉣
③ ㉠, ㉡　　　　　　　　　　　④ ㉡, ㉣
⑤ ㉠, ㉢

032　다음 중 특허법상 특허등록을 받기 위한 요건의 개수는?

┌───┐
│　ㄱ 산업상 이용가능성　　　　　　ㄴ 신규성　　　　　　　│
│　ㄷ 진보성　　　　　　　　　　　　ㄹ 심미성　　　　　　　│
│　ㅁ 선출원주의　　　　　　　　　　　　　　　　　　　　　│
└───┘

① 1개　　　　　　　　　　　　　　② 2개

③ 3개　　　　　　　　　　　　　　④ 4개

⑤ 5개

033　다음 중 특허요건이 아닌 것은?

① 경제성　　　　　　　　　　　　② 신규성

③ 진보성　　　　　　　　　　　　④ 산업상 이용가능성

⑤ 확대된 선출원

034　다음 중 특허요건의 판단에 관한 설명으로 가장 적절하지 않은 것은?

① 산업상 이용가능성이 인정되지 않는 경우라면 특허를 받을 수 없다.

② 신규성 및 진보성이 인정되지 않는 경우라면 특허를 받을 수 없다.

③ 심사관은 청구범위에 여러 개의 청구항이 기재된 경우 특허요건의 흠결이 있는 청구항만을 거절결정하고, 특허요건의 흠결이 없는 청구항은 특허결정한다.

④ 출원인은 출원 과정 중 명세서 및 도면을 보정할 수 있는 기회를 가진다.

⑤ 물건발명과 방법발명은 별개의 것이므로 물건발명의 진보성이 인정된다고 하더라도 그 물건을 제조하는 방법발명의 진보성은 별도로 판단하여야 한다.

035　다음 중 특허를 받고자 하는 발명의 기술적 내용을 명확하고 상세하게 문자 및 도면으로 기재한 서면은?

① 특허출원서　　　　　　　　　　② 특허보정서

③ 특허명세서　　　　　　　　　　④ 발명신고서

⑤ 심사청구서

036 다음 중 특허명세서에 기재되는 사항이 아닌 것은?

① 발명의 명칭   ② 도면의 간단한 설명
③ 배경기술   ④ 발명자 정보
⑤ 기술분야

037 특허출원 시에는 권리요구서, 특허등록 후에는 권리서의 역할을 담당하는 것은?

① 도면   ② 청구범위
③ 요약서   ④ 발명의 설명
⑤ 발명의 명칭

038 다음 중 특허출원 명세서의 발명의 설명과 청구범위에 필수적으로 기재하는 항목이 아닌 것은?

① 발명의 명칭   ② 기술분야
③ 청구항   ④ 실시를 위한 구체적인 내용
⑤ 배경기술

039 다음 중 특허발명의 보호범위를 정하는 데 사용될 수 없는 것은?

① 청구범위   ② 출원인의 보정서
③ 발명의 설명 및 도면   ④ 출원인의 의견서
⑤ 요약서

040 다음 지문이 설명하는 제도는?

> 특허출원인은 출원 당시에 특허명세서에 청구범위를 적어 제출하여야 하는 것이 원칙이지만, 출원인의 편의를 위해 일정 기한까지 청구범위가 적혀 있도록 명세서를 보정하여야 하는 것을 전제로, 청구범위를 적지 아니한 명세서를 특허출원서에 첨부할 수 있도록 한 제도가 시행되고 있다.

① 출원보정제도   ② 청구범위유예제도
③ 방식보정제도   ④ 선출원주의 예외제도
⑤ 우선심사제도

041 청구범위의 기재 방법으로 적절하지 않은 것은?

① 발명의 설명에서 공개하고 있는 발명의 범위 내에서 청구범위를 적는다.

② 발명의 설명에서 사용된 용어와 통일된 용어를 사용하여 적는다.

③ 가능한 한 많은 구성요소를 적어 권리범위를 넓게 한다.

④ 구성요소 간의 관련성이나 청구항 간의 기술적 관계를 명확하고 간결하게 적는다.

⑤ '대략, 적당한' 등과 같은 불명료한 표현은 적지 않는다.

042 다음 중 청구범위 기재에 대한 설명으로 가장 잘못된 것은?

① 보호받으려는 사항을 2 이상의 청구항으로 적을 수 있다.

② 발명이 명확하고 간결하게 적혀 있어야 한다.

③ 청구항은 발명의 성질에 따라 적정한 수로 적어야 한다.

④ 발명의 설명에 의해 뒷받침되도록 적어야 한다.

⑤ 그 발명이 속하는 기술분야에서 통상의 기술자가 쉽게 실시할 수 있을 정도로 발명의 내용을 명확하고 상세하게 적어야 한다.

043 다음 중 청구범위의 기재 방법으로 적절하지 않은 것은?

① 청구항 1항 또는 2항에 있어서

② 청구항 1항 내지 3항 중 어느 하나에 있어서

③ 청구항 1항, 2항 또는 3항 중 어느 한 항에 있어서

④ 청구항 1항 및 2항에 있어서

⑤ 청구항 1항 내지 2항 및 4항 내지 6항 중 어느 한 항에 있어서

044 특허출원 시 원칙적으로 하나의 특허출원에는 1발명만을 적을 수 있지만, 기술적으로 밀접하게 관련된 발명의 경우 1출원으로 할 수 있다는 원칙과 밀접한 관련이 있는 것은?

① 구성요소 완비의 원칙   ② 발명의 단일성

③ 단항제   ④ 균등론

⑤ 다항제

045 컴퓨터용 마우스를 개발하는 정 사장은 특허출원을 하기 전 2022년 3월 1일에 코엑스 전시장에서 1주일간 전시를 하였다. 그런데 전시회를 마치고 특허출원을 하려고 하니 이미 전시장에서 공개가 되어 다른 사람이 특허출원할 수도 있다는 이야기를 듣게 되었다. 이에 전시 후 6개월이 지난 2022년 9월 1일 서둘러 특허출원을 하고 관련 증명자료를 제출하였고, 다행히 신규성이 인정되어 특허등록까지 받았다. 이처럼 발명자를 보호하는 규정을 둔 특허제도는?

① 우선권주장출원 제도
② 선발명주의 가미 제도
③ 공지 등이 되지 아니한 발명으로 보는 제도
④ 심사제도
⑤ 정보제공제도

046 특허출원 전 공지된 발명이라도 일정 요건을 충족한 경우에 공지 등이 되지 아니한 것으로 볼 수 있다. 공지예외적용 주장이 가능한 시점을 모두 골라 나열한 것은?

> ㉠ 발명의 공지 시
> ㉡ 발명의 완성 시
> ㉢ 특허출원 시
> ㉣ 특허결정등본을 송달받기 전 자진보정 시
> ㉤ 특허결정등본 송달 후 3개월 이내

① ㉠, ㉡   ② ㉢
③ ㉢, ㉣   ④ ㉠, ㉡, ㉢
⑤ ㉢, ㉣, ㉤

047 다음 중 특허법상 보정제도에 대한 설명으로 옳지 않은 것은?

① 특허에 관한 절차상의 하자를 치유하는 보정을 할 수 있다.
② 명세서 또는 도면의 기재 내용의 하자를 치유하는 보정을 할 수 있다.
③ 거절이유통지를 받지 않은 경우 원칙적으로 보정시기가 제한된다.
④ 보정의 범위는 원칙적으로 최초로 첨부된 명세서 또는 도면에 기재된 사항 내이다.
⑤ 거절이유통지를 받은 경우 정해진 기간 내에 보정하여야 한다.

048 김발명은 2 이상의 발명을 하나의 특허로 출원하였는데 심사관으로부터 거절이유통지를 받았다. 의견제출기간 내에 2 이상의 발명 중 일부를 원출원과 분리하여 출원하는 제도는?

① 국내우선권주장출원   ② 변경출원
③ 분리출원   ④ 분할출원
⑤ 보정출원

049 김발명은 2 이상의 발명을 하나의 특허로 출원하였는데 그중 일부발명을 분할출원하고자 한다. 다음 중 분할출원할 수 있는 기간이 아닌 것은?

① 최초거절이유통지에 대응한 의견제출기간 이내
② 최후거절이유통지에 대응한 의견제출기간 이내
③ 특허거절결정등본 송달받은 날로부터 3개월 이내
④ 특허결정등본 송달받은 날로부터 3개월 이내(단, 설정등록일이 짧은 경우 그날까지)
⑤ 거절결정등본을 송달하기 전까지

050 분할출원에 대한 설명으로 잘못된 것은?

① 분할출원을 할 경우 출원일이 원출원의 출원일로 소급된다.
② 분할출원 시 원출원의 절차상의 효력, 즉 공지예외주장, 우선권주장 등의 효력이 그대로 승계된다.
③ 심사청구의 경우 원출원일로부터 3년이 경과하여도 분할출원일로부터 30일 이내에 심사청구를 할 수 있다.
④ 우선권주장의 경우 분할출원일로부터 3개월 이내에 증명서류를 제출할 수 있다.
⑤ 분할출원은 원출원의 최초 명세서 또는 도면에 적혀 있는 사항의 범위 안에 포함되어야 한다.

051 김발명은 A, B 발명을 하나의 특허로 출원하였는데 심사단계에서 A 발명이 진보성 위반이라는 이유로 특허출원 전체가 거절결정되자, 이에 대한 불복심판을 청구하였으나 그 심판청구가 기각되었다. 기각심결등본을 송달받은 후 김발명이 B 발명을 보호받기 위해 이용할 수 있는 가장 적절한 제도는?

① 조약우선권주장출원   ② 변경출원
③ 분리출원   ④ 분할출원
⑤ 보정출원

052   김발명은 주전자에 대한 특허를 출원하여 출원공개 이후 심사관으로부터 거절이유를 통지받고 명세서를 수정하여 보정서와 의견서를 제출하였다. 심사관의 거절이유통지의 내용이 주전자의 뚜껑에 구멍이 추가되어 최초에 첨부된 명세서와 도면의 범위를 벗어났다는 것일 때, 김발명이 주전자의 뚜껑 구멍을 그대로 두면서 거절이유를 극복할 수 있는 가장 좋은 방법은?

    ① 국내우선권주장출원을 한다.
    ② 공지예외주장출원을 한다.
    ③ 실용신안으로 변경출원을 한다.
    ④ 분리출원을 한다.
    ⑤ 보정을 하지 아니하고 재심사를 청구한다.

053   김발명은 이미 출원한 발명을 개량하여 국내우선권주장출원을 하려고 준비하고 있다. 국내우선권주장이 인정될 수 있는 요건에 해당되지 않는 것은?

    ① 선출원일로부터 1년 이내일 것
    ② 선출원이 취하될 것
    ③ 선출원이 거절결정 확정되지 않을 것
    ④ 선출원의 출원인과 동일할 것
    ⑤ 선출원이 특허 또는 실용신안등록출원일 것

054   김발명은 주전자를 발명하여 2023년 1월 1일에 특허출원하였고, 이후 새로운 아이디어가 떠올라 주전자 뚜껑에 구멍을 추가하는 국내우선권주장출원을 하려고 한다. 다음 중 옳지 않은 것은? (다만, 어떠한 권리의 이전은 없었음)

    ① 김발명 이외의 다른 사람은 국내우선권주장출원을 할 수 없다.
    ② 김발명은 2024년 1월 1일까지 국내우선권주장출원을 하여야 한다.
    ③ 최초의 주전자 특허출원은 그 출원일로부터 1년 3개월이 지나면 자동 취하된다.
    ④ 주전자 뚜껑 구멍의 신규성 판단 시점은 2023년 1월 1일로 인정해 준다.
    ⑤ 김발명의 주전자 특허출원은 국내우선권주장출원 시에 취하되지 아니하여야 한다.

Part 1

Part 2

Part 3

Part 4

055   다음 중 특허법상 심사청구제도에 관한 설명으로 옳지 않은 것은?

① 특허출원은 심사청구가 있는 것에 한하여 심사한다.

② 제3자는 특허출원일로부터 3년 이내에 심사청구를 할 수 있다.

③ 특허공개된 발명에 대해서만 우선심사신청을 할 수 있다.

④ 심사청구는 취하할 수 없다.

⑤ 출원일로부터 3년 이내 심사청구하지 않으면 출원은 취하 간주된다.

056   특허출원 심사청구제도에 관한 다음 설명 중 옳은 것은?

① 특허출원의 심사청구는 누구든지 할 수 있다.

② 특허출원의 심사는 특허출원 순서에 따라 행한다.

③ 특허출원의 심사청구가 없는 때에는 출원공개를 하여서는 아니 된다.

④ 특허출원의 심사청구의 취하는 출원인이 심사청구를 한 경우에만 허용된다.

⑤ 특허출원의 심사청구는 특허출원일로부터 1년 이내에 하여야 한다.

057   다음 중 심사청구제도에 대한 설명으로 옳지 않은 것은?

① 심사청구제도는 전 세계 모든 국가가 채택하고 있다.

② 심사청구는 출원인뿐만 아니라 제3자도 가능하다.

③ 심사청구된 건에 한하여 우선심사신청이 가능하다.

④ 출원과 동시에 심사청구를 할 수 있다.

⑤ 심사청구를 한 후 이를 취하할 수는 없다.

058   다음 중 특허제도에 관한 설명으로 잘못된 것은?

① 특허법은 발명을 보호·장려하고 그 이용을 도모하여 기술발전을 촉진하는 것을 목적으로 한다.

② 심사주의를 채택하여 특허요건의 흠결이 없는 출원에 대해서만 특허를 받도록 하고 있다.

③ 특허권자는 특허등록 시 특허권을 독점적으로 사용할 수 있고, 타인이 특허권의 청구범위에 적혀 있는 특허발명을 실시하면 원칙적으로 침해금지권을 행사할 수 있다.

④ 심사청구를 빨리 하는 것이 출원인에게 반드시 유리한 것은 아니다.

⑤ 출원된 특허는 출원 순서에 따라 심사되며 심사결과에 따라 설정등록이 가능하다.

059 전기충전장치에 관한 발명을 한 A는 해당 발명을 특허출원하려고 특허출원에 필요한 명세서를 작성하고 특허출원을 완료하였다. 그러나 출원 이후 3년 이내에 특허 심사청구를 하여야 하는데 그 기회를 놓치고 말았다. 다음 중 옳은 것은?

① A와 사적으로 친한 B는 심사청구를 할 수 없다.
② 이때 심사청구를 할 수 있는 사람은 A와 이해관계자이다.
③ A가 출원일로부터 3년 이내에 심사청구를 하지 않아 취하 간주된다.
④ A가 출원일로부터 3년 이내에 심사청구를 하지 않아 이 출원은 거절된다.
⑤ A가 출원일로부터 3년 이내에 심사청구를 하지 않아 이 출원은 무효처분된다.

060 A는 자신의 발명을 특허출원하고자 한다. A가 수행한 다음의 행위 중 잘못된 것은?

① A는 특허출원서를 국문으로 작성하여 특허청장에게 제출하였다.
② A는 특허출원을 하면서 심사청구를 하지 않았다.
③ A는 특허출원서를 서면으로 제출하였다.
④ A는 특허명세서의 발명의 설명, 청구범위를 적어 제출하였다.
⑤ 출원인 A는 청구범위가 적혀 있지 않은 출원서에 대해서 심사청구를 하였다.

061 심사청구제도에 관한 다음 설명 중 옳지 않은 것을 모두 골라 나열한 것은?

> ㉠ 특허법, 실용신안법 및 디자인보호법에는 심사청구제도가 존재하지만, 상표법에는 심사청구제도가 존재하지 않는다.
> ㉡ 심사청구 시 실체심사를 담당할 심사관이 방식심사에 착수한다.
> ㉢ 모든 출원심사는 예외 없이 심사청구 순서대로 한다.
> ㉣ 심사청구의 취하는 불가능하다.

① ㉠   ② ㉠, ㉡
③ ㉠, ㉡, ㉢   ④ ㉠, ㉡, ㉢, ㉣
⑤ 없다

062 **특허법상 심사관의 거절이유통지에 대한 대응으로 가장 부적합한 것은?**

① 거절이유가 부당하다고 판단되는 경우, 이를 다투는 내용의 의견서를 제출한다.

② 의견서 제출 기간에 청구범위를 보정한 보정서와 의견서를 제출한다.

③ 거절이유와 관련하여 심사관의 의견을 듣기 위해 심사관 면담을 신청한다.

④ 청구범위에 적혀 있는 다수의 청구항 중에 일부의 청구항에만 거절이유가 통지된 경우, 거절이유가 통지되지 아니한 청구항만을 남기는 보정을 하고, 거절이유가 통지된 청구항에 대해서는 분할출원을 한다.

⑤ 거절이유가 부당하다고 판단되는 경우, 특허거절결정 전이라도 이에 불복하는 심판을 청구한다.

063 **각국 특허공보에 대한 다음 설명 중 잘못된 것은?**

① 각국의 특허공보는 편집이 상이하게 되어 있을 뿐 실제적 내용에는 큰 차이가 없다.

② PCT출원공보 역시 공개공보와 등록공보로 구분할 수 있다.

③ 공개공보에 적혀 있는 특허발명의 내용은 심사과정에서 보정이 이루어져 변경될 수도 있다.

④ 선행기술조사는 인터넷을 통하여 무료 또는 유료로 진행할 수 있다.

⑤ 한국에서 등록을 받기 위하여 한국에서 공개된 문헌만 검토하는 것으로는 충분하지 않다.

064 **다음 중 특허출원공개에 관한 설명으로 부적합한 것은?**

① 특허출원공개가 되어야만 제3자는 그 특허출원에 대해 정보제공을 할 수 있다.

② 특허출원은 원칙적으로 출원일 후 1년 6개월이 경과한 때 공개된다.

③ 특허출원인은 출원일 후 1년 6개월 이전이라도 출원공개를 신청할 수 있다.

④ 특허출원인이 출원 후 1년 6개월이 경과하기 전에 취하하는 경우 특허출원은 공개되지 않는다.

⑤ 출원인이 아닌 자는 특허출원공개를 신청할 수 없다.

065 **다음 설명 중 잘못된 것은?**

① 실용신안출원된 고안의 경우에도 특허출원과 마찬가지로 공개를 원칙으로 한다.

② 공개특허공보는 출원일로부터 2년 6개월이 경과한 후에 공개된다.

③ 특허출원을 공개하는 이유 중 하나는 중복투자를 방지하기 위한 것이다.

④ 특허공보는 크게 공개특허공보와 등록특허공보로 나누어진다.

⑤ 특허공보를 통해서 서지적 사항 이외에 발명의 내용 등의 기술적 정보도 얻을 수 있다.

066 다음 (   ) 안에 들어갈 내용이 순서대로 나열된 것은?

> 경쟁사의 해당 특허가 공개만 되어 있고 아직 특허등록결정이 나지 않은 상태인 경우에는 해당 발명에 대한 (   )을 검색하여 그 자료를 특허청에 제출하는 (   )을/를 활용할 수 있다.

① 선행기술, 무효심판
② 출원인, 정보제공제도
③ 출원인, 무효심판
④ 선행기술, 정보제공제도
⑤ 선행기술, 소극적 권리범위확인심판

067 특허출원절차에 대한 다음 설명 중 옳지 않은 것은?

① 조기공개신청은 아무나 신청할 수 있다.
② 심사결과 거절이유가 존재하지 않을 시에는 특허결정등본을 출원인에게 통지한다.
③ 조기공개 시 발명이 공개되므로 개량발명의 진보성 판단 시 불리할 수 있다.
④ 국방상 비밀유지의 필요성이 있는 발명에 대하여는 공개되지 않을 수 있다.
⑤ 다른 사람이 미공개 출원발명을 업으로서 실시할 경우 조기공개제도를 활용할 수 있다.

068 특허법상 출원공개의 효과로서 출원인에게 발생하는 권리는?

① 보상금청구권   ② 특허를 받을 수 있는 권리
③ 특허권   ④ 전용실시권
⑤ 통상실시권

069 다음 중 특허출원 절차와 무관한 제도는?

① 출원공개   ② 심사청구
③ 재심사청구   ④ 이의신청
⑤ 정보제공

Part 1

Part 2

Part 3

Part 4

070 다음 중 우리 특허법상 특허심사 관련 제도라 보기 어려운 것은?

① 심사청구제도　　　　　　　② 우선심사제도
③ 출원공개제도　　　　　　　④ 선등록제도
⑤ 조기공개제도

071 특허권에 대한 다음 설명 중 올바른 것은?

① 심사관의 심사 부담을 덜어주기 위해 필요한 경우 전문 기관에 선행기술의 조사, 특허분류의 부여 등을 의뢰할 수 있다.
② 특허출원 후 심사청구를 하지 않더라도 심사를 진행할 수 있다.
③ 특허공개공보는 특허등록결정 후 발간된다.
④ 특허권은 특허심사와 무관하게 부여되기도 한다.
⑤ 특허권은 특허등록결정 후 10년간 보호된다.

072 다음 중 특허원부에 등록하지 않아도 효력이 발생하는 것은?

① 전용실시권의 발생
② 통상실시권의 발생
③ 특허권 처분의 제한(가처분 등)
④ 특허권의 이전
⑤ 특허권의 포기에 의한 소멸

073 우리가 흔히 말하는 발명특허란 발명이라는 개념과 특허라는 개념의 합성어이다. 발명이란 '기술적 사사의 창작'을 의미하고 특허란 '기술'을 의미한다고 할 것이다. 발명과 특허가 구분되는 경계선은?

① 특허출원공개 시점　　　　　② 특허결정 시점
③ 특허권 설정등록 시점　　　　④ 특허 심사청구 시점
⑤ 특허 등록공고 시점

074 다음 ( ) 안에 들어갈 말로 적절한 것은?

> 특허권은 ( )에 의하여 발생한다.

① 설정등록 ② 출원공고
③ 출원공개 ④ 등록공고
⑤ 특허출원

075 특허권에 대한 다음 설명 중 옳지 않은 것은?

① 선행기술에 비하여 새로운 발명이어야 특허등록이 가능하다.
② 선행기술에 비하여 진보된 발명이어야 특허등록이 가능하다.
③ 최초 출원명세서에 포함되어 있지 않은 내용은 추후 보정을 통해 추가할 수 있다.
④ 동일한 발명이 복수 출원된 경우 가장 먼저 출원된 발명이 특허등록된다.
⑤ 특허권은 설정등록료를 납부하여야 설정등록된다.

076 특허권에 관한 다음 설명 중 옳지 않은 것은?

① 특허권은 국제주의의 원칙상 1국가에서 특허등록되어도 특허출원하지 않은 국가에는 행사할 수 없다.
② 속지주의 원칙상 특허권은 등록한 국가에서만 효력이 인정된다.
③ 특허권자는 직접 실시뿐만 아니라 자유롭게 수익을 처분할 수 있는 권리를 가진다.
④ 특허발명과 동일한 발명을 실시하는 것이 아니어서 직접침해에 해당하지 않더라도, 직접침해의 개연성이 높아 침해로 간주되는 경우가 있다.
⑤ 전용실시권자는 특허권자의 허락을 받지 않고 제3자에게 통상실시권을 허락할 수 있다.

077 다음 중 특허권의 존속기간에 대한 설명으로 알맞은 것은?

① 특허권의 존속기간은 우선일부터 20년이다.
② 특허권의 존속기간은 등록일부터 출원일 이후 20년이 되는 날까지이며, 일정한 요건을 충족하면 연장등록이 가능하다.
③ 특허권의 존속기간은 출원일부터 10년이다.
④ 특허권의 존속기간은 등록일부터 20년이다.
⑤ 특허권의 존속기간은 등록일부터 10년이며, 신청을 통해 갱신이 가능하다.

078 다음 (   ) 안에 들어갈 기간으로 적절한 것은?

> 허가 등에 따라 특허권의 존속기간을 연장등록할 수 있는 기간은 그 특허발명을 실시할 수 없었던 기간으로서 (   ) 이내로 제한된다.

① 1년   ② 3년
③ 5년   ④ 7년
⑤ 10년

079 특허발명이 물건의 발명인 경우, 특허법상 특허발명의 실시에 해당하지 않는 행위는?

① 그 물건을 생산하는 행위   ② 그 물건을 사용하는 행위
③ 그 물건을 양도하는 행위   ④ 그 물건을 수입하는 행위
⑤ 그 물건을 수출하는 행위

080 다음 중 특허권의 효력이 미치지 아니하는 범위에 속하는 것과 가장 거리가 먼 것은?

① 대학교 실험실에서 연구를 하기 위한 특허발명의 실시
② 국내를 단순히 통과하는 선박에 사용되는 해수담수화 장치
③ 약사법에 따른 의약품의 품목허가·품목신고를 위해 시험하기 위한 특허발명의 실시
④ 약사법에 따라 둘 이상의 의약을 혼합하여 의약을 조제하는 행위
⑤ 병원에서 혈액성분을 분석하기 위해 사용되는 혈액 분석 장치

081 다음 중 특허권의 효력이 제한되는 경우가 아닌 것은?

① 연구 또는 시험을 위한 특허권의 실시
② 특허출원을 한 때부터 국내에 있는 물건
③ 약사법에 의한 둘 이상의 의약을 혼합하는 조제행위와 그 조제에 의한 의약
④ 국내를 통과하는 데 불과한 선박, 항공기, 차량 또는 이에 이용되는 기계, 장치
⑤ 공익 목적에 의한 국가 기관의 실시

082 다음 중 특허권의 효력이 제한되지 않는 것은?

① 특허발명 자체를 시험하는 행위
② 하역을 위해 국내에 일시 정박한 선박에서 사용되는 기계
③ 2 이상의 의약을 혼합하여 제조되는 의약 발명에 대한 조제행위
④ 특허발명을 이용하여 다른 목적의 연구, 시험을 하는 행위
⑤ 출원 당시 이미 알려진 공지기술과 동일한 특허발명을 실시하는 행위

083 특허권이 공동소유인 경우 공유자 중 1인이 다른 공유자의 동의 없이 단독으로 할 수 있는 행위는?

① 특허발명의 전 범위에서의 실시　　② 전용실시권의 설정
③ 지분의 양도　　　　　　　　　　④ 특허권의 양도
⑤ 통상실시권의 허락

084 현행 특허법상 출원 중인 특허는 적극적인 권리의 보호를 받지 못한다. 그래서 상대방이 침해를 하더라도 침해소송 제기를 못하며, 특허권을 담보로 질권설정을 해서 금융권으로부터 융자를 받을 수도 없고, 전용실시권설정이나 통상실시권허락도 안 된다. 그러나 출원 중인 특허라도 출원공개(조기공개포함)만 되면 설정등록을 전제조건으로 침해자에게 취할 수 있는 권리가 있는데, 이것은?

① 보상금청구권　　　　　　　　　② 발명보상금
③ 허락실시권　　　　　　　　　　④ 강제실시권
⑤ 법정실시권

085 특허권자 이외의 자가 업으로서 특허발명을 실시할 수 있는 권리이자 특허권의 침해가 되지 않는 정당한 권원 중 하나로서 특허권이 존재해야 발생할 수 있고, 특허권이 소멸하면 같이 소멸하는 제도는?

① 전용권제도　　　　　　　　　　② 기술권제도
③ 실시권제도　　　　　　　　　　④ 특허권제도
⑤ 사용권제도

086 다음 중 특허법상 전용실시권에 대한 설명으로 바른 것은?

① 설정계약만으로 효력이 발생한다.
② 독점적으로 특허권을 실시할 수 있는 권리이다.
③ 법정실시권도 포함된다.
④ 강제실시권도 포함된다.
⑤ 특허권자를 통하여 타인의 무단 실시를 금지시켜야 한다.

087 특허권 및 전용실시권에 대한 설명으로 옳지 않은 것은?

① 실시권에는 전용실시권과 통상실시권이 있다.
② 특허권자는 전용실시권을 설정한 후에 특허권자로서 그 특허발명을 자유롭게 실시할 수 있다.
③ 전용실시권은 독점·배타적인 권리이므로, 타인의 실시를 배제할 수 있다.
④ 전용실시권은 설정한 범위 내에서는 독점·배타적인 권리이기는 하나, 특허권자의 동의가 있어야 타인에게 실시허락을 할 수 있다.
⑤ 전용실시권은 반드시 등록해야 효력이 발생한다.

088 김발명은 계량용컵 A를 발명하여 특허출원 없이 생산·판매하고 있었다. 그런데 갑자기 이창작이 나타나 김발명이 생산·판매하고 있는 계량용컵 A는 자신이 특허출원하여 등록된 제품이라고 주장하였고, 김발명이 확인한 결과 계량용컵 A는 이창작이 특허출원하기 이전부터 본인이 생산·판매하고 있었다는 사실을 확인하였다. 이 경우 김발명은 이창작에게 아무런 대가를 지급하지 아니하고 계속 계량용컵을 생산·판매할 권리를 가지는데, 이때 김발명에게 인정되는 통상실시권은? (단, 김발명은 이창작에게 특허무효심판을 청구하지 아니하는 조건이다.)

① 선사용에 의한 통상실시권
② 직무발명에 의한 사용자의 통상실시권
③ 통상실시권 허락심판에 의한 통상실시권
④ 재정에 의한 통상실시권
⑤ 무효심판청구등록 전의 실시에 의한 통상실시권

089 특허법상 특정 목적을 달성하기 위하여 특허권자의 의사에도 불구하고, 특허청장의 행정처분이나 심판에 의하여 특허발명을 실시할 수 있는 권리는?

① 법정실시권   ② 전용실시권
③ 선사용권   ④ 강제실시권
⑤ 통상실시권

090 다음 중 특허원부에의 등록을 효력발생요건으로 하지 않는 것은?

① 특허권의 포기에 의한 소멸
② 전용실시권을 목적으로 하는 질권의 발생
③ 특허권을 목적으로 하는 질권의 발생
④ 허락에 의한 통상실시권의 발생
⑤ 전용실시권의 발생

091 특허권의 소멸사유에 해당하지 않는 것은?

① 특허권자가 스스로 특허권을 포기한 때
② 특허발명의 불실시에 대한 특허청장의 취소처분이 있는 경우
③ 특허권의 존속기간이 만료한 경우
④ 특허권의 상속이 개시된 때에 상속인이 없는 경우
⑤ 이해관계인이 무효심판을 청구하여 무효심결이 확정된 때

092 특허권의 소멸사유에 해당하지 않는 것은?

① 특허료를 법정기간 내에 납부하지 않는 경우
② 특허권을 포기한 경우
③ 특허권의 상속이 개시된 때에 상속인이 없는 경우
④ 특허권이 양도된 경우
⑤ 존속기간이 만료된 경우

093 우리나라 이외의 나라에 특허출원을 하기 위해 이용할 수 있는 제도로 가장 적절한 것은?

① 우선심사제도   ② 국내우선권주장제도

③ 분할출원제도   ④ 조약우선권주장제도

⑤ 변경출원제도

094 다음 중 산업재산권 보호를 위한 파리협약의 3대 원칙만으로 짝지어진 것은?

㉠ 최혜국 대우의 원칙	㉡ 특허독립의 원칙
㉢ 내외국인 평등의 원칙	㉣ 우선권주장의 원칙

① ㉠, ㉡, ㉢   ② ㉡, ㉢, ㉣

③ ㉢, ㉣   ④ ㉠, ㉡

⑤ ㉡, ㉢

095 파리조약의 3대 원칙 중 하나로서, 각 동맹국에 출원한 특허는 동일발명에 대하여 타 동맹국에서 취득한 특허와 무관하게 속지주의 원칙에 따라 각각 독립적으로 존속, 소멸한다는 원칙은?

① 우선권 원칙   ② 특허독립의 원칙

③ PCT조약   ④ 마드리드 조약

⑤ 발명자 보호주의

096 산업재산권 보호를 위한 파리협약은 A국에 출원한 날부터 일정 기간 이내에 B국에 출원하면서 일정한 절차를 따르면, A국에서의 출원일에 B국에서 출원한 것과 같은 효과를 인정하는 제도를 두고 있다. 이와 관련된 제도는?

① 조약우선권제도   ② 최혜국 대우의 원칙

③ 속지주의   ④ 내국민 대우의 원칙

⑤ PCT출원제도

097 대한민국에 특허출원한 후 파리조약에 의한 우선권을 주장하면서 일본에 출원하고자 하는
자가 대한민국의 출원일로부터 출원을 하여야 하는 시기는?

① 6개월 이내　　　　　　　　　② 1년 이내
③ 1년 6개월 이내　　　　　　　④ 2년 이내
⑤ 30개월 이내

098 다음 중 특허협력조약(PCT)에 의한 국제특허출원의 장점이 아닌 것은?

① 발명의 국제적 보호
② 특허가능성 예측
③ 각국 특허청의 심사부담 경감
④ 기술정보의 활용
⑤ 각국으로 직접 출원하는 비용보다 저렴함

099 다음 중 PCT국제출원에 대한 설명으로 옳지 않은 것은?

① PCT국제출원은 국어로도 출원 가능하다.
② PCT국제출원도 국제공개제도가 적용된다.
③ PCT국제출원은 대한민국 특허청에 출원할 수 있다.
④ PCT국제출원을 하였다는 것은 전 세계에서 통용될 수 있는 특허를 획득하였다는 의미이다.
⑤ 대한민국 특허청은 PCT출원에 대한 국제조사기관 및 국제예비심사기관이다.

100 PCT국제출원의 국제공개 시기로 알맞은 것은?

① 우선일로부터 6개월 경과 후　　② 우선일로부터 12개월 경과 후
③ 우선일로부터 18개월 경과 후　　④ 국제출원일로부터 1년 경과 후
⑤ 국제출원일로부터 2년 경과 후

101 대한민국특허청을 지정관청으로 하여 PCT국제출원을 한 경우, 지정국 진입 시기로 적절한 것은?

① 우선일로부터 6개월　　　　　　② 우선일로부터 12개월
③ 우선일로부터 18개월　　　　　④ 우선일로부터 30개월
⑤ 우선일로부터 31개월

102 현행법에 따른 실용신안권의 존속기간은?

① 실용신안권의 설정등록을 한 날부터 실용신안등록출원일 후 10년이 되는 날까지이다.
② 실용신안권의 설정등록을 한 날부터 10년이 되는 날까지이다.
③ 실용신안등록출원일부터 15년이 되는 날까지이다.
④ 실용신안권의 설정등록을 한 날부터 실용신안등록출원일 후 12년이 되는 날까지이다.
⑤ 실용신안권의 설정등록을 한 날부터 12년이 되는 날까지이다.

103 새로운 기술을 개발한 경우, 특허법상의 '발명'과 실용신안법상의 '고안'의 선택에 관한 설명으로 가장 부적합한 것은?

① 새로운 기술이 제품에 관한 것인지 방법에 관한 것인지 판단하여, 방법에 관한 것이라면 특허 출원하여야 한다.
② 새로운 기술이 적용된 제품의 라이프 사이클이 10년 미만인 경우, 실용신안등록출원도 고려할 수 있다.
③ 실용신안등록출원으로 하는 경우, 출원서에는 도면이 반드시 첨부되어야 한다.
④ 출원 이후 특허출원을 실용신안등록출원으로 또는 실용신안을 특허출원으로 변경하는 제도가 있다.
⑤ 심사청구기간은 양자가 상이하므로 심사청구기간은 특허출원과 실용신안등록출원의 선택 시 고려할 요소이다.

104 다음 중 실용신안법상 보호의 대상이 아닌 것만을 골라 짝지은 것은?

㉠ 세탁기 제어 방법	㉡ 냉장고
㉢ 안마 기구	㉣ 줄기세포
㉤ 신발	

① ㉠, ㉡   ② ㉡, ㉣
③ ㉠, ㉣   ④ ㉣, ㉤
⑤ ㉢, ㉤

105 실용신안등록을 받을 수 있는 고안에 해당하는 것은?

① 국기 또는 훈장과 동일하거나 유사한 고안
② 자전거 안장에 관한 고안
③ 우유를 제조하는 방법에 관한 고안
④ 공공의 질서 또는 선량한 풍속에 어긋날 우려가 있는 고안
⑤ 공중의 위생을 해칠 우려가 있는 고안

106　다음 중 실용신안법상의 고안에 관한 설명으로 가장 부적합한 것은?

① '고안'이라 함은 자연법칙을 이용한 기술적 사상의 창작을 말한다.

② 실용신안법상에는 특허법과 달리 심사청구제도가 없으므로, 모든 출원된 실용신안등록출원에 대하여 심사를 행한다.

③ 물건을 제조하는 방법에 관한 고안은 실용신안등록을 받을 수 없다.

④ 1고안을 1실용신안등록출원으로 하는 것이 원칙이나, 하나의 총괄적 개념을 형성하는 1군의 고안에 대하여는 1실용신안등록출원으로 할 수 있다.

⑤ 실용신안등록출원서에는 도면이 반드시 첨부되어야 한다.

107　다음 중 실용신안에 관한 설명으로 옳지 않은 것은?

① 실용신안법은 물품과 방법에 관한 고안만을 보호대상으로 하며, 물질에 관한 고안은 보호대상이 아니다.

② 선행기술과 비교하여 진보성을 판단할 때 특허의 경우 쉽게 발명할 수 있는지를 판단하지만, 실용신안의 경우 극히 쉽게 고안할 수 있는지를 판단한다.

③ 심사청구기간은 출원일로부터 3년이다.

④ 미국은 우리나라와 달리, 특허권 제도 외에 실용실안권 제도를 별도로 두고 있지 않다.

⑤ 출원료, 등록료가 특허에 비해 저렴하다.

108　특허 및 실용신안의 출원에 대한 설명으로 옳지 않은 것은?

① 특허출원 시 도면은 반드시 제출하여야 하는 서류가 아니며, 필요한 경우 제출한다.

② 실용신안은 특허보다 기술의 진보성이 낮은 경우 활용할 수 있으며, 물질의 제조 방법에 대한 출원은 실용신안출원을 할 수 없다.

③ 특허와 실용신안 모두 3년 이내에 심사청구를 하여야 한다.

④ 실용신안의 경우 우리나라는 무심사등록이 가능하다.

⑤ 특허와 실용신안 모두 출원공개되는 것이 원칙이다.

109　실용신안제도에 대한 다음 설명 중 잘못된 것은?

① 실용신안등록출원의 존속기간은 등록일로부터 출원 후 10년까지이다.

② 실용신안등록출원은 특허출원에 비하여 등록이 용이하다.

③ 실용신안의 존속기간은 특허에 비하여 짧다.

④ 의약품의 제조 방법에 대해서 실용신안등록출원을 할 수 있다.

⑤ 실용신안등록출원도 신규성 및 진보성 등의 실체심사를 받아야 한다.

STEP 2 난도 ▶ 중

정답 및 해설 _ p.16

Part 1

Part 2

Part 3

Part 4

001 특허제도의 설명으로 옳지 않은 것은?

① 근대적 의미의 특허제도는 15세기 베니스에서 시작하였다.

② 최초의 성문화된 특허법은 영국에서 제정되었다.

③ 미국에서는 1790년에 특허법이 제정되었다.

④ 우리나라는 1882년에 지석영 선생의 건의로 특허령이 공포되었다.

⑤ 우리나라는 1946년에 특허법이 최초로 제정되었다.

002 영업비밀에 관한 다음 설명 중 옳지 않은 것은?

① 특허와 달리 보호기간이 한정되지 않는다.

② 영업비밀로 보호받기 위해서는 산업상 또는 기술상 유용한 것이어야 한다.

③ 불법적으로 취득 후 공개하였다면, 실제 사용하지 않더라도 손해배상책임을 질 수 있다.

④ 비밀유지 특성상 실시계약은 불가능하다.

⑤ 영업비밀로 보호받기 위해서는 상당한 노력에 의해 비밀로 유지되고 있어야 한다.

003 특허와 영업비밀(노하우)에 대한 설명으로 옳지 않은 것은?

① 코카콜라의 제조비법은 영업비밀을 잘 활용한 사례이다.

② 영업비밀은 비밀로 잘 관리되었다면 일정 기간이 경과하여도 법적으로 보호받을 수 있다.

③ 영업비밀은 특허에 비해 침해입증이 어렵다.

④ 독자적으로 동일한 기술을 개발한 타사에 대해서도 영업비밀을 통해 권리를 행사할 수 있다.

⑤ 20년보다 긴 기술독점을 원하는 경우 특허보다는 영업비밀을 선택할 수 있다.

004 영업비밀과 특허에 대한 다음 설명 중 옳은 것으로만 짝지어진 것은?

> ㉠ 특허는 존속기간이 유한하나 영업비밀의 경우 보호기간이 한정되지 않는다.
> ㉡ 영업비밀을 특허로 출원하여 공개된 경우에도 영업비밀은 계속해서 영업비밀로 유지된다.
> ㉢ 판매 데이터의 경우 영업비밀로서 보호가 가능하지만 특허로서 보호는 불가능하다.
> ㉣ 영업비밀도 특허와 마찬가지로 신청하면 심사에 의해 권리가 발생한다.
> ㉤ 특허는 양도가 가능하지만 영업비밀은 양도가 불가능하다.

① ㉠, ㉡   ② ㉠, ㉢
③ ㉠, ㉢, ㉣   ④ ㉠, ㉢, ㉤
⑤ ㉠, ㉣, ㉤

005 발명에 관한 다음 설명 중 잘못된 것은?

① 발명의 정의 규정에서의 자연법칙에는 경험칙도 포함된다.
② 특허법상 발명으로 인정되려면 자연법칙을 이용해야 하므로 어떤 자연법칙을 이용하였는지 구체적으로 밝혀야 한다.
③ 특허법과 실용신안법은 자연법칙을 이용한 기술적 사상의 창작을 보호대상으로 한다.
④ 영구 기관에 대한 발명은 특허법상 발명에 해당되지 않는다.
⑤ 발명은 일정한 확실성 및 반복가능성이 있고 자연의 법칙을 전체적으로 이용하여야 한다.

006 다음의 설명 중 가장 잘못된 것은?

① 발명은 일정한 확실성을 가지고 동일한 결과를 반복할 수 있어야 하며, 그 확실성은 항상 100%일 필요는 없다.
② 발명자는 그 이용된 자연법칙에 대하여 정확하고 완전한 인식을 가질 필요는 없다.
③ 제3자가 발명자의 의사 전달에 따라 발명을 실시하여도 발명자와 마찬가지로 목적을 달성할 수 없는 경우에는 발명이라고 할 수 없다.
④ 인체를 대상으로 하는 위암의 진단 방법에 관한 발명은 특허법상 보호받을 수 있는 발명에 해당한다.
⑤ 디자인보호법에서 디자인의 미감은 특허성 판단에 고려되지 않는다.

007 다음 중 특허법상 발명에 해당하는 것의 개수는?

• 게임 규칙	• 영구 기관
• 만유인력의 법칙	• 천연물
• 과학 원리의 발견	• X선의 발견
• 천연물의 발견	• X선 발생 장치
• 미술 작품	• 안무
• 미생물	• 물질의 신규한 용도 발견

① 0개　　　　　　　　　　　　　② 1개

③ 2개　　　　　　　　　　　　　④ 3개

⑤ 4개

008 특허법상 발명은 자연법칙을 이용한 기술적 사상의 창작으로서 고도할 것을 요구한다. 다음 중 자연법칙을 이용한 발명은?

① 컴퓨터 프로그램 자체　　　　　② 암호의 작성 방법

③ 십진수를 이진수로 변환하는 방법　④ 물의 전기 분해 장치

⑤ 사각형의 넓이를 계산하는 방법

009 다음은 발명의 성립성 인정에 관한 설명이다. 이와 관련하여 옳지 않은 것만으로 짝지어진 것은?

> ㉠ 우리나라 특허법은 컴퓨터 프로그램의 경우 하드웨어 등과 결합하더라도 발명의 성립성을 인정하지 않는다.
> ㉡ 특허법은 발명의 성립요건으로서 자연법칙의 이용을 요구한다.
> ㉢ 특허법상 발명으로 인정되기 위해서는 일정한 수준의 재현성과 반복가능성이 요구된다.
> ㉣ 발명의 성립성은 절차적 요건이므로, 등록 이후 무효사유로 인정되지 않는다.

① ㉠, ㉡　　　　　　　　　　　　② ㉠, ㉢

③ ㉠, ㉣　　　　　　　　　　　　④ ㉡, ㉣

⑤ ㉢, ㉣

010 **'특허를 받을 수 있는 권리'에 관한 설명으로 옳지 않은 것은?**

① 직무발명의 경우 발명가인 종업원이 일단 특허를 받을 수 있는 권리를 가진다.

② 직무발명에 해당하는 경우를 제외하고 특허를 받을 수 있는 권리를 미리 사용자가 일괄하여 예약승계를 받는 계약은 무효이다.

③ 특허를 받을 수 있는 권리가 특허출원 후에 승계된 때에는 원칙적으로 명의변경신고를 해야 만 그 이전에 효력이 발생한다.

④ 특허를 받을 수 있는 권리가 공유인 경우 공동명의로 출원하지 아니하면 제3자에게 대항할 수 없다.

⑤ 특허를 받을 수 있는 권리는 양도할 수 있지만 질권의 목적으로 할 수 없다.

011 **다음 중 특허를 받을 수 없는 자는?**

① 해당 발명을 완성한 미성년자

② 해당 발명에 대해 특허를 받을 수 있는 권리를 정당하게 승계한 자

③ 해당 발명을 완성한 종업원의 발명을 승계한 사용자

④ 각각 별개로 창작된 동일발명에 대해 먼저 출원한 자

⑤ 해당 발명을 도용한 자로부터 도용한 사실을 모르고 선의로 해당 발명을 승계한 자

012 **공동연구개발 시 권리관계에 관한 다음 설명 중 잘못된 것은?**

① 공동연구개발하여 특허권이 공유인 경우 공유자는 다른 공유자의 허락 없이는 특허권의 양도, 실시권 허락을 할 수 없는 것이 원칙이다.

② 공유자는 다른 공유자의 허락 없이 각자가 특허발명을 실시할 수 있는 것이 원칙이다.

③ A사가 자본을 투자하고, B사 연구원 김발명이 발명을 완성한 경우 별도의 계약이 없더라도 A사는 특허를 받을 수 있는 권리를 가진다.

④ 단순히 연구에 대하여 지휘 감독한 자는 공동발명자가 될 수 없는 것이 원칙이다.

⑤ 공동연구개발하여 특허를 받을 수 있는 권리가 공유이면 공동출원하여야 한다.

013 무권리자의 특허출원과 정당한 권리자의 보호에 관한 설명으로 옳지 않은 것은?

① 무권리자가 한 특허출원이 특허를 받을 수 있는 권리를 가지지 아니한 사유로 거절이유에 해당하여 특허를 받지 못하게 된 경우, 그 무권리자의 특허출원 후에 한 정당한 권리자의 특허출원은 무권리자가 특허출원한 때에 출원한 것으로 본다.

② 무권리자의 특허가 특허를 받을 수 있는 권리를 가지지 아니한 사유로 무효사유에 해당하여 특허를 무효로 한다는 심결이 확정된 경우에 그 무권리자의 특허출원 후에 한 정당한 권리자의 특허출원은 그 무권리자의 특허출원 시에 출원한 것으로 본다.

③ 정당한 권리자는 무권리자의 특허에 대해 직접 법원에 이전 청구를 할 수 없다.

④ ②의 경우 무효심결이 확정된 날부터 30일이 지난 후에 정당한 권리자가 특허출원을 한 경우에는 출원일을 소급받을 수 없다.

⑤ ①의 경우 무권리자가 특허를 받지 못하게 된 날부터 30일이 지난 후에 정당권리자가 특허출원을 한 경우에는 출원일을 소급받을 수 없다.

014 특허법상 산업상 이용가능성에 대한 다음 설명 중 잘못된 것은?

① 특허법은 산업발전을 목적으로 하는 것이므로 산업상 이용가능성이 있는 발명에 대해서 특허를 허여하고 있다.

② 산업상 이용가능성은 산업기술상 동일한 결과를 반복 실시할 수 있는 가능성을 말한다.

③ 이용가능성이란 동일 결과를 반복 실시할 수 있는 가능성으로서 그 발명이 현재 실시될 것을 의미한다.

④ 인간을 대상으로 하는 수술 방법, 치료 방법의 경우 산업상 이용가능성이 없는 발명이다.

⑤ 인체로부터 분리하여 채취한 것을 이용한 진단 방법은 산업상 이용가능성이 인정된다.

015 다음 중 특허법상 산업상 이용가능성에 관한 설명으로 옳지 않은 것은?

① 우리나라 특허청의 심사실무는 인간을 치료하거나 수술하는 방법발명에 대해서는 산업상 이용가능성이 없다는 이유로 거절한다.

② 미국에서는 인간을 치료하거나 수술하는 방법에 관해서도 특허를 받을 수 있다.

③ 특허법은 기술을 보호하는 법이므로 특허법에서 말하는 '산업'은 요식업, 서비스업, 인터넷업, 의료업 등이 포함되지 않는 좁은 의미의 개념이다.

④ 발명이 특허를 받기 위해서는 그 발명이 산업상 이용가능한 것이어야 한다.

⑤ 개인적 또는 실험적, 학술적으로만 이용할 수 있고 업으로서 이용될 가능성이 없는 발명은 특허를 받을 수 없다.

016 특허요건 중 신규성 판단에 관한 설명으로 옳지 않은 것은?

① 발명이 신규성을 구비하였는지 여부는 특허출원 시를 기준으로 판단한다.
② 외국에서 신규성이 상실된 경우에도 국내에서 신규성이 상실된 경우와 동일하게 취급한다.
③ 특허를 받을 수 있는 권리를 가진 자의 의사에 기하여 신규성을 상실한 경우에는 공지사유가 있는 날로부터 12개월 이내에 출원하여야 한다.
④ A가 발표한 발명을 B가 A의 발명을 모방하지 아니하고 먼저 출원하면 A의 출원은 후출원이 라는 이유로 거절되므로, B의 출원은 등록받을 수도 있다.
⑤ 신규성 판단은 특허출원 전에 공개된 발명과 특허출원된 발명이 동일한 것인지 여부를 기준 으로 판단한다.

017 발명의 신규성 판단에 대한 설명으로 옳지 않은 것은?

① 독립항이 신규성이 없는 경우 종속항도 당연히 신규성이 없다.
② 출원발명의 기술적 특징은 청구항에 적혀 있는 구성으로 특정한다.
③ 독립항이 신규성이 있는 경우 종속항은 당연히 신규성이 있다.
④ 청구항에 적혀 있는 발명이 상위개념으로 적혀 있고, 공지기술이 하위개념으로 적혀 있는 경 우 청구항에 적혀 있는 발명은 신규성이 없는 발명이다.
⑤ 판례에서는 미완성 발명도 공지기술이라는 것을 판시하였다.

018 다음 중 특허 용어에 대한 설명으로 옳지 않은 것은?

① 불특정인 : 그 발명에 대한 비밀준수 의무가 있는 사람을 말한다.
② 주지기술 : 그 기술에 관하여 상당히 다수의 문헌이 존재하거나 또는 예시를 할 필요가 없을 정도로 업계에 잘 알려진 기술을 말한다.
③ 간행물 : 일반 공중에게 반포에 의하여 공개될 목적으로 복제된 문서, 도면, 기타 이와 유사한 정보전달 매체를 말한다.
④ 반포 : 간행물이 불특정인이 볼 수 있는 상태에 놓이는 것을 말한다.
⑤ 기술상식 참작의 기준 시 : 기술상식을 참작함에 있어서 그 기준 시는 인용발명의 공지 시와 출원발명의 출원 시를 말한다.

Part 1

Part 2

Part 3

Part 4

019 김발명은 A 발명을 한 후 다음의 행위를 하였다. 김발명의 행위 중 신규성을 상실하지 않은 경우는?

① 김발명이 미국 LA에서 A 발명에 의해 만들어진 제품을 판매한 경우
② 김발명이 국내 학술대회에서 A 발명에 대한 논문을 발표한 경우
③ 김발명이 국립대학에서 운영하는 전기통신회선의 게시판에 A 발명에 대한 글을 게시한 경우
④ 김발명이 특허출원을 위해 변리사 이창작을 찾아가 상담한 경우
⑤ 김발명이 A 발명에 대한 내용이 담긴 CD를 배포한 경우

020 특허법상 진보성에 관한 다음 설명 중 잘못된 것은?

① 진보성을 판단함에 있어서 '통상의 지식을 가진 자'란 기술에 대해 해당 기술분야에서 평균 정도의 지식을 가진 자를 말한다.
② 진보성 판단 시에는 상이한 기술분야의 선행기술도 인용할 수 있는 경우가 있다.
③ 특허출원된 내용 중 청구범위를 기준으로 판단한다.
④ 신규성이 없는 발명에 대해서도 반드시 진보성 유무를 판단하다.
⑤ 어떠한 원인이 해명되면 해결이 용이한 발명의 경우 그 원인의 해명과정을 중시하여 진보성을 판단할 수 있다.

021 진보성 판단기준에 대한 다음 설명 중 옳지 않은 것만으로 짝지어진 것은?

⊙ 진보성은 특허등록 시를 기준으로 판단한다.
ⓒ 진보성 판단 시 2 이상의 선행기술을 조합하여 특허출원 발명과 비교할 수 있다.
ⓒ 독립항의 진보성이 인정되면 종속항의 진보성도 인정된다.
ⓔ 판단주체는 관련 기술분야의 통상의 지식을 넘는 수준의 지식을 가진 자를 기준으로 한다.

① ⊙, ⓒ
② ⊙, ⓒ
③ ⊙, ⓔ
④ ⓒ, ⓔ
⑤ ⓒ, ⓔ

022   **특허법상 선출원주의 취급에 관한 설명으로 옳지 않은 것은?**

① 2 이상의 출원이 다른 날에 된 경우 먼저 출원한 자만이 특허받을 수 있다.

② 선출원이 무효된 경우 선출원의 지위를 상실한다.

③ 2 이상의 출원이 같은 날에 된 경우 당사자 간의 협의에 의하고, 협의 불성립 시 추첨에 의하여 결정한다.

④ 선출원이 무권리자 출원인 경우 선출원의 지위를 상실한다.

⑤ 거절결정이 확정되면 선출원의 지위를 상실한다.

023   **특허법상 선출원주의에 대한 다음 설명 중 옳은 것끼리 묶은 것은?**

> ㉠ 선·후출원 판단은 출원일을 기준으로 판단하는데, 2 이상의 출원이 같은 날에 출원된 경우에는 모두 거절한다.
>
> ㉡ 선발명주의는 선출원주의에 비해 진정한 발명자를 보호할 수 있다는 장점이 있다.
>
> ㉢ 선출원주의는 특허청에 출원한 시점을 기준으로 선·후출원을 판단하므로 선발명주의에 비하여 선·후출원 관계의 판단이 용이하다.
>
> ㉣ 선출원주의는 선출원된 특허명세서의 발명의 설명과 후출원된 특허명세서의 청구범위를 대비하여 판단한다.

① ㉠, ㉡   ② ㉡, ㉢

③ ㉢, ㉣   ④ ㉠, ㉢

⑤ ㉡, ㉣

024   **다음 중 특허법상 확대된 선출원주의(특허법 제29조 제3항) 규정의 적용요건으로 올바른 것은?**

① 출원인이 동일한 경우에도 적용된다.

② 동일자의 출원 간에도 적용된다.

③ 선출원이 출원공개 후 취하되어도 적용된다.

④ 특허출원과 실용신안등록출원 간에는 적용되지 않는다.

⑤ 선출원이 출원공개되기 전에 포기되어도 적용된다.

025 확대된 선출원과 신규성에 대한 다음 설명 중 가장 부적합한 것은?

① 확대된 선출원은 선출원이 공개 또는 공고가 되기 전에 적용할 수 있다.

② 청구항이 출원일 전에는 아직 공개되지 않았으나, 출원일 이후에 공개된 선출원의 발명의 설명과 같으면 확대된 선출원을 적용한다.

③ 청구항이 출원일 전에 공개된 발명과 동일한 경우에 신규성이 없다고 말한다.

④ 확대된 선출원은 발명자가 같은 경우에는 적용되지 아니한다.

⑤ 확대된 선출원의 취지는 선출원주의의 단점 보완, 출원공개제도와 심사청구제도의 효율적 운영 등이다.

026 다음의 발명 중 공서양속에 위반되거나 공중의 위생을 해칠 염려가 있는 발명이 아니어서 특허를 받을 수 있는 발명은?

① 여자의 몸에 해를 미칠 염려가 있는 피임 기구 발명

② 유해물을 안정제로 사용하는 의약의 제법에 관한 발명

③ 그 발명을 실행할 때 필연적으로 신체를 손상시키는 발명

④ 공연성이 인정되지 않는 사적인 공간에서 음란행위가 수반되는 것이 예상되는 성보조기구 발명

⑤ 노골적으로 사람의 특정 성적 부위 등을 적나라하게 표현하는 물건 발명

027 특허법상 특허받을 수 없는 발명끼리 짝지은 것은?

① 컴퓨터 소프트웨어 관련 발명 – 사기도박 장치

② 새로운 식물 변종 – 인터넷 영업 방법

③ 인간의 치료 방법 – 영구운동기계 장치

④ 인터넷 영업 방법 – 컴퓨터 소프트웨어 관련 발명

⑤ 인간의 치료 방법 – 인터넷 영업 방법

028 청구범위 유예제도에 대한 설명으로 적합하지 않은 것은?

① 청구범위 유예제도는 출원명세서에 청구범위를 기재하지 않아도 된다.

② 출원일 후 1년 2개월 내에 이를 보완하여 제출하면 된다.

③ 형식에 상관없이 논문이나 연구결과를 정리한 연구노트 등의 완성된 아이디어 설명 자료를 적어 특허출원을 할 수 있다.

④ 명세서를 국어가 아닌 영어로 기재하여 출원하는 것은 불가능하다.

⑤ 최우선일로부터 1년 2개월 내에 정식 명세서 또는 국어번역문을 제출하여야 한다.

029 청구범위는 발명의 보호범위를 설정하는 역할을 하며, 이는 명세서의 기재에 의해 뒷받침되어야 한다. 다음 중 청구범위가 명세서 기재에 의해 뒷받침되지 않는 것은?

① 청구항에 기재된 사항과 대응되는 사항이 발명의 설명에 적혀 있다.

② 청구항에 기재된 내용을 설명하기 위한 실시예를 발명의 설명에 적었다.

③ 청구항에 기재된 발명과 발명의 설명에 기재한 발명의 용어가 상호 통일되어 있다.

④ 청구항에 통상의 기술자가 주로 사용하지 않는 약어를 사용하였고, 이에 대응하는 별도의 설명을 발명의 설명에 적지 않았다.

⑤ 청구항에 기재된 사항이 특정 기능을 수행하는 수단, 공정으로 기재되어 있고, 이들 수단, 공정에 대응하는 구체적인 구성을 발명의 설명에 적었다.

030 청구범위에 대한 다음 설명 중 옳지 않은 것은?

① 청구범위는 구성요소 간의 결합관계를 적는 것이 바람직하다.

② 청구범위의 구성요소 중 일부를 포함하지 않는 발명에 대해서도 권리범위가 미친다.

③ 청구범위를 적을 때는 특별한 사항이 아니면 도면을 그려서는 안 된다.

④ 청구범위를 적을 때는 구성요소만을 적고, 작용효과는 적지 않는 것이 좋다.

⑤ 특허출원 시 청구범위를 작성하는 데 시간이 많이 소요되므로 청구범위를 작성하지 않고 출원하고 나서 일정 기간(1년 2개월) 안에 청구범위를 제출하여도 된다.

031 청구범위의 기재에 대한 다음 설명 중 옳지 않은 것은?

① 발명의 설명과 도면에만 있고 청구항에 없는 내용은 권리로서 인정받을 수 없다.

② 청구범위를 적지 않고 출원할 수 있다.

③ 최초 출원서의 발명의 설명에 있다면 최초거절이유통지에 대한 대응에서 보정하면서 청구범위에 적어도 된다.

④ 청구항 자체를 삭제하는 것은 정정심판을 거쳐서 할 수도 있다.

⑤ 발명이 최초 출원의 발명의 설명에 적혀 있다면 정정심판을 청구하면서 청구범위에 적어도 된다.

032 다음 중 청구범위에 관한 설명으로 옳지 않은 것은?

① 특허권의 보호범위는 청구범위에 의해 결정된다.
② 발명의 구성요소가 증가할수록 청구범위의 권리범위는 넓어진다.
③ 발명의 구성을 구조, 방법, 물질, 기능 또는 이들의 결합관계 등으로 적는 것은 허용된다.
④ 등록 후 권리의 유효성을 담보하기 위하여 다양한 종속항이 적을 수 있도록 한다.
⑤ 청구범위는 독립항과 종속항으로 나뉜다.

033 청구범위에 대한 설명으로 옳지 않은 것은?

① 특허출원 시에는 권리요구서, 특허등록 후에는 권리서로서의 역할을 수행한다.
② 특허출원할 때 명세서에 청구범위가 적혀 있어야 하는 것은 아니다.
③ 인용되는 청구항은 인용하는 청구항보다 먼저 적어야 한다.
④ 청구항은 발명의 성질에 따라 적정한 수로 적어야 한다.
⑤ 종속항은 독립항만을 인용하는 형식으로 적힌다.

034 청구범위의 기재 방법 중 올바른 것끼리 짝지어진 것은?

> ㉠ 청구항에 각 구성요소가 나열되어 있을 뿐만 아니라 결합관계도 적혀 있는 경우
> ㉡ 2 이상의 인용되는 항의 번호가 택일하여 적도록 되어 있는 경우
> ㉢ 청구항에 "거의"라는 표현이 적혀 있는 경우
> ㉣ 청구항에 "필요에 따라"라는 표현이 적혀 있는 경우

① ㉠, ㉡
② ㉠, ㉢
③ ㉠, ㉣
④ ㉡, ㉢
⑤ ㉡, ㉣

035 다음 중 청구범위의 기재 방법으로 적절한 것은?

① 많은 양의 스테인레스 스틸로 구성된 그릇
② 1500℃ 이상의 온도로 금속을 야금하는 방법
③ 필요에 따라 탈착이 가능한 팔걸이가 부착된 의자
④ 주석을 주된 성분으로 하는 물질
⑤ 철, 구리, 아연 중 적어도 어느 하나로 된 시트

036 다음 중 청구범위의 기재가 잘못된 것은?

① 청구항 1. 손잡이와 뚜껑이 달린 주전자

② 청구항 2. 청구항 1에 있어서, 상기 손잡이 위에는 플라스틱층이 도포되는 주전자

③ 청구항 3. 청구항 1 또는 2에 있어서, 상기 뚜껑에는 공기 배출 구멍이 구비되는 주전자

④ 청구항 4. 청구항 1 또는 3에 있어서, 뚜껑에는 손잡이가 구비되는 주전자

⑤ 청구항 5. 청구항 3에 있어서, 상기 뚜껑은 측면 방향으로 개구되어 형성되는 주전자

037 다음 청구항 중 다항제 기재 방법에 위반되거나 청구범위 기재가 불비한 청구항을 모두 골라 짝지은 것은?

> 【청구항 1】 a와 b를 포함하는 것을 특징으로 하는 장치 A
>
> 【청구항 2】 청구항 1에 있어서, c를 더 포함하는 것을 특징으로 하는 장치 A
>
> 【청구항 3】 청구항 1 또는 청구항 2에 있어서, d를 더 포함하는 것을 특징으로 하는 장치 A
>
> 【청구항 4】 청구항 3에 있어서, e를 더 포함하는 것을 특징으로 하는 장치 A
>
> 【청구항 5】 청구항 2 또는 청구항 4에 있어서, f를 더 포함하는 것을 특징으로 하는 장치 A
>
> 【청구항 6】 청구항 1항에 있어서, 상기 A는 상기 a를 구비하지 않는 것을 특징으로 하는 A

① 【청구항 3】

② 【청구항 4】

③ 【청구항 1】, 【청구항 5】

④ 【청구항 2】, 【청구항 6】

⑤ 【청구항 5】, 【청구항 6】

038 발명의 단일성에 관한 다음 설명 중 옳지 않은 것은?

① 하나의 특허출원범위 기준에 어긋났음을 이유로 하여 등록 특허가 무효로 될 수 있다.

② 상호 기술적으로 밀접하게 관련된 여러 개의 발명을 하나의 출원서에 적을 수 있다.

③ 하나의 특허출원범위 기준에 어긋난 출원인 경우 분할출원할 수 있다.

④ 원칙적으로 하나의 특허출원서에는 1발명만을 적는다.

⑤ 하나의 특허출원범위 기준에 어긋난 경우 거절이유에 해당한다.

039　다음 청구범위에 대한 설명으로 옳지 않은 것은?

① 서로 다른 기술적 특징을 갖는 2개의 발명을 하나의 출원으로 출원하는 것은 1발명 1특허출원 원칙을 위반한 것이다.

② 1특허출원범위를 만족하는 발명들을 1출원으로 할 경우, 일부 청구항에 거절이유가 있으면 출원 전체가 거절될 수 있는 위험도 존재한다.

③ 물건발명을 구조로 특정하지 않고 이를 생산하는 방법으로 특정하여도 특허를 받을 수 있는 경우는 없다.

④ 청구항의 보정이 이루어진 후에 발명의 단일성 판단이 다시 이루어져야 하는 경우가 있다.

⑤ 경쟁회사의 침해가능성이 높은 기업의 중요 기술은 1특허출원보다는 별개로 출원하는 것이 유리할 수 있다.

040　특허출원 시 인정되는 공지예외의 효과는 각 국가별로 상이하게 적용된다. 다음 중 각 국가의 공지예외에 대한 설명으로 옳지 않은 것은?

① 한국 – 사유에 제한이 없고, 12개월의 시기적 제한이 있다.

② 일본 – 12개월의 시기적 제한이 있다.

③ 미국 – 12개월의 시기적 제한이 있다.

④ 중국 – 6개월의 시기적 제한이 있다.

⑤ 유럽 – 12개월의 시기적 제한이 있으며, 공식적인 국제박람회 출품에 의한 공지의 경우 예외 적용이 가능하다.

041　발명자가 자신의 발명을 출원 전에 공개하는 경우 그 발명은 자신의 공개로 인하여 신규성이 부정되어 특허를 받을 수 없다. 그러나 특허법은 이러한 경우에도 예외를 둠(공지되지 않은 발명으로 봄)으로써 발명자를 보호하고 있는데, 다음 중 이에 대한 설명으로 가장 잘못된 것은?

① 국내 또는 국외에서 박람회에 출품된 발명은 일정 기간 이내에 출원하면 공지되지 않은 발명으로 본다.

② 신규성이 있는 것으로 인정받기 위해서는 신규성 상실일로부터 1년 이내에 출원하여야 한다.

③ 자신의 발명이 발명자의 의사에 반하여 공지된 경우 일정 기간 이내에 출원하면 공지되지 않은 발명으로 본다.

④ 자신의 발명이 국내에 공지된 경우 발명자는 원직적으로 특허출원서에 그 취지를 석어 출원하여야 하며 출원일로부터 30일 이내에 증명서류를 제출하여야 한다.

⑤ 발명자가 자신의 발명을 집에서 혼자 실시한 경우 발명자는 신규성을 인정받기 위해 일정 기간 이내에 출원하여야 한다.

042 김발명은 2020년 4월 1일 자신의 발명을 완성하고, 2020년 5월 5일 자신의 발명을 A대학의 공개 세미나에서 논문으로 처음 발표하였다. 그리고 2020년 11월 5일 한국 특허청에 특허출원을 하고 공지예외 규정의 적용을 받았다. 이 경우 김발명이 우선권주장을 인정받으면서 특허를 받으려고 할 때, 미국 특허청에 특허출원을 하여야 하는 기한은?

① 2020년 10월 1일

② 2020년 11월 5일

③ 2021년 4월 1일

④ 2021년 5월 5일

⑤ 2021년 11월 5일

043 명세서 등의 보정에 관한 다음 설명 중 옳은 것의 개수는?

> ㉠ 현행 특허법에 의하면 거절결정의 등본이 출원인에게 송달된 경우, 실체보정을 위해서 거절결정불복심판을 필수적으로 청구하여야 하는 것은 아니다.
> ㉡ 신규사항의 추가 여부는 최초 명세서 또는 도면을 기준으로 판단한다.
> ㉢ 최후거절이유통지에 대응한 보정이 출원서에 최초로 첨부된 명세서 또는 도면에 적혀 있는 사항의 범위 이내면 청구범위를 변경하거나 확장하는 보정을 할 수 있다.
> ㉣ 최후거절이유통지에 대응한 보정에 대해서도 보정각하되는 경우가 있다.

① 1개

② 2개

③ 3개

④ 4개

⑤ 모두 맞다

044 보정제도에 관한 다음 설명 중 옳지 않은 것은?

① 보정에는 출원인 스스로가 자진해서 행하는 자진보정과 특허청장 등의 명령에 의한 보정이 있다.

② 자진보정은 특허출원서에 최초로 첨부된 명세서 또는 도면에 적혀 있는 범위 내에서 명세서 또는 도면을 보정할 수 있다.

③ 보정제도는 선출원주의의 단점을 보완하기 위한 목적도 있다.

④ 특허출원인은 출원이 특허청에 의해 계속 중이라면 언제라도 명세서 또는 도면을 자유롭게 보정할 수 있다.

⑤ 적법한 보정이 이루어진 경우에는 처음부터 보정된 내용대로 출원이 이루어진 것으로 본다.

045 2022년 4월 20일 시행 특허법에 분리출원제도가 새로 도입되었다. 다음 기재된 설명 중 옳은 것의 개수는?

> - 거절결정불복심판의 기각심결을 송달받은 날로부터 30일 이내에 분리출원을 하여야 한다.
> - 등록가능한 청구항을 분리해서 출원함으로써 출원인의 편의를 도모하기 위한 것이다.
> - 새로운 분리출원, 분할출원 또는 실용신안으로 변경출원도 가능하다.
> - 거절결정불복심판청구의 청구 이전에 불필요한 분할출원을 방지하는 효과가 기대된다.
> - 분리출원의 경우 출원일은 원출원일로 소급된다.

① 1개   ② 2개

③ 3개   ④ 4개

⑤ 5개

046 특허거절결정을 받은 자는 거절결정불복심판청구가 기각된 경우 그 심결의 등본을 송달받은 날부터 30일 이내에 그 특허출원의 출원서에 최초로 첨부된 명세서 또는 도면에 기재된 사항의 범위에서 그 특허출원의 일부를 새로운 특허출원으로 분리하는 분리출원을 한 경우 그 분리출원은 원특허출원한 때에 출원한 것으로 본다. 다음 중 분리출원의 청구범위에 기재할 수 있는 청구항으로 적절하지 않은 것은?

① 그 심판청구의 대상이 되는 특허거절결정에서 거절되지 아니한 청구항

② 거절된 청구항에서 그 특허거절결정의 기초가 된 선택적 기재사항을 삭제한 청구항

③ 그 심판청구의 대상이 되는 특허거절결정에서 거절되지 아니한 청구항을 감축한 청구항

④ 청구범위에 명시되어 있지 않지만 최초 명세서 또는 도면에 기재된 발명을 기재한 청구항

⑤ 거절된 청구항에서 그 특허거절결정의 기초가 된 선택적 기재사항을 삭제한 청구항 중 잘못 기재된 사항을 정정한 청구항

047 김발명은 자신이 개발한 A(a, b) 기술을 2020년 1월 1일에 특허출원하였고, 이후에 개량한 기술 B(a, b, c)를 A 특허출원을 기초로 국내우선권주장하였다. 이와 관련해 다음 중 옳지 않은 것은?

① 김발명의 A 특허출원은 2021년 4월 1일자로 취하 간주된다.

② B 출원은 심사 시 a, b, c 모두 판단시점을 2020년 1월 1일로 소급받게 된다.

③ B 출원은 2021년 1월 1일까지 출원하여야 국내우선권주장을 할 수 있다.

④ B 출원은 2021년 5월 1일까지 우선권주장의 보정 및 추가를 할 수 있다.

⑤ B 출원은 2021년 4월 1일까지 우선권주장을 취하할 수 있다.

048 특허의 우선심사제도에 대한 다음 설명 중 옳지 않은 것은?

① 출원공개 후 특허출원인이 아닌 자가 업으로서 특허출원된 발명을 실시하고 있는 경우 우선 심사대상이 된다.

② 벤처기업 확인을 받은 기업의 특허출원은 우선심사대상이 된다.

③ 우리나라에 특허출원을 하고, 이를 기초로 우선권주장을 하여 미국에 출원한 경우 우리나라에 한 특허출원은 우선심사대상이 된다.

④ 출원인이 현재 실시 준비 중에 있는 것도 우선심사대상이 된다.

⑤ 국·공립대학 및 사립대학의 전담조직에 의한 특허출원은 우선심사의 대상이다.

049 특허법의 우선심사제도에 관한 설명과 거리가 먼 것은?

① 적법한 우선심사청구가 있으면 심사청구순위에 관계없이 우선하여 심사한다.

② 심사청구가 없더라도 우선심사신청을 할 수 있다.

③ 출원공개 전이라도 우선심사신청을 할 수 있는 경우가 있다.

④ 대통령령이 정하는 특허출원으로서 긴급 처리가 필요하다고 인정되는 경우에는 우선심사를 신청할 수 있다.

⑤ 대통령령으로 정하는 특허출원으로서 재난의 예방·대응·복구 등에 필요하다고 인정되는 경우에는 우선심사를 신청할 수 있다.

050 심사관은 특허출원에 대하여 직권보정하면서 특허결정할 수 있다. 다음의 직권보정에 대한 설명 중 잘못 기재한 것은?

① 명백히 잘못 기재된 내용이 있으면 직권보정할 수 있다.

② 직권보정은 신규사항이 추가되지 않은 범위 이내에서 할 수 있다.

③ 직권보정을 받아들일 수 없으면 특허료를 낼 때까지 그 직권보정사항에 대한 의견서를 특허청장에게 제출하여야 한다.

④ 직권보정이 신규사항을 추가하거나 명백히 잘못되지 아니한 사항을 직권보정한 경우 그 직권보정은 처음부터 없었던 것으로 본다.

⑤ 직권보정을 하려면 의견제출통지와 함께 그 직권보정사항을 출원인에게 알려야 한다.

051 심사관 김발명은 A 특허출원에 대해 심사를 진행하고 특허거절사유를 발견하지 못해 특허결정을 하였고, 이후 당해 특허출원이 명백한 거절이유를 가지고 있는 것을 발견하였다. 이 경우 심사관이 직권으로 특허결정을 취소하고 재심사하는 제도가 2016년부터 시행되고 있다. 이때 심사관이 직권으로 재심사를 할 수 있는 기간은?

① 특허결정 즉시   ② 설정등록 후
③ 등록공고 이후 언제든지   ④ 특허권 존속기간 동안
⑤ 특허결정 이후 설정등록 전까지

052 다음 중 특허법상 재심사청구제도와 거리가 먼 것은?

① 그 특허출원에 관하여 특허결정의 등본을 송달받은 날부터 특허료 납부에 따른 설정등록을 받기 전까지의 기간에 재심사를 청구할 수 있다.
② 그 특허출원에 관하여 특허거절결정등본을 송달받은 날부터 3개월 이내에 재심사를 청구할 수 있다.
③ 재심사를 청구하기 위해서는 명세서 또는 도면의 보정이 있어야 한다.
④ 재심사청구는 취하할 수 있다.
⑤ 재심사청구가 있는 경우 종전에 이루어진 특허결정 또는 특허거절결정은 취소된 것으로 본다.

053 특허법상 재심사청구에 대한 설명 중 옳은 것은?

① 특허결정등본이 송달된 경우에는 재심사를 청구할 수 없다.
② 재심사에 따른 거절결정이 있는 경우에는 재심사를 청구할 수 있으나, 특허결정이 있는 경우에는 재심사를 청구할 수 없다.
③ 그 특허출원이 분리출원인 경우라도 재심사를 청구할 수 있다.
④ 거절결정불복심판청구가 있는 경우에는 재심사를 청구할 없다.
⑤ 거절결정불복심판에서 환송되었는데 심사관이 다시 거절결정을 한 경우에는 재심사를 청구할 수 없다.

054 출원공개제도란 특별한 사정이 없는 한 출원된 특허를 원칙적으로 공개하는 것을 말한다. 이와 관련해 다음 중 출원공개 및 출원공개의 효과에 관한 내용이 아닌 것은?

① 신기술을 공개하여 기술개발 촉진을 유도할 수 있다.

② 출원이 공개된 이후, 출원인은 출원 발명을 업으로서 무단 실시하는 자에게 서면으로 경고할 수 있다.

③ 타 특허출원의 신규성 및 진보성의 인용 자료로 활용될 수 있다.

④ 동일한 발명을 실시하고 있는 타인에 대하여 특허침해금지청구를 할 수 있다.

⑤ 출원공개할 때 특허출원된 발명의 전체 내용이 공개된다.

055 특허법상의 보상금청구권에 관한 설명으로 옳지 않은 것은?

① 특허출원인은 출원공개가 있은 후 그 특허출원된 발명을 업으로서 실시한 자에게 특허출원된 발명임을 서면으로 경고할 수 있다.

② 출원공개된 발명임을 알고 그 특허출원된 발명을 업으로 실시한 자에게 특허출원인은 보상금의 지급을 청구할 수 있다.

③ 보상금청구권은 특허출원에 대하여 거절결정이 확정되면, 처음부터 없었던 것으로 본다.

④ 보상금청구권은 특허출원에 대하여 등록결정이 있은 후에 행사할 수 있다.

⑤ 특허권자는 보상금청구권과 손해배상청구권을 모두 행사할 수 있다.

056 다음 중 청구항별로 인정될 수 있는 것은?

① 특허출원의 취하   ② 특허출원의 등록결정
③ 설정등록료 납부   ④ 정정심판청구
⑤ 특허권의 이전

057 특허권에 대한 설명으로 옳지 않은 것은?

① 설정등록에 의하여 특허권이 발생한다.

② 특허권은 등록한 국가에서만 효력이 있다.

③ 무체재산권으로서 채권에 준하는 성질만을 갖는다.

④ 점유가 불가하여 침해가 용이하고 그 발견이 어렵다.

⑤ 특허권의 양도 또는 처분은 원칙적으로 가능하다.

058 특허권의 특성과 효력에 관한 설명으로 잘못된 것은?

① 특허권은 권리의 존속기간이 유한하다.
② 특허권은 국가마다 별도의 독립된 권리를 획득하여야 한다.
③ 특허권은 독점·배타적 권리로서 그 권리의 효력이 대세적이다.
④ 동일한 발명에 대해 중복특허가 허용되지 않는다.
⑤ 타인의 특허를 이용한 발명이라도 특허권을 획득한 이상 자유롭게 실시할 수 있다.

059 특허권에 관한 다음 설명 중 옳지 않은 것은?

① 특허권자는 업으로서 그 특허발명을 실시할 권리를 독점한다.
② 업으로서의 실시는 가정적·개인적 실시를 제외한 사업으로서의 실시를 의미한다.
③ 업으로서의 실시는 비교적 작은 규모로 이뤄지는 비영리사업으로서의 실시를 포함하지 않는다.
④ 물건의 생산은 반드시 발명의 완성에 이르는 일관된 행위일 필요는 없고, 물건의 제작 과정 중 일부에 속해도 된다.
⑤ 특허권의 효력이 미치는 인적 범위는 우리나라 내에 있는 자에 대하여는 내·외국인을 불문한다.

060 다음 중 특허권에 대한 설명으로 옳지 않은 것은?

① 특허권은 설정등록료를 납부하여야 설정등록이 완료된다.
② 최초 출원명세서에 포함되어 있지 않은 내용이라면 추후에 보정을 통하여 추가할 수 없다.
③ 특허권은 양도 또는 처분이 가능한 개인의 무체재산권으로서 물권에 준하는 성질을 가진다.
④ 특허협력조약(PCT)에 의하여 대한민국에서의 특허권은 조약 당사국에 효력을 미친다.
⑤ 특허권은 무형의 권리이므로 점유가 불가능하여, 침해가 용이하고 침해의 발견이 어렵다.

061 특허제도에 대한 다음 설명 중 옳지 않은 것은?

① 특허법은 발명을 보호·장려하고 그 이용을 도모하여 기술발전을 촉진하는 것을 목적으로 한다.
② 특허권은 독점·배타적인 재산권이다.
③ 등록된 특허의 존속기간은 출원일로부터 20년이며 그 권리존속기간을 연장할 수 있는 경우는 없다.
④ 특허등록요건에는 주체적, 실체적, 절차적 요건이 있다.
⑤ 동일한 발명이 동일한 날짜에 출원된 경우 당사자 간의 협의에 의하고, 협의가 성립되지 않으면 모두 거절한다.

062 2020년 1월 1일에 출원한 김발명은 2022년 4월 1일에 등록결정서를 송달받았다. 이후 2022년 6월 1일에 등록료를 납부하고, 2022년 8월 1일에 설정등록되었으며, 2022년 9월 1일에 등록공고되었다. 이 경우 특허권의 존속기간 만료일은?

① 2040년 1월 1일

② 2042년 4월 1일

③ 2042년 6월 1일

④ 2042년 8월 1일

⑤ 2042년 9월 1일

063 특허권의 존속기간에 대한 설명으로 옳은 것은?

① 특허권은 등록일로부터 20년이 되는 날까지 존속한다.

② 우선권주장출원의 존속기간은 설정등록일부터 우선권주장출원의 출원일 후 20년까지이다.

③ 분할출원의 존속기간은 설정등록일부터 분할출원일 후 20년까지이다.

④ 변경출원의 존속기간은 설정등록일부터 변경출원일 후 20년까지이다.

⑤ 소정의 경우에 존속기간연장은 최대 10년까지 가능하다.

064 허가 등에 따른 특허권의 존속기간연장등록제도에 대한 다음 설명 중 옳은 것은?

① 하나의 특허에 대하여 복수의 의약품 허가가 있는 경우, 모든 허가에 대해서 연장등록이 가능하다.

② 존속기간연장등록출원은 여러 번 반복하여 할 수 있다.

③ 실시할 수 없었던 기간이 1년 미만인 경우에는 연장등록을 신청할 수 없다.

④ 실용신안법에는 존속기간연장등록제도가 없다.

⑤ 특별한 사정이 있는 경우에는 5년 이상의 기간에 대해 연장등록 신청할 수 있다.

065 특허권 존속기간 만료 직전에 특허발명 제품을 다량생산하여 창고에 보관하여 두었다가 존속기간 만료 후에 판매한 행위를 특허침해로 인정받기 위한 이론이나 원칙은?

① 속지주의 원칙

② 구성요건 완비의 원칙

③ 실시행위독립의 원칙

④ 권리소진 이론

⑤ 균등이론

066   **특허권의 이전에 대한 설명으로 옳지 않은 것은?**

① 특허권은 이전이 가능한 재산권이다.

② 특허권의 이전은 상속 그 밖의 일반승계에 의한 경우를 제외하고는 등록이 효력발생요건이다.

③ 특허권의 이전은 등록을 하지 않으면 효력이 발생되지 않는다.

④ 상속 그 밖의 일반승계에 의한 이전의 경우 그 취지를 특허청장에게 신고하여야 한다.

⑤ 특허권은 청구항별로 분할하여 이전이 가능하다.

067   **특허권의 공유에 대한 설명으로 옳지 않은 것은?**

① 특허권의 공유란 특허권을 2인 이상이 공동으로 소유하는 것을 말한다.

② 특허에 대한 심판을 청구하고자 하는 자는 공유자 모두를 피청구인으로 할 필요는 없다.

③ 공유자 모두는 특별히 약정한 것이 없으면 각자 자유롭게 특허발명을 실시할 수 있다.

④ 공유 특허권의 각 공유자는 다른 공유자 모두의 동의를 받아야만 통상실시권을 허락할 수 있다.

⑤ 특허심판원의 무효심결에 대한 취소소송에서 공유자 각각 소를 제기할 수 있다.

068   **다음 중 특허권에 대한 설명으로 옳지 않은 것은?**

① 특허권이 공유인 경우 특허권의 이전 시 다른 공유자의 동의가 있어야 한다.

② 특허발명을 공동으로 한 경우에는 특허출원도 공동으로 하여야 한다.

③ 특허권이 공유인 경우, 질권 실정에는 다른 공유자의 동의가 있어야 하나, 실시권 실정의 경우에는 그렇지 않다.

④ 각 공유자는 공유특허권에 대해 분할청구를 할 수 있다.

⑤ 특허권이 수용된 경우, 부수적인 권리는 모두 소멸한다.

069 김발명과 이창작은 발명 A의 공동발명자이고 박고도는 제3자이다. 이에 관한 설명으로 옳은 것은?

① 발명 A의 출원 전이라면 김발명은 이창작의 동의 없이도 발명 A에 관하여 자신의 지분을 박고도에게 양도할 수 있다.

② 김발명과 이창작이 공동으로 발명 A를 출원하여 특허등록을 받았다면 김발명은 이창작의 동의 없이 발명 A를 생산·판매할 수 없다.

③ 김발명과 이창작이 공동으로 발명 A를 출원하여 특허등록을 받았다면 김발명은 이창작의 동의 없이 전용실시권은 설정할 수 없으나 통상실시권은 허락할 수 있다.

④ 김발명과 이창작이 공동으로 발명 A를 출원하여 특허등록을 받았다면 김발명은 이창작의 동의 없이 전용실시권을 설정할 수 있다.

⑤ 김발명과 이창작이 공동으로 발명 A를 출원하여 특허등록을 받았다면 김발명과 이창작은 각자의 동의 없이 마음대로 발명 A를 생산·판매할 수 있다.

070 특허 전용실시권에 대한 다음 설명 중 옳지 않은 것은?

① 특허권자는 그 특허권에 대하여 타인에게 전용실시권을 설정할 수 있다.

② 전용실시권자는 그 설정행위로 정한 범위 안에서 업으로서 그 특허발명을 독점적으로 실시할 수 있다.

③ 전용실시권자는 어떠한 경우에도 특허권자의 동의 없이 전용실시권을 이전할 수 있다.

④ 전용실시권자는 특허권자의 동의 없이 그 전용실시권을 목적으로 하는 질권을 설정할 수 없다.

⑤ 전용실시권자는 특허권자의 동의 없이 통상실시권을 설정할 수 없다.

071 전용실시권에 대한 설명으로 옳지 않은 것은?

① 특허권자는 전용실시권을 설정한 범위 내에서는 자신도 실시할 수 없다.

② 전용실시권은 계약에 의해 성립하고, 등록하여야만 효력이 발생한다.

③ 전용실시권 등록은 특허청에 한다.

④ 법정실시권, 허락실시권은 전용실시권에 해당한다.

⑤ 전용실시권자는 단독으로 침해금지청구권을 가진다.

072 다음 중 통상실시권에 대한 설명으로 옳은 것은?

① 통상실시권이 설정된 범위 내에서는 특허권자는 특허발명을 실시할 수 없다.
② 통상실시권은 특허청에 등록을 해야 효력이 발생한다.
③ 통상실시권에 대해서는 반드시 실시료를 지급하여야 한다.
④ 통상실시권자는 단독으로 침해금지청구권을 갖는다.
⑤ 통상실시권은 설정된 범위 내에서 다른 사람에게도 중복해서 설정 가능하다.

073 전용실시권과 통상실시권을 비교한 다음 설명 중 옳지 않은 것은?

① 전용실시권은 등록에 의하여 효력이 발생한다.
② 통상실시권은 계약 또는 법률규정에 의하여 발생한다.
③ 전용실시권자는 침해자에 대해 민·형사적 조치를 취할 수 있다.
④ 통상실시권자는 침해자에 대해 민·형사적 조치를 취할 수 없다.
⑤ 통상실시권의 포기는 등록을 하여야 효력이 발생한다.

074 중소기업에 근무하는 종업원의 직무발명에 대해 중소기업인 사용자 모르게 제3자가 특허를 취득한 경우에 그 사용자가 해당 특허발명에 대해 법적으로 취득할 수 있는 권리는?

① 무상의 법정통상실시권
② 해당 특허권에 대한 전용실시권
③ 유상의 법정통상실시권
④ 공유 특허권
⑤ 계약에 의한 통상실시권

075 다음은 특허법상 통상실시권의 종류를 나열한 것이다. 이 중 올바른 것만 골라 짝지은 것은?

> ㉠ 직무발명에 의한 통상실시권
> ㉡ 국방상 필요에 의한 통상실시권
> ㉢ 우선심사권허여에 의한 통상실시권
> ㉣ 선사용에 의한 통상실시권

① ㉠, ㉡, ㉢
② ㉠, ㉡, ㉣
③ ㉠, ㉢, ㉣
④ ㉡, ㉢, ㉣
⑤ ㉠, ㉡, ㉢, ㉣

076 다음 중 특허권자에게 대가를 지급하지 않는 실시권은?

① 특허료의 추가납부에 의하여 회복한 특허권에 대한 통상실시권
② 무효심판청구등록 전의 실시에 의한 통상실시권
③ 직무발명에 의한 사용자의 통상실시권
④ 특허권과 저촉이 되는 디자인권의 존속기간 만료 후, 디자인권자에게 인정되는 특허법상의 통상실시권
⑤ 질권행사로 인한 특허권의 이전에 따른 통상실시권

077 선사용권에 관한 다음 설명 중 옳은 것은?

① 특허권자에게 실시료를 지급하여야 한다.
② 실시사업과 같이 이전하는 경우에는 특허권자의 동의가 필요 없다.
③ 등록을 하였을 때부터 선사용권의 효력이 발생한다.
④ 선사용에 의한 통상실시권을 목적으로 질권을 설정하는 경우 특허권자의 동의가 필요 없다.
⑤ 선사용권은 그 실시나 준비가 국내뿐 아니라 외국에서 행하여진 경우에도 발생한다.

078 다음 중 질권 설정이 불가능한 실시권은?

① 전용실시권
② 선사용권
③ 직무발명에 의한 사용자의 통상실시권
④ 무효심판청구 등록 전의 실시에 의한 통상실시권
⑤ 재정에 의한 통상실시권

079 강제실시권의 재정요건에 대한 설명으로 옳지 않은 것은?

① 특허발명의 불실시를 이유로 재정을 청구하기 위해서는 정당한 이유 없이 국내에서 계속하여 3년 이상 불실시 중이어야 한다.

② 특허출원일로부터 5년이 경과되어야 특허발명의 불실시를 이유로 한 재정청구가 가능하다.

③ 특허발명의 불실시 또는 불충분 실시를 이유로 재정을 청구하기 위해서는 특허권자와 협의가 성립하지 않아야 한다.

④ 반도체 기술에 대해서는 공공의 이익을 위해 특허 필요한 경우에 비상업적 실시를 전제로 하거나, 불공정거래행위로 판정된 사항을 시정하기 위해 필요한 경우에 재정을 청구할 수 있다.

⑤ 공중보건을 위협하는 질병의 치료의약품을 수출하기 위해 필요한 경우 강제실시권의 재정청구를 할 수 있다.

080 다음 중 특허권자의 의무에 대한 설명으로 옳지 않은 것은?

① 특허권이 공유인 경우에는 각 공유자는 다른 공유자 모두의 동의를 받아야만 그 특허권에 대하여 전용실시권을 설정할 수 있다.

② 특허권자는 소정 기간 내에 특허료를 납부하여야 한다.

③ 특허청장은 특허권자에게 특허발명의 실시 여부 및 규모에 관하여 보고하게 할 수 있다.

④ 재외자는 특허관리인을 선임하여야 한다.

⑤ 특허권자는 반드시 특허발명 제품에 특허표시를 하여야 한다.

081 PCT출원의 장단점에 대한 설명으로 잘못된 것은?

① 특허성의 사전 판단이 가능한 장점이 있다.

② 각 국가 진입 시 비용 이외에 PCT출원비용이 추가되지 않는 장점이 있다.

③ 한 번의 PCT출원을 통해 PCT 가입국 다수국에 동시에 출원일을 인정받을 수 있다.

④ 특허발명의 시장상황을 고려해서 최종적으로 특허를 등록받고자 하는 나라를 선택할 수 있다는 장점이 있다.

⑤ 지정국에 늦게 진입하므로 특허등록이 지연되는 단점이 있다.

082 **PCT국제출원에 관한 설명으로 가장 부적합한 것은?**

① PCT출원을 하는 경우 각국 지정국에 진입하지 않더라도 권리를 행사할 수 있다.

② 현재 한국어로 PCT국제출원이 가능하다.

③ 파리조약을 통한 해외출원에 비하여 지정국에 진입할 수 있는 기간이 길다.

④ 국제예비심사는 모든 국제출원이 아닌 출원인의 선택에 의해 행해지는 임의 절차이다.

⑤ PCT국제출원도 전문이 공개된다.

083 **지식재산의 국제적 보호를 위한 특허협력조약출원을 PCT출원이라고 한다. PCT출원에 대한 설명으로 가장 옳지 않은 것은?**

① PCT가입국의 국민이 소정의 언어로 작성한 국제출원서를 수리관청에 제출함으로 시작된다.

② 국제출원서를 수리관청에 제출한 날을 각 체약국에 정규의 국내출원한 것과 같은 효과를 인정해 주는 제도이다.

③ 국제출원을 할 수 있는 자는 PCT체약국 거주자 또는 국민이나, 예외적으로 파리조약 체약국의 거주자 또는 국민도 총회의 결정에 의하여 국제출원할 수 있다.

④ 지정국의 국내단계에 진입한 후 해당 국가별로 독립적인 절차가 진행된다.

⑤ 한국특허청을 수리관청으로 하는 국제출원은 반드시 한글로 작성하여야 한다.

084 **PCT출원에 대한 설명으로 옳지 않은 것은?**

① PCT출원을 하더라도 소정 기간 이내에 지정국으로 진입하여야 한다.

② 국제출원서는 출원서, 발명의 설명, 청구의 범위, 필요한 도면 및 요약서로 구성된다.

③ 수리관청이란 국제출원을 수리할 수 있는 기관을 말한다.

④ PCT출원 시에는 조약우선권제도의 활용이 불가능하다.

⑤ PCT출원을 한 후 지정국에 진입할 때에는 지정국에서 지정한 번역문을 소정 기간 이내에 제출하여야 한다.

085 PCT국제출원의 국제조사에 대한 다음 설명 중 옳지 않은 것은?

① 모든 국제출원은 국제조사의 대상이 된다.
② 각국 특허청은 국제조사기관에서 행한 조사결과를 활용함으로써 심사부담을 경감할 수 있다.
③ 국제조사보고서에는 신규성, 진보성 등에 대한 예비적이고 구속력이 없는 견해를 표명할 뿐이다.
④ 출원인은 국제조사보고서를 받은 후, 국제출원의 청구범위를 1회만 보정할 수 있다.
⑤ 국제조사보고서는 국제사무국에만 송부하고, 출원인에게는 송부하지 않는다.

086 PCT국제출원의 경우 출원인은 국제조사기관으로부터 송부된 국제조사보고서를 검토한 후 보정할 수 있는데, 이에 대한 설명으로 맞는 것은?

① 청구범위에 대하여 1회 보정할 수 있다.
② 청구범위에 대하여 2회 보정할 수 있다.
③ 청구범위에 대하여 3회 보정할 수 있다.
④ 명세서에 대하여 2회 보정할 수 있다.
⑤ 명세서에 대하여 3회 보정할 수 있다.

087 다음은 PCT출원 절차와 관련된 기관을 연결한 것이다. 이 중 잘못 연결된 것은?

① 국제출원 – 수리관청
② 국제조사 – 국제조사기관
③ 국제예비심사 – 국제예비심사기관
④ 국제공개 – 국제사무국
⑤ 번역문 제출 – 국제사무국

088 특허보호와 관련된 국제조약이 아닌 것은?

① 파리협약
② 특허협력조약
③ TRIPs협정
④ 베른협약
⑤ 부다페스트협정

089 특허의 대상적 범위에 대한 설명으로 옳지 않은 것은?

① 모든 발명이 특허의 대상이 되는 것은 아니다.
② 각 국가별 산업발전의 수준에 따라 특허부여 대상 범위도 차이가 있다.
③ 통상 선진국의 특허허여 대상 범위가 개발도상국보다 넓은 편이다.
④ 특허실체법조약에서 특허대상을 확대하고자 하는 데에 국가 간 이견이 없다.
⑤ WTO/TRIPs협정에서는 국가 사정에 따른 일정 대상의 특허부여 제한을 허용하고 있다.

090 다음은 특허법과 실용신안법을 서로 비교한 것이다. 옳은 것만으로 묶인 것은?

> ㉠ 특허법과 실용신안법은 물품 및 방법을 보호대상으로 하고 있다.
> ㉡ 특허법의 존속기간은 설정등록일로부터 출원 후 20년이며, 실용신안법의 존속기간은 설정등록일로부터 출원 후 10년이다.
> ㉢ 특허출원인은 특허출원을 실용신안등록출원으로 변경할 수 있으나, 실용신안등록출원인은 실용신안등록출원을 특허출원으로 변경할 수 없다.
> ㉣ 실용신안법상 출원고안의 진보성 판단 시 출원고안은 선행기술에 비하여 고도하여야 한다.
> ㉤ 실용신안권자는 정당한 권원 없이 실용신안권의 대상이 되는 물품을 생산·사용·양도·대여·수입하거나 양도 또는 대여의 청약을 하는 행위에 대해서 침해라고 주장할 수 있다.

① ㉡, ㉤   ② ㉡, ㉢
③ ㉠, ㉣   ④ ㉠, ㉡, ㉤
⑤ ㉠, ㉢, ㉣

Part 1

Part 2

Part 3

Part 4

001　다음은 Know-How와 특허제도를 비교한 것이다. 이 중 옳지 않은 것만으로 짝지은 것은?

> ㉠ 특허는 특허부여요건으로 신규성 및 진보성이 갖추어져야 하나, Know-How는 산업상 이용가능성이 구비되어야 한다.
> ㉡ 특허는 존속기간이 유한하나, Know-How는 비밀이 유지되는 한 계속 보호될 수 있다.
> ㉢ 특허는 청구범위에 따라 권리범위의 객관화가 가능하나, Know-How는 권리범위가 불명하다.
> ㉣ 특허는 실체심사요건에 관한 출원등록 등 행정절차가 필요하나, Know-How는 방식심사 등의 행정절차가 필요하다.

① ㉠, ㉡　　　　　　　　　　　② ㉠, ㉢
③ ㉠, ㉣　　　　　　　　　　　④ ㉡, ㉢
⑤ ㉡, ㉣

002　미완성 발명에 대한 다음 설명 중 옳지 않은 것은?

① 미완성인 발명은 특허등록을 받을 수 없다.
② 미완성인 발명은 출원한 후 보정을 통하여 특허등록을 받을 수 있다.
③ 미완성인 발명은 타 출원에 대한 진보성 판단 자료로 활용될 수 있다.
④ 미완성인 발명이 보정에 의하여 신규사항이 추가된 경우에는 심사관은 거절이유를 통지한다.
⑤ 미완성인 발명은 출원한 후 취하할 수 있다.

003　2인 이상이 공동으로 발명한 경우, 다음 설명 중 가장 부적합한 것은?

① 2인 이상이 공동으로 발명한 때에는 특허를 받을 수 있는 권리는 공유이다.
② 3인이 공동으로 발명한 때에는 3인이 공동출원인이 되어야 한다.
③ 2인이 공동으로 출원하여 특허등록을 받은 경우, 각각은 다른 사람의 동의 없이 자유롭게 실시할 수 있다.
④ 특허권이 공유인 경우, 공유자 중 일인은 다른 공유자의 동의 없이도 자신의 지분을 제3자에게 양도할 수 있다.
⑤ 특허권이 2인의 공유인 경우, 공유자 중 일인이 사망하고 상속인이 없는 경우 그 특허권은 나머지 한 사람의 단독소유가 된다.

004 특허를 받을 수 있는 발명만을 골라 묶은 것은?

> ㉠ 의료 기기
> ㉡ 암 수술 방법
> ㉢ 컴퓨터 프로그램 자체
> ㉣ 사람으로부터 채취한 모발을 분석하여 각종 데이터를 수집하는 방법
> ㉤ 백혈병 치료 방법

① ㉠, ㉡   ② ㉠, ㉢
③ ㉡, ㉣   ④ ㉠, ㉣
⑤ ㉡, ㉤

005 다음 설명 중 옳지 않은 것은?

① 의료 기기를 이용하여 인간을 수술하는 방법이나 의약품을 사용하여 인간을 치료하는 방법은 의료행위에 해당하므로, 산업상 이용 가능한 발명으로 인정되지 않는다.

② 대장암의 위치를 정확히 검출하기 위한 기기 및 대장암을 수술하기 위한 의료 기기는 인체를 대상으로 하는 기술로 간주되므로, 산업상 이용 가능한 발명으로 인정되지 않는다.

③ 청구범위에 인간을 대상으로 하는 의료행위를 적어도 하나의 단계 중에 포함하고 있는 방법의 발명은 산업상 이용 가능한 발명으로 인정되지 않는다.

④ 인간으로부터 채취된 혈액, 피부, 세포, 종양, 조직 등을 처리하는 방법이 의료행위와는 분리 가능한 별개의 단계로 이루어진 경우 산업상 이용 가능한 발명으로 인정된다.

⑤ 수술 및 치료하는 방법에 있어서, 인간 이외의 동물에만 한정된다는 사실이 청구범위에 명시되어 있으면 산업상 이용 가능한 발명으로 인정된다.

006 특허법상 신규성에 대한 다음 설명 중 잘못된 것은?

① 신규성 판단 시 청구항에 적혀 있는 발명은 하나의 인용발명과 대비하여야 하며 복수의 인용 발명과 결합해서 대비하여서는 안 된다.

② 특허출원 시 신규성을 만족시켜야 하는 발명은 청구범위에 적혀 있는 발명과 발명의 설명에 기재된 발명이다.

③ 독립항이 신규성이 있다면 종속항도 당연히 신규성이 있다.

④ 청구항에 적혀 있는 발명이 신규성이 없는 경우, 진보성에 대한 판단을 할 필요가 없는 것이 원칙이다.

⑤ 청구항에 적혀 있는 발명이 상위개념으로 표현되어 있고 인용발명이 하위개념으로 표현되어 있는 경우, 청구항에 적혀 있는 발명은 신규성이 없다.

007 특허요건 중 신규성에 관한 설명으로 옳지 않은 것은?

① 전기통신회선을 통한 공개와 관련하여, 특허출원 전에 대통령령이 정하는 전기통신회선을 통하여 공중이 이용가능하게 된 발명만 신규성을 상실한다.

② 신규성 흠결을 이유로 무효심판을 청구하기 위해서 찾은 선행특허는 그 공개일이 무효로 하고자 하는 특허의 출원일보다 앞서면 충분하다.

③ 신규성 흠결을 이유로 무효심판을 청구하기 위해서는 선행특허에 적혀 있는 전체 기술과 무효로 하고자 하는 특허의 청구범위를 비교하여야 한다.

④ 신규성을 상실한 발명에 대해서도 일정한 사유에 해당하는 경우 예외적으로 특허받을 수 있다.

⑤ 조약우선권주장에 의하여 출원된 특허출원의 신규성 판단은 우선권주장의 기초가 되는 출원의 출원 시를 기준으로 한다.

008 청구항에 기재된 발명(AB)의 진보성의 판단에 관한 설명으로 적절하지 않은 것은?

① 발명(AB)에 이를 수 있는 동기가 선행의 인용발명에 기재된 A와 주지기술 B의 결합에 의하여 쉽게 발명할 수 있다는 유력한 근거가 되는 경우에는 진보성이 없을 수 있다.

② 발명(AB)이 선행의 인용발명에 기재된 A와 주지기술 B의 결합으로부터 통상의 기술자의 통상의 창작능력의 발휘에 해당하는 경우에는 진보성이 없다.

③ 발명(AB)의 결합에 의하여 얻어지는 효과가 선행의 인용발명에 기재된 A 및 주지기술 B가 가지고 있는 효과보다 더 나은 효과가 없는 경우에는 진보성이 없다.

④ 발명(AB)이 선행의 인용발명에 기재된 A와 본 특허출원 명세서의 실시예에 기재된 구성요소 B를 전제로 결합하여 통상의 기술자가 쉽게 발명할 수 있는 경우에는 진보성이 없다.

⑤ 발명(AB)의 구성요소 A와 B를 각각 분해하여 선행의 인용발명에 기재된 A와 주지기술 B를 비교하지 않고, 구성요소 A와 B를 유기적 결합에 의한 발명 전체로 대비한 결과, 발명(AB)을 쉽게 발명힐 수 있는 경우에는 진보성이 없다.

009 김발명은 발명 a, b를 발명의 설명에 기재하고 그중 a만을 청구범위에 기재하여 2021년 10월 5일에 특허출원하였다. 이후 김발명의 특허출원은 2022년 4월 5일에 출원공개가 되었고 이후 다른 거절이유가 발견되지 않아 2023년 11월 15일에 김발명은 발명 a에 대해 특허를 취득하였다. 한편, 이창작은 b발명과 동일하지는 않지만 통상의 기술자가 b로부터 쉽게 발명할 수 있는 b'를 완성하여 2022년 2월 15일에 출원하였다. 이창작의 출원발명 b'에 관한 다음 설명 중 옳지 않은 것은? (단, 이창작의 출원발명 b'에 대해서는 본문에서 언급한 거절이유 이외에 다른 거절이유는 없는 것으로 전제한다.)

① 김발명의 출원이 공개되었다 하더라도 이창작의 출원발명 b'는 신규성 상실을 이유로 거절되지는 않는다.

② 이창작의 출원발명 b'는 김발명의 출원명세서에 기재된 발명 중 하나인 b로부터 통상의 기술자가 쉽게 발명할 수 있는 것이므로 이창작의 출원발명 b'는 진보성 상실을 이유로 거절된다.

③ 이창작의 출원발명 b'는 김발명의 출원이 선출원임을 이유로 거절되지는 않는다.

④ 김발명의 출원이 공개된 경우라 하더라도 이창작의 출원발명 b'는 김발명의 출원발명과 동일한 것이 아니므로 확대된 선출원규정이 적용되지 않는다.

⑤ 이창작의 출원발명 b'는 김발명의 출원발명과는 무관하게 특허를 받을 수 있다.

010 다음 사례에 대한 설명 중 옳은 것은?

> 출원인 A는 출원한 특허에 대해 등록결정을 받았고, 2023년 8월 16일 오후 2시에 특허료를 납부하였다. 이후 특허청 내부 절차에 따라 2023년 8월 17일 오후 5시에 특허 등록원부가 특허청 내부에 생성되었으며, 2023년 8월 22일에 등록공고되었다. 출원인 A의 특허는 등록결정 전 공개공보는 공개되지 않았다.
> 출원인 B는 출원인 A와 매우 유사한 발명을 2023년 8월 16일 오후 3시에 출원하였다. 출원인 B의 출원 청구범위는 출원인 A의 청구범위와 선출원주의/확대된 선출원주의에 따른 동일성 문제는 없다.

① 출원인 B의 출원은 출원인 A의 특허료 납부 시점에 설정된 것이며, 이 시점에 공개된 것으로 보아 출원인 A의 출원으로부터 진보성 문제가 있어 특허를 받을 수 없다.

② 출원인 A의 특허는 등록공고 시점에 공개된 것으로 보아, 출원인 B의 특허의 심사 자료로 활용될 수 없다.

③ 특허 등록원부 생성일은 특허청 내부에서 진행되는 행정적 절차이기 때문에 시기를 특정할 수 없어 대상 특허의 공개 시점 기준일로 사용될 수 없다.

④ 출원인 A의 출원은 특허 등록원부 생성 시점에 공지된 것으로 보아, 출원인 B의 특허의 심사 자료로 활용될 수 없다.

⑤ 출원인 A의 특허 공개 여부와 무관하게, 출원인 B의 특허는 출원인 A의 특허와 유사한 특허이기에 특허등록을 받을 수 없다.

011 김발명은 발명의 설명에 A+B+C를 기재하고 청구항에 A+B를 게재하여 X출원을 하였다. 이창작은 김발명의 출원 이후에 C를 청구항에 기재하여 Y출원을 하였다. 이후 김발명은 이창작의 출원 이후에 발명의 설명에 포함된 C를 청구항에 넣어 분할출원 Z를 하였다. 다음 중 옳은 것은?

① 김발명의 분할출원 Z가 이창작의 출원 이후에 공개되면 이창작의 출원 Y는 김발명의 분할출원 'Z'의 소위 확대된 선출원의 지위로 인해 거절이 될 수 있다.
② 김발명의 특허출원이 소위 확대된 선출원의 지위를 가지려면 출원공개가 되어야 한다.
③ 김발명의 분할출원 Z는 특허출원인이 동일하여서 어떠한 경우도 특허를 받을 수 없다.
④ 이창작의 출원은 김발명의 특허출원이 공개되면 특허를 받을 수 있다.
⑤ 정답이 없다.

012 다음 중 특허를 받을 수 있는 발명만을 골라 짝지은 것은?

> ㉠ 도박 용품
> ㉡ 고통을 수반하지 않는 인체의 수술 방법
> ㉢ 순수한 컴퓨터 프로그램 자체
> ㉣ 수치 제어 장치의 가감속 제어 방법
> ㉤ 영구 기관
> ㉥ 천연물이나 과학 원리의 발견

① ㉠, ㉡, ㉢   ② ㉤, ㉥
③ ㉣, ㉥   ④ ㉡, ㉤
⑤ ㉣

013 김발명은 2021년 4월 27일에 [A,B/A]를 명세서에 기재하여 특허출원을 하였고, 2022년 10월 27일에 출원공개되는 한편, 2023년 10월 17일에 등록공고되었다. 한편, 이창작은 2023년 4월 28일에 [A,B,C/A,B,C]를 명세서에 기재하여 특허출원을 하였다. 다음 중 잘못 설명하고 있는 것은? (단 [발명의 설명/청구범위]이다.)

① 이창작의 출원 발명 중 A 발명은 선출원주의 위반이다.
② 이창작의 출원 발명 중 A, B 발명은 신규성 위반이다.
③ 이창작의 출원 발명 중 A, B 발명은 확대된 선출원의 지위 위반이다.
④ 이창작의 출원 발명 중 C 발명은 A, B 발명으로부터 쉽게 생각해 낼 수 있는지 여부를 판단하여야 한다.
⑤ 이창작의 출원은 C 발명이 특허요건흠결이 없다 하더라도 일부 청구항에 거절이유가 있기 때문에 현재의 상태로는 특허를 받을 수 없다.

014 김발명은 2021년 3월 11일 A 발명을 간행물에 발표하였다. 그 후 이창작은 독자적으로 발명한 A를 2021년 6월 5일에 출원하였고, 김발명은 이창작의 출원 이후에 공지예외주장을 하면서 2022년 3월 2일에 A 발명을 출원하였다. 이 경우 특허를 받을 수 있는 대상에 대한 설명으로 가장 부적절한 것은?

① 김발명은 신규성 위반을 이유로 거절되지는 않는다.

② 김발명의 출원 이후에 이창작의 출원이 조기 공개된다면 김발명은 확대된 선출원주의 위반으로 특허를 받을 수 없다.

③ 이창작은 신규성 위반으로 특허를 받을 수 없다.

④ 김발명이 특허등록을 받을 수 있는 경우는 없다.

⑤ 이창작의 출원이 신규성 위반으로 거절결정이 확정되면, 김발명의 출원은 선출원주의 위반이 아니다.

015 김발명은 2021년 1월 1일에 자신이 고안한 A 발명에 대해서 국내 학술대회에서 발표하였고, 이창작은 독자적으로 발명한 A를 2021년 3월 1일에 김발명보다 먼저 출원하였다. 이상의 사실 관계에 비추어 다음 설명 중 옳은 것은?

① 김발명은 국외가 아닌 국내 학술대회에서 A 발명을 발표하여 신규성을 상실하지 않는다.

② 이창작은 김발명보다 먼저 특허출원을 하였더라도 등록을 받을 수 없다.

③ 이창작의 출원이 등록되더라도 이창작의 등록 특허는 무효사유를 가지지 않는다.

④ 김발명이 2022년 1월 1일까지 특허출원을 할 경우 거절되는 경우는 없다.

⑤ 이창작이 A 발명을 적용한 제품을 판매하여 상업적 성공을 이룰 경우, 이창작은 등록받을 수 있다.

016 A는 발명 X에 대한 팸플릿을 2021년 5월 10일에 제작, 배포하고, X를 개량한 X'를 2021년 10월 1일에 특허출원하였다. 한편, A의 출원 전 A의 발명에 대해 모르는 B가 2021년 9월 10일에 X를 특허출원하였다. 이 경우 다음 설명 중 옳지 않은 것은?

① B는 A의 X 발명 공지행위로 신규성이 상실되어 특허를 받을 수 없다.

② A가 공지예외주장을 하면서 X'를 출원하였어도 A가 공개한 X를 인용발명으로 하여 진보성을 부정할 수 있다.

③ A가 출원할 당시 공지예외 규정에 따라 그 취지를 제출하지 않았다면, 이후에 심사과정에서 이를 보정할 수 있다.

④ A는 2021년 10월 1일 특허출원과 동시에 공지예외주장의 취지를 반드시 주장하여야 하는 것은 아니다.

⑤ B의 출원이 공개되는 경우 X와 X'의 동일성이 인정된다면 A는 확대된 선출원주의 위반으로 거절될 수 있다.

017 청구범위제출 유예제도에 관한 설명으로 옳지 않은 것은?

① 청구범위를 적지 않은 명세서로 출원한 출원인은 제3자로부터 심사청구가 있다는 통지를 받은 경우, 출원일부터 6개월이 되는 날까지 청구범위를 적는 보정을 하여야 한다.

② 청구범위가 기재되지 않은 명세서가 첨부된 출원에 대해 출원인이 조기공개신청서를 제출한 경우에는 소명 기회를 준 뒤 조기공개신청서를 반려한다.

③ 국내우선권주장을 기초로 하여 특허출원하면서 청구범위를 적지 아니한 명세서로 특허출원한 경우, 국내우선권주장출원일부터 1년 2개월이 되는 날까지 청구범위를 보정하여야 한다.

④ 특허출원을 하는 경우 청구범위를 적지 않은 명세서를 출원서에 첨부한 특허출원인이 출원일(우선권주장이 있는 경우에는 최선일)부터 1년 2개월이 되는 날까지 청구범위를 적는 보정을 하지 아니하면 당해 출원은 그 기한이 되는 다음날에 취하된 것으로 본다.

⑤ 특허출원인은 청구범위가 적혀 있는 명세서가 제출된 때에 한하여 출원심사를 청구할 수 있으며, 청구범위가 적혀 있지 않은 명세서가 첨부된 출원에 대하여 심사청구가 된 경우에는 소명 기회를 부여한 후 그 심사청구서를 반려할 수 있다.

018 청구범위 기재 방법에 대한 설명으로 옳지 않은 것은?

① 청구범위에 적힌 발명은 명확하고 간결하게 적혀 있어야 하며, 이는 청구항의 기재 자체가 간결한 것을 말하는 것이다.

② 수치한정 발명의 청구항 기재 시 상한과 하한을 명시하여야 하며, "0 내지 10 중량 %"와 같이 0이 포함되면 안 된다.

③ "A 방법에 의해 특정된 물건 B"와 같이 적혀 있는 발명의 경우에, A에 진보성이 있으면 B는 진보성이 없어도 특허를 받을 수 있다.

④ 독립항은 타 청구항을 인용하여 적지 않는 것이 일반적이나, 중복 기재를 방지하기 위하여 인용하는 형식으로 적기도 한다.

⑤ 종속항은 그 종속항과 카테고리(물건이나 방법)가 다른 청구항을 인용할 수 없다.

019 청구범위를 적을 때, 종속항을 적는 방법에 대한 설명으로 옳지 않은 것은?

① 인용되는 청구항은 인용하는 청구항보다 먼저 적혀 있어야 한다.

② "제1항에 있어서, 상기 A는 a를 포함하지 않는 것을 특징으로 하는 A"라고 적혀 있는 청구항은 그 의미가 발명의 설명에 의해 명확히 뒷받침되며 발명의 특정에 문제가 없다고 인정되는 경우 적법하다.

③ 종속청구항의 경우, 인용하는 독립항이 불명료하면 당연히 그 종속청구항도 불명료하다.

④ "제1항 내지 제3항 중 어느 한 항에 있어서"라는 기재 형식은 적법하다.

⑤ 그 자체가 종속청구항인 청구항을 인용하는 종속청구항도 적을 수 있다.

020 한국 특허출원을 위한 청구항 세트에서 문제가 있는 청구항 세트를 모두 고르면?

> ㉠ 【청구항 1】 A, B 및 C를 포함하는 물질 X.
> 【청구항 2】 제1항에 있어서,
> 상기 A는 a1, 또는 a2이며, 바람직하게는 a1인 것을 특징으로 하는 물질 X.
> ㉡ 【청구항 1】 A, B 및 C를 포함하는 물질 X.
> 【청구항 2】 제1항 내지 제3항에 있어서,
> 상기 추가로 D를 더 포함하는 물질 X.
> ㉢ 【청구항 1】 A, B 및 C를 포함하는 물질 X.
> 【청구항 2】 제1항의 물질 X를 포함하는 조성물.
> ㉣ 【청구항 1】 물질 X의 항암 치료제로서의 용도.
> ㉤ 【청구항 1】 A 1 내지 10 중량 %, B 10 내지 20 중량 % 및 C 20 내지 30 중량 %를 포함하는 물질 X.
> 【청구항 2】 제1항에 있어서,
> A는 폴리에틸렌을 주성분으로 하는 것을 특징으로 하는 물질 X.

① ㉠, ㉡, ㉢, ㉣, ㉤　　　　② ㉠, ㉢, ㉣, ㉤

③ ㉠, ㉡, ㉣, ㉤　　　　④ ㉠, ㉡, ㉢, ㉤

⑤ ㉠, ㉡, ㉢, ㉣

021 A는 새로운 관절염 치료제 X에 대한 발명을 완성하였다. A가 출원을 진행하고자 할 때, 다음 설명 중 잘못된 것은?

> ㉠ A는 관절염 치료제 X와 이의 제조 방법을 1특허출원으로 진행할 수 있다.
> ㉡ 발명의 권리범위를 넓게 하기 위하여 X에 포함되는 성분들의 함량 조건을 이중으로 한정해도 무방하다.
> ㉢ X에 포함되는 구체적인 성분 및 함량에 대해서는 종속항에 적을 수 있다.
> ㉣ A는 관절염 치료제 X와 이를 이용한 관절염 치료방법을 1특허출원으로 진행할 수 있다.
> ㉤ 물질에 관한 발명이므로 실용신안등록출원을 진행할 수는 없다.

① ㉠, ㉡, ㉣　　　　② ㉡, ㉣

③ ㉠, ㉢, ㉤　　　　④ ㉠, ㉤

⑤ ㉣, ㉤

022   대학원생인 A는 2023년 5월경에 자신의 연구내용을 학회지에 게재하였다. 대학원생 A가 자신의 연구내용을 특허출원하는 경우 다음 중 옳은 것의 개수는?

> ㉠ 연구내용이 학회지에 게재되어 공개되었으므로 신규성을 상실하였고, 이에 연구내용을 특허출원하여 등록받을 수 있는 방법은 없다.
>
> ㉡ 연구내용이 학회지에 게재되어 공개되었더라도, 1년 이내에 한국에 출원하면서 공지예외 주장을 하면 해당 출원은 신규성을 상실하지 않는다.
>
> ㉢ 연구내용이 학회지에 게재되어 공개되었더라도, 6개월 이내에 한국에 출원하면서 공지예외주장을 하면 해당 출원은 신규성을 상실하지 않는다.
>
> ㉣ 연구내용이 학회지에 게재되어 공개되었으므로 신규성을 상실하였고, 이에 미국에서 등록받을 수 있는 방법은 없다.
>
> ㉤ 연구내용이 학회지에 게재되어 공개되었으므로 신규성을 상실하였고, 이에 일본에서 등록받을 수 있는 방법은 없다.
>
> ㉥ 연구내용이 학회지에 게재되어 공개되었으므로 신규성을 상실하였고, 이에 중국에서 등록받을 수 있는 방법은 없다.

① 0개 ② 1개

③ 2개 ④ 3개

⑤ 4개

023   발명자가 자신의 발명을 출원 전에 공개하는 경우 그 발명은 자신의 공개로 인하여 신규성에 위반되어 특허를 받을 수 없다. 그러나 특허법은 이러한 경우라도 발명자를 보호하기 위해 이를 구제해 주는 제도를 마련하고 있다. 이 제도에 대한 설명으로 잘못된 것은?

① 신규성이 있는 것으로 인정받기 위해서는 자신의 발명을 공개한 날로부터 1년 이내에 출원하여야 한다.

② 국외에서 자신의 발명을 공개한 경우에도 일정 기간 이내에 출원하면 공지되지 아니한 발명으로 본다.

③ 출원과 동시에 그 취지를 적지 않더라도 추후에 보완 수수료를 내고 취지를 적은 서면을 제출할 수 있다.

④ 공지되지 아니한 발명으로 인정받기 위해서는 원칙적으로 특허출원에 그 취지를 적어 출원하여야 하고 출원일로부터 30일 이내에 증명서류를 제출하여야 한다.

⑤ 자신이 공개한 발명과 동일한 발명에 대해서 제3자가 먼저 출원한 경우라도, 자신의 발명에 대해서 출원하면 등록받을 수 있다.

024 김발명은 일본에서 2023년 3월 1일 특허출원한 발명 A를 2023년 11월 1일 한국에 조약우선권주장출원을 하고 현재 한국에서 심사가 진행 중이다. 한편 이창작은 2023년 1월 5일에 간행된 저명한 학술지에 김발명의 발명과 동일한 A 발명을 발표하였고, 2023년 6월 5일 공지예외주장을 하여 한국에 특허출원을 하였다. 다음 중 옳은 것은?

① 김발명은 적법하게 조약우선권주장출원을 하였으므로 이창작의 국내출원 여부에 관계없이 특허를 받을 수 있다.

② 김발명의 국내출원은 이창작의 국내출원보다 출원일이 늦다는 이유로 특허를 받을 수 없다.

③ 이창작의 특허출원은 공지예외주장을 수반하고 있어 출원일이 소급된다.

④ 김발명과 이창작의 특허출원은 모두 특허를 받을 수 없다.

⑤ 정답이 없다.

025 특허출원의 심사는 심사청구순위에 따르나, 일정 요건을 충족하는 경우에는 우선심사신청을 통해 다른 특허출원에 우선하여 심사를 받을 수 있다. 다음 중 우선심사를 신청할 수 있는 요건이 아닌 것은?

① 방위산업분야의 특허출원

② 녹색기술 인증을 받은 특허출원

③ 인공지능 또는 사물인터넷 등 4차 산업혁명과 관련된 기술을 활용한 특허출원

④ 출원인이 실시하고 있거나 실시 준비 중인 특허출원

⑤ 조기공개신청을 한 출원

026 다음 상황에서 김발명이 이용할 수 있는 제도로 가장 바람직한 것은?

> 김발명은 특허출원 직후에 조사를 해본 결과 경쟁회사인 이창작이 특허출원된 자신의 발명과 동일성이 있는 기술을 무단으로 실시하고 있음을 발견하였다. 아직 특허등록이 되려면 요원한 상태에서 김발명은 대책을 강구하고 있다.

① 조기공개신청 및 우선심사제도 활용

② 이의신청제도

③ 침해중지청구권 행사

④ 보상금청구권의 행사

⑤ 조약우선권과 국내우선권주장

027 A가 2020년 4월 10일 특허출원을 하였을 경우, 다음 중 옳지 않은 것은?

> ㉠ 2022년 1월 1일에 특허권이 설정등록된 경우 특허권의 존속기간은 2040년 4월 10일까지이다.
>
> ㉡ 누구든지 2023년 4월 10일까지 심사청구할 수 있다.
>
> ㉢ 특허청장은 2023년 4월 10일이 경과한 때 출원공개를 하여야 한다.

① ㉠

② ㉡

③ ㉠, ㉡

④ ㉠, ㉡, ㉢

⑤ ㉢

028 A는 2019년 3월 6일 인공지능 관련 특허출원을 하였다. 이후 2021년 7월 7일에 특허권이 설정등록되고, 2021년 7월 25일에 등록공고되었다. 이 경우 다음 설명 중 가장 타당한 것은?

① 이 특허출원에 관하여 만약 심사청구가 되어 있지 않았다면, 누구든지 심사청구할 수 있는 기간은 2022년 3월 6일까지이다.

② 이 특허권의 존속기간은 2041년 7월 7일까지이다.

③ 이 특허출원은 미국에 2020년 9월 6일까지 우선권주장을 하여 출원할 수 있다.

④ 이 특허출원은 2020년 3월 6일이 경과한 때에 출원공개된다.

⑤ 이 특허권에 대한 무효심판은 2021년 10월 25일까지 아무나 청구할 수 있다.

029 다음 설명 중 옳지 않은 것만으로 짝지어진 것은?

> ㉠ 발명가의 권리는 헌법에 의하여 보호되지 않는다.
>
> ㉡ 특허권은 상속인이 없을 때 모든 사람이 자유롭게 이용할 수 있다.
>
> ㉢ 특허법상의 발명은 반드시 경제적 이익을 수반한다.
>
> ㉣ 발명자는 특허증에 발명자로 기재될 권리를 가진다.

① ㉠, ㉡

② ㉠, ㉢

③ ㉠, ㉣

④ ㉡, ㉢

⑤ ㉡, ㉣

030 특허권의 효력에 대한 다음 설명 중 옳지 않은 것은?

① 특허권은 특허발명과 동일한 발명을 실시하는 경우 이외에도 효력을 미치는 경우가 있다.

② 특허권이 공유인 경우 다른 공유자의 동의가 없어도 자기 지분의 일부를 양도할 수 있다.

③ 정부는 국방상 필요한 경우 특허권자의 동의 없이 특허권을 수용할 수 있다.

④ 선출원된 타인의 등록디자인을 이용하는 특허권자는 그 디자인권자의 동의 없이 특허발명을 실시할 수 없다.

⑤ 특허발명의 보호범위는 청구범위에 적혀 있는 사항에 의하여 정하여진다.

031 프랑스의 G사는 프랑스, 미국, 한국, 카타르 및 일본에 선박의 프로펠러에 관련된 특허권 P를 가지고 있다. 한국의 D사가 상기 특허권 P를 침해하는 프로펠러를 국내에서 제작하여 장착한 선박 S를 건조하여 카타르에 본사가 있는 가스기업 Q사에 수출하였다. Q사는 위의 선박 S를 카타르에서 수입 및 등록하여 LNG 운반에 이용하였다. 이 경우, 다음 중 옳지 않은 것은? (단, 상기 국가는 모두 파리조약 가입국이다.)

① 한국의 D사가 한국에서 무효심판에 의하여 특허권 P를 무효로 한 경우에도 Q사의 선박수입 행위는 카타르에서의 특허권을 침해할 수 있다.

② 위의 사안에서 만약 D사가 Q사에 선박 S를 수출하기 직전 한국과 카타르에서의 특허권 P의 존속기간이 만료되었다면, G사는 D사에 대하여 한국에서의 특허권침해에 대한 책임을 물을 수 없다.

③ 위의 사안에서 만약 한국의 C사가 G사의 특허권 P가 보호되지 못하는 국가에서 제작된 상기 프로펠러와 동일성 있는 프로펠러를 국내로 수입하고, D사가 이를 C사로부터 구입하여 선박에 장착한 후 건조한 선박을 Q사에 수출한 경우, C사 및 D사 모두 G사의 한국 특허권을 침해한다.

④ Q사의 선박 S가 일본으로 항해하는 중 한국의 영해를 통과하는 경우에는 한국에서의 특허권 P의 침해가 발생하지 않는다.

⑤ 선박 S가 운항 중 태풍을 만나 프랑스에 일시적으로 입항하는 것은 프랑스 특허권의 침해를 구성하지 않는다.

032   특허법상 실시와 거리가 먼 것은?

① 특허발명이 시계라는 물건의 발명인 경우, 그 시계를 판매하기 위하여 전시하는 행위
② 특허발명이 살충제를 제조하는 방법의 발명인 경우, 농부가 그 제조 방법으로 제조한 살충제를 자신의 농장에서 사용하는 행위
③ 특허발명이 영상녹화방법의 발명인 경우, 그 영상녹화방법에만 사용하는 영상녹화장치를 제조하는 행위
④ 특허발명이 의약품의 발명인 경우, 약사법에 따른 의약품의 품목허가를 위한 시험·연구에 그 의약품을 사용하는 행위
⑤ 특허발명이 화합물의 발명인 경우, 발명의 설명에 기재된 그 화합물의 제조 방법과 다른 제조 방법으로 생산된 동일한 화합물을 판매하는 행위

033   공동개발을 통하여 취득한 공유특허권의 경우에 발생하는 제약에 대한 설명으로 옳지 않은 것은?

① 심판을 청구할 때는 공유자 모두가 공동으로 심판을 청구하여야 한다.
② 외국의 특허권의 경우 각국의 법제가 상이하므로 면밀한 검토가 필요하다.
③ 각 공유자는 특약이 없더라도 실시에 따른 수익을 타 공유자에게 배분하여야 한다.
④ 실시권 설정과 지분 양도는 타 공유자의 동의를 얻어야 가능하다.
⑤ 중국의 경우 특약이 없으면 지분 양도나 재실시권 설정에 타 공유자의 동의가 불필요하다.

034   김발명과 이창작이 특허권을 공유한 경우 다음 설명 중 옳지 않은 것은?

① 김발명은 이창작의 동의를 얻지 않고는 전체 지분을 양도할 수 없다.
② 김발명은 이창작의 동의를 얻으면 지분을 목적으로 하는 질권을 설정할 수 있다.
③ 김발명은 이창작의 동의를 얻지 않고 단독으로 적극적 권리범위확인심판을 청구할 수 있다.
④ 김발명은 이창작의 동의를 얻으면 특허권에 대하여 전용실시권을 설정할 수 있다.
⑤ 김발명은 특별한 약정이 없으면 이창작의 동의 없이 특허발명을 실시할 수 있다.

035   다음 중 법정실시권이 아닌 것은?

① 특허료 추가납부에 의하여 회복한 특허권에 대한 통상실시권
② 무효심판청구등록 전의 실시에 의한 통상실시권
③ 재심에 의하여 통상실시권을 상실한 원권리자의 통상실시권
④ 디자인권 존속기간 만료 후의 통상실시권
⑤ 통상실시권허락심판에 의한 통상실시권

036 PCT국제출원에 관한 다음 설명 중 옳지 않은 것은?

① PCT국제출원은 명세서를 한글로 작성하여 출원하는 것이 가능하다.

② PCT국제출원을 하고 심사를 거치면, 국제적으로 통용되는 특허권이 부여된다.

③ PCT국제출원은 한국에 출원한 특허출원에 기초하지 않고 하는 것도 가능하다.

④ 제3국에 특허출원을 한 경우에도, 1년 이내에 그 출원에 기초하여 한국특허청에 PCT출원을 할 수 있다.

⑤ PCT국제출원도 국제공개공보를 통해 공개된다.

037 주식회사 A는 발명 X에 관하여 국내 특허출원을 2020년 7월 1일에 하였고, 해외의 특허권을 확보하려 하고 있다. 이 경우 A의 행동으로 가장 부적합한 것은?

① 2021년 7월 1일 조약우선권을 주장하며, 파리조약에 가입된 국가 중 원하는 나라에 출원한다.

② 2021년 7월 1일 PCT출원을 한다.

③ 대만에만 특허권이 필요한 경우, PCT출원을 한 후 이에 기초하여 대만에 출원한다.

④ 2021년 6월 현재 해외출원이 필요한 나라를 확정하기 어려운 경우에는 PCT출원을 하는 것이 바람직하다.

⑤ A는 2021년 7월 1일 미국에 우선권주장을 하며 출원하고, 이와 동일자에 PCT출원을 한다.

038 특허권과 실용신안권에 관한 다음 설명 중 옳지 않은 것은?

① 특허권은 고도한 발명에 대해 보호를 부여하는 것을 말하며, 실용신안권은 고도한 발명에는 이르지 못하나 보호의 필요성이 있는 고안에 대해 보호를 부여하는 것을 말한다.

② 특허와 실용신안은 자연법칙을 이용한 기술적 사상을 보호한다는 점에서는 동일하다.

③ 특허로서는 진보성을 인정받지 못하는 경우에도, 실용신안으로서의 진보성은 인정받아 등록되는 경우도 있다.

④ 고혈압 치료제에 대해 특허출원을 한 자가 진보성이 없다는 거절이유를 통지받은 경우에는 실용신안등록출원으로 출원을 변경하는 것을 고려해 볼 수 있다.

⑤ 큰 기술은 크게, 작은 기술은 작게 보호한다는 의미에서 실용신안권의 보호기간은 특허권의 보호기간보다 짧다.

Chapter 3 | 디자인제도 및 권리화

STEP 1　난도 ▶ 하　　　　　　　　　　　　정답 및 해설_p.25

001　다음 중 디자인의 성립요건이 아닌 것은?

　　① 물품성　　　　　　　　　　② 형태성
　　③ 시각성　　　　　　　　　　④ 심미성
　　⑤ 진보성

002　디자인의 창작 요점이 물품 자체의 특별한 기능에 기초하여, 그 형태가 변화하고 그 변화가 시각에 의해 감지 가능하며 그 변화의 상태를 용이하게 예측할 수 없는 디자인은?

　　① 일부심사디자인　　　　　　② 동적디자인
　　③ 활동디자인　　　　　　　　④ 변화디자인
　　⑤ 창작디자인

003　다음 중 현행 디자인보호법으로 보호가 어려운 것은?

　　① 아파트　　　　　　　　　　② 글자체
　　③ 인조 나무 모형　　　　　　④ 화면디자인이 표시된 스마트폰
　　⑤ 공중전화 박스

004　디자인의 실체적 등록요건에 포함되지 않는 것은?

　　① 공업상 이용가능성
　　② 신규성
　　③ 창작이 용이하지 않을 것
　　④ 부등록사유에 해당하지 않을 것
　　⑤ 서비스디자인

005 다음 (   ) 안에 들어갈 말로 적절한 것은?

> 삼각형, 원기둥 그 자체, 유명한 자동차의 형상을 그대로 모방한 자동차 완구 등은 디자인보호법상 (   ) 흠결로 등록받을 수 없다.

① 신규성
② 창작비용이성
③ 진보성
④ 공업상 이용가능성
⑤ 선출원주의

006 디자인보호법상 확대된 선출원주의 규정의 적용이 불가능한 경우는?

① 완성품이 선출원, 부품이 후출원인 경우
② 김발명의 완성품이 선출원, 김발명의 부품이 후출원인 경우
③ 전체디자인이 선출원, 부분디자인이 후출원인 경우
④ 한 벌 물품이 선출원, 구성 물품이 후출원인 경우
⑤ 부분디자인이 선출원, 그보다 작은 부분디자인이 후출원인 경우

007 디자인보호법 제34조에 규정된 디자인보호법상의 부등록사유에 해당하지 않는 것은?

① 국기 · 국장 · 군기 · 훈장 · 포장 · 기장 기타 공공기관 등의 표장과 외국의 국기 · 국장 또는 국제기관 등의 문자나 표지와 동일 또는 유사한 디자인
② 디자인이 주는 의미나 내용 등이 일반인의 통상적인 도덕관념 또는 선량한 풍속에 어긋나거나 공공질서를 해칠 우려가 있는 디자인
③ 타인의 업무에 관계되는 물품과 혼동을 가져올 염려가 있는 디자인
④ 물품의 기능을 확보하는 데 불가결한 형상만으로 된 디자인
⑤ 디자인이 그 출원 전에 국내에서 널리 알려진 디자인에 의해 쉽게 창작할 수 있는 경우

008 다음 중 디자인등록출원 시 제출하는 도면에 대한 설명으로 가장 부적합한 것은?

① 디자인등록출원 시 도면을 제출하지 않는 경우도 있다.
② 입체디자인의 경우라도 사시도와 정투상도법에 의한 6면도를 반드시 제출할 필요는 없다.
③ 도면에는 디자인의 대상이 되는 물품명을 기재하지 않아도 무방하다.
④ 도면은 심사대상을 특정하는 역할을 한다.
⑤ 복수디자인등록출원의 경우 도면의 수와 디자인의 수가 일치하여야 한다.

009 다음 중 디자인등록출원에 관한 설명으로 옳지 않은 것은?

① 견본을 제출하는 경우 도면을 함께 제출하여야 한다.
② 입체를 표현하는 도면은 등록받으려는 디자인의 창작내용과 전체적인 형태를 명확히 파악할 수 있도록 1개 이상의 도면을 작성하여야 한다.
③ 도면에는 디자인 창작내용의 요점을 적어야 한다.
④ 부분디자인에서 디자인등록을 받으려는 부분은 실선 또는 이와 상응하는 방법으로 표현할 수 있다.
⑤ 도면에는 디자인대상이 되는 물품을 반드시 적어야 한다.

010 디자인등록출원 시 도면·사진 또는 견본을 첨부하지 않은 경우의 효과에 대한 설명으로 옳은 것은?

① 특허청장은 그 디자인등록출원에 관한 절차를 무효로 할 수 있다.
② 특허청장은 보완기간 부여 후 그 기간 안에 보완을 하지 않으면 그 디자인등록출원을 반려할 수 있다.
③ 심사관은 그 디자인등록출원을 거절결정한다.
④ 심사관은 그 디자인등록출원을 각하결정한다.
⑤ 특허청장은 그 디자인등록출원에 관한 절차를 무효로 하여야 한다.

011 다음 중 디자인등록출원에 관한 설명으로 옳지 않은 것은?

① 디자인등록출원 시 도면 첨부 여부는 방식심사대상이다.
② 디자인등록출원 시 공업상 이용가능성 여부는 실체심사대상이다.
③ 디자인등록출원 시 3D 도면 제출이 가능하다.
④ 디자인등록출원 시 사시도는 필수도면이므로 반드시 제출하여야 한다.
⑤ 글자체 디자인의 경우 한글, 영문자, 기타 외국문자, 숫자, 특수기호 또는 한자 글자체별로 구분하여 각각 출원하여야 한다.

012 다음 중 디자인보호법상 도면의 역할에 대한 설명으로 옳지 않은 것은?

① 출원에 관한 디자인을 특정한다.
② 심사의 대상을 특정한다.
③ 보정 및 분할의 대상을 특정한다.
④ 출원인의 정보를 특정한다.
⑤ 권리범위를 특정한다.

013 디자인보호법에 대한 다음 설명 중 옳지 않은 것만으로 짝지어진 것은?

> ㉠ 특허법과 디자인보호법 모두 출원공개제도를 두고 있다.
> ㉡ 디자인보호법에서는 디자인의 불실시에 대한 제재를 두고 있지 않다.
> ㉢ 디자인보호법에는 조약에 의한 우선권제도가 존재한다.
> ㉣ 디자인일부심사등록출원을 디자인 심사등록출원으로 변경출원할 수 있다.
> ㉤ 디자인보호법에는 디자인권 존속기간연장등록제도를 두고 있다.

① ㉠, ㉡   ② ㉠, ㉢
③ ㉡, ㉢   ④ ㉡, ㉣
⑤ ㉣, ㉤

014 다음 중 디자인권에 관한 설명으로 옳지 않은 것은?

① 디자인권은 설정등록에 의하여 발생한다.
② 디자인권의 존속기간은 디자인권의 설정등록이 있는 날로부터 10년이다.
③ 관련디자인권의 존속기간 만료일은 기본디자인권의 존속기간 만료일과 동일하다.
④ 연구 또는 시험을 하기 위해 등록디자인을 실시하는 경우에는 등록디자인권의 효력이 미치지
  아니한다.
⑤ 물품의 일부에 대해서도 디자인등록을 받을 수 있다.

015 다음 중 디자인제도에서 채택하고 있는 원칙으로 잘못된 것은? (단, 국제디자인등록으로 출
원된 디자인은 제외한다.)

① 1디자인 1출원주의   ② 선출원주의
③ 확대된 선출원주의   ④ 디자인 갱신등록주의
⑤ 복수디자인등록출원주의

016 **다음 중 디자인권의 효력이 미치는 경우는?**

① 디자인등록출원 시부터 국내에 있던 물건
② 국내를 통과하는 데 불과한 선박
③ 연구를 위한 등록디자인의 실시
④ 타인이 무단으로 등록디자인과 유사한 디자인을 그 등록디자인의 대상이 되는 물품과 동일·유사한 물품에 사용하는 경우
⑤ 통상적인 타자, 인쇄 과정에서 디자인등록된 글자체를 사용하는 경우

017 **다음 (   ) 안에 들어갈 단어로 가장 적절한 것은?**

> 디자인권의 존속기간은 디자인권의 (   )이/가 있는 날부터 출원일 후 20년으로 한다.

① 설정등록   ② 출원
③ 심사청구   ④ 출원공개
⑤ 등록공고

018 **다음 중 디자인보호법상 특유의 제도가 아닌 것은?**

① 비밀디자인제도   ② 부분디자인제도
③ 관련디자인제도   ④ 존속기간연장등록출원제도
⑤ 한 벌 물품 디자인제도

019 **다음 중 디자인보호법에 존재하지 않는 제도는?**

① 한 벌 물품 디자인제도   ② 비밀디자인제도
③ 심사청구제도   ④ 일부심사제도
⑤ 관련디자인제도

020   다음 중 복수디자인등록출원에 대한 설명으로 옳지 않은 것은?

① 디자인심사 등록출원은 물론 일부심사등록출원을 할 수 있는 디자인을 대상으로 한다.
② 출원절차상의 불편을 해소하기 위함이다.
③ 복수디자인 중 하나가 등록이 불가하면 나머지 디자인만 부분적으로 등록될 수 없다.
④ 복수디자인등록 후 디자인별로 각각 권리가 발생한다.
⑤ 출원 시 도면은 1디자인별로 분리하여 표현한다.

021   다음 중 디자인등록출원에 관한 설명으로 옳지 않은 것은?

① 디자인등록출원은 1디자인마다 1출원하는 것이 원칙이다.
② 같은 류에 속하는 디자인의 경우에는 100개의 범위 내에서 1디자인등록출원으로 할 수 있다.
③ 복수디자인등록출원을 하고자 하는 자는 기본디자인과 함께 그 기본디자인에 속하는 관련디자인을 출원할 수 있다.
④ 일부심사등록출원의 경우 공업상 이용가능성, 신규성, 창작비용이성 등 소정의 요건을 만족시키고 있는지의 여부만을 심사한다.
⑤ 복수디자인등록출원으로 출원된 디자인 중 일부 디자인에 대한 디자인등록여부의 결정이 가능하다.

022   다음 중 디자인 심사등록출원과 일부심사등록출원에 관한 설명으로 옳지 않은 것은?

① 디자인 일부심사등록출원만이 복수디자인출원이 가능하다.
② 디자인 일부심사등록출원도 출원공개가 가능하다.
③ 디자인 심사등록에 대해서는 이의신청을 할 수 없다.
④ 디자인 일부심사등록출원은 비밀디자인청구가 가능하다.
⑤ 일부심사등록 디자인권에 대하여 무효심판을 청구하는 것이 가능하다.

023 다음 중 관련디자인제도에 대한 설명으로 옳지 않은 것은?

① 디자인권의 권리범위를 넓힐 수 있는 제도이다.

② 본인의 등록디자인 또는 출원한 디자인과 유사한 디자인에 대하여만 이용할 수 있다.

③ 독자적인 무효심판 대상이다.

④ 기본디자인권과 별개로 존속기간이 종료된다.

⑤ 디자인은 물품의 외형에 관한 것이며 모방이 용이하므로 회피설계를 방지하기 위한 제도가 필요하다.

024 디자인보호법상 특유제도인 한 벌의 물품의 디자인에 대한 설명으로 옳지 않은 것은?

① 한 벌의 오디오 세트와 같이 2 이상의 물품이 한 벌 전체로 통일성이 있는 경우 이용할 수 있다.

② 한 벌의 흡연 용구 세트는 건강상 해로우므로 디자인등록의 대상이 되는 한 벌 물품으로 성립될 수 없다.

③ 한 벌의 응접 세트의 경우 이용할 수 있다.

④ 한 벌의 커피 세트의 경우 이용할 수 있다.

⑤ 한 벌의 수영복 세트의 경우 이용할 수 있다.

001 다음 ( ) 안에 들어갈 단어를 순서대로 나열한 것은?

> 디자인법상 디자인이란 물품의 (㉠), (㉡), 색채 또는 이들을 결합한 것으로 시각을 통하여 (㉢)을/를 일으키게 하는 것을 말한다.

① ㉠: 형상 ㉡: 구조 ㉢: 효과
② ㉠: 형상 ㉡: 모양 ㉢: 미감
③ ㉠: 형상 ㉡: 모양 ㉢: 기능
④ ㉠: 형태 ㉡: 구조 ㉢: 효과
⑤ ㉠: 형태 ㉡: 구조 ㉢: 미감

002 디자인등록을 받을 수 있는 권리에 대한 설명으로 옳은 것은?

① 디자인등록을 받을 수 있는 권리는 디자인권의 설정등록이 이루어진 경우 소멸한다.
② 법인의 모든 직원이 공동으로 디자인을 창작한 경우에는 디자인등록을 받을 수 있는 권리의 원시적인 취득자는 그 법인이 된다.
③ 디자인등록을 받을 수 있는 권리가 공유인 때, 각 공유자는 다른 공유자의 동의 없이 자기의 지분을 이전할 수 있는 경우는 없다.
④ 디자인등록출원을 취하하여도 선출원의 지위는 그대로 유지한다.
⑤ 디자인등록을 받을 수 있는 권리가 공유인 때, 각 공유자는 다른 공유자의 동의가 있는 경우에는 자기의 지분에 대하여 질권을 설정할 수 있다.

003 디자인보호법상 물품의 동일·유사 여부에 관한 설명으로 가장 옳지 않은 것은?

① 디자인의 유사성 여부 판단은 전체를 관찰하여 지배적인 특징이 유사하면 세부적인 특징에서 다소 차이가 나더라도 양 디자인은 유사하다고 보아야 한다.
② 연필과 볼펜은 그 물품의 기능상으로 볼 때는 다르지만, 글씨를 쓰는 데 사용되는 필기구로서 용도가 동일하다 할 것이므로 이들 두 물품은 유사 물품이라 할 수 있다.
③ 로카르노 협정에 따른 물품류 중 같은 물품류에 속하는 물품은 동일하거나 유사한 물품으로 간주한다.
④ 비유사 물품인 경우에도 용도상으로 혼용될 수 있는 것은 유사한 물품으로 볼 수 있다.
⑤ 디자인의 유사 여부에 대한 판단 주체는 원칙적으로 일반 수요자를 기준으로 한다.

004 디자인의 유사 여부 판단 중 가장 옳지 않은 것은?

① 디자인의 대상이 되는 물품이 유통과정에서 일반 수요자를 기준으로 혼동의 우려가 있는지 여부로 판단한다.

② 물품에 따라 판단주체의 기준이 되는 일반 수요자는 달라질 수 있다.

③ 디자인을 전체적으로 비교 판단한다.

④ 육안에 의한 관찰과 병행하여 반드시 확대경을 이용하여 관찰하여 판단한다.

⑤ 형상이 다른 경우 원칙적으로 비유사로 판단한다.

005 특허법상 공지예외적용 및 디자인보호법상 신규성 상실의 예외에 대한 설명으로 옳지 않은 것은?

① 이미 공지된 경우라도 일정 요건 만족 시 예외적으로 공지가 안 된 것으로 본다.

② 자기 의사로 신규성을 상실한 경우 공지일로부터 1년 내에 출원하여야 한다.

③ 자기 의사로 신규성을 상실한 경우 원칙적으로 출원과 동시에 취지를 기재한 서면을 제출한다.

④ 자기 의사에 반하여 신규성을 상실한 경우 공지일로부터 6개월 내에 출원하면 된다.

⑤ 신규성 상실의 예외 규정을 적용하여도 선출원주의의 예외에 속하지 않는다.

006 디자인보호법상 신규성 상실의 예외에 관한 설명으로 옳지 않은 것은?

① 디자인을 공개한 후 6개월이 경과하더라도 신규성 상실의 예외를 주장할 수 있다.

② 디자인을 공개한 후 12개월이 경과하면 신규성 상실의 예외를 주장할 수 없다.

③ 디자인등록출원 이후에도 신규성 상실의 예외를 주장할 수 있는 경우가 있다.

④ 디자인권 등록 이후에도 신규성 상실의 예외를 주장할 수 있는 경우가 있다.

⑤ 출원 전에 공개된 디자인이 출원된 디자인과 동일하거나 유사한 디자인이 아니라면, 신규성 상실의 예외를 주장할 필요가 없다.

007 디자인보호법과 관련된 설명으로 옳지 않은 것은?

① 아이스크림의 경우에도 물품의 제조, 운반, 거래 시 일정한 형체를 유지할 수 있는 경우에는 디자인보호법상 물품으로 인정된다.

② 디자인은 물품의 외관으로 권리범위가 협소하므로 충분한 권리보호를 위해 관련디자인제도를 두고 있다.

③ 타이어와 같은 완성품의 부품도 독립된 거래대상이 되는 경우에는 디자인등록 대상의 물품이 될 수 있다.

④ 스마트폰의 액정화면상의 아이콘은 화면디자인이 표시된 액정표시판을 물품의 명칭으로 기재하여 디자인등록받을 수 있다.

⑤ 경주 첨성대와 유사한 형태의 연필꽂이 디자인도 등록받을 수 있다.

008 다음 설명 중 옳지 않은 것은?

① 홍길동이 A디자인을 냉장고 물품을 지정하여 등록한 이후에 김의장이 A디자인을 냉장고와 구 물품을 지정하여 출원하더라도 물품이 비유사하여 선출원주의의 거절이유가 없다.

② 홍길동이 순수미술 분야에 속하는 저작물을 '가방' 물품에 디자인출원할 경우, '가방'은 일부심사물품에 해당하여 공업상 이용가능성은 심사하지 않는다.

③ 홍길동이 저명한 국내기업의 로고를 결합한 A디자인을 출원한 경우 부등록사유에 해당하나, 저명한 국내기업이 자신의 로고를 디자인출원한 경우라면 부등록사유에 해당되지 않는다.

④ 동물박제, 수석 등 자연물을 디자인의 구성주체로 사용한 것은 원칙적으로 공업상 이용가능성이 없다.

⑤ 홍길동은 A디자인을 디자인출원하였으나 비밀디자인청구를 하여 공개되지 않고 등록이 되었다. 홍길동이 침해자에게 사전 경고장을 먼저 보내야 민사상 침해금지청구를 할 수 있다.

009 다음 중 디자인등록출원하여 등록받을 수 있는 가능성이 있는 것만으로 묶인 것은?

> ㉠ 다량생산과 이동이 가능한 공중전화 박스
> ㉡ 63빌딩을 모방한 트로피
> ㉢ 창작한 한 벌의 글자꼴
> ㉣ 표준화된 자동차 타이어의 형상
> ㉤ 샤넬 상표의 모양을 갖는 브로치

① ㉠, ㉢   ② ㉡, ㉢
③ ㉠, ㉡   ④ ㉠, ㉣
⑤ ㉡, ㉤

010 다음 중 디자인권 등록 가능성이 가장 높은 디자인은?

① 미국 대통령 얼굴 형상을 한 마우스
② 태극기의 형상을 한 필통
③ 유엔 마크를 형상화한 핸드폰 케이스
④ 잠자리를 형상화한 넥타이
⑤ 접시 모양으로 된 위성방송수신기용 안테나

011 다음 설명 중 옳지 않은 것은?

① 디자인출원을 하면서 물품란에 '승용차 및 자동차완구'로 기재하였을 경우 1디자인 1출원주의 위반의 거절이유가 있다.
② 홍길동이 A디자인을 출원하면서 물품란에 '승용차 및 자동차완구'로 기재하였으며 디자인등록되었다. 홍길동의 A디자인 등록 이후 김의장은 A디자인을 사용하기 위해서 홍길동의 등록디자인에 대해서 1디자인 1출원주의 위반을 이유로 무효심판을 청구할 수 있다.
③ 디자인출원을 하면서 물품란에 '시계가 부설된 컴퓨터'로 기재하였을 경우에는 1디자인 1출원주의 위반에 해당되지 않는다.
④ 디자인출원을 하면서 물품명에 'LED 전구'로 기재한 경우에는 비록 LED가 외국문자에 해당하나 보통명칭화되고 통상적으로 사용되는 단어에 해당하여 정당한 물품명에 해당한다.
⑤ 홍길동이 컵 손잡이에 부분디자인등록을 하였고, 김의장이 홍길동의 손잡이 부분과 유사한 디자인을 가구 손잡이에 사용하고 있더라도 물품이 비유사하여 침해에 해당되지 않는다.

012 디자인일부심사등록출원에 의한 디자인권의 경우 설정등록이 있는 날부터 이의신청을 할 수 있는 기간은?

① 등록공고 후 15일 이내   ② 등록공고 후 30일 이내
③ 등록공고 후 1개월 이내   ④ 등록공고 후 3개월 이내
⑤ 등록공고 후 6개월 이내

013 홍길동은 2021년 3월에 A캐릭터를 창작하였으나 공개하지 않고 있다가 2022년 2월 4일에 A캐릭터를 블로그에 공개하였다. 홍길동은 2022년 4월에 A캐릭터를 디자인출원하였으며 2022년 11월 4일에 디자인 등록되었다. 홍길동은 디자인 등록 이후 김통상에게 통상실시권을 허여하였다. 다음 설명 중 옳지 않은 것은?

① 홍길동은 제3자에게 통상실시권을 또 허여할 수 없다.
② 홍길동이 디자인권을 포기하기 위해서는 김통상의 동의가 필요하다.
③ 홍길동의 디자인권이 무효심판에 의해서 소멸될 경우 김통상의 실시권도 자동으로 소멸된다.
④ 홍길동은 2022년 2월 4일로부터 1년 이내에 신규성 의제 주장을 할 수 있다.
⑤ 제3자가 A디자인을 실시하더라도 통상실시권자 김통상은 단독으로 손해배상청구를 할 수 없다.

014 디자인 일부심사등록에 관한 설명으로 가장 적합하지 않은 것은?

① 디자인 일부심사등록출원서를 특허청장에게 제출하여야 한다.
② 디자인 일부심사등록을 받을 수 있는 물품은 산업통상자원부령이 정하는 물품에 한한다.
③ 디자인 일부심사등록출원의 경우에도 정보제공이 있는 경우, 그 출원 전에 국내에 공지된 디자인과 유사하다는 이유로 거절결정할 수 있다.
④ 디자인 일부심사등록출원에 대해서는 형식적인 요건만을 심사하고, 하자가 없는 경우 디자인 등록결정하여야 한다.
⑤ 디자인 일부심사등록출원의 경우에도 출원공개 신청을 할 수 있다.

015 현행 디자인보호법에 따를 때, 다음 중 디자인 일부심사등록출원의 경우 심사관에 의해 원칙적으로 심사되는 등록요건만으로 묶인 것은?

> ㉠ 공업상 이용할 수 없는 디자인인지의 여부
> ㉡ 관련디자인과만 유사한 디자인
> ㉢ 선출원된 디자인과 동일하거나 유사한지의 여부
> ㉣ 출원 전 공지된 디자인과 동일한지의 여부

① ㉠
② ㉠, ㉡
③ ㉠, ㉡, ㉢
④ ㉠, ㉡, ㉢, ㉣
⑤ 없다

016 다음 지문과 관련된 설명으로 가장 잘못된 것은?

> 김발명은 컵의 손잡이 부분의 형상을 새롭게 디자인하였다.

① 컵의 손잡이 부분에 관한 창작의 보호를 위해서는 부분디자인제도를 이용하는 것이 바람직하다.
② 김발명은 부분디자인으로 디자인등록출원하는 경우 물품의 명칭은 '컵의 손잡이 부분'으로 하여야 한다.
③ 김발명은 부분디자인으로 출원 시, 제출되는 도면에는 컵의 손잡이 부분은 실선으로 손잡이를 제외한 부분은 파선으로 표시하여 구별한다.
④ 김발명은 컵의 손잡이에 관하여 부분디자인으로 출원하는 경우, 경쟁자가 컵의 손잡이 부분만을 모방한 경우에도 권리행사가 가능하다.
⑤ 김발명은 손잡이 부분을 포함한 전체 컵에 관하여도 디자인등록출원할 수 있다.

017 홍길동은 2023년 1월에 컵 손잡이에 특징이 있는 컵 디자인(A)을 부분디자인출원하였다. 한편, 홍길동의 A 디자인출원 이전인 2022년 4월부터 김의장이 A컵 디자인을 판매하고 있었다. 다음 설명 중 옳지 않은 것은?

① 홍길동의 디자인권은 신규성 위반의 거절이유가 있다.
② 홍길동이 부분디자인을 출원할 때 출원서 및 도면의 물품명에 '컵의 부분'으로 기재할 수 있다.
③ 부분디자인권도 유사범위까지 권리가 미친다.
④ 홍길동은 부분디자인출원 시 부분디자인에 대한 설명을 기재할 수 있다.
⑤ 홍길동은 신규성 상실 예외 주장을 할 수 없다.

018 다음 설명 중 옳지 않은 것은?

① 관련디자인은 기본디자인출원일로부터 3년 이내에 출원하여야 한다.
② 관련디자인은 기본디자인과 유사해야 하며, 기본디자인과 전혀 다르게 보이는 디자인이라면 별개의 디자인출원을 하여야 한다.
③ 글자체디자인은 디자인등록을 받으면 디자인권으로 보호되며, 타자, 조판 또는 인쇄 등의 통상적인 과정에서 글자체를 사용하는 경우에도 효력이 미친다.
④ 중국도 헤이그협정에 가입하였으므로, 국제출원 시 중국을 지정하여 헤이그 국제출원을 할 수 있다.
⑤ 복수디자인등록출원을 하기 위해서는 동일한 물품류에 속하는 디자인이여야 한다.

019 다음 중 관련디자인 일부심사등록출원의 원칙적인 거절이유가 아닌 것은?

① 관련디자인 일부심사등록출원된 디자인이 국내에 그 출원 전 공지된 디자인과 유사한 경우
② 관련디자인으로 등록된 디자인 또는 관련디자인으로 등록출원된 디자인을 기본디자인으로 표시한 경우
③ 기본디자인의 디자인권이 소멸된 경우
④ 관련디자인 일부심사등록출원인이 기본디자인의 디자인권자 또는 기본디자인에 관한 디자인 등록출원인과 다른 경우
⑤ 관련디자인 일부심사등록출원된 디자인이 기본디자인과 유사하지 아니한 경우

020 디자인 특유의 제도에 관한 설명으로 옳지 않은 것은?

① 비밀디자인제도란 출원인의 신청이 있는 경우에 일정 기간 동안 디자인의 내용을 공고하지 않고 비밀로 하는 제도이다.
② 부분디자인제도란 물품의 일부분에 대해서 디자인등록을 허여하는 제도이다.
③ 한 벌 물품 디자인제도란 3 이상의 물품이 한 벌의 물품으로 동시에 사용되는 경우 당해 한 벌 물품이 한 벌 전체로서 통일성이 있는 때에는 1디자인으로 등록받을 수 있는 제도이다.
④ 로봇 강아지의 동작 변화를 도면으로 첨부하면 동적디자인제도를 통해 디자인등록출원을 할 수 있다.
⑤ 디자인 심사대상 물품도 복수디자인등록출원이 가능하다.

021 디자인권의 경제적 활용에 대한 설명으로 옳지 않은 것은?

① 디자인권은 재산권의 일종인바, 경제적 디자인권의 행사를 통하여 경제적 이익을 얻을 수 있다.
② 디자인권의 양도를 통하여 수익을 얻을 수 있다.
③ 디자인권에 대한 실시권을 설정하여 실시권자로부터 실시료를 받을 수 있다.
④ 복수디자인등록된 디자인권은 각 디자인마다 분리하여 이전하여야 한다.
⑤ 기본디자인의 디자인권과 관련디자인의 디자인권은 분리하여 양도할 수 있다.

022 디자인제도에 관한 설명으로 옳지 않은 것은?

① 디자인등록출원 후 출원공개를 신청하지 않으면, 출원디자인은 공개되지 않는다.

② 가방에 관한 디자인을 동시에 20개를 제작한 출원인은 복수디자인등록출원절차를 이용할 수 있다.

③ 디자인권이 등록된 이후에도 필요에 따라 비밀디자인을 청구할 수 있다.

④ 디자인보호법은 심사청구제도는 없지만, 우선심사신청제도는 있다.

⑤ 출원 전에 디자인을 공개할 경우 디자인등록출원 시 특허청에 디자인 공개 사실을 신고하는 절차가 있다.

023 디자인권에 대한 다음 설명 중 잘못된 것은?

① 디자인권은 설정등록일부터 출원일 후 20년이 되는 날까지 유지될 수 있다.

② 키프리스를 이용하면 공개된 디자인을 검색할 수 있다.

③ 디자인출원은 반드시 디자인의 대상이 되는 물품을 특정하여야 한다.

④ 디자인권자는 업으로서 등록디자인 또는 이와 유사한 디자인을 실시할 권리를 독점한다.

⑤ 비밀디자인은 제3자에 의해서도 신청이 가능하다.

024 디자인의 국제적 보호에 관한 설명으로 옳은 것은?

① 우리나라 기업이 미국에 디자인권을 등록받기 위해서는 반드시 한국에 먼저 등록을 받아야 하는 것은 아니다.

② 우리나라에 디자인등록출원을 하고, 그날부터 12개월 이내에 미국에 디자인등록출원을 하면 미국에서는 우리나라의 출원일을 기준으로 심사를 한다.

③ 파리조약에 따른 우선권이 인정되기 위해서는 제1국 출원디자인과 제2국 출원디자인이 실질적으로 유사하여야 하며, 형식까지 동일할 필요는 없다.

④ 한국에 디자인등록출원을 한 후 6개월이 경과하면 미국에서 디자인권을 등록받을 수 있는 경우는 없다.

⑤ 헤이그 국제출원을 통해 디자인권을 확보하면, 전 세계 모든 국가에서 효력을 미칠 수 있다.

STEP 3 난도 ▶ 상　　　　　　　　　　　　　　　　　　　　　정답 및 해설_p.29

001 다음 중 디자인보호법상 디자인의 물품성이 인정되는 물품의 개수는?

> ㉠ 투명한 용기에 담겨 형상과 색채가 특정될 수 있는 칵테일 음료
> ㉡ 찹쌀로 만든 떡
> ㉢ 각설탕
> ㉣ 조각 형상을 따라 만든 사탕
> ㉤ 나비 모양으로 접은 손수건

① 1개　　　　　　　　　　　　② 2개
③ 3개　　　　　　　　　　　　④ 4개
⑤ 5개

002 다음 중 현행법상 디자인권의 대상이 되는 물품을 모두 골라 나열한 것은?

> ㉠ 판화를 인쇄한 달력　　　　　　㉡ 조립가옥
> ㉢ 형상이 연속하는 철사　　　　　㉣ 품종을 개량한 장미꽃

① ㉠　　　　　　　　　　　　② ㉠, ㉡
③ ㉠, ㉡, ㉢　　　　　　　　　④ ㉠, ㉡, ㉢, ㉣
⑤ ㉠, ㉡, ㉣

003 디자인제도에 대한 다음 설명 중 잘못된 것은?

① 디자인보호법은 디자인의 창작을 장려하여 산업발전에 이바지함을 목적으로 한다.
② 디자인과 물품은 불가분의 관계가 원칙이다.
③ 토지에 고정되고 현장시공을 통해 제작되는 건축물도 디자인보호법의 보호대상에 포함된다.
④ 형태를 파악할 수 없는 무체물은 디자인보호법상의 물품으로 인정되지 않는다.
⑤ 디자인등록출원 중 유행성이 강한 일부 물품에 대해서는 일부심사등록제도를 채용하고 있다.

004 디자인 유사 여부에 대한 판단 시 고려하여야 할 사항이 아닌 것은?

① 참신한 디자인일수록 유사의 폭은 넓다.
② 동 종류의 것이 많을수록 유사의 폭은 좁다.
③ 잘 보이는 곳을 위주로 판단한다.
④ 당연히 있어야 할 부분을 위주로 판단한다.
⑤ 기능, 내구력 등은 판단 요소가 아니다.

005 다음 사례에 관한 설명 중 가장 옳은 것은?

> 김발명은 의자에 관한 디자인을 하여 지난달에 있었던 전시회에 출품하였다. 김발명의 디자인이 전시회에서 관람객들의 큰 호응을 얻자, 현재 김발명은 누군가 자신의 의자 디자인을 도용할까봐 두려워하고 있다.

① 김발명은 신규성 상실의 예외를 주장하면서 디자인등록출원을 한다.
② 신규성 상실의 예외 규정을 적용받기 위해서는, 출원 시 전시회 출품 사실의 취지는 물론 이러한 사실을 입증할 수 있는 증명서류를 반드시 함께 내야 하므로, 자료준비로 인해 출원일이 다소 늦추어지더라도 증명서류의 준비가 되면 출원하여야 한다.
③ 김발명은 전시회 출품일로부터 6개월 내에 출원하여야만 한다.
④ 가능한 빨리 출원한 후, 전시회 출품하였다는 취지를 6개월 안에 주장 및 입증한다.
⑤ 전시회 출품에 의해 신규성 상실이 되었으므로 디자인등록을 받을 수 없는바 출원을 포기한다.

006 홍길동은 2019년 3월 4일에 A도면을 포함하여 특허출원을 하였고 2020년 9월 4일에 출원 공개되었다. 홍길동은 2019년 11월 4일부터 A특허발명을 실시하여 제품을 판매하고 있고, 2020년 12월에 A디자인을 디자인출원하였다. 다음 설명 중 옳지 않은 것은?

① 홍길동은 신규성 상실 예외를 주장할 경우 신규성 위반의 거절이유는 극복된다.
② 만약, 김의장이 2020년 9월 3일에 A디자인을 출원할 경우 신규성 위반의 거절이유는 없다.
③ 만약, 홍길동의 디자인출원이 한 벌 물품 디자인권으로 등록될 경우 각 구성물품별로 디자인권을 이전시킬 수 없다.
④ 만약, 홍길동의 디자인이 완성품디자인일 경우 일부 부품을 분할출원하는 것은 허용되지 않는다.
⑤ 만약, 홍길동의 디자인이 한 벌 물품 디자인권으로 등록될 경우 김의장이 구성물품만의 디자인을 실시한다면 한 벌 물품 디자인권 침해에 해당되지 않는다.

007 홍길동은 2022년 1월에 A디자인을 미국에 디자인출원하여 2022년 10월에 미국에서 등록되어 등록공보에 게재되었으나 실시준비만 하고 있고 외부에 실시는 하고 있지 않은 상황이다. 한편, 홍길동은 2023년 3월에 한국에 A디자인을 출원하였다. 다음 설명 중 옳지 않은 것은?

① 홍길동은 한국에 디자인출원할 때 신규성 의제 주장을 할 수 있다.

② 홍길동은 미국 디자인권만 있으므로 국내에서는 디자인권에 침해를 이유로 침해금지청구를 할 수 없다.

③ A디자인은 2022년 10월에 공지된 것으로 본다.

④ 홍길동은 미국출원일로부터 6개월 이내에 우선권주장으로 한국에 디자인출원하였으면 국내 출원일은 미국출원일로 출원일이 소급된다.

⑤ 제4항의 우선권주장을 할 경우 미국 출원디자인과 한국 출원디자인은 실질적으로 동일하여야 한다.

008 디자인권의 효력에 대한 설명으로 옳지 않은 것은?

① 완성품디자인은 전체로서 하나의 디자인권이 발생하지 않고, 부품별로 디자인권이 발생한다.

② 한 벌 물품 디자인의 경우 한 벌 전체로서 하나의 디자인권이 성립한다.

③ 비밀디자인권의 경우 침해행위에 대하여 과실이 추정되지 않는다.

④ 일부심사등록 디자인권자가 타인의 디자인권을 침해한 경우 과실이 있는 것으로 추정한다.

⑤ 복수디자인등록에 관한 디자인권은 한 벌 물품의 디자인권과 달리 각 디자인마다 디자인권이 발생한다.

009 홍길동은 2022년 3월에 A캐릭터를 창작하여 공표하였으며, 2022년 4월 4일에 '인형'을 지정하여 디자인출원을 하였고, 2022년 9월 4일에 디자인등록을 완료하였다. A캐릭터는 선풍적인 인기를 끌어 2023년 1월경에는 국내에서 주지성을 획득하였다. 한편, 김의장은 2023년 2월부터 A캐릭터를 '메달'에 사용하고 있다. 다음 설명 중 옳지 않은 것은?

① 홍길동은 김의장에게 디자인권 침해를 이유로 권리행사가 가능하다.

② 홍길동은 김의장에게 부정경쟁방지법상 부정경쟁행위임을 이유로 권리행사가 가능하다.

③ 2023년 3월 4일에 김의장이 A캐릭터를 '메달'에 디자인출원하더라도 거절될 것이다.

④ 2023년 3월 4일에 홍길동이 A캐릭터를 '메달'에 디자인출원하더라도 신규성 위반으로 거절될 것이다.

⑤ 홍길동의 A 디자인권은 2022년 4월 4일부터 20년간 존속한다.

010 다음 중 디자인일부심사등록출원을 할 수 있는 물품의 개수는?

㉠ 가방(제3류)	㉡ 신발(제2류)
㉢ 피자(제1류)	㉣ 직물(제5류)
㉤ 애완견용 집(제30류)	㉥ 귀걸이(제11류)

① 1개   ② 2개

③ 3개   ④ 4개

⑤ 5개

011 홍길동은 2022년 1월 A캐릭터를 창작하였으나 공개를 하지 않았다. 김의장은 우연하게 홍길동의 캐릭터와 동일한 A디자인을 2023년 2월에 '의류' 물품을 지정하여 디자인출원하였다. 한편, 박침해는 A디자인을 아동복에 디자인적으로 사용하고 있다. 다음 설명 중 옳지 않은 것은?

① 김의장이 지정한 '의류'는 일부심사 물품에 해당하므로 신규성 및 창작비용이성을 심사하지 않는다.

② A캐릭터는 공개되지 않았으므로 김의장의 출원은 신규성 위반의 거절이유는 없다.

③ 만약, 김의장의 디자인출원이 등록될 경우 '의류'와 '아동복'은 유사 물품에 해당하여 김의장은 박침해에게 디자인권 침해를 이유로 권리행사가 가능하다.

④ 홍길동은 저작권 침해를 이유로 박침해에게 권리행사가 가능하다.

⑤ 만약 홍길동이 2023년 3월에 A캐릭터를 일부심사 물품인 '의류'에 디자인출원을 한다면 선출원주의 위반의 거절이유가 통지될 것이다.

012 부분디자인에 대한 설명으로 옳은 것은?

① 하나의 물품 중 핵심적인 부분을 보호받는 제도이므로, 하나의 물품 중 핵심적인 부분이 2 이상 존재하는 경우 이용할 수 없다.

② 양말의 뒤꿈치 부분은 물품은 아니므로 부분디자인으로 보호받을 수 없다.

③ 부분디자인과 전체디자인은 반드시 동일자에 출원하여야 한다.

④ 부분디자인으로 보호받기 위해서는 실선과 파선 등을 표시한 도면을 제출하여야 하며, 사진으로 제출하는 경우에도 보호받고자 하는 부분과 그 이외의 부분을 명확하게 구분하여야 한다.

⑤ 냉장고의 손잡이 부분의 형상과 자동차의 손잡이 부분의 형상이 동일하면, 디자인권 침해로 인정된다.

013 관련디자인에 대한 설명으로 옳은 것은?

① 관련디자인 출원 시 디자인의 대상이 되는 물품에 따라 관련디자인심사등록출원과 관련디자인일부심사등록출원이 구분되는 것은 아니다.

② 관련디자인과만 유사한 디자인은 원칙적으로 관련디자인뿐만 아니라 단독디자인으로도 등록받을 수 없다.

③ 기본디자인의 출원일 이후 3년이 경과하더라도 관련디자인으로 등록받을 수 있다.

④ 기본디자인이 없더라도 관련디자인으로 등록받을 수 있다.

⑤ 기본디자인과 관련디자인은 필요에 따라 각각 분리하여 양도할 수 있다.

014 다음 중 김발명이 이용할 수 있는 디자인보호법상의 제도로서 가장 적합한 것은?

김발명은 주방 도구에 관한 신제품을 개발하였다. 그러나 여러 가지 이유로 인해 제품의 출시는 2~3년 이후가 될 것으로 예상하고 있다. 김발명은 제품 출시 이전에 디자인등록공보가 발행되어 경쟁자들에게 공개되는 것이 바람직하지 않다고 생각하고 있다.

① 관련디자인제도   ② 심사청구유예제도

③ 비밀디자인제도   ④ 등록포기제도

⑤ 디자인 일부심사등록제도

015 현행 디자인보호법상 비밀디자인제도에 관한 설명으로 가장 부적합한 것은?

① 디자인등록출원인은 디자인권의 설정등록일부터 3년 이내의 기간을 정하여 그 디자인을 비밀로 할 것을 청구할 수 있다.

② 디자인등록출원인은 비밀디자인의 청구를 디자인등록출원을 한 날부터 최초의 디자인등록료를 납부하는 날까지 할 수 있다.

③ 출원인의 동의를 받은 자의 청구가 있으면, 비밀디자인의 열람청구가 가능하다.

④ 법원 또는 특허심판원의 청구가 있는 경우, 비밀디자인의 열람청구가 가능하다.

⑤ 비밀디자인을 청구한 출원인은 출원공개신청을 할 수 없다.

Chapter 4 상표제도 및 권리화

STEP 1 난도 ▶ 하   정답 및 해설 _ p.30

001 다음 중 상표의 기능이라 할 수 없는 것은?

① 자타상품 식별기능
② 출처표시기능
③ 문화창달기능
④ 품질보증기능
⑤ 광고선전기능

002 다음 중 상표법의 기본원칙에 해당하는 것끼리 묶인 것은?

㉠ 서면주의   ㉡ 선사용주의
㉢ 무심사주의   ㉣ 심사주의

① ㉠, ㉡
② ㉠, ㉡, ㉢
③ ㉠, ㉢
④ ㉠, ㉣
⑤ ㉠, ㉡, ㉣

003 다음 중 상표법상 상표등록대상이 될 수 있는 표장을 모두 골라 나열한 것은?

㉠ 입체적 형상   ㉡ 색채
㉢ 홀로그램   ㉣ 소리
㉤ 향기

① ㉠
② ㉠, ㉡
③ ㉠, ㉡, ㉢
④ ㉠, ㉡, ㉢, ㉣
⑤ ㉠, ㉡, ㉢, ㉣, ㉤

004   다음 중 상표에 대한 설명 중 가장 옳은 것은?

① 지정상품이 동일·유사하지 않을지라도 상표가 동일·유사한 경우 등록 가능하지 않다.
② 상표법상 상표는 상품의 생산·가공 또는 판매를 업으로 하는 자에 의해서만 등록 가능하다.
③ 상표법은 수요자의 이익 보호보다 산업발전의 이바지를 목적으로 한다.
④ 상표법은 상표권자의 상표 창작에 대한 권리를 보호한다.
⑤ 문자나 기호, 도형뿐만 아니라 동작이나 홀로그램도 상표로 등록할 수 있다.

005   다음 중 상표에 대한 설명으로 옳지 않은 것은?

① 상표법에서는 문자·기호·도형 등 2차원의 평면적인 것만을 상표로 인정하므로 입체상표는 등록받을 수 없다.
② 문자·기호·도형 등을 결합하여 상표로 등록받을 수 있다.
③ 색채상표는 문자·기호·도형 등과 결합하지 않고도 단독으로 사용하여도 등록받을 수 있다.
④ 냄새상표와 소리상표는 모두 우리나라에서 등록받을 수 있다.
⑤ 기호상표는 문자나 부호 등을 간략히 도안화한 상표이다.

006   '보성녹차', '춘천막국수' 등과 같은 상품의 지리적 표시를 보호받을 수 있는 상표법상 표장은?

① 관용표장   ② 보통표장
③ 지리적 표시 단체표장   ④ 서비스표장
⑤ 업무표장

007   다음 중 상표법에서 예시하고 있는 거절이유에 해당하지 않는 것은?

① 보통명칭에 해당하는 상표
② 단순한 지리적 명칭에 해당하는 상표
③ 흔히 있는 성 또는 명칭인 상표
④ 간단하고 흔히 있는 표장으로 구성된 상표
⑤ 상품의 관용적인 명칭에 해당하는 상표

008 다음 제시된 물품과 관련이 있는 것은?

> • ASPRIN(해열제)   • 나일론(직물)
> • caffe latte(커피음료)   • foundation(화장품)

① 업무표장권
② 상표의 보통명칭화
③ 진정상품 병행수입
④ 사용에 의한 식별력의 취득
⑤ 단체표장권

009 다음 중 등록받을 수 있는 상표는?

① 제3자가 출원한 IMF 마크
② 제3자가 출원한 KBS 표장
③ 외설적 문자
④ 사용에 의하여 식별력을 취득한 상표
⑤ negro

010 상표등록 부등록사유에 해당하지 않는 것은? (단, 지정상품이 동종상품임을 전제로 한다.)

① 타인의 선등록상표와 유사한 상표출원
② 자기의 선등록상표와 유사한 상표출원
③ 타인의 선출원상표와 유사한 상표출원
④ 주지된 타인의 선사용상표와 유사한 상표출원
⑤ 저명한 타인의 선사용상표와 혼동가능성이 있는 상표출원

011 상표법 제34조 제1항 제13호(부정한 목적의 상표)에 대한 다음 설명 중 옳은 것의 개수는?

> ㉠ 본 호의 부정한 목적이란 출원인의 주관적 의사로서 출원인의 보호를 위하여 엄격하게 해석하여야 하므로, 법문상 부당한 이익을 얻으려 하거나 특정인에게 손해를 가하려고 하는 경우에 한하여 부정한 목적이 있는 것으로 보아야 한다.
> ㉡ 2007년 개정 상표법은 본 호의 인식도를 완화하여 '특정인의 상품을 표시하는 것이라고 인식'되면 본 호의 인용상표가 될 수 있는 것으로 하였다.
> ㉢ 본 호는 상품면에 있어서는 제한 없이 적용될 수 있다.
> ㉣ 본 호는 상표등록 여부 결정 시를 기준으로 판단하여야 한다.
> ㉤ 이른바 희석화 목적의 출원은 본 호에 해당되지 않는 것으로 본다.

① 1개   ② 2개
③ 3개   ④ 4개
⑤ 5개

012 다음 중 상표등록을 받기 위한 요건에 대한 설명으로 옳지 않은 것은?

① 식별력이 있어야 한다.
② 부등록사유에 해당하지 않아야 한다.
③ 가장 빠른 출원이어야 한다.
④ 창작성이 있는 표장이어야 한다.
⑤ 상표법상 상표에 해당하여야 한다.

013 다음 중 상표출원 또는 신청의 종류에 속하지 않는 것은?

① 상표등록출원   ② 상표등록분할출원
③ 존속기간갱신등록신청   ④ 무심사등록출원
⑤ 지정상품추가등록출원

014 다음 중 상표등록출원에 관한 설명으로 옳지 않은 것은?

① 하나의 출원서에는 하나의 상표만 적어야 되지만, 상품의 개수는 복수가 가능하다.

② 상표등록출원에 대한 심사는 심사청구의 순위에 의한다.

③ 출원인이 출원상표를 지정상품 전부에 사용하고 있거나 사용 준비 중인 것이 명백한 경우에는 다른 출원에 우선하여 심사할 수 있다.

④ 심사관은 상표등록 거절결정을 하고자 할 때에는 출원인에게 거절이유를 통지하고 의견서를 제출할 수 있는 기회를 주어야 한다.

⑤ 하나의 출원서에 상품과 서비스업을 동시에 적는 것도 가능하다.

015 다음 중 상표법상 출원의 보정에 대한 설명으로 옳지 않은 것은?

① 절차상 또는 내용상의 흠결을 치유하는 제도이다.

② 최초 출원의 요지를 변경하지 않는 범위 내에서 한다.

③ 출원상표를 보정할 수 있으나 지정상품은 보정할 수 없다.

④ 상표의 부기적인 부분을 삭제하는 보정은 허용된다.

⑤ 출원인이 자진하여 보정할 수도 있다.

016 상표등록요건 및 절차 등에 대한 다음 설명 중 옳지 않은 것은?

① 우리나라에서 상표가 등록되면 그 효력은 우리나라에만 미친다.

② 상표법에는 이의신청제도는 있으나, 정보제공제도는 없다.

③ 상표법에는 상표등록무효심판뿐만 아니라 상표등록취소심판제도도 마련되어 있다.

④ 상표등록출원은 2인 이상이 공동으로 할 수도 있다.

⑤ 상표법에는 비영리 업무에 대한 식별표지를 보호하기 위한 업무표장제도가 있다.

017 상표법의 손실보상청구권에 관한 설명으로 옳은 것은?

① 손실보상청구권은 서면으로 경고한 후부터 바로 행사할 수 있다.

② 출원공고 전이라도 출원서 사본을 첨부하여 경고할 수 있다.

③ 손실보상청구권을 위한 경고는 출원공고 후에만 가능하다.

④ 서면으로 경고를 하지 않으면 상표권의 설정등록이 있은 후에도 상표권을 행사할 수 없다.

⑤ 상표법상의 손실보상청구권은 마드리드 의정서에 의한 국제출원에 한하여 인정된다.

018 다음 중 상표권과 그 존속기간에 관한 설명으로 맞는 것은?

① 상표권의 존속기간은 설정등록이 있는 날부터 15년이다.
② 상표권의 존속기간은 존속기간갱신등록신청에 따라 갱신할 수 있다.
③ 상표권의 존속기간갱신등록신청의 횟수는 10회로 제한되어 있다.
④ 상표권은 상표출원에 의해 발생한다.
⑤ 상표권은 지정상품마다 분할하여 이전할 수 없는 것이 원칙이다.

019 다음 중 갱신등록이 가능하여 반영구적인 사용이 가능한 것은?

① 특허권   ② 실용신안권
③ 디자인권   ④ 상표권
⑤ 저작권

020 다음 중 상표의 사용행위에 해당하지 않는 것은?

① 상품에 상표를 표시하는 행위
② 상품의 포장에 상표를 표시하는 행위
③ 상품의 포장에 상표를 표시한 것을 양도하는 행위
④ 상품의 포장에 상표를 표시한 것을 보관하는 행위
⑤ 상품의 포장에 상표를 표시한 것을 수출하는 행위

021 다음 중 상표법상 상표의 사용에 해당하는 것만으로 묶인 것은?

㉠ 상표가 표시된 상품을 양도를 위하여 전시
㉡ 상품의 포장에 상표를 표시하여 수출
㉢ 상품을 표시하지 않고 기업광고에 상표를 광고
㉣ 판촉물에 상표를 표시하여 무상으로 배포

---

① ㉠, ㉢   ② ㉠, ㉡
③ ㉡, ㉢   ④ ㉠, ㉣
⑤ ㉢, ㉣

022 다음 중 상표권의 효력에 관한 설명으로 옳지 않은 것은?

① 상표권은 설정등록에 의하여 발생한다.
② 상표권자는 지정상품에 관하여 그 등록상표를 사용할 권리를 독점한다.
③ 상표권자는 정당한 권원 없는 자의 등록상표 사용에 대하여 권리행사를 할 수 있다.
④ 상표권에 대하여 통상사용권이 설정되어 있는 경우에 상표권의 적극적 효력은 제한된다.
⑤ 저촉관계에 있는 타인의 선출원 특허권이 있는 경우에 상표권의 적극적 효력은 제한된다.

023 제3자의 유사표장 사용이 등록상표의 효력제한 사유로 정당화될 수 없는 경우는?

① 자기의 성명을 상거래 관행에 따라 사용하는 방법으로 사용하는 경우
② 자기의 상호를 상거래 관행에 따라 사용하는 방법으로 사용하는 경우
③ 상품의 식별표지로서 사용하는 경우
④ 상품의 산지를 보통으로 사용하는 방법으로 사용하는 경우
⑤ 상품의 기능을 확보하는 데 불가결한 입체적 형상만으로 된 경우

024 상표권에 관한 다음 설명 중 옳지 않은 것은?

① 상표권자는 지정상품에 대하여 그 등록상표를 사용할 권리를 독점한다.
② 상표권에 전용사용권이 설정되어 있는 경우에는 상표권자와 전용사용권자가 함께 해당 상표를 사용할 권리를 독점한다.
③ 상표권에 대하여서도 질권을 설정할 수 있다.
④ 상표권도 재산권이므로 타인에게 양도할 수 있다.
⑤ 상표권의 존속기간은 갱신등록에 의하여 10년씩 갱신된다.

025 다음 (   ) 안에 들어갈 말로 적절한 것은?

> 상표권사는 타인에게 (   )을 설정해 수어 일정 조건에서 상표를 사용하게 할 수 있다.

① 실시권   ② 상표권
③ 사용권   ④ 법정실시권
⑤ 질권

026 강원도에 거주하는 홍길동은 2023년 2월 '하슬라'를 '카페업'에 상표등록하였고, 서울에 거주하는 김상표는 2010년 5월 '하슬라 가배'로 '카페업'에 상호 등록을 하고 아래 제시된 형태로 간판에 사용하고 있으며, 김상표의 '하슬라 가배'는 2020년 주지성을 획득하였다. 다음 설명 중 옳지 않은 것은? (단, 간판 테두리를 전구형태의 장식품으로 둘러싸는 형태는 전국 다수의 카페에서 사용하는 형태임을 전제로 한다.)

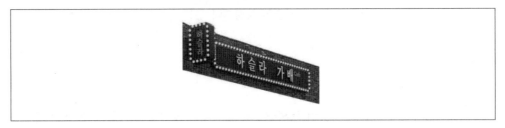

① 홍길동의 '하슬라' 상표등록은 선사용 주지상표 '하슬라 가배'와 유사하여 무효사유가 있다.

② 김상표는 홍길동의 출원 전부터 부정경쟁의 목적 없이 상호를 사용하여 주지성을 획득하였으므로 상표법 제99조 제1항의 선사용권이 인정된다.

③ 홍길동의 등록상표가 무효심판에 의해서 무효 인용심결이 나오더라도 일정 기간 안에 특허법원에 심결취소소송이 가능하다.

④ 김상표가 자기의 상호인 '하슬라 가배'를 사용하고 있더라도 상거래관행에 따라 사용하는 것은 아니므로 상표법 제90조 제1항(자기의 상호 등을 상거래 관행에 따라 사용)에 해당되지 않는다.

⑤ 홍길동의 등록상표는 무효심판에 의해서 무효가 될 경우 소급적으로 소멸된다.

지식재산능력시험 예상문제집

정답 및 해설_p.33

Part 1

Part 2

Part 3

Part 4

STEP 2 난도 ▶ 중

001 다음은 상표법 제1조의 조문이다. (   ) 안에 들어갈 내용이 순서에 맞게 기재된 것은?

> 이 법은 상표를 보호함으로써 상표사용자의 업무상의 (   )를 도모하여 (   )에 이바지함과
> 아울러 수요자의 (   )을 보호함을 목적으로 한다.

① 신용유지, 산업발전, 이익
② 영역확대, 유통발전, 이윤
③ 유통관리, 창작활동, 발명
④ 이익증대, 문화발전, 권익
⑤ 이익증대, 산업발전, 자산

002 다음 중 상표법과 부정경쟁방지법에 관한 설명으로 옳지 않은 것은?

① 상표법은 표장 그 자체의 보호를 궁극적 목적으로 하는 것이 아니다.
② 부정경쟁방지법은 부정경쟁의 방지를 1차 목적으로 한다.
③ 상표법은 자기의 상품과 타인의 상품을 식별하기 위해서 사용하는 표장을 보호대상으로 한다.
④ 부정경쟁방지법은 상품 출처를 표시하는 등록된 상표만을 그 보호대상으로 한다.
⑤ 상표법과 부정경쟁방지법은 서로 중복적으로 적용될 수 있다.

003 상표의 식별력이 강한 순서대로 바르게 나열한 것은?

① 조어상표 − 임의선택표장 − 암시적상표 − 기술적상표 − 보통명칭
② 임의선택표장 − 조어표장 − 기술적표장 − 보통명칭 − 암시적표장
③ 임의선택표장 − 조어상표 − 기술적표장 − 암시적표장 − 보통명칭
④ 조어상표 − 임의선택표장 − 기술적표장 − 암시적상표 − 보통명칭
⑤ 보통명칭 − 기술적상표 − 암시적표장 − 임의선택표장 − 조어상표

004 상표등록요건 판단 시 지정상품과의 관련성에 따라 등록 여부를 다르게 판단할 수 있다. 다음 중 이에 해당하는 거절이유의 개수는?

㉠ 기술적 표장	㉡ 관용표장
㉢ 보통명칭상표	㉣ 현저한 지리적 명칭

① 1개 ② 2개
③ 3개 ④ 4개
⑤ 없음

005 상표권자가 자기의 상표권 관리를 위하여 주의하여야 할 사항이 아닌 것은?

① 타인의 무단사용에 적극적으로 대처하여 상표권의 재산적 가치가 손상되지 않게 할 필요가 있다.
② 아스피린, 나일론 등은 상표였던 것이 관리 소홀로 보통명칭화되어 상표의 효력을 상실한 것이다.
③ 상표를 동사나 소유격으로 사용하는 것이 좋다.
④ 상표사용 시 등록상표라는 표시를 한다.
⑤ 상표선정 시부터 식별력이 있는 상표를 선택한다.

006 상표등록요건에 관한 다음 설명 중 옳지 않은 것은?

① 상품의 성질을 직접적으로 나타내는 이른바 '성질표시상표'는 상표등록을 받을 수 없다.
② ①에 있어서 성질표시상표가 출원인의 사용에 의하여 사용에 의한 식별력을 취득하면 그 식별력을 취득한 상표와 동일 또는 유사한 상표를 사용상품과 동일 또는 유사한 상품에 상표등록 받을 수 있다.
③ 타인의 선등록상표와 상표와 상품이 동일 또는 유사한 후출원상표는 상표등록을 받을 수 없다.
④ ③에 있어서 후출원상표에 대한 심사 중 후출원인이 타인의 선등록상표를 양수받으면 해당 후출원상표는 상표등록을 받을 수 있다.
⑤ 국내 널리 알려진 타인의 주지상표와 유사한 상표를 그 사용상품과 유사한 상품에 출원하면 상표등록을 받을 수 없다.

007 상표의 '식별력'에 대한 설명으로 옳지 않은 것은?

① 사과는 보통명칭이라도 모든 지정상품에 대해 상표등록을 받을 수 없는 것은 아니다.

② 식별력이 없는 표장에 식별력 있는 부분을 결합하여 전체로서 식별력이 있다 하여도 식별력 없는 표장을 포함하는 상표는 상표등록이 불가능하다.

③ 미등록 상표라도 주지해지면 부정경쟁방지법에 의해 보호를 받을 수 있다.

④ 상표의 구성 중 식별력이 없는 부분은 상표 유사판단의 요부가 될 수 없음이 원칙이다.

⑤ 식별력이 없는 상표라도 사용에 의한 식별력을 취득하면 예외적으로 상표등록이 가능한 경우가 있다.

008 다음은 상표의 유사범위 판단에 관한 설명이다. 옳은 것만으로 묶인 것은?

⊙ 상표의 외관, 호칭, 관념을 대비하여 판단한다.

ⓒ 상품의 유사판단과 상표의 유사판단이 함께 고려되어야 침해 판단이 가능하다.

ⓒ 상품의 유사판단 기준은 상품류구분표에 의한다는 것이 대법원의 입장이다.

㉣ 일체불가분적인 결합이라도 분리관찰이 가능하다.

---

① ㉠, ㉡ 　　　　　　　　　② ㉠, ㉢

③ ㉠, ㉣ 　　　　　　　　　④ ㉡, ㉢

⑤ ㉢, ㉣

009 상표의 유사 판단에 대한 설명으로 옳지 않은 것은?

① 상표는 시각적인 요소가 강하므로 출처 혼동을 방지하기 위하여 유사범위까지 보호범위를 확장한다.

② 동일·유사 상표를 동일·유사 상품에 사용할 경우 일반 수요자의 혼동 가능성이 있다고 본다.

③ 거래통념상 상품출처의 혼동가능성이 있는 경우 유사하다고 본다.

④ 전체적으로 명확히 출처의 혼동을 피할 수 있더라도 외관, 호칭, 관념 중 하나가 유사한 경우에 유사 상표라고 한다.

⑤ 문자 상표의 유사 판단 시 호칭은 중요한 역할을 한다.

010 상표는 외관, 호칭, 관념의 면에서 근사하면 유사성이 있다고 본다. 다음 중 상표의 유사성이 가장 낮은 것은?

① HOP – HCP
② 롯데 풍선껌 – 오리온 풍선껌(단, 양 상표의 지정상품은 모두 '껌'임)
③ 白化 – 百化
④ BOBLI – BOB LEE
⑤ SWISS ARMY – SWISS MILITARY

011 상표법상 이의신청제도에 대한 다음 설명 중 옳지 않은 것은?

① 출원공고 후 활용 가능하다.
② 상표가 거절되어야 한다는 취지의 신청이다.
③ 당해 상표와 이해관계가 있는 제3자만이 할 수 있다.
④ 출원공고 후 일정 기간 내에 할 수 있다.
⑤ 특허청에 신청하는 제도이다.

012 홍길동은 '*장보고*' 상표를 비료에 사용 중에 있고 김상표에게 '*장보고*' 비료에 대한 제품 판매 및 광고를 위임하였다. 김상표는 홍길동이 '*장보고*' 상표를 등록하지 않음을 기화로 2022년 12월 4일에 '*장보고*' 상표를 '비료, 의류'에 상표출원하였고 2023년 3월 4일에 출원공고되었다. 설명 중 옳지 않은 것은?

① 홍길동은 김상표의 상표출원에 대해서 2023년 5월 4일까지 이의신청을 할 수 있다.
② 제1항의 이의신청은 누구든지 할 수 있다.
③ 김상표의 출원 중 '비료, 의류' 모두에 대해서 상표법 제34조 제1항 제20호(업무상 거래관계 있는 자의 출원)의 거절이유가 있다.
④ 홍길동은 김상표의 상표출원에 대해서 '정보제공'도 할 수 있다.
⑤ 제4항의 정보제공은 누구든지 할 수 있다.

013 홍길동은 2023년 2월 9일에 A상표를 '과자, 신발' 상품에 출원하였으나, 먼저 출원되어 등록된 김상표의 A'상표(지정상품 '과자')와 유사하다는 이유로 거절이유가 통지되었다. 설명 중 옳지 않은 것은?

① 만약 김상표의 A'상표출원이 거절되었다면 홍길동의 A상표는 등록이 가능하다.
② 홍길동이 '과자' 상품만 삭제보정하면 홍길동의 A상표는 등록이 가능하다.
③ 홍길동이 '과자' 상품을 삭제하지 않으면 출원일체의 원칙상 '신발'도 등록이 안 된다.
④ A'상표권 명의를 홍길동과 김상표 공동명의로 바꾼다고 하더라도 A상표와 A'상표는 '타인' 간의 관계에 해당하여 A출원은 거절된다.
⑤ 김상표의 A'출원이 취하, 포기된 경우에는 출원이 처음부터 없었던 것으로 간주되기 때문에 김상표의 출원은 등록이 가능하다.

014 상표법상 상표권의 내용과 존속기간에 관한 설명으로 옳지 않은 것은?

① 상표권의 갱신등록에 대하여는 별도로 심사하지 않는다.
② 상표권의 존속기간은 10년씩 갱신된다.
③ 상표권자는 등록상표를 변형하여 사용할 수 있다.
④ 상표권자가 등록상표를 3년 이상 사용하지 않으면 상표등록이 취소될 수 있다.
⑤ 상표권의 존속기간갱신등록신청은 존속기간 만료 전 1년 이내에 신청하여야 한다.

015 홍길동은 'A'라는 상표를 '핸드백, 지갑'을 지정상품으로 하여 2021년 3월 6일 상표등록을 받았다. 이러한 상황에서 다음 설명 중 옳지 않은 것은?

① 홍길동의 위 상표등록의 존속기간은 설정등록일(2021. 3. 6.)로부터 10년이다.
② ①의 존속기간은 갱신이 가능하며, 횟수에 제한이 없다.
③ 홍길동이 위 상표를 등록받은 후 'A'라는 등록상표를 'B'로 변경하고자 하는 경우 지정상품추가등록출원을 하여 상표를 변경하여야 한다.
④ 문제에서의 'A'라는 상표가 입체적 형상으로 된 표장인 경우에도 상표등록이 가능하다.
⑤ 홍길동은 위 상표를 등록받은 후 '핸드백'의 등록만을 포기할 수도 있다.

016 다음 중 상표권의 보호기간에 대한 설명으로 잘못된 것은?

① 상표권의 보호기간은 상표권 설정등록일부터 10년까지이다.
② 상표권의 보호기간은 갱신신청에 의하여 10년씩 연장 가능하다.
③ 상표권에 대한 갱신신청은 상표권 존속기간 만료 전 1년 이내 또는 만료 후 6개월 이내에 하여야 한다.
④ 상표권 존속기간 3회 만료 후에는 더 이상 갱신할 수 없다.
⑤ 상표권이 공유인 경우에는 반드시 공유자 모두가 공동으로 상표권의 갱신신청을 하여야 하는 것은 아니다.

017 상표권자의 등록상표권을 침해하는 것은?

① 지정상품의 보통명칭을 보통으로 사용하는 상표
② 현저한 지리적 명칭으로 된 상표
③ 상품의 기능을 확보하기 위하여 필수 불가결한 입체적 형상으로 된 상표
④ 등록상표가 유명해진 후에 타인이 무단으로 그 등록상표와 유사한 표장을 상호로 사용하는 경우
⑤ 적법한 권원을 가진 사용권자의 상표 사용

018 홍길동은 2021년 9월에 '⬤'를 상표등록하였고, 김상표는 2021년 12월부터 '🐘데이터팩토리'를 상표로 사용하였다. 김상표의 상표 사용을 인지한 홍길동은 2022년 6월에 김상표를 상대로 상표권 침해금지소송을 제기하였고, 김상표는 2022년 8월에 '🐘데이터팩토리'를 상표출원하여 2022년 12월 4일에 상표등록을 완료하였다. 다음 설명 중 옳지 않은 것은?
(단, '⬤'과 '🐘데이터팩토리' 상표는 유사한 것을 전제로 한다.)

① 김상표는 2022년 12월 4일에 상표등록이 되었으므로 김상표는 등록상표를 사용한 것이 되어 2022년 12월 4일 이후부터는 홍길동 상표권에 대한 침해에 해당되지 않는다.
② 만약, 김상표가 홍길동의 등록상표의 지정서비스업과 비유사한 서비스업을 사용하고 있다면 상표권 침해에 해당되지 않는다.
③ 홍길동의 상표권은 2021년 9월부터 10년간 권리가 유지되고 10년 뒤에 다시 갱신을 하여 권리를 연장할 수 있다.
④ 홍길동이 2022년 5월에 지정상품추가등록출원을 하여 2023년 3월에 추가등록출원이 등록될 경우, 추가등록한 상표권의 존속기간은 2021년 9월부터 10년간 권리가 유지된다.
⑤ 만약, 김상표의 지정서비스업이 홍길동의 등록상표의 지정서비스업과 유사한 서비스업에 해당한다면 김상표의 등록상표는 상표법 제34조 제1항 제7호(선등록상표와 유사한 상표출원)의 무효사유가 있다.

019 상표권의 이전과 공유에 관한 다음 설명 중 가장 부적합한 것은?

① 상표권은 그 지정상품이 여러 개인 경우, 반드시 모든 지정상품과 함께 이전하여야 한다.
② 상표권이 공유인 경우에는 각 공유자는 다른 공유자 모두의 동의를 얻지 아니하면, 그 지분을 양도하거나 그 지분을 목적으로 하는 질권을 설정할 수 없다.
③ 상표권이 공유인 경우에는 각 공유자는 다른 공유자 모두의 동의를 얻지 아니하면, 그 상표권에 대하여 전용사용권 또는 통상사용권을 설정할 수 없다.
④ 업무표장권은 업무와 함께 양도하는 경우를 제외하고는 양도할 수 없는 것이 원칙이다.
⑤ 단체표장권은 법인 합병의 경우, 특허청장의 허가를 받아 이전하는 경우를 제외하면 이전할 수 없는 것이 원칙이다.

020 다음 중 상표권의 소멸사유가 아닌 것은?

① 상표권자가 사망한 날부터 3년 이내에 상속인이 이전등록을 하지 아니한 경우
② 상표권의 존속기간 만료일 1년 전부터 존속기간 만료 후 6월 이내에 존속기간갱신등록신청을 하지 아니한 경우
③ 특허청장이 직권으로 상표등록을 취소한 경우
④ 후발적 무효사유를 이유로 하는 상표등록의 무효심결이 확정된 경우
⑤ 상표등록취소심판에 의해 취소된 경우

021 다음은 상표에 대한 설명이다. 옳지 않은 것만으로 짝지어진 것은?

> ㉠ 입체적 형상은 상표가 될 수 있다.
> ㉡ 상표가 동일 또는 유사한 경우 지정상품과 다른 상품에 대해서도 상표권의 효력이 미친다.
> ㉢ 등록된 상표를 심판청구일 전 계속하여 3년 이상 국내에서 사용하지 않았다면 취소사유가 된다.
> ㉣ 상표권은 그 지정상품마다 분할하여 이전할 수 있으며, 이 경우 유사한 지정상품을 함께 이전할 필요는 없다.

① ㉠, ㉡   ② ㉠, ㉢
③ ㉠, ㉣   ④ ㉡, ㉢
⑤ ㉡, ㉣

001　다음은 상표의 정의이다. (　　)에 들어갈 내용이 순서대로 나열된 것은?

> 상표법상 상표란 자기의 상품과 타인의 상품을 (㉠)하기 위하여 사용하는 표장을 말하며, 여기에서 표장이란 기호, 문자, 도형, (㉡), (㉢), 입체적 형상, 홀로그램·동작 또는 색채 등으로서 그 구성이나 표현방식에 상관없이 상품의 (㉣)을/를 나타내기 위하여 사용하는 모든 표시를 말한다.

① ㉠ 식별　㉡ 소리　㉢ 촉각　㉣ 출처
② ㉠ 연관　㉡ 맛　　㉢ 냄새　㉣ 성질
③ ㉠ 식별　㉡ 소리　㉢ 냄새　㉣ 출처
④ ㉠ 연관　㉡ 소리　㉢ 촉각　㉣ 성질
⑤ ㉠ 연관　㉡ 맛　　㉢ 냄새　㉣ 출처

002　다음은 상표와 상호의 비교 설명이다. 옳은 것만으로 묶인 것은?

> ㉠ 상표는 문자상표인 경우에 상호로 사용할 수도 있다.
> ㉡ 상호는 인적 표지의 일종이고, 상표는 자타상품을 식별하는 기호이다.
> ㉢ 상표 및 상호 모두 소리, 냄새 등의 비시각적 요소를 사용할 수 있다.
> ㉣ 상표는 등록을 받지 않고도 독점적 권리를 인정받을 수 있다.
> ㉤ 상표 및 상호 모두 제한 없이 전국적인 범위에서의 보호가 가능하다.

① ㉠, ㉢　　　　　　　　　　　② ㉠, ㉡
③ ㉡, ㉣　　　　　　　　　　　④ ㉣, ㉤
⑤ ㉠, ㉣

003 포천막걸리의 '포천', 보성녹차의 '보성'과 같은 지리적 명칭(지명)에 대한 상표법상 취급으로 잘못된 설명은?

① 지리적 명칭 중 지정상품에 대한 '산지'를 나타내는 '산지표시'는 상표등록을 받을 수 없음이 원칙이다.

② 지리적 명칭 중 수요자에게 널리 알려진 '현저한 지리적 명칭'은 상표등록을 받을 수 없음이 원칙이다.

③ 지리적 명칭이라도 상표법상의 '지리적 표시'에 해당하면 '지리적 표시 단체표장'으로 등록받을 수도 있다.

④ 현저한 지리적 명칭은 그 사용으로 인하여 사용에 의한 식별력을 취득하여도 상표등록을 받을 수 없다.

⑤ 우리 상표법에는 '지리적 표시 단체표장'뿐 아니라 '지리적 표시 증명표장' 제도도 있다.

004 홍길동은 '허니버터아몬드'를 '과자'에 상표출원하였고, 김상표는 '오리온 허니버터칩'을 과자에 상표출원하여 등록이 되었다. 다음 설명 중 옳지 않은 것은?

① 홍길동의 '허니버터아몬드'는 과자에 있어서 식별력이 없는 상표에 해당한다.

② 특허청에서 홍길동의 '허니버터아몬드'가 식별력이 있는지의 여부는 출원 시를 기준으로 판단한다.

③ 홍길동의 '허니버터아몬드'가 등록결정 시를 기준으로 '사용에 의한 식별력'(제33조 제2항)을 취득한 경우 상표등록은 가능하다.

④ 김상표의 '허니버터칩' 부분도 과자에 있어서 식별력이 없으므로 제3자가 '허니버터칩'을 사용하더라도 상표권 침해에 해당되지 않는다.

⑤ 적법하게 등록된 상표가 등록 후 식별력을 상실하게 된 경우에는 후발적 무효사유가 된다.

005 김발명은 식별력이 희박한 '종로학원'이라는 표장을 상호 및 상표로 선택하여 상표등록출원을 하였으나 현저한 지리적 명칭에 해당한다는 이유로 상표등록을 받지 못하였다. 그러나 오랜 기간 이를 사용하여 온 결과 현재로서는 수요자인 학생들과 학원업계에 널리 인식된 표장이 되었는데, 이창작이 '천안종로학원'이라는 표장을 무단으로 사용하고 있는 것을 발견하였다. 이에 관한 설명으로 옳지 않은 것은?

① 미등록 상태에서 상표권 침해를 주장할 수는 없다.

② 김발명이 재출원하면서 사용에 의한 식별력취득을 주장하면 등록될 가능성이 있다.

③ 종로학원은 부정경쟁방지법에 의한 보호가 가능하다.

④ 상표법상 보호받지 못하는 표장은 부정경쟁방지법으로도 보호받을 수 없다.

⑤ 김발명이 종로학원에 대해 사용에 의한 식별력을 취득한바, 이창작이 사용하는 천안종로학원과 서로 유사한 표장이라고 볼 수 있다.

006 다음 중 지정상품에 대한 상표를 출원하는 경우, 상표등록 가능성이 가장 높은 것으로 예상되는 것은?

① 지정상품 : 사과   상표 : 달콤
② 지정상품 : 냉장고   상표 : 최신식
③ 지정상품 : 에어컨   상표 : 하늬바람
④ 지정상품 : 의류   상표 : 모시메리
⑤ 지정상품 : 생수   상표 : A777

007 타인의 상표를 동일 또는 극히 유사하게 모방한 이른바 '모방상표'에 대한 상표법상의 취급으로 옳지 않은 것은?

① 상표법에 타인이 먼저 사용한 상표를 모방하여 상표등록출원하였다는 이유만으로 거절한다는 규정은 없다.

② 계약관계를 통하여 타인이 사용 중인 상표임을 알고 이를 동일하게 모방하여 상표등록출원을 하였다면 해당 상표등록출원의 지정상품이 무엇인지 여부와 상관없이 거절된다.

③ 타인의 저명한 상표를 모방하여 그 저명한 상표의 사용상품과 전혀 다른 상품을 지정상품으로 하여 출원한 경우라도 등록이 거절될 수 있다.

④ 국내 또는 외국에서 특정인의 상품을 표시하는 것이라고 인식되어 있는 타인의 상표를 모방하여 그 타인에게 손해를 입히려고 하는 등 부정한 목적으로 상표등록출원한 경우 해당 출원은 거절된다.

⑤ 대법원 판례에 의하면 타인의 상표를 모방하였다는 이유만으로 공서양속에 위반하는 상표(상표법 제34조 제1항 제4호)라고 보는 것은 아니다.

008 SBS 방송사는 2018년부터 골목상권의 활성화를 위해서 유명 세프 '백쉐프'를 진행자로 하여 전국 각지의 골목식당을 찾아서 컨설팅을 해주는 프로그램을 방영하였고, 2021년 10월 이후 해당 프로그램은 유명해졌다. 경북 포항에서 '덮죽식당'을 운영하는 '홍길동'은 덮밥과 죽을 합친 '덮죽'을 창작하여 2022년 11월부터 판매하였고 2023년 1월 4일에 해당 방송에 출연하여 홍길동의 '덮죽'이 유명해졌다. 한편, 김상표는 2023년 2월 20일 '덮죽'을 '식당업'에 상표출원하였다. 다음 설명 중 옳지 않은 것은?

① 김상표의 '덮죽' 출원은 선사용된 홍길동의 유명한 '덮죽'과 유사하여 거절될 것이다.

② 김상표의 '덮죽' 출원상표가 거절된 이후에 홍길동이 '덮죽'을 상표출원하여 등록되었다고 하더라도, 홍길동이 '덮죽'을 상표로 사용하기 위해서는 SBS의 동의를 받아야 한다.

③ 판례상 '덮죽'이라는 명칭은 저작물로 인정되지는 않는다.

④ SBS 또는 백쉐프가 '덮죽'을 상표출원하면 홍길동의 유명한 '덮죽'과 유사하여 거절될 것이다.

⑤ 만약 제3자가 2021년 9월에 '덮죽'을 식당업에 상표출원하여 2022년 5월에 상표등록이 완료되었다면, 홍길동도 '덮죽'을 상표등록받을 수 없다.

009 홍길동은 미국(조약당사국)에 A상표를 상표등록하였고 홍길동의 A상표는 미국에서만 주지성을 획득하였다. 김상표는 홍길동의 A상표가 표기된 상품을 국내에 수입하는 독점판매권자로서, 홍길동의 A상표가 국내에 상표등록이 되어 있지 않음을 기화로 홍길동의 동의 없이 A상표를 국내에 상표출원하였다. 다음 설명 중 옳지 않은 것은?

① 김상표의 상표출원은 상표법 제34조 제1항 제9호(주지상표)의 거절사유가 있다.

② 김상표의 상표출원은 조약당사국에 등록된 상표와 동일하고 홍길동의 동의를 받지 않았으므로 상표법 제34조 제1항 제21호(조약당사국에 등록된 상표와 동일·유사한 상표)의 거절사유가 있다.

③ 김상표의 상표출원은 상표법 제34조 제1항 제13호(주지상표의 부정한 목적 출원)의 거절사유에 해당될 수 있다.

④ 김상표의 상표출원은 상표법 제34조 제1항 제20호(업무상 거래관계 있는 자의 출원)의 거절사유에 해당된다.

⑤ 김상표의 상표출원에 대해서 상기 ①~④의 거절이유가 통지될 경우, 출원인을 '홍길동'으로 변경하면 거절사유가 모두 극복되어 A상표의 상표등록이 가능하다.

010 중국 흑룡강성 지역에 있는 주류 전문 제조회사 '노단자회사'는 2000년 무렵부터 '老坛子'를 상표로 사용하였으며 2015년 무렵에는 중국에 상표 등록을 하였고, 흑룡강성 지역의 저명상표로 인정이 되었다. 노단자회사는 2015년 11월에 '치다' 회사로 상표권은 이전하였으나 영업 일체를 함께 이전하지는 않았다. 한편, '치다'로부터 국내에 '老坛子' 제품을 수입하는 김상표는 '치다'가 국내에 상표등록을 하지 않았음을 알고 2022년 9월에 '老坛子'를 상표출원하여 2023년 3월에 상표등록이 완료되었다. 다음 설명 중 옳지 않은 것은?

① '치다'는 '김상표' 등록상표에 대해서 무효심판을 청구할 이해관계가 있다.

② '김상표'의 등록상표는 상표법 제34조 제1항 제21호(조약당사국에 등록된 상표와 유사한 상표)의 무효사유가 있다.

③ '김상표'의 등록상표는 상표법 제34조 제1항 제20호(업무상 거래관계 있는자의 출원)의 무효사유가 있다.

④ '치다' 회사는 상표권만 이전 받았을 뿐 영업 일체는 이전받지 못하였으므로 '老坛子'의 주지성은 '치다'에게 승계되지 않았다.

⑤ '김상표'의 등록상표는 상표법 제34조 제1항 제13호(주지상표의 부정한 목적 출원)의 무효사유가 있다.

011 다음 설명 중 옳지 않은 것은?

① 국내 유명인 홍길동의 이름과 동일한 상표를 출원한 김상표는 저명한 타인의 명칭을 포함한 상표라는 이유로 거절이유가 통지될 것이나, 홍길동의 상표등록승낙서를 받아서 제출할 경우 해당 거절이유는 극복이 가능하다.

② 홍길동이 A상표를 a상품에 등록한 이후에 동일한 A상표를 a상품에 상표등록한 경우 1상표 1출원주의 위반에 해당하여 무효사유에 해당한다.

③ 현행 니스분류 12판은 34개의 상품류 구분과 11개의 서비스류 구분으로 구성되어 있다.

④ 홍길동과 김상표가 공동으로 상표권을 보유하고 있는 경우, 홍길동은 김상표의 동의를 받지 않으면 전용상표권뿐만이 아니라 통상사용권도 설정할 수 없다.

⑤ 홍길동과 김상표가 공동으로 상표권을 보유하고 있는 경우, 김상표는 홍길동의 동의를 받지 않으면 지분을 양도할 수 없다.

012 A사는 '신사복'을 지정상품으로 하여 'a'라는 상표를 2010년 5월에 출원하였고, 2011년 3월에 등록받았다. 이와 관련하여 다음 설명 중 옳지 않은 것은?

① 상표권의 존속기간은 2021년 3월까지이다.
② A사는 신사복과 유사한 여성복에 대해서는 a 상표를 독점적으로 사용할 수 있다.
③ B사가 a′(a와 유사함) 상표를 신사복과 유사한 여성복에 사용하는 것은 상표권을 침해할 수 있다.
④ B사가 a′(a와 유사함) 상표를 신사복에 사용하는 것은 상표권을 침해할 수 있다.
⑤ A사는 상표권의 존속기간 만료 전 1년 이내에 존속기간갱신등록신청을 하여야 하나, 존속기간이 만료된 뒤에도 6개월 이내에는 추가 수수료를 내고 갱신등록신청을 할 수 있다.

013 상표권의 효력에 관한 다음 설명 중 옳지 않은 것은?

① 상표권자는 지정상품에 대하여 등록상표를 독점적으로 사용할 수 있는 적극적인 권리와 제3자가 자신의 등록상표와 동일·유사한 상표를 동일·유사한 상품에 사용하는 것을 금지할 수 있는 소극적인 권리를 가진다.
② 등록상표의 지정상품 또는 그 지정상품의 포장의 기능을 확보하는 데 불가결한 형상, 색채, 색채의 조합, 소리 또는 냄새로 된 상표에는 등록상표권의 효력이 미치지 않는다.
③ 상표법 제90조는 상표권의 효력의 범위가 제한될 등록상표의 요건에 관한 규정이다.
④ 등록상표의 지정상품과 동일 또는 유사한 상품의 보통명칭·산지·품질·원재료·효능 등을 보통으로 사용하는 방법으로 표시하는 상표에는 등록상표권의 효력이 미치지 않는다.
⑤ 지리적 표시 등록단체표장의 지정상품과 동일하거나 동일하다고 인식되어 있는 상품에 대하여 관용하는 상표에는 지리적 표시 단체표장권의 효력이 미치지 않는다.

014 홍길동은 부산에서 2010년부터 자기의 상호 A를 a서비스업에 사용하고 있으며, 2017년 2월 경에 부산에서의 체인점이 10개까지 늘었다. 이에 전국적으로 알려지지는 않았으나 부산지역 에서 A상호는 홍길동의 출처로 알려지게 되었다. 김상표는 홍길동이 A상표를 상표등록하지 않은 것을 알고 2019년 1월에 A를 a서비스업에 상표출원하여 2020년 1월에 상표등록을 받았으며, 서울지역에서 A상표를 a서비스업에 사용 중에 있다. 다음 설명 중 옳지 않은 것은?

① 홍길동이 자기의 상호를 상거래 관행에 따라 사용하고 있다면, 김상표가 홍길동에게 상표권 침해를 이유로 권리행사를 하더라도 효력제한사유에 해당하여 상표권 침해에 해당되지 않을 수 있다.

② 홍길동은 상표법 제99조 제1항의 '선사용권'이 있으므로 A상호를 계속적으로 사용할 수 있다.

③ 제3자 '박침해'가 A를 a서비스업에 사용할 경우 홍길동은 상표권이 없으므로 부정경쟁방지법 상 권리행사는 할 수 없다.

④ 김상표는 등록상표를 등록서비스업에 사용 중에 있으므로 홍길동이 김상표에게 불사용취소 심판을 청구하더라도 김상표의 등록상표는 취소되지 않는다.

⑤ 김상표의 상표권이 존속하고 있는 현시점에서 홍길동이 A상표를 a서비스업을 지정하여 출원 할 경우, 김상표의 선등록상표와 유사하다는 이유로 거절될 것이다.

015 **상표권의 효력에 관한 다음 설명 중 옳지 않은 것은?**

① 상표권의 효력 중 상표권자 자신이 등록상표를 사용할 수 있는 이른바 '적극적 효력'은 등록상 표와 동일성이 인정되는 범위에 한한다.

② 상표권의 효력 중 타인의 사용을 배제할 수 있는 이른바 '소극적 효력'은 등록상표와 동일범위 뿐만 아니라 유사범위까지 인정된다.

③ 상표권은 재산권의 일종으로서 상표권에 대한 질권 설정이 가능하다.

④ 대법원 판례에 따르면, 후출원 등록상표에 의한 선출원 등록상표의 침해는 후출원 등록상표 가 적법한 절차에 따라 등록무효의 심결이 확정되었음에도 불구하고 그 후 후출원 등록상표권 자가 선출원 등록상표와 동일 또는 유사한 상표를 그 지정상표가 동일 또는 유사한 상표에 사용한 때 비로소 성립한다.

⑤ 후발적 무효사유를 제외한 원시적 무효사유에 의하여 제기된 상표등록무효심판에서 상표등 록을 무효로 하는 심결이 확정되면 그 상표권은 처음부터 없었던 것으로 본다.

Chapter 5 저작권제도

STEP 1 난도 ▶ 하 정답 및 해설_ p.36

001 저작물로서 성립할 수 없거나 저작권 보호대상에서 배제되는 것이 아닌 것은?

① 서적의 제호
② 포르노 동영상
③ 타이프페이스(글자체)
④ 기암괴석
⑤ 판결문

002 다음은 응용미술저작물에 대한 정의규정이다. (   ) 안에 들어갈 말이 바르게 짝지어진 것은?

> "응용미술저작물"은 물품에 동일한 형상으로 복제될 수 있는 미술저작물로서 그 이용된 물품과 구분되어 (   )을 인정할 수 있는 것을 말하며, (   ) 등을 포함한다.

① 독자성 − 디자인
② 분리성 − 복제물
③ 독자성 − 실용품
④ 분리성 − 디자인
⑤ 분리성 − 실용품

003 다음 중 편지의 저작물성에 대한 설명으로 옳은 것은?

① 단순한 문안 인사에 불과한 편지도 저작권 보호대상이다.
② 자신의 감정이나 사상을 표현한 편지는 저작권의 보호대상이 아니다.
③ 편지의 저작권이 인정되는 경우 편지의 소유권과 저작권은 모두 발신인에게 있다.
④ 유치원생의 편지도 저작권의 보호대상이다.
⑤ 학자의 학문상의 견해는 저작권 보호대상이 아니다.

004   다음 중 저작물의 보호범위에 관한 설명으로 옳지 않은 것은?

① 저작물이 되기 위해서는 반드시 작품의 창작성 수준이 높아야 한다.

② 아이디어·표현 이분법이 적용된다.

③ 아이디어는 창작성이 있더라도 저작권법에서 보호받지 못한다.

④ 비윤리적인 작품의 경우에도 보호받을 수 있다.

⑤ 기능적 저작물(건축물에 관한 저작물 등)보다는 문예적 저작물의 보호범위가 넓다.

005   독일어 원작 소설을 영어로 번역한 것을 다시 한국어로 번역하려고 한다. 이 경우 허락을 받아야 하는 사람은?

① 독일어 원작자

② 영어 번역자

③ 독일어 원작자와 영어 번역자 중 어느 하나

④ 독일어 원작자와 영어 번역자 둘 다

⑤ 출판사

006   다음 중 저작권법상 2차적 저작물 작성권에 관한 설명으로 옳지 않은 것은?

① 2차적 저작물은 원저작물과 별개로 독자적인 저작물로 보호된다.

② 2차적 저작물은 원저작물을 번역·편곡·변형·각색·영상제작 그 밖의 방법으로 작성한 창작물이다.

③ 2차적 저작물을 변형하여 이용하려는 제3자는 원저작자의 허락도 받아야한다.

④ 원저작물의 저작권이 소멸되면 2차적 저작물의 저작권도 소멸한다.

⑤ 2차적 저작물 작성권은 저작재산권 중의 하나이다.

007 다음은 공동저작물에 대한 정의규정이다. (   ) 안에 들어갈 말이 바르게 짝지어진 것은?

> "공동저작물"은 2인 이상이 공동으로 창작한 저작물로서 각자의 (   )을 (   )할 수 없는 것을 말한다.

① 이바지한 부분 – 분리하여 이용
② 창작한 부분 – 개별적으로 이용
③ 이바지한 부분 – 물리적으로 분리
④ 작성한 부분 – 물리적으로 분리
⑤ 창작한 부분 – 분리하여 이용

008 다음 중 저작권법상 옳지 않은 것은?

① 영어로 써 있는 전문 서적의 내용을 한국어로 직역한 것이라도 저작권으로 보호된다.
② 컴퓨터 프로그램은 저작권법에 의하여 보호받을 수 있다.
③ 데이터베이스는 편집물이며 그 소재의 선택, 배열 또는 구성에 창작성이 있으면 편집저작물로 보호받을 수 있다.
④ 즉흥적인 음악 연주는 저작물이 될 수 없다.
⑤ 저작물의 성립요건 중 창작성이란 완전한 의미의 독창성을 말하는 것이 아니라, 기존의 다른 저작물을 베끼지 않았다는 정도를 의미한다.

009 다음 중 저작자에 관한 설명으로 옳지 않은 것은?

① 저작물을 창작한 자이다.
② 저작물의 원본에 저작자로서의 실명이 일반적인 방법으로 표시된 자는 저작자로 추정한다.
③ 창작에 동인을 제공한 자는 저작자이다.
④ 저작물을 공연하는 경우 저작자로서의 실명이 일반적인 방법으로 표시된 자는 저작자로 추정한다.
⑤ 그림의 주문자는 저작자가 아니다.

010 저작권은 저작인격권과 저작재산권으로 나뉜다. 다음 중 저작인격권끼리 묶인 것은?

㉠ 공표권	㉡ 성명표시권
㉢ 복제권	㉣ 공중송신권

① ㉠, ㉡

② ㉠, ㉡, ㉢

③ ㉠, ㉡, ㉢, ㉣

④ ㉡, ㉢

⑤ ㉡, ㉢, ㉣

011 다음 중 저작권법상 복제라 할 수 없는 것은?

① 사용자가 인터넷으로 저작물을 검색, 열람하는 과정에서 컴퓨터의 램(RAM)에 컴퓨터 프로그램이 일시적으로 저장된 것

② 설계도서에 따라 건축물을 시공한 것

③ 사투리를 핸드폰으로 녹음한 것

④ 소설책을 시각장애인을 위한 점자책으로 만든 것

⑤ 인기 웹툰을 기초로 영화를 제작하는 것

012 저작물, 실연, 음반, 방송을 공중이 수신하거나 접근할 목적으로 무선, 유선통신으로 송신하거나 제공하는 권리는?

① 공중송신권

② 전시권

③ 배포권

④ 대여권

⑤ 공연권

013 저작재산권에 관한 설명으로 가장 부적합한 것은?

① 저작재산권은 전부 또는 일부를 양도할 수 있는 것이 원칙이다.

② 저작재산권의 전부를 양도하는 경우에 특약이 없는 때에는 2차적 저작물을 작성하여 이용할 권리도 포함된 것으로 추정한다.

③ 저작재산권자는 다른 사람에게 그 저작물의 이용을 허락할 수 있다.

④ 공동저작물의 저작재산권은 그 저작재산권자 모두의 합의에 의하지 아니하고는 이를 행사할 수 없는 것이 원칙이다.

⑤ 저작재산권자가 상속인 없이 사망한 경우에 그 권리가 민법 그 밖의 법률의 규정에 따라 국가에 귀속되는 경우에는 저작재산권이 소멸한다.

014 저작인격권에 관한 다음 설명 중 가장 부적합한 것은?

① 저작자는 그의 저작물을 공표하거나 공표하지 아니할 것을 결정할 권리가 있다.
② 저작자는 저작물에 그의 실명을 표시할 권리를 가진다.
③ 저작자는 저작물 내용 등의 동일성을 유지할 권리를 가진다.
④ 저작인격권은 타인에게 양도할 수 없다.
⑤ 건축물의 증축이나 개축과 같은 변형도 반드시 저작자의 허락을 받아야 한다.

Part 1
Part 2
Part 3
Part 4

015 다음 중 저작인격권에 관한 설명으로 옳지 않은 것은?

① 저작인격권은 원칙적으로 양도될 수 없다.
② 저작인격권은 원칙적으로 상속될 수 없다.
③ 저작재산권자와 저작인격권자가 다른 경우가 발생할 수 있다.
④ 업무상 저작물의 경우에도 저작인격권은 창작자인 종업원에게 귀속된다.
⑤ 동일성유지권은 저작자는 물론 실연자에게도 인정되는 저작인격권이다.

016 저작인격권의 공표권에 관한 설명으로 가장 부적합한 것은?

① 공표권은 저작자가 그의 저작물을 공표하거나 공표하지 아니할 것을 결정할 권리를 말한다.
② 저작자가 공표되지 아니한 저작물의 저작재산권을 양도하거나 이용허락을 한 경우에는 그 상대방에게 저작물의 공표를 동의한 것으로 추정한다.
③ 저작자가 공표되지 아니한 미술저작물·건축저작물 또는 사진저작물의 원본을 양도한 경우에는 그 상대방에게 저작물의 원본의 전시방식에 의한 공표를 동의한 것으로 추정한다.
④ 원저작자의 동의를 얻어 작성된 2차적 저작물 또는 편집저작물이 공표된 경우에도 그 원저작물은 공표된 것으로 보지 않는다.
⑤ 공표하지 아니한 저작물을 저작자가 도서관 등에 기증한 경우 별도의 의사를 표시하지 않는한 기증한 때에 공표에 동의한 것으로 추정한다.

017 다음 중 저작재산권의 효력이 제한되는 경우가 아닌 것은?

① 사적 복제
② 공중복사기를 이용한 복제
③ 비영리 목적의 교회 성가대 공연
④ 공표된 저작물의 정당한 범위에 속하는 인용
⑤ 재판절차에서의 복제

018 다음 중 저작재산권의 제한에 관한 설명으로 옳지 않은 것은?

① 저작물의 공정이용의 판단은 비영리성의 여부를 절대적 기준으로 하지 않는다.
② 시각장애인을 위한 복제는 영리 목적으로 하지 않으면 점자로 가능하다.
③ 방송사업자는 자신의 방송을 위하여 자체의 수단으로 저작물을 일시적으로 녹음하거나 녹화할 수 있다.
④ 시험출제를 위하여 정당한 범위에서 공표된 저작물을 복제할 수 있다.
⑤ 음악 감상실에서 상업용 음반을 구입하여 고객에게 공연할 수 있다.

019 다음 (   )에 들어갈 적절한 기간은?

저작재산권의 보호기간은 2011. 6. 30. 개정법에 따르면, (   ) 70년간 존속한다.

① 저작물 발생시점부터
② 저작물 완성시점부터
③ 저작물 등록시점부터
④ 저작자가 생존하는 동안과 사망한 후
⑤ 저작자가 사망한 후

020 저작인접권의 주체가 될 수 있는 사람을 모두 골라 나열한 것은?

> ㉠ 작곡자   ㉡ 연주자
> ㉢ 가수   ㉣ 방송사업자
> ㉤ 데이터베이스 제작자

① ㉠, ㉡, ㉢   ② ㉠, ㉡, ㉣
③ ㉠, ㉢, ㉣, ㉤   ④ ㉡, ㉢, ㉣
⑤ ㉢, ㉣, ㉤

021 저작권법상 실연자가 가지는 권리로 볼 수 없는 것은?

① 성명표시권   ② 동일성유지권
③ 공연권   ④ 방송사업자의 실연자에 대한 보상
⑤ 공중송신권

022 저작권 분쟁해결을 위하여 소송 대신에 대안적 분쟁해결절차로서 저작권 분쟁의 조정을 맡고 있는 기관은?

① 저작권분쟁조정국   ② 한국저작권위원회
③ 저작물분쟁위원회   ④ 저작권협회
⑤ 저작권분쟁협회

023 무효심판에서 심결이 확정될 경우, 그 효과에 대한 설명으로 옳지 않은 것은?

① 무효라는 심결이 확정될 경우, 그 특허권은 처음부터 없었던 것으로 된다.
② 무효가 아니라는 심결이 확정되면 일사부재리의 원칙에 의하여 동일사실 및 동일증거에 기하여 심판을 또다시 청구할 수 없다.
③ 무효라는 심결이 확정될 경우, 침해소송 등의 민사소송의 확정판결 등이 바뀔 수 있다.
④ 무효라는 심결이 확정될 경우, 특허권 침해를 이유로 한 손해배상청구에 의하여 받은 금액은 부당이득으로 반환하지 않아도 된다.
⑤ 무효가 아니라는 심결이 확정되더라도 다른 사실이나 다른 증거에 기하여 무효심판을 청구할 수 있다.

001   인도에는 코를 이용해 그림을 그리는 코끼리가 있다. 이 코끼리의 주인은 코끼리가 그린 그림을 팔아 돈을 벌고 있다. 코끼리가 그린 그림이 잘 팔리게 되자, 주인은 코끼리가 그린 그림과 유사한 그림을 그려 코끼리가 그린 그림이라고 하며 팔고 있다. 이와 관련해 다음 중 가장 옳지 않은 것은?

① 코끼리가 그린 그림은 저작물이 아니다.
② 코끼리가 그린 그림을 산 사람이 그 그림을 복사하여 제3자에게 팔려고 한다면, 사전에 코끼리 주인의 허락을 받아야 한다.
③ 주인이 그린 그림은 저작물에 해당한다.
④ 관광객이 코끼리가 그린 그림을 카메라로 찍어서 달력 그림으로 제작하여 판매하는 경우, 저작권 침해가 성립되지 않는다.
⑤ 코끼리가 그린 그림은 코끼리 주인의 소유물이다.

002   최근에 만화를 원저작물로 하여, 영화를 제작하는 경우가 늘고 있다. 이에 대한 설명으로 가장 부적합한 것은?

① 영화 제작자는 만화에 대한 저작권자의 허락을 받아야 한다.
② 영화는 2차적 저작물에 해당한다.
③ 영화 제작자가 만화에 대한 저작권자의 허락 없이 제작한 경우, 그 영화는 저작물에 해당하지 않는다.
④ 영화에 대한 저작권을 침해하는 경우, 그 침해자는 만화에 대한 저작권도 침해할 가능성이 있다.
⑤ 영화에 관한 저작권의 보호는 그 원저작물의 저작자의 권리에 영향을 미치지 아니한다.

003   특수한 저작물에 관한 내용으로 옳지 않은 것은?

① 편집저작물은 편집물 중에서 소재의 선택·배열 또는 구성에 창작성이 있는 것이다.
② 데이터베이스가 저작물인 경우에만 그 제작자는 데이터의 전부 또는 상당한 부분을 복제할 권리를 가진다.
③ 2인 이상이 공동으로 창작한 저작재산권은 저작재산권자 모두의 합의가 있어야 행사할 수 있다.
④ 법인 등의 명의로 공표된 저작물은 계약 또는 근무규칙에 다른 정함이 없으면 그 법인이 저작자가 된다.
⑤ 편집저작물은 구성 부분이 되는 소재의 저작권에는 영향을 미치지 않는다.

Part 1

Part 2

Part 3

Part 4

004 다음 중 보호받을 수 있는 저작물은?

① 헌법, 법률 ② 국가의 고시, 훈령
③ 사실의 전달인 시사보도 ④ 이적 표현물
⑤ 모나리자 작품을 그대로 모사한 그림

005 다음 중 저작권법상 보호받지 못하는 저작물에 해당하지 않는 것은?

① 조약 ② 지방자치단체의 공고
③ 신문의 사설 ④ 사실의 전달에 불과한 시사보도
⑤ 국가가 작성한 판례 편집물

006 저작자 및 저작물에 관한 설명으로 옳지 않은 것은?

① 저작권은 표현을 보호하는 것이며 아이디어는 보호하지 않는다.
② 사실의 전달에 불과한 시사보도는 보호받지 못한다.
③ 컴퓨터 프로그램은 특허로 보호되므로 저작권으로 보호받지 못한다.
④ 정지된 영화의 한 장면은 사진 저작물로 보호받을 수 있다.
⑤ 헌법과 법률의 조문은 저작권으로 보호받지 못한다.

007 저작권에 관한 다음 설명 중 옳지 않은 것은?

① 저작권은 저작자의 인격적 이익과 관련이 크므로 저작권자의 의사와 관계없이 공익적인 견지에서 저작권 이용허락이 이루어지는 경우는 없다.
② 기술의 발전에 따라 저작권으로 보호되는 범위는 점점 넓어지는 경향이 있다.
③ 저작권은 창작과 동시에 권리가 발생한다.
④ 저작권은 특허권과 같은 산업재산권에 비해 장기간 보호된다.
⑤ 컴퓨터 프로그램도 저작권법의 보호대상이다.

008 **다음 중 저작권에 대한 설명으로 옳지 않은 것은?**

① 저작권은 저작물을 경제적으로 이용할 수 있는 권리와 저작물에 대한 저작자의 인격을 보호하는 권리로 구성된다.
② 저작권을 등록하면 저작자와 창작일, 공표일이 추정되는 법적 효과가 있다.
③ 양도 등 권리 변동 사항을 등록하여야 제3자에게 법적으로 대항할 수 있다.
④ 저작인격권자가 저작인격권자가 사망하면 저작인격권은 상속인에게 상속된다.
⑤ 공동저작물의 저작인격권은 모두의 합의로 행사하여야 한다.

009 **저작권에 관한 다음 설명 중 옳은 것만으로 묶인 것은?**

> ㉠ 저작권의 발생은 저작권위원회에 등록하는 순간 발생한다.
> ㉡ 저작권은 어떤 저작물이 완성되어야만 발생한다.
> ㉢ 저작권 중 저작인격권은 양도가 불가능하다.
> ㉣ 저작권의 보호기간은 저작자의 생존기간에 따라 총 기간이 달라진다.
> ㉤ 저작권의 침해는 친고죄인 것이 원칙이지만 영리 목적으로 상습적 침해의 경우 비친고죄이다.

① ㉠, ㉢, ㉣   ② ㉡, ㉣
③ ㉢, ㉣, ㉤   ④ ㉡, ㉢, ㉤
⑤ ㉡, ㉢

010 **A는 자신의 책 저술에 대한 저작재산권을 친구 B에게 양도하였다. 이 경우 권리의 본질이나 저작권법상의 규정에 따라 A가 가지고 있거나 가지고 있는 것으로 추정되는 권리를 묶은 것은?**

> ㉠ 공표권   ㉡ 복제권
> ㉢ 방송권   ㉣ 동일성유지권
> ㉤ 배포권

① ㉠, ㉡   ② ㉠, ㉣
③ ㉠, ㉢   ④ ㉡, ㉤
⑤ ㉡, ㉣

011 다음 중 현행 저작권법상 저작재산권에 해당하지 않는 것의 개수는?

> • 복제권   • 공중송신권   • 대여권   • 전시권
> • 공연권   • 2차적 저작물 작성권   • 배포권   • 공표권

① 없다   ② 1개
③ 2개   ④ 3개
⑤ 4개

012 저작권법상의 '공표'에 관한 설명으로 가장 적합한 것은?

① 저작물 또는 음반을 공중의 수요를 충족시키기 위하여 복제·배포하는 것
② 저작물 등의 원본 또는 그 복제물을 공중에게 대가를 받거나 받지 아니하고 양도 또는 대여하는 것
③ 인쇄·사진촬영·복사·녹음·녹화 그 밖의 방법으로 일시적 또는 영구적으로 유형물에 고정하거나 다시 제작하는 것
④ 건축물의 경우에는 그 건축을 위한 모형 또는 설계도서에 따라 이를 시공하는 것
⑤ 저작물을 공연, 공중송신 또는 전시 그 밖의 방법으로 공중에게 공개하는 경우와 저작물을 발행하는 경우

013 저작인격권에 관한 설명으로 옳지 않은 것은?

① 공표권은 저작자가 그의 저작물을 공표하거나 공표하지 아니할 것을 결정할 권리이다.
② 성명표시권은 저작자가 그의 저작물의 원본이나 그 복제물에 또는 저작물의 공표 매체에 그의 실명 또는 이명을 표시할 권리이다.
③ 동일성유지권은 저작자가 그의 저작물의 내용·형식 및 제호의 동일성을 유지할 권리이다.
④ 저작인격권은 저작자 일신에 전속한다.
⑤ 공동저작물의 저작인격권은 저작자 각자가 자신의 의지에 따라 행사할 수 있다.

014 저작인격권에 관한 내용으로 옳지 않은 것은?

① 저작인격권은 저작자 일신에 전속한다.
② 저작인격권에는 공표권, 성명표시권, 동일성유지권이 있다.
③ 온라인 음악 가사 보기 서비스에서 작곡자를 작사가로 실수로 표기하면 성명표시권 침해이다.
④ 저작인격권은 다른 사람에게 양도할 수 없지만 가족에게는 상속할 수 있다.
⑤ 저작물은 성질이나 이용목적 및 형태에 비추어 부득이하다고 인정되는 범위 내에서 변경이 가능하다.

015 다음 설명 중 옳지 않은 것은?

① 홍길동 영어학원을 다니는 김저작이 홍길동의 동의를 받지 않고 홍길동의 영어강의를 녹음하여 집에서 복습한 경우 복제권 침해책임이 있다.

② 홍길동은 논문작성을 위해서 공표된 저작물을 정당한 범위 안에서 공정한 관행에 합치되게 인용할 수 있으나 출처명시는 하여야 한다.

③ 홍길동이 자신의 미공표 저작물의 저작재산권을 김저작에게 양도한 경우 공표를 동의한 것으로 추정된다.

④ 홍길동이 자신의 저작재산권을 김저작에게 양도하였더라도 김저작은 '홍길동'의 성명을 표시하여 이용하여야 한다.

⑤ 본질적인 내용의 변경이 아니라면 동일성유지권이 제한되는 경우가 있다.

016 다음 중 저작권자의 허락을 받지 않으면 안 되는 경우는?

① 재판 목적을 위한 복제   ② 공공저작물의 자유이용

③ 시각 장애인을 위한 점자 복제   ④ 백화점 내에서의 CD 재생

⑤ 시사보도를 위한 이용

017 저작재산권의 제한과 관련한 다음 설명 중 가장 부적합한 것은?

① 공표된 저작물을 영리를 목적으로 하지 아니하고 개인적으로 이용하는 경우에는, 공중의 사용에 제공하기 위하여 설치된 복사기기에 의하여 이를 복제할 수 있다.

② 고등학교 및 이에 준하는 학교 이하의 학교의 교육 목적상 필요한 교과용 도서에는 공표된 저작물을 게재할 수 있다.

③ 재판절차를 위하여 필요한 경우이거나 입법·행정의 목적을 위한 내부자료로서 필요한 경우에는 그 한도 안에서 저작물을 복제할 수 있다.

④ 방송·신문 그 밖의 방법에 의하여 시사보도를 하는 경우에 그 과정에서 보이거나 들리는 저작물은 보도를 위한 정당한 범위 안에서 복제·배포·공연 또는 공중송신할 수 있다.

⑤ 공표된 저작물은 정당한 범위 안에서 공정한 관행에 합치되게 이를 인용할 수 있다.

018 홍길동은 '소녀상' 조형물을 창작하여 일본대사관 앞에 설치하였으며, 김저작은 홍길동의 동의 없이 홍길동의 소녀상에서 머리모양과 발모양만 일부 변형하여 '평화의 소녀상'이라는 책에 표기하여 판매하고 있다. 다음 설명 중 옳지 않은 것은?

① 홍길동의 '소녀상'은 창작성이 있으므로 저작물로 인정된다.
② 홍길동의 '소녀상' 명칭에는 저작권이 없으므로 김저작이 '평화의 소녀상' 제호를 사용하는 것은 저작권 침해에 해당하지 않는다.
③ 김저작의 행위는 복제권, 2차적저작물작성권, 동일성유지권 침해에 해당한다.
④ 김저작은 공중에게 개방된 장소에 항시 전시되어 있는 미술저작물(소녀상)을 이용한 것이므로 저작재산권이 제한될 수 있다.
⑤ 홍길동은 자신의 저작재산권을 문화체육관광부장관에게 기증할 수 있으며, 해당 저작물을 관리하는 단체는 영리를 목적으로 또는 당해 저작재산권자 등의 의사에 반하여 저작물을 이용할 수 없다.

019 유명 셰프 '백쉐프'는 새로운 레시피를 발명(A레시피)하고 이를 자신의 요리책에 기재하여 2021년 11월 4일에 출판하였다. '백쉐프'는 2022년 11월 11일에 A레시피를 공지예외주장(신규성 의제 주장)을 하면서 특허출원하였고, 홍길동은 백쉐프의 요리책을 사서 해당 요리를 자신의 식당에서 판매하고 있다. 다음 설명 중 옳지 않은 것은?

① 백쉐프의 특허출원은 신규성 위반의 거절이유가 있으며 극복될 수 없다.
② 백쉐프는 홍길동에게 특허권 침해주장은 할 수 없으나 저작권 침해주장은 가능하다.
③ 만약, 박침해가 백쉐프의 요리책의 A레시피 부분을 자신의 블로그에 업로드 한 경우 백쉐프는 박침해에게 복제권 및 공중송신권 침해주장을 할 수 있다.
④ 만약, 신문사에서 보도의 목적으로 A레시피를 정당한 범위 안에서 공정한 관행에 합치되게 인용하면서 백쉐프의 출처를 명시한 경우라면 백쉐프의 저작재산권은 제한된다.
⑤ 중학교에서 교육 목적상 필요한 교과용 도서에 A레시피의 일부를 게재하면서 백쉐프의 출처를 명시한 경우 백쉐프의 저작재산권은 제한된다.

020 다음은 영화에 관한 저작재산권의 보호기간에 대한 설명이다. 현행 저작권법에 따를 때 가장 올바른 것은?

① 영화감독의 생존기간 및 사망 후 70년간
② 영화감독의 생존기간 및 사망 후 50년간
③ 영화 완성시점부터 50년간
④ 영화 공표한 때부터 50년간
⑤ 영화 공표한 때부터 70년간

021 다음 중 저작권으로 보호되지 않는 저작물에 해당되는 경우는?

① 저작자가 사망한 지 70년이 지나지 않은 저작물
② 음악을 전공하지 않는 학생이 취미로 그려 둔 악보
③ 친한 3명의 친구들이 함께 재미로 만들어 본 UCC 영상물
④ 저작권자가 공개적으로 자신의 저작권을 포기하겠다고 선언한 저작물
⑤ 저작권자가 상속인 없이 사망하였는데 저작권을 자선 단체에 기부하는 유언을 남긴 경우

022 저작권법상 음반제작자에게 인정되는 권리와 거리가 가장 먼 것은?

① 배포권   ② 전시권
③ 복제권   ④ 대여권
⑤ 전송권

023 다음 중 저작권자와 저작인접권자로서의 실연자, 음반제작자, 방송사업자 모두에게 공통적으로 인정되는 권리는?

① 복제권   ② 배포권
③ 공연권   ④ 전송권
⑤ 공중송신권

024 저작권과 저작인접권을 비교한 설명으로 옳지 않은 것은?

① 저작자의 저작인격권과 실연자의 인격권은 그 내용이 동일하다.
② 저작자는 누구든지 저작인격권을 갖지만, 저작인접권자는 실연자만 인격권을 가진다.
③ 저작인접권자가 저작인접권을 행사하더라도 저작권에 영향을 미치지 아니한다.
④ 저작재산권처럼 저작인접권도 소정의 경우에는 권리가 제한된다.
⑤ 저작인접권 중 실연자의 권리와 음반제작자의 권리에 비해 방송사업자의 권리는 보호기간이 더 짧다.

025 다음 중 저작권에 대한 설명으로 옳은 것은?

① A라는 작가가 친구 B의 얘기를 듣고 이를 기초로 소설을 쓰고 출간하였다. 이 소설의 저작권 자는 친구 B이다.

② 김발명은 미술전시회에서 정식으로 미술품을 구매하였다. 이 경우 김발명은 저작권을 이전받는다.

③ 특약이 없는 경우 영상저작물의 이용에 필요한 권리는 영상제작자가 행사한다.

④ 저작물 편찬을 위하여 사실과 아이디어를 단순 제공한 자는 저작권자이다.

⑤ 저작물의 소유권자와 저작권자는 분리될 수 있다.

026 대한일보에 소속된 사진기사 홍길동은 업무상 판문점에서 개최된 남북정상회담의 사진(A사진저작물)을 찍어서 기사에 실었으며, 김저작은 A사진을 자신의 책에 게재하였다. 다음 설명 중 옳지 않은 것은?

① A사진저작물의 저작재산권자는 대한일보이나 저작인격권은 홍길동이 보유한다.

② A사진저작물의 저작재산권 존속기간은 공표 후 70년이다.

③ 김저작이 상당한 노력을 기울였다 하여도 A사진저작물의 저작권자나 그의 거소를 알 수 없었다면 법정허락 사유에 해당될 수 있다.

④ A사진저작물이 저작권등록이 되어 있었다면 김저작은 과실이 있는 것으로 추정된다.

⑤ A사진저작물을 저작권등록신청할 경우 등록관청은 등록신청서의 형식적 요건뿐만 아니라 A사진저작물의 저작물성에 관하여도 심사를 할 수 있다.

027 홍길동은 홍보물 제작업체로서 김저작의 의뢰(도급)를 받아서 독자적으로 창작성이 있는 A홍보물을 제작하였고 김저작은 A홍보물을 배포하였다. 다만, 홍길동은 A홍보물을 제작할 때 이창작의 동의를 받지 않고 이창작의 a저작물을 그대로 포함하여 제작하였다. 다음 설명 중 옳지 않은 것은?

① 특별한 사정이 없는 한 A홍보물에 대한 저작자는 홍길동이다.

② 김저작은 A홍보물을 제작한 사실이 없으므로 이창작은 홍길동에 대해서만 저작재산권 침해 주장을 할 수 있다.

③ 홍길동이 이창작의 a저작물을 고의로 침해한 경우에는 민사책임과 형사책임을 모두 진다.

④ 김저작이 홍길동에게 창작에 힌트를 주었다고 하더라도 실질적으로 창작에 관여하지 않은 경우라면 홍길동은 단독으로 저작자가 된다.

⑤ 만약, a저작물이 존속기간이 만료된 저작물에 해당하는 경우라면 홍길동이 저작재산권 침해 책임을 지는 경우는 없다.

STEP 3 난도 ▶ 상 정답 및 해설_p.40

001 다음 중 저작권법상의 정의 규정으로 옳지 않은 것은?

① '공연'은 저작물 또는 실연·음반·방송을 상연·연주·가창·구연·낭독·상영·재생 그 밖의 방법으로 공중에게 공개하는 것을 말하며, 동일인의 점유에 속하는 연결된 장소 안에서 이루어지는 송신(전송을 제외한다.)을 포함한다.

② '복제'는 인쇄·사진촬영·복사·녹음·녹화 그 밖의 방법으로 일시적 또는 영구적으로 유형물에 고정하거나 다시 제작하는 것을 말하며, 건축물의 경우에는 그 건축을 위한 모형 또는 설계도서에 따라 이를 시공하는 것을 포함한다.

③ '프로그램코드역분석'은 독립적으로 창작된 컴퓨터 프로그램 저작물과 다른 컴퓨터 프로그램과의 호환에 필요한 정보를 얻기 위하여 컴퓨터 프로그램 저작물코드를 복제 또는 변환하는 것을 말한다.

④ '도형저작물'은 건축물·건축을 위한 모형 및 설계도서 등의 저작물을 말한다.

⑤ '데이터베이스'는 소재를 체계적으로 배열 또는 구성한 편집물로서 개별적으로 그 소재에 접근하거나 그 소재를 검색할 수 있도록 한 것을 말한다.

002 A와 B는 공동으로 노래 '서울스타일'을 작곡하였고, C는 이 노래를 편곡하여 사용하고 싶어 한다. 이에 대한 설명으로 옳지 않은 것은?

① A와 B는 공동저작자이므로 C의 사용에 대하여 A와 B의 모두의 동의가 있어야 한다.

② C가 2차적 저작물을 작성하면 '서울스타일'과 별개의 독자적인 저작물로 보호된다.

③ D가 C의 노래를 C의 사용허락을 받고 편곡하는 경우 A와 B의 동의도 받아야 한다.

④ D가 복제권을 침해하는 경우 A가 단독으로 저작재산권을 행사할 수 있다.

⑤ D는 '서울스타일'을 정당한 범위 내에서는 허락 없이 패러디할 수 있다.

003 다음 (   ) 안에 들어갈 단어는?

> 저작권과 관련하여 세계적으로 새로운 움직임이 일어나고 있는데 바로 (   )이다. 이는 2001년 지식재산권의 전문가인 James Boyle, Michael Carroll, Lawrence Lessig 등을 주축으로 처음 시작되었으며, 일정한 규칙하에 모든 이에게 콘텐츠의 자유 이용을 허락하는 것을 말한다. 이는 저작권자의 권리를 보호하면서 동시에 저작물의 자유로운 이용을 장려하려는 것이다.

① OSS(Open Source Software)
② CCL(Creative Commons License)
③ database
④ copyright
⑤ copyleft

004 저작권에 관한 설명으로 옳지 않은 것은?

① 저작재산권은 양도가 가능하나, 저작인격권은 양도가 불가능하다.
② 저작재산권은 시간적, 장소적, 내용적으로 제한하여 양도할 수 있다.
③ 저작권법은 표현만 보호하고 아이디어는 보호하지 않는다.
④ 인터넷에 게시된 저작물을 심층링크 또는 직접링크를 하는 행위도 저작권법상 복제, 전송에 해당한다.
⑤ 2인 이상이 저작물의 작성에 관여한 경우라도 창작적인 표현 형식에 기여하지 아니한 자는 저작자가 될 수 없다.

005 저작권에 관한 내용으로 옳지 않은 것은?

① 저작물은 유체물에 고정되지 않아도 보호가 될 수 있다.
② 저작물은 무방식주의를 취하고 있으므로 등록은 권리발생 요건이 아니다.
③ 출판권의 설정은 등록하지 아니하면 제3자에게 대항할 수 없다.
④ 저작물의 원본에 저작자의 실명으로서 널리 알려진 것이 일반적인 방법으로 표시된 자는 저작자로 추정된다.
⑤ 등록되어 있는 저작권을 침해한 자는 침해행위에 과실이 있는 것으로 본다.

006 영국인 '조앤'은 창작성이 있는 소설 '해리포터'를 창작하였으며, 한국인 홍길동은 조앤의 동의 없이 소설 '해리포터'를 번역하여 소설책 '해리포터 비밀의 방'을 국내에 출판하였다. 또한 김저작은 조앤 및 홍길동의 동의 없이 '해리포터'라는 제호로 영상을 제작하여 방영하였다. 다음 설명 중 옳지 않은 것은? (단, 영국은 베른협약에 가입된 국가에 해당한다.)

① 홍길동은 조앤의 동의 없이 소설 '해리포터'를 번역하였으므로 조앤 저작권의 2차적저작물작성권 침해에 해당한다.

② 김저작이 홍길동의 2차적저작물을 이용하여 영상제작하였다면 조앤과 별개로 홍길동은 김저작에게 2차적저작물작성권 침해주장을 할 수 있다.

③ 김저작이 조앤 및 홍길동의 저작물을 이용하여 영상을 제작하였다면 조앤과 홍길동 모두 김저작에게 2차적저작물작성권 침해주장을 할 수 있다.

④ 김저작은 조앤의 '해리포터'라는 제호를 그대로 사용하였으므로 조앤은 김저작에게 제호에 관한 복제권 침해주장을 할 수 있다.

⑤ 홍길동이 A신탁단체에 자신의 저작권을 신탁한 경우 A단체가 저작재산권자에 해당한다.

007 동일성유지권과 관련하여 다음 중 저작권자의 허락을 받지 않아도 되는 경우와 거리가 가장 먼 것은?

① 저작물의 성질이나 그 이용의 목적 및 형태 등에 비추어 부득이하다고 인정되는 범위 안에서의 변경

② 주문자가 작가에게 대가를 지불하고 조형물을 작성한 경우, 주문자가 그 조형물에 대해 행하는 본질적인 변경

③ 특정한 컴퓨터에 보다 효과적으로 이용할 수 있도록 하기 위하여 필요한 범위에서의 변경

④ 특정한 컴퓨터 외에는 이용할 수 없는 프로그램을 다른 컴퓨터에 이용할 수 있도록 하기 위하여 필요한 범위에서의 변경

⑤ 건축물의 증축·개축 그 밖의 변형

008 김작곡이 작곡하고 김작사가 작사한 A 음악에 대해서 프로야구구단 투산은 저작권 사용료를 납부하고 A 음악의 가사를 변형하여 응원가로 이용하고 있다. 다음 설명 중 옳지 않은 것은?

① 투산은 가사만 변형하여 사용하고 있는 경우라면 김작사에게만 허락을 받으면 된다.

② 투산이 변형한 응원가가 응원가로 사용되는 과정에 수반될 수 있는 통상적인 변경에 해당하고 야구장 관객들 입장에서 응원가가 원곡 그 자체라고 오인할 가능성이 크지 않는 경우라면, 투산은 동일성유지권 침해에 해당되지 않는다.

③ 투산이 A 음악의 가사를 전부 변형한 경우라면 김작사의 2차적저작물작성권 침해에 해당된다.

④ A 음악에 대한 저작재산권은 김작곡 사후 70년간 보호되며, 저작인격권은 김작곡 사망과 동시에 소멸된다.

⑤ 투산이 저작권사용료를 납부하면서 응원가를 이용하였더라도 김작곡의 성명을 표시하지 않은 경우라면 성명표시권 침해에 해당한다.

009 다음은 김발명이 저작권을 가지고 있는 음악저작물에 대한 무단이용 사례이다. 김발명의 공연권 침해에 해당한다고 보기 어려운 것은?

① 노래방 반주기를 통해 칩에 내장된 음악을 틀어준 경우

② 무도장에서 댄스 교습용으로 음반을 사용한 경우

③ 비영리로 청중이나 관중 또는 제3자로부터 어떤 명목으로든지 반대급부를 받지 아니하는 경우로서 공표된 저작물을 공연하는 경우(상업용 음반 또는 상업적 목적으로 공표된 영상저작물을 재생하는 경우는 제외)

④ 백화점에서 스피커를 통해 음악을 들려준 경우

⑤ 유흥 음식점에서 밴드가 연주한 경우

010 홍길동은 1853년에 사망한 반 고흐의 '별이 빛나는 밤' 미술저작물을 구매하여 본인의 미술관에 전시하고 있다. 김저작은 반 고흐의 '별의 빛나는 밤' 작품을 프린트하여 공책에 찍어서 판매하고 있다. 다음 설명 중 옳은 것은?

① 홍길동은 김저작에게 복제권 침해주장을 할 수 없다.

② 박침해가 홍길동 미술관에 전시되어 있는 '별이 빛나는 밤' 작품을 사진기로 그대로 찍은 경우라도 창작성이 있으므로 저작권이 발생된다.

③ 홍길동이 '별이 빛나는 밤'을 명예훼손적으로 이용한 경우라도 반 고흐의 유족은 원본 소유자 홍길동에게 저작자 사후 인격적 이익을 침해하였다는 주장을 할 수 없다.

④ 정부에서 행정목적을 위한 내부자료로서 '별이 빛나는 밤'을 이용할 경우라도 원본소유자 홍길동의 동의를 받아야 한다.

⑤ 홍길동이 '별이 빛나는 밤'의 원본을 박침해에게 판매한 이후에도 홍길동이 복제본을 자신의 미술관에 계속 전시하고 있다면, 반 고흐 유족은 홍길동에게 전시 중단을 요청할 수 있다.

011 작곡가 김작곡은 작사가 김작사와 협업하여 A음악저작물을 창작하였고, A음악저작물은 가수 김가수에 의해서 가창되었으며 음반제작자 김제작에 의해서 발매되었다. 다음 설명 중 옳지 않은 것은?

① 제3자가 비영리 목적으로 청중이나 관중으로부터 어떠한 명목으로든지 반대급부를 받지 아니하고 A음악을 공연하였더라도 실연자에게 통상의 보수를 지급한 경우라면 저작재산권이 제한되지 않는다.

② 제3자가 A음반을 청중이나 관중으로부터 반대급부를 받지 않은 경우라도 여객용 열차, 여객용항공기에서는 재생하여 공연할 수 없다.

③ 제3자가 A음악을 무단복제하여 판매하면서 김제작의 이름을 표기하지 않고 다른 음반제작자를 표기한 경우, 김제작은 제3자를 상대로 성명표시권 침해주장을 할 수 있다.

④ 제3자가 A음반을 복제하여 친구들에게 돈을 받고 판매하는 경우 사적이용을 위한 복제에는 해당되지 않는다.

⑤ 김가수는 저작인접권자로서 김가수의 저작인접권은 실연한 때의 다음 해부터 기산하여 70년간 존속한다.

012 홍길동은 '재벌집 첫째아들'이라는 제호로 웹소설을 창작하여 공표하였고, JBC는 방송사로서 홍길동으로부터 저작재산권(2차적저작물 작성권 포함)을 양도받아서 '재벌집 첫째아들'의 드라마를 제작하여 방송하였다. 한편, 김저작은 JBC 방송사 소속 감독으로서 JBC의 지휘에 따라 업무상 '재벌집 첫째아들'의 드라마 연출을 하였다. 다음 설명 중 옳지 않은 것은?

① 드라마 '재벌집 첫째아들'의 저작재산권은 JBC에게 있다.

② 웹소설은 해피엔딩이었으나 드라마 제작단계에서 홍길동의 동의를 받지 않고 주인공이 죽는 새드엔딩으로 스토리를 각색한 경우라도 저작재산권이 양도되었으므로 홍길동은 저작권법상 권리주장을 할 수 없다.

③ 드라마 '재벌집 첫째아들'에서 연기한 배우는 저작권법상 실연자에 해당한다.

④ 박창작이 '재벌집 첫째아들'과 내용이 반대인 웹소설 '가난한 막내아들'을 창작한 경우에는 별도의 저작물로 보호된다.

⑤ 홍길동의 웹소설은 어문저작물로 보호되고 JBC의 드라마는 영상저작물로 보호된다.

013   **저작권 침해와 관련하여, 온라인 서비스 제공자에 대한 설명으로 옳지 않은 것은?**

① 온라인 서비스 제공자는 침해에 대하여 민·형사상 책임을 지게 되는 경우도 있다.

② 저작권법은 온라인 서비스 제공자의 책임 제한 규정을 두어 일정한 요건을 만족하는 경우 책임을 면제케 한다.

③ 인터넷 접속 서비스 사업자인 KT는 책임을 면제받을 수 있다.

④ 게시된 콘텐츠에 대하여 권리주장자의 전송 중단 요구에 대하여 온라인 서비스 제공자가 이를 수용하지 않아도 면책이 적용된다.

⑤ 네이버와 같은 정보 검색 도구 서비스 업체는 책임을 면제받을 수 있다.

014   **저작권의 보호기간에 대한 설명으로 옳은 것은?**

① 한·EU FTA 관련 개정법에서 저작권 보호기간을 50년에서 100년으로 연장하였다.

② 한미 FTA 관련 개정법에서 저작권 보호기간을 50년에서 100년으로 연장하였다.

③ 저작인접권은 실연, 녹음, 방송을 한 때 발생한다.

④ 한·EU FTA 관련 개정법에서 저작권 보호기간의 효력 발생이 신속히 되도록 유예기간을 두지 않았다.

⑤ 창작자의 배타적 권리 확보를 위하여 저작권의 보호기간은 가능하면 길게 연장하여야 한다.

Chapter 6

지식재산권법 종합

STEP 1　난도 ▶ 하　　　　　　　　　정답 및 해설_ p.42

001 지식재산과 권리에 대한 설명으로 옳지 않은 것은?

① 기술적 사상인 발명은 특허권으로 보호된다.
② 기술적 사상이 아닌 고안은 실용신안권으로 보호된다.
③ 물품의 형상과 모양으로서 독특한 미감을 발휘하는 것은 디자인권으로 보호된다.
④ 자타상품식별 기능을 가진 도형은 상표권으로 보호될 수 있다.
⑤ 디지털 아트 작가가 그린 독특한 그림은 저작권으로 보호될 수 있다.

002 지식재산권의 국제적 보호의 원칙이 아닌 것은?

① 속지주의의 원칙
② 내국민 대우의 원칙
③ 최혜국 대우의 원칙
④ 우선권제도 인정의 원칙
⑤ 특허통합의 원칙

003 다음 중 산업재산권과 그 보호대상이 잘못 짝지어진 것은?

① 특허권 − 발명
② 실용신안권 − 물품의 제조 방법
③ 디자인권 − 물품의 디자인
④ 상표권 − 상품에 사용하는 표장
⑤ 상표권 − 서비스에 사용하는 표장

004 서울의 A 대학교 전자공학과 김 교수는 자신의 전공분야 연구를 진행하던 중 기존에 존재하지 않았던 전력을 계산할 수 있는 수학식을 새로이 발견하였다. 이에 김 교수는 해당 수학식에 대한 독점적 실시를 위해 새로운 계산식을 지식재산권으로 출원하고자 한다. 다음 중 옳은 것은?

① 특허출원을 한다.
② 실용신안등록출원을 한다.
③ 디자인등록출원을 한다.
④ 상표등록출원을 한다.
⑤ 특허출원의 대상이 아니다.

005 다음 중 산업재산권법 모두에서 공통으로 채택하고 있는 제도는?

① 선출원주의　　　　　　　　　② 출원공개제도
③ 심사청구제도　　　　　　　　④ 일부심사등록제도
⑤ 강제실시권제도

006 다음 중 지식재산권에 관한 설명으로 옳지 않은 것은?

① 특허권과 같은 산업재산권은 설정등록이 있어야 권리가 발생한다.
② 저작권은 등록 없이도 창작과 동시에 발생한다.
③ 노하우는 비밀로 유지되는 한 계속해서 보호될 수 있다.
④ 특허는 출원 후 일정 기간이 지나면 발명의 내용을 의무적으로 공개하고 있다.
⑤ 디자인보호법은 모든 물품에 대해서 일부심사등록제도를 도입하고 있다.

007 산업재산권의 효력범위에 관한 비교설명으로 옳지 않은 것은?

① 특허권의 효력범위는 특허발명과 기술적 사상의 동일성이 인정되는 범위까지 미친다.
② 상표권의 배타적 금지권은 등록상표의 유사범위까지 미친다.
③ 상표권의 적극적 전용권의 범위는 등록상표의 유사범위까지 미치지 않는다.
④ 디자인권의 배타적 금지권은 등록디자인의 유사범위까지 미친다.
⑤ 디자인권의 적극적 실시권의 범위는 등록디자인의 유사범위까지 미치지 않는다.

008   다음 중 갱신등록으로 반영구적 사용이 가능한 지식재산권은?

① 특허권   ② 실용신안권
③ 디자인권   ④ 상표권
⑤ 저작권

009   다음 중 산업재산권의 출원보정에 관한 설명으로 옳지 않은 것은?

① 상표출원 후 지정상품의 감축은 요지변경이 아니다.
② 상표출원의 경우 한글을 병기하는 것은 요지변경으로 허용되지 않는다.
③ 디자인등록출원의 경우 필수도면을 추가하는 것은 요지변경으로 취급되는 것이 원칙이다.
④ 출원 시 명세서에 없던 내용도 보정을 통해 추가할 수 있다.
⑤ 보정을 할 수 있는 시기는 일정한 제한을 두고 있다.

010   지식재산권 출원 절차에 대한 설명으로 바르지 않은 것은?

① 상표출원에 대하여 제3자는 정보제공할 수 있다.
② 디자인출원에 대하여 제3자는 정보제공할 수 있다.
③ 특허출원에 대하여 제3자는 이의신청할 수 있다.
④ 상표출원에 대하여 제3자는 이의신청할 수 있다.
⑤ 디자인일부심사등록출원에 대하여 제3자는 이의신청할 수 있다.

STEP 2 난도 ▶ 중 정답 및 해설_ p.42

001 **지식재산권 관련 법률의 목적에 관한 설명으로 옳지 않은 것은?**

① 디자인보호법은 디자인의 창작을 장려하여 산업발전에 이바지하고자 한다.
② 특허법은 발명 활동을 장려하여 산업발전에 이바지하고자 한다.
③ 상표법은 상표의 창작을 장려하여 산업발전에 이바지하고자 한다.
④ 저작권법은 저작물의 창작과 이용을 도모하여 문화의 향상과 발전에 이바지하고자 한다.
⑤ 부정경쟁방지법(약칭)은 부정경쟁행위를 제재하여 건전한 거래질서를 유지하고자 한다.

002 **다음 중 지식재산권에 대한 설명으로 옳은 것은?**

① 특허권은 고안을 보호하고, 실용신안권은 발명을 보호한다.
② 실용신안과 특허의 진보성 판단 기준은 동일하다.
③ 상표권은 10년씩 갱신할 수 있다.
④ 저작권은 별도로 등록을 하여야지만 권리가 발생한다.
⑤ 실용신안권은 방법발명에 대해서도 인정된다.

003 **다음 중 각 법에서 보호하는 대상이 바르게 연결되지 않은 것은?**

① 특허법 – 발명　　　　　　　　　② 상표법 – 상표
③ 실용신안법 – 고안　　　　　　　④ 디자인보호법 – 지리적 표시 단체표장
⑤ 저작권법 – 저작물

004 **산업재산권의 종류와 보호 내용에 관한 다음 설명 중 옳은 것으로만 묶인 것은?**

> ㉠ 특허와 실용신안의 보호대상은 고도성의 차이로 구별하므로 고도하지 않은 제조 방법은
> 　실용신안으로 등록받을 수 있다.
> ㉡ 상표법은 창작보호법이 아니므로 사전상의 단어도 상표등록을 받을 수 있다.
> ㉢ 특허와 실용신안은 별개이므로 중복하여 이중으로 등록받을 수 있다.
> ㉣ 물품의 부분에 불과한 디자인은 디자인등록을 받을 수 없다.

① ㉠, ㉡, ㉢, ㉣　　　　　　　　　② ㉠, ㉡, ㉢
③ ㉡, ㉢　　　　　　　　　　　　　④ ㉡
⑤ ㉢

005 산업재산권제도의 기본원칙으로 옳은 것끼리 짝지어진 것은?

> ㉠ 서면주의   ㉡ 사용주의
> ㉢ 무심사주의   ㉣ 선발명주의
> ㉤ 선출원주의

① ㉠, ㉡   ② ㉠, ㉢
③ ㉠, ㉤   ④ ㉡, ㉢
⑤ ㉡, ㉣

006 다음 중 산업재산권법의 출원공개 또는 출원공고 제도에 대한 설명으로 옳지 않은 것은?

① 실용신안법상 출원공개는 특허법상의 출원공개와 동일하다.
② 디자인보호법상 출원공개제도는 신청에 의해서만 가능하다.
③ 상표법상 출원공고제도는 출원인의 신청에 의해서도 가능하다.
④ 특허법, 디자인보호법 모두 출원공개 전이라도 정보제공이 가능하다.
⑤ 조기공개신청은 특허출원과 동시에 가능하다.

007 지식재산의 권리화 절차에 관한 설명으로 옳지 않은 것은?

① 발명은 특허출원하여 특허요건이 충족되어야 보호받을 수 있다.
② 실용신안출원은 일부 무심사제도가 운영되고 있다.
③ 디자인출원은 일부 심사제도가 운영되고 있다.
④ 출원인이 사용 중인 상표가 아니라도 상표출원을 할 수 있다.
⑤ 저작권은 등록과 무관하게 권리가 발생한다.

008 다음 중 산업재산권과 관련한 용어 설명으로 부적절한 것은?

① 특허출원인은 스스로 특허출원을 취하·포기할 수 있다.
② 등록무효는 소급효가 있고, 상표의 등록취소는 장래효가 있다.
③ 특허출원의 포기는 장래효가 있다.
④ 적법한 손실을 '보상'받으며, 불법의 손해를 '배상'받는다.
⑤ 특허출원의 취하는 장래효가 있다.

009 산업재산권과 저작권에 관한 다음 설명 중 옳지 않은 것만으로 묶인 것은?

> ㉠ 산업재산권과 저작권은 모두 설정등록에 의해 발생한다.
>
> ㉡ 특허법에서 도면의 제출은 생략할 수 있다.
>
> ㉢ 상표권의 보호기간은 반영구적이다.
>
> ㉣ A가 물품의 기능을 확보하는 데 불가결한 형상만을 창작한 경우, 디자인권에 의해 보호받을 수 있다.
>
> ㉤ 저작권에는 저작인격권, 저작재산권이 있다.

① ㉠, ㉤   ② ㉠, ㉢

③ ㉡, ㉢   ④ ㉡, ㉣

⑤ ㉠, ㉣

010 산업재산권에 대한 다음 설명 중 옳지 않은 것은?

① 우리 특허법은 PCT에 의한 국제출원절차에 관한 규정을 두고 있다.

② 상표권은 사용에 의해 권리가 발생한다.

③ 디자인권의 침해에 대해서 침해금지를 청구할 수 있다.

④ 하나의 특허청구항에라도 거절이유가 있는 경우에는 특허출원 전체가 거절된다.

⑤ 실용신안권은 양도가 가능한 권리이다.

011 산업재산권과 저작권의 공통점과 차이점에 대한 설명으로 옳지 않은 것은?

① 양자 모두 동일한 대상에 대해 권리병존을 절대 허용하지 않는다.

② 특허는 설정등록이 있어야 권리가 발생하지만 저작권은 등록이 없어도 권리가 발생한다.

③ 산업재산권의 독점성이 저작권보다 강하다.

④ 저작권의 보호기간이 특허권의 존속기간보다 길다.

⑤ 산업디자인의 경우 디자인권과 저작권에 의한 중첩보호가 될 수도 있다.

012 기업의 지식재산 담당자는 각 지식재산권의 보호기간을 잘 관리하여야 한다. 이와 관련해 지식재산의 보호기간이 잘못된 것은?

① 특허권의 존속기간은 특허권의 설정등록일로부터 특허출원일 후 20년이 되는 날까지이다.

② 실용신안권의 존속기간은 실용신안권의 설정등록일로부터 출원일 후 10년이 되는 날까지이다.

③ 디자인권의 존속기간은 디자인출원일로부터 15년까지이다.

④ 상표권의 존속기간은 상표권 설정등록일로부터 10년까지이다.

⑤ 상표권의 존속기간은 갱신출원에 의하여 10년씩 연장 가능하다.

013 **산업재산권과 저작권에 관한 다음 설명 중 옳지 않은 것은?**

① 산업재산권은 설정등록에 의하여 발생하지만, 저작권은 창작과 동시에 발생한다.

② 산업재산권에는 특허권, 실용신안권, 디자인권, 상표권이 있다.

③ 산업재산권은 권리이전이 가능하나, 저작재산권은 일신전속적인 권리이다.

④ 저작권은 저작재산권과 저작인격권이 있다.

⑤ 산업재산권과 저작권은 저촉될 수 있다.

014 **지식재산권의 존속기간에 대한 설명으로 옳지 않은 것은?**

① 저작재산권의 보호기간은 저작자가 생존하는 동안과 저작자의 사망 후 70년이다.

② 영업비밀은 비밀로 유지되는 한 영구적으로 보호된다.

③ 상표권의 존속기간은 10년마다 갱신이 가능하다.

④ 저작인접권은 음반의 경우 음반을 발행한 때로부터 70년간 존속한다.

⑤ 특허권의 존속기간은 어떠한 경우에도 연장될 수 없다.

015 **다음 중 특허협력조약(PCT)과 마드리드 협정 의정서에 대한 설명으로 옳지 않은 것은?**

① 국제출원 시 각 지정국에 출원한 것과 같은 효과를 인정한다.

② 특허협력조약은 국제출원 후 출원인이 각 지정국에 국내단계이행을 위한 절차를 진행한다.

③ 마드리드 협정 의정서는 국제출원 후 모든 절차를 국제사무국이 처리한다.

④ 특허협력조약과 마드리드 협정 의정서는 지정국마다 별도의 권리가 발생하여, 권리의 유지관리도 각국별로 처리한다.

⑤ 특허협력조약과 마드리드 협정 의정서는 지정국마다 해당국의 법령에 따라 등록 여부가 결정된다.

016 **지식재산권에 관한 다음 설명 중 옳지 않은 것은?**

① 지식재산권은 동산이나 부동산과 달리 점유할 수 없다는 것이 특징이다.

② 특허를 받기 위해서는 반드시 특허출원을 하여야 한다.

③ 저작권은 창작에 의해 자동적으로 권리가 발생하나, 저작권을 행사하기 위해서는 저작권을 등록하여야 한다.

④ 지식재산권은 침해가 용이하고, 침해를 발견하는 것이 매우 어렵다.

⑤ 상표법은 창작을 보호하기 위한 법이 아니다.

001 김발명은 새롭게 출시될 자동차에 적용할 목적으로 자동차 앞유리에 투영되는 HUD(헤드 업 디스플레이)를 개발하였다. 다음 설명 중 옳은 것은?

① 좌회전 시 운전 방향을 안내하는 새로운 도형 디자인을 제작하였다. 이는 실용신안권으로 보호받을 수 있다.

② 새로 개발한 HUD의 명칭을 "퍼시픽 가이드"라고 명명하였다. 이는 디자인권으로 보호받을 수 있다.

③ 새로 개발한 HUD는 독특한 사용방법으로 운전자에게 새로운 경험을 제공한다. 이는 특허권으로 보호받을 수 있다.

④ 새로 개발한 HUD 화면은 기존에 출시된 영화의 한 장면을 포함하고 있다. 이 경우 저작권 침해는 문제되지 않는다.

⑤ 새로 개발한 HUD에 적용된 프로그램은 실용신안권으로 보호받을 수 있다.

002 지식재산의 보호방안에 관한 설명이다. 옳지 않은 것은?

① 사업화를 목적으로 하는 아이디어는 오로지 하나의 지식재산권으로 보호되는 것은 아니다.

② 유명한 맛집의 음식 레시피는 특허권으로 보호받을 수 있다.

③ 인터넷 기술공지제도를 이용하여 기술이 공개되면, 특허권을 받을 수 없다.

④ 지식재산을 영업비밀로 보호하더라도 제3자가 정당한 방법으로 해당 영업비밀을 안 자에게 침해금지를 청구할 수 없다.

⑤ 특허출원한 발명은 공개되는 것이 원칙이지만, 디자인등록출원한 디자인은 공개되지 않는 것이 원칙이다.

003 지식재산권에 대한 다음 설명으로 옳은 것은?

① 산업재산권은 지식재산권에 해당하나 저작권은 지식재산권이 아니다.

② 컴퓨터 프로그램 그 자체는 특허법으로 보호받는다.

③ 영업비밀에 관한 부정경쟁방지 및 영업비밀보호에 관한 법률상 권리는 비밀로 관리되는 기간 동안 보호된다.

④ 상호에 관한 상법상 권리는 등록에 의하여 발생한다.

⑤ 저작권은 산업재산권보다 독점성이 강하다.

004 A는 새로운 건물을 만들기 위하여 유명한 건물 디자이너 B에게 건물 외관에 대한 디자인을 의뢰하면서, 창작된 건물 외관 디자인에 대한 모든 지식재산권을 A가 양수하는 계약을 체결하였다. 또한 A는 새로운 건물의 이름을 C 빌딩으로 지었다(C는 국내에서 건물 이름으로 전혀 사용된 적 없고, 상표출원 이력도 없는 조어임). 이 경우 다음 설명 중 옳은 것은?

① A는 건물 외관에 대한 디자인을 출원하여 디자인권을 설정등록받을 수 있다.
② A는 '건축물'을 지정상품으로 하는 C를 상표출원하여 상표권을 설정등록받을 수 있다.
③ 건축물에 대한 디자인은 저작권의 대상이다.
④ A는 C 건물의 외관 디자인에 대한 저작자이다.
⑤ A와 B의 지식재산권 양도계약은 무효이다.

005 지식재산권과 그 보호기간의 내용이 바르게 묶인 것은?

> ㉠ 특허 : 등록일로부터 출원 후 20년
> ㉡ 실용신안 : 등록일로부터 출원 후 10년
> ㉢ 디자인 : 등록 후 10년
> ㉣ 반도체 배치설계 : 등록 후 10년
> ㉤ 상표 : 등록 후 5년(갱신 가능)
> ㉥ 상호 : 등기 후 5년

① ㉠, ㉡, ㉢   ② ㉠, ㉡, ㉣
③ ㉠, ㉡, ㉥   ④ ㉡, ㉢, ㉤
⑤ ㉡, ㉣, ㉥

006 원칙적으로 고소권자의 고소가 있어야 공소제기를 할 수 있는 범죄에 해당하지 않는 것은?

> ㉠ 상표권 침해죄   ㉡ 특허권 침해죄
> ㉢ 디자인권 침해죄   ㉣ 실용실안권 침해죄
> ㉤ 저작권 침해죄

① 1개   ② 2개
③ 3개   ④ 4개
⑤ 5개

Chapter 7 지식재산권 분쟁(심판과 소송)

STEP 1 난도 ▶ 하   정답 및 해설_ p.44

001 다음 중 심판참가가 인정되지 않는 심판은?

① 특허무효심판   ② 권리범위확인심판
③ 거절결정불복심판   ④ 통상실시권허락심판
⑤ 존속기간연장등록무효심판

002 타인 간의 심판 계속 중에 그 심판결과에 이해관계가 있는 제3자가 심판참가를 하고자 한다.
이 경우 심판참가가 허용되는 기간은?

① 공개구술심리일 전까지
② 증거조사일 전까지
③ 상대방 답변서 제출 전까지
④ 심리종결 전까지
⑤ 심결확정 전까지

003 다음 설명과 관계있는 것은?

> • 등록공고일로부터 1년이 지나 이해관계가 없는 자가 무효심판을 청구한 경우
> • 거절결정불복심판 계속 중 출원 포기가 있는 경우
> • 권리범위확인심판 계속 중 권리가 소멸된 경우

① 본안심결   ② 기각심결
③ 인용심결   ④ 심결각하
⑤ 결정각하

004 특허법상 심판관은 당사자 또는 참가인이 신청하지 않은 이유 또는 취하한 이유에 대하여도 이를 심리하여 심결의 기초로 삼을 수 있다. 이것을 가리키는 용어는?

① 변론주의   ② 직권심리주의
③ 직권공개주의   ④ 증거주의
⑤ 집중심리주의

005 심판의 심결이 확정된 때에는 그 사건에 대하여 누구든지 동일사실 및 동일증거에 의하여 그 심판을 다시 청구할 수 없다는 원칙은?

① 직권심리주의   ② 변론주의
③ 일사부재리   ④ 제척, 기피
⑤ 불소급원칙

006 다음 중 특허심판에 관한 설명으로 옳은 것은?

① 무효심판의 피청구인은 침해자이다.
② 권리범위확인심판은 결정계 심판이다.
③ 특허심판 중에 특허심사관이 청구할 수 있는 심판은 없다.
④ 모든 특허심판을 특허심판원이 전속으로 관할하지는 않는다.
⑤ 무효심판은 당사자계 심판이다.

007 특허법에서는 심사관이 특허출원에 대하여 거절결정을 하는 경우 이에 대한 구제수단으로 특허거절결정불복심판을 청구할 수 있도록 규정하고 있다. 다음 중 거절결정불복심판에 대한 설명으로 옳지 않은 것은?

① 심사관이 거절결정을 하는 경우 거절결정등본을 받은 날로부터 3개월 이내에 거절결정불복심판을 청구할 수 있다.
② 거절결정불복심판과 함께 명세서를 보정할 수 있다.
③ 심판의 청구기간을 1회에 한하여 30일 이내에서 연장할 수 있다.
④ 교통이 불편한 지역에 있는 자의 경우에는 그 횟수 및 기간을 추가로 연장할 수도 있다.
⑤ 특허거절결정에 대한 심판결과 심판청구가 기각되었을 경우, 특허법원에 소를 제기할 수 있다.

008 **다음의 심결주문과 관계가 있는 심판은?**

> 원결정을 취소하고, 특허청 심사국에 환송한다.

① 특허무효심판   ② 거절결정불복심판
③ 권리범위확인심판   ④ 정정심판
⑤ 통상실시권허락심판

009 **다음 중 거절결정불복심판에 관한 설명으로 옳지 않은 것은?**

① 특허출원에 대하여 거절결정을 받은 자가 청구할 수 있다.
② 거절결정등본을 송달받은 날로부터 3개월 내에 청구할 수 있다.
③ 심판을 청구할 수 있는 기간은 법정기간으로 연장이 허용되지 않는다.
④ 심사에서 밟은 특허에 관한 절차는 심판에서도 효력이 있다.
⑤ 심판관은 심사관이 제시한 거절이유와 다른 거절이유로 심판을 기각할 수 있다.

010 **다음 중 특허등록무효심판을 청구할 수 있는 경우와 가장 거리가 먼 것은?**

① 2인이 공동으로 발명하였는데 1인만이 출원한 경우
② 출원 시 공개되지는 않았으나 먼저 출원된 청구항에 적혀 있는 발명과 동일한 발명이 등록된 경우
③ 출원 전에 발명의 내용이 외국논문에 발표된 경우
④ 발명의 내용이 일반 국민의 건강에 악영향을 미칠 수 있는 경우
⑤ 출원 직전에 동일한 발명이 외국에서 먼저 출원된 경우

011 **다음 중 특허받은 발명의 무효사유가 아닌 것은?**

① 특허발명이 신규성이 없는 것이 확인될 때
② 특허발멍이 진보성이 없는 것이 확인될 내
③ 특허발명이 명세서 기재요건에 위반된 것이 확인될 때
④ 특허발명이 하나의 특허출원범위에 위반된 것이 확인될 때
⑤ 외국인 특허권자가 조약 탈퇴로 권리향유능력을 상실한 것이 확인될 때

012 다음 설명과 관련이 있는 심판은?

> 심사절차를 거친 이후에도 출원의 하자를 발견하지 못하거나 특허권 설정등록 후에 발생한 새로운 사유로 인하여 부실특허가 존재하는 경우, 이러한 하자 있는 특허권을 그대로 존속시키는 것은 특허권자를 부당하게 보호하고 산업발전을 저해시키는 결과를 초래하게 된다.

① 권리범위확인심판 ② 정정심판
③ 거절결정불복심판 ④ 취소결정불복심판
⑤ 등록무효심판

013 특허권 침해가 발생하였을 경우 무효심판을 청구할 수 있다. 이와 관련해 무효심판에 대한 설명으로 옳지 않은 것은?

① 무효심판이 특허심판원에 의해 계속 중이면 정정심판을 청구할 수 없다.
② 무효심판은 권리존속기간이 만료된 이후에도 청구할 수 있다.
③ 무효심판을 청구할 경우 청구항별로 청구해서는 안 된다.
④ 무효심판에서 권리가 무효로 확정된 경우에는 그 특허권은 원칙적으로 처음부터 없었던 것으로 본다.
⑤ 특허권 존속기간연장등록에 대하여도 무효심판을 청구할 수 있다.

014 특허무효심판에 관한 내용으로 옳은 것은?

① 심사관은 이해관계인으로서 심판을 청구할 수 있다.
② 특허발명에 대한 동종업자는 이해관계인이 아니므로 특허무효심판을 청구할 수 없다.
③ 특허무효심판이 계속 중에는 절차의 안정성상 정정청구를 할 수 없다.
④ 전용실시권자는 무효심판의 피청구인이 될 수 있다.
⑤ 무효심판의 경우 청구항이 2 이상인 경우 청구항마다 무효를 판단한다.

015 **무효심판에 관한 설명으로 옳지 않은 것은?**

① 무효심판을 청구하는 자는 심판청구의 취지 및 이유를 기재한 무효심판청구서를 제출하여야 한다.
② 대상특허가 산업상 이용가능성이 없는 경우에는 무효심판을 청구할 수 있다.
③ 무효심판은 심사관만이 청구할 수 있다.
④ 무효심판은 특허권이 등록된 이후 언제든지 청구할 수 있다.
⑤ 발명내용이 공서양속이나 공중위생을 해칠 우려가 있는 경우에도 무효심판을 청구할 수 있다.

016 **무효심판에 관한 설명으로 옳지 않은 것은?**

① 특허침해 경고를 받은 경우의 대응 방법 중 하나이다.
② 무효심판은 특허심판원에 청구하여야 한다.
③ 등록원부에 특허권자로 등록되어 있는 자를 피청구인으로 하여야 한다.
④ 무효심판의 심결에 대한 불복은 특허법원에 할 수 있다.
⑤ 무효심결이 확정되더라도, 그 특허권은 언제나 처음부터 없었던 것으로 본다.

017 **이창작은 김발명을 상대로 무효심판을 청구하였다. 이에 대응하여 김발명이 특허명세서를 정정할 경우, 적법한 정정에 해당하지 않는 것은?**

① 청구항 삭제   ② 하위개념으로의 변경
③ 인용항의 감소   ④ 불명료한 기재를 명확히 하는 것
⑤ 직렬로 부가된 구성요소의 삭제

018 **다음 중 무효심판에 관한 설명으로 옳지 않은 것은?**

① 특허무효심판을 청구받은 특허권자는 주어진 답변서 제출기간에 특허의 정정을 청구할 수 있다.
② 특허권 존속 중은 물론 특허권이 장래를 향해 소멸한 경우에도 특허무효심판을 청구할 수 있다.
③ 무권리자 특허임을 이유로 한 특허무효심판은 심사관이나 이해관계인 중 특허를 받을 수 있는 권리를 가진 자만이 청구할 수 있다.
④ 무효심결이 확정되면 미리 납부한 특허유지료 중에서 무효심결이 확정된 연도의 다음 연도부터의 특허유지료 해당분을 반환받을 수 있다.
⑤ 심판대상 청구항들 중 일부 청구항에 대해서만 무효심결할 수는 없다.

019 특허심판의 종류 중 특허권의 권리범위를 확인받기 위하여 청구하는 심판으로, 특허침해 시 특허권자가 공격적인 목적으로 청구하는 심판은?

① 특허무효심판   ② 소극적 권리범위확인심판
③ 적극적 권리범위확인심판   ④ 특허정정심판
⑤ 통상실시권허락심판

020 권리범위확인심판에 관한 설명으로 옳은 것은?

① 적극적 권리범위확인심판은 특허권자만이 제기할 수 있다.
② 소극적 권리범위확인심판의 제3자는 이해관계가 없는 자도 제기할 수 있다.
③ 적극적 권리범위확인심판은 특허권이 무효로 확정된 경우에도 제기할 수 있다.
④ 권리범위확인심판은 미국과 일본 등 다수의 국가에서 시행되고 있다.
⑤ 권리 대 권리의 권리범위확인심판이 적법한 심판청구로 인정될 수 있다.

021 권리범위확인심판에 관한 설명으로 옳지 않은 것은?

① 특허권이 소멸한 이후에도 청구할 수 있다.
② 적극적 권리범위확인심판의 경우 특허권자 또는 그의 전용실시권자가 청구할 수 있다.
③ 권리범위확인심판을 청구한 자는 심판청구의 취지 및 이유를 기재한 심판청구서를 제출하여야 한다.
④ 권리범위확인심판 결과에 법원이 구속되지는 않으나, 실무적으로는 법원이 권리범위확인심판 결과와 다른 취지의 판결을 내리는 경우는 거의 없다.
⑤ 권리범위확인심판청구의 구체적인 이유는 추후에 추가할 수 있다.

022 다음 설명과 관계가 있는 심판은?

> • 특허권자만이 청구할 수 있다.
> • 청구범위를 감축하는 경우, 잘못 기재된 것을 정정하는 경우, 분명하지 아니한 기재를 명확히 하는 경우만 허용된다.
> • 특허권 존속 중에는 물론 특허권이 소멸된 후에도 청구할 수 있다.

① 권리범위확인심판   ② 특허무효심판
③ 정정심판   ④ 정정무효심판
⑤ 보정각하결정불복심판

023 정정심판에서 정정의 범위에 속하지 않는 것은?

① 청구범위 감축
② 직렬적 구성요소의 삭제
③ 잘못된 기재의 정정
④ 오타 수정
⑤ 분명하지 아니한 기재를 명확히 하는 경우

024 정정심판의 청구에 대한 다음 설명 중 옳지 않은 것은?

① 청구인은 특허권자만이 될 수 있다.
② 허락에 의한 통상실시권자가 있는 경우에는 그 통상실시권자의 동의를 얻어야 한다.
③ 특허권이 소멸한 후에도 청구할 수 있다.
④ 무효심판이 계속 중인 경우에도 정정심판을 청구할 수 있다.
⑤ 심판청구서에 정정한 명세서 또는 도면을 첨부하여야 한다.

025 타인의 선출원 특허를 이용하여 특허를 받았으나 타인이 정당한 이유 없이 실시를 허락하지 않은 경우, 자신의 특허발명을 실시하기 위하여 실시권을 요구하는 심판은?

① 특허무효심판
② 특허정정심판
③ 권리범위확인심판
④ 거절결정불복심판
⑤ 통상실시권허락심판

026 다음 (   ) 안에 들어갈 단어로 적절한 것은?

(   )란 누구든지 특허권의 설정등록일부터 등록공고일 후 (   )이 되는 날까지 그 특허가 신규성, 진보성, 선출원 위반 등의 하자가 있는 특허에 대하여 특허심판원에 그 특허를 취소하여 줄 것을 요구하는 제도를 말한다.

① 특허취소신청제도, 6개월
② 특허무효심판제도, 3개월
③ 특허무효심판제도, 6개월
④ 특허취소신청제도, 3개월
⑤ 정보제공제도, 4개월

027 다음 중 특허법상 인정되는 심판에 해당하지 않는 것은?

① 등록무효심판   ② 거절결정불복심판

③ 권리범위확인심판   ④ 정정무효심판

⑤ 보정각하결정불복심판

028 다음 중 성격이 상이한 특허심판은?

① 권리범위확인심판   ② 거절결정불복심판

③ 등록무효심판   ④ 통상실시권허락심판

⑤ 정정무효심판

029 다음 중 특허법상 심판청구 또는 특허소송제기의 대상이 될 수 없는 것은?

① 특허거절결정

② 보정각하결정

③ 존속기간연장등록출원에 대한 거절결정

④ 통상실시권허락심판의 심결

⑤ 특허무효심판의 심결

030 다음 사례에 대한 설명 중 옳지 않은 것은?

> 특허출원 A는 2020년 1월 1일에 설정등록되어, 1월 4일에 등록공고되었다. 이에 대해 경쟁사 B는 해당 특허에 대해 권리를 소멸시키는 방법을 검토하고 있다.

① 2020년 5월 15일에 취소 신청을 통하여 특허등록을 취소시킬 수 있다.

② 경쟁사 B는 특허출원 A의 심사 과정에서 활용된 선행 특허를 이용하여 취소 신청을 할 수 있다.

③ 취소 신청을 통해 특허가 취소되지 않은 경우, 경쟁사 B는 이에 대해 특허법원에 불복할 수 없다.

④ 취소 신청을 통하여 특허가 취소된 경우, 특허권자는 이에 대해 특허법원에 불복할 수 있다.

⑤ 경쟁사 B는 기재불비와 같은 불명확함을 근거로 취소 신청을 할 수는 없다.

031 다음 중 디자인출원인 또는 디자인권자가 청구할 수 있는 심판에 해당하지 않는 것은?

① 거절결정불복심판
② 취소결정불복심판
③ 보정각하결정불복심판
④ 통상실시권허락심판
⑤ 정정심판

032 디자인권 관련 심판에 관한 설명으로 옳은 것은?

① 권리범위확인심판은 디자인권자 및 전용실시권자만이 제기할 수 있다.
② 기본디자인의 디자인등록이 무효가 되면 관련디자인의 디자인등록도 따라서 무효가 된다.
③ 무효심판은 디자인권이 소멸된 후에도 청구할 수 있다.
④ 심판의 심결이 확정된 때에는 심결의 종류를 불문하고 그 사건에 대하여는 누구든지 같은 사실 및 같은 증거에 의하여 다시 심판을 청구할 수 없다.
⑤ 디자인등록이 무효가 된 때에는 그 디자인권은 심결 시부터 효력을 상실한다.

033 상표등록무효심판에 관한 설명으로 옳은 것은?

① 상표등록무효심판은 상표권자와 이해관계인 모두 제기할 수 있다.
② 등록상표의 지정상품이 2 이상 있는 경우에는 모든 지정상품에 대해 청구하여야 한다.
③ 무효심판은 상표권이 소멸한 이후에도 청구할 수 있다.
④ 상표등록을 무효로 한다는 심결이 확정된 때에는 그 상표권은 예외 없이 처음부터 없었던 것으로 본다.
⑤ 법원은 소송절차에 있어서 해당 상표에 관한 무효심판이 진행 중일 경우, 그 심결이 확정될 때까지 그 소송절차를 중지하여야 한다.

034 기술적인 사항에 관하여 재판장의 허가를 얻어 해당 기술분야에 대하여 질문을 할 수 있도록 하고, 재판의 합의에 의견을 진술할 수 있도록 심결취소소송의 심리에 참여하는 사람은?

① 변리사
② 검사
③ 외부자문위원
④ 기술심리관
⑤ 해당 분야 전문가

035 **권리범위확인심판과 침해소송의 관계에 관한 내용으로 옳지 않은 것은?**

① 권리범위확인심판은 특허발명의 청구범위와 확인대상발명의 효력범위를 확정하는 것이다.

② 특허권자는 적극적 권리범위확인심판과 침해소송을 특허법원에 동시에 제기할 수 있다.

③ 권리범위확인심판의 결과는 침해소송의 법원의 판결과 동일하지 않아도 된다.

④ 권리범위확인심판에서는 확인대상발명의 구성요건을 특정하여야 한다.

⑤ 권리범위확인심판에서 확인대상발명이 특허권의 권리범위에 속한다는 심결이 있더라도 그 심결이 법원을 기속하는 것은 아니다.

036 **다음 중 특허법원에 제기할 수 없는 소송은?**

① 특허권 수용에 관한 소송

② 거절결정 심결에 대한 심결취소소송

③ 권리범위확인 기각심결에 대한 심결취소소송

④ 불사용 취소심결에 대한 심결취소소송

⑤ 정정심결에 대한 심결취소소송

037 **다음 중 특허소송에 대한 설명으로 옳지 않은 것은?**

① 심결에 대한 소는 특허법원의 전속관할로 한다.

② 심결에 대한 소는 심결등본을 송달받은 날로부터 2주 이내에 제기하여야 한다.

③ 특허법원에 소제기할 수 있는 기간은 불변기간이다.

④ 심결에 대한 소는 당사자, 참가인, 당해 심판에 참가신청을 하였으나 그 신청이 거부된 자에 한하여 이를 제기할 수 있다.

⑤ 심결에 대한 소는 특허심판원장이 아닌 특허청장을 피고로 하여야 한다.

038 **다음 중 특허소송에 관한 설명으로 옳지 않은 것은?**

① 현재 침해가 현실화되지 않았다 하더라도 예방 차원에서 침해예방청구를 법원에 제기할 수 있다.

② 통상실시권자는 특허권자의 동의하에 침해금지청구소송을 제기할 수 있다.

③ 손해배상청구를 하기 위해서는 침해자의 고의 또는 과실이 인정되어야 한다.

④ 손해배상청구 본안 소송의 2심은 특허법원의 관할이다.

⑤ 침해금지청구소송을 제기하기 전에 가처분 신청을 법원에 먼저 제기할 수 있다.

039 특허권자로부터 특허침해소송이 제기되었을 경우 소송의 피고로서 주장할 수 있는 항변이 아닌 것은?

① 공지기술의 항변
② 자유실시기술의 항변
③ 특허무효의 항변
④ 권리소진의 항변
⑤ 특허권부지의 항변

Part 1
Part 2
Part 3
Part 4

040 다음 중 특허발명의 보호범위를 정하는 것은?

① 발명의 명칭
② 발명의 설명
③ 도면의 간단한 설명
④ 청구범위
⑤ 요약서

041 다음 중 특허발명의 보호범위에 관한 판단기준으로 잘못된 것은?

① 청구범위 기준의 원칙
② 발명의 설명 제외의 원칙
③ 출원경과 참작의 원칙
④ 구성요소 완비의 원칙
⑤ 공지기술 참작의 원칙

042 다음 중 특허권에 관한 설명으로 옳지 않은 것은?

① 특허권은 속지주의 원칙상 등록한 국가에서만 효력이 인정된다.
② 특허출원 당시에 선의로 국내에서 이미 그와 같은 발명을 사업으로 실시하거나 그 발명을 한 자로부터 알게 되어 국내에서 그 발명의 실시사업 또는 그 사업 준비를 하고 있는 자에 대해서는 특허권의 효력이 미치지 않는다.
③ 특허발명의 보호범위는 발명의 설명에 적힌 사항에 의하여 정해진다.
④ 영리를 목적으로 하지 않는 연구 또는 시험을 위한 특허발명의 실시에 대해서는 특허권의 효력이 미치지 않는다.
⑤ 특허권자가 판매한 특허발명을 실질적으로 구현한 제품을 적법하게 구입한 경우에, 구입한 자가 그것을 스스로 사용하거나 타인에게 전매하더라도 특허권의 침해가 되지 않는다.

043 A는 의자에 관한 발명의 특허권자이다. 청구범위에 의하면 A의 특허발명은 엉덩이 받침부, 등받이부 및 다리부로 구성되며, 의자의 구조에 대한 사항만 청구범위에 포함되어 있다. 다음 중 특허발명의 침해가능성이 가장 높은 경우는?

① 의자의 생산 시에 다리부를 빼고 생산하는 경우
② 의자의 생산 시에 등받이부를 빼고 생산하는 경우
③ 의자의 생산 시에 재질을 금속 재질로 하는 경우
④ 집에서 개인적으로 사용할 용도로 의자를 제작하는 경우
⑤ 특허출원 전에 이미 존재하는 의자

044 청구범위 해석에 있어, 특허출원 과정에서 출원인이 표시한 의사 및 특허청이 표시한 견해를 참작하여 보호범위를 판단하는 것은?

① 출원경과 참작의 원칙
② 청구범위 기준의 원칙
③ 균등론
④ 간접침해
⑤ 발명의 설명 참작의 원리

045 A는 출원 시 청구범위에 (a + b + c)로 구성되는 발명으로 출원하였으나, 심사 과정에서 유사한 선행기술을 극복하기 위하여 (a + b + c')로 보정하여 등록을 받았다. 이때 다음 설명 중 옳지 않은 것은?

① a + b + c'로 구성된 제품의 생산은 A의 특허권의 침해이다.
② a + b로 구성된 제품의 생산은 A의 특허권의 침해가 아니다.
③ a + b + c로 구성된 제품의 생산은 균등론에 의해 침해이다.
④ a + c로 구성된 제품의 생산은 특허권의 침해가 아니다.
⑤ b + c로 구성된 제품의 생산은 특허권의 침해가 아니다.

046　휴대폰 안테나 제조업체인 A는 안테나 제조장치에 대한 특허 X를 가지고 있다. 타 제조업체인 B는 A의 안테나 제조장치의 기술을 분석한 결과, 이동장치가 마련되지 않아 장비의 이동 및 설치가 어렵다는 것을 인식하여, 상기 안테나 제조장치에 이동장치를 추가하여 특허 Y를 받았다. 이와 관련하여 다음 설명 중 옳은 것은?

① A는 B의 허락 없이 특허 X를 실시할 수 없다.
② B는 A의 허락 없이 특허 Y를 실시할 수 없다.
③ A는 B의 허락 없이도 특허 Y를 실시할 수 있다.
④ A와 B는 모두 제한 없이 특허 X 및 Y를 실시할 수 있다.
⑤ 위의 어느 것도 옳지 않다.

047　다음 중 특허권 침해의 요건이 아닌 것은?

① 유효한 특허권 존재가 침해행위 시 존재하고 있어야 한다.
② 특허발명의 보호범위 내에서 특허권이 실시되고 있어야 한다.
③ 개인적·가정적으로 특허발명을 사용하는 것도 특허권의 침해이다.
④ 특허권 실시에 정당한 권원이 없어야 한다.
⑤ 침해자의 고의나 과실이 있으면 특허권 침해에 대한 손해배상의 청구가 가능하다.

048　김발명은 침해제품인 가방을 만들어 일반 개인에게 팔고 있었다. 그런데 갑자기 원 특허권을 보유하고 있는 이창작이 나타나서 가방을 사서 사용하고 있는 개인에게 특허권을 침해하였다고 경고장을 보냈다. 다음 중 옳은 것은?

① 이것을 구매한 개인은 어떤 경우에도 이창작의 특허권을 침해한 것이다.
② 개인이 선의로 구매하였으면 비침해이고 악의로 구매하였으면 침해이다.
③ 개인은 특허권 비침해자이다.
④ 균등론을 적용하면 구매한 개인은 특허권 침해이다.
⑤ 김발명과 개인 모두 특허권 침해자이다.

049 다음 실시행위는 모두 특허권자의 허락을 얻지 않았을 뿐 아니라 특허권자의 허락을 받은 자가 생산한 것을 실시하고 있는 것도 아니다. 다음 중 특허침해행위에 해당되지 않는 것은?

① 특허발명에 해당되는 제품을 단 1개만 생산하는 행위
② 업으로서 특허발명을 사용하는 행위
③ 특허된 전기세탁기를 가정주부가 집에서 사용하는 행위
④ 특허권자 이외의 자가 불법으로 생산한 물건을 양도하는 행위
⑤ 해외에서 생산된 제품을 국내에 수입하는 행위

050 A가 우리나라에서 특허등록한 자전거를 A의 동의 없이 B가 임의로 아래와 같이 사용하였다. 다음 행위 중 침해행위에 해당되지 않는 것은?

① B가 해당 자전거를 중국에서 제조해서 들여와 국내에서 파는 행위
② B가 국내에 있는 자신의 공장에서 해당 자전거를 생산할 수 있는 설비를 갖춘 행위
③ B가 인터넷 쇼핑몰에서 판매하는 행위
④ 백화점에서 해당 자전거를 전시하는 행위
⑤ 해당 자전거를 제조하여 실험실에서 그 성능을 테스트하는 행위

051 다음 중 특허침해에 대한 설명으로 옳지 않은 것은?

① 특허품을 개조하는 행위는 특허법상의 실시에 해당하지 않으나, 침해로 인정될 경우가 있다.
② 특허품을 수출하는 행위는 특허법상의 실시에 해당하지 않으므로, 그 행위만으로 침해가 되는 것은 아니다.
③ 침해품인 줄 모르고 구입하였다면, 이를 업으로 사용하더라도 침해가 되지 않는다.
④ 침해품을 단순히 보관하는 행위는 특허법상의 실시에 해당하지 않으나, 특허권자는 침해품을 보관하는 자에게 취할 수 있는 법적 조치가 있다.
⑤ 침해품을 제조한 김발명과 그 침해품을 판매한 이창작은 모두 침해 책임을 진다.

052 특허발명의 실시는 아니지만 침해의 전 단계에 있는 예비적 행위로서, 그대로 방치 시 침해의 개연성이 높으므로 특허권의 침해로 간주하는 침해유형은?

① 직접침해

② 간접침해

③ 이용침해

④ 저촉침해

⑤ 균등침해

053 다음 중 특허권의 침해에 해당하지 않는 것은?

① 유리컵 발명에 대하여 특허가 되어 있는 경우, 해당 유리컵 제조에만 사용되는 기계를 수입하는 행위

② 스마트폰 케이스에 대하여 특허가 되어 있는 경우, 스마트폰 케이스와 스마트폰의 분리를 용이하게 하는 탈착부를 추가하여 스마트폰 케이스를 제조하는 행위

③ 반도체를 제조하는 방법에 관하여 특허가 되어 있는 경우, 해당 제조 방법에만 사용되는 기계를 생산하는 행위

④ 농기계에 대하여 특허가 되어 있는 경우, 해당 농기계를 구성하는 구성요소 중 하나이지만 다른 장치에도 전용 가능한 부품을 생산하는 행위

⑤ 구두를 제조하는 방법의 발명에 관해 특허가 되어 있는 경우, 그 제조 방법에만 사용되는 기계를 판매하는 행위

054 다음 중 특허침해에 관한 설명으로 옳지 않은 것은?

① 방법발명에 대하여 그 방법의 실시에만 사용하는 물건을 생산하는 것은 간접침해에 해당한다.

② 특허발명인 선풍기의 조립세트를 구입하여 조립한 후 사용하는 김발명은 간접침해를 하고 있다.

③ 침해 대상물이 청구범위에 적혀 있는 내용을 그대로 포함하는 경우, 직접침해에 해당한다.

④ 물건발명에 대하여 그 물건의 생산에만 사용하는 물건을 전시하는 것은 간접침해에 해당한다.

⑤ 침해 대상물이 청구범위에 적혀 있는 발명의 구성요소를 구비하고 있고, 구성요소 중 일부가 균등관계에 있다면 직접침해에 해당한다.

055 **간접침해와 생산 방법의 추정에 대한 설명으로 옳지 않은 것은?**

① 부품도 별개의 독립된 상품으로 판매될 것이 예측될 경우, 별개의 청구항으로 적는 것이 바람직하다.

② 물건인 완제품에 대하여 그 완제품과 동일한 물건은 특허된 방법에 의하여 생산된 것으로 추정한다.

③ 생산 방법의 청구항을 가지고 물건인 완제품에 대하여 침해라고 주장할 수 있다.

④ 완제품 특허에만 사용되는 부품은 완제품 특허를 간접침해하는 관계가 된다.

⑤ 생산 방법의 청구항을 가지고 물건인 완제품에 대하여 침해라고 주장할 수 있는 경우는 없다.

056 **특허권에 대한 설명으로 옳지 않은 것은?**

① 특허권이 침해된 경우 전용실시권자가 직접 침해금지청구권을 행사할 수도 있다.

② 제3자가 권원 없이 특허발명을 업으로 실시하더라도 통상실시권자는 직접 침해금지청구권을 행사할 수 없다.

③ 강제실시권자는 그 실시에 대한 대가를 지급하여야 한다.

④ 통상실시권자가 특허권자의 동의 없이 통상실시권을 타인에게 양도할 수 있는 경우는 없다.

⑤ 특허권이 공유인 경우 각 공유자는 통상실시권을 설정하고자 할 때 타 공유자의 동의를 얻어야 한다.

057 **다음 중 특허권자의 권리에 대한 설명으로 옳지 않은 것은?**

① 특허권자는 자신의 특허권이 침해될 가능성이 있는 경우에 침해금지를 청구할 수 있다.

② 특허권자는 특허를 침해하는 자에 대하여 신용회복을 청구할 수 있다.

③ 특허권자는 자신의 특허침해에 대하여 손해배상을 청구할 수 있다.

④ 특허권자의 특허에 대한 무효심판이 제기된 경우 특허 민사소송은 정지하여야 한다.

⑤ 특허침해소송의 경우 특허에 대한 무효 여부를 판단하기도 한다.

058 특허권 침해의 구제 방법에 관한 설명으로 가장 잘못된 것은?

① 특허권을 침해한 자에 대해 손해배상을 청구할 수 있다.
② 특허권 침해물의 폐기도 청구할 수 있다.
③ 특허권 침해는 민사문제이므로 형사고소를 할 수는 없다.
④ 침해자를 상대로 부당이득반환청구소송을 제기할 수도 있다.
⑤ 상표권 침해와 달리 법정손해배상제도는 인정되지 않는다.

059 다음 중 특허권자가 자신의 특허권 보호를 위해 취할 수 있는 제도가 아닌 것은?

① 적극적 권리범위확인심판　　② 침해금지가처분신청
③ 손해배상청구소송　　　　　　④ 무효심판
⑤ 형사고소

060 다음 중 특허권을 침해한 자가 받을 수 있는 제재가 아닌 것은?

① 법원의 판매금지가처분명령　② 법원의 판매금지명령
③ 벌금형　　　　　　　　　　　④ 무기징역
⑤ 손해배상

061 다음 중 특허법상의 벌칙에 해당하지 않는 것은?

① 침해죄　　　　　　　　　　　② 비밀누설죄
③ 위증죄　　　　　　　　　　　④ 허위표시의 죄
⑤ 간접침해죄

062   특허침해죄의 형사적 처벌에 대한 다음 설명 중 옳은 것은?

① 침해자는 7년 이하의 징역 또는 5천만 원 이하의 벌금에 처한다.
② 침해자는 7년 이하의 징역 또는 1억 원 이하의 벌금에 처한다.
③ 침해자는 5년 이하의 징역 또는 5천만 원 이하의 벌금에 처한다.
④ 침해자는 5년 이하의 징역 또는 1억 원 이하의 벌금에 처한다.
⑤ 침해자는 1년 이하의 징역 또는 1천만 원 이하의 벌금에 처한다.

063   상표권 침해에 대한 다음 설명 중 옳지 않은 것은?

① 상표권을 침해하면 민사적 책임뿐 아니라 형사적 책임을 질 수도 있다.
② 등록상표와 유사한 상표를 사용한 경우라도 상표권 침해가 성립될 수 있다.
③ 상표권 침해죄는 비친고죄이다.
④ 상표권 침해가 있는 경우 정식 법적 대응 전 침해경고장 등을 발송할 수 있다.
⑤ 상표법상 상표등록이 되어 있지 않다 하여도 국내에서 유명성을 취득하였다면, 그 유명성을
   근거로 상표법상 상표권 침해금지소송을 제기할 수 있다.

064   저작권 침해에 대한 법적 구제 방법으로 옳지 않은 것은?

① 손해배상청구권 행사   ② 침해정지청구가처분
③ 부당이득반환청구권 행사   ④ 사죄광고의 청구
⑤ 성명표시 등의 청구

065   저작권에 대한 다음 설명 중 옳은 것은?

① 저작권의 존속기간은 창작일로부터 70년이다.
② 업무상저작물의 존속기간은 공표일로부터 50년이다.
③ 저작권은 양도될 수 없다.
④ 저작권자가 사망하면 저작재산권은 상속인에게 상속된다.
⑤ 저작권은 특허청에 등록되어야 그 효력이 발생된다.

정답 및 해설 _ p.48

001   **다음 중 특허출원 후 심사결과에 대한 불복과 관련된 심급구조가 순서대로 나열된 것은?**

① 특허심판원 − 특허법원 − 대법원
② 특허심판원 − 특허법원 − 헌법재판소
③ 특허심판원 − 고등법원 − 헌법재판소
④ 특허법원 − 특허심판원 − 대법원
⑤ 특허법원 − 특허심판원 − 헌법재판소

002   **다음 중 특허심판에 대한 설명으로 옳지 않은 것은?**

① 특허심판원은 행정관청인 특허청의 소속기관이며 특허분쟁에 관한 특허심판사무를 담당하는 심판기관이다.
② 특허심판원은 특허·실용신안·디자인 및 상표에 관한 심판과 재심 및 이에 관한 조사연구에 관한 사무를 관장한다.
③ 특허심판원장은 심판청구가 있을 때 심판관으로 하여금 이를 심판하게 한다.
④ 심판결과에 불복하여 소를 제기하는 경우, 특허심판원장이 피고가 된다.
⑤ 심판관 합의체의 합의는 과반수에 의하여 이를 결정한다.

003   **심판관의 제척사유에 해당하지 않는 것은?**

① 심판관의 배우자가 사건의 참가인인 경우
② 심판관이 사건의 당사자와 친족관계에 있는 경우
③ 심판관이 사건의 당사자의 법정대리인인 경우
④ 심판관이 사건에 대하여 감정인이었던 경우
⑤ 심판관에게 심판의 공정을 기대하기 어려운 사정이 있는 경우

004 다음 중 특허심판에 관한 설명으로 가장 적합하지 않은 것은?

① 특허심판의 심결에 대해 불복하는 경우 특허법원에 심결취소소송을 제기할 수 있다.
② 특허법원의 판결에 대해 불복하는 경우 대법원에 상고를 제기할 수 있다.
③ 특허무효심판은 상대방이 답변서를 제출한 후에는 상대방의 동의가 있어도 이를 취하할 수 없다.
④ 특허심판은 3인 또는 5인의 심판관으로 구성되는 합의체가 행한다.
⑤ 특허심판의 합의는 공개하지 아니한다.

005 당사자계 심판에 관한 설명으로 옳지 않은 것은?

① 결정계 심판의 기각심결에 대해서는 불복할 수 있다.
② 참가제도가 인정된다.
③ 일사부재리는 인용심결 확정 후에만 적용된다.
④ 심결등본이 송달된 날로부터 30일이 경과할 때까지 심결취소소송을 제기하지 않으면 심결이 확정된다.
⑤ 당사자계 심판의 심판 비용은 패심자 부담이 원칙이다.

006 다음 설명 중 옳지 않은 것의 개수는?

> ㉠ 결정계 심판이란 당사자 대립구조를 취하지 않고 청구인만 존재하는 심판을 말한다.
> ㉡ 특허거절결정에 대한 불복심판은 결정계 심판이다.
> ㉢ 당사자계 심판이란 청구인과 피청구인이 대립구조를 취하는 심판이다.
> ㉣ 권리범위확인심판 및 정정심판은 당사자계 심판이다.
> ㉤ 특허거절결정에 대한 불복심판은 일사부재리가 적용된다.
> ㉥ 결정계 심판의 인용심결에 대해 불복할 수 없다.
> ㉦ 결정계 심판의 심판 비용은 패심자 부담이 원칙이다.

① 1개   ② 2개
③ 3개   ④ 4개
⑤ 5개

007 심판의 심결에 관한 다음 설명 중 가장 적합한 것은?

① 심결이 확정된 때에는 어느 경우라도 그 사건에 대해서는 누구든지 동일사실 및 동일증거에 의하여 다시 심판을 청구할 수 없다.

② 심결에는 심리종결일을 적어야 한다.

③ 심판장은 사건이 청구된 후 6개월이 경과하면 심리의 종결을 당사자에게 통지하여야 한다.

④ 심판은 특별한 규정이 있는 경우를 제외하고는 심결로써 이를 종결한다.

⑤ 심결에는 심결연월일을 반드시 적어야 하는 것은 아니다.

008 S사는 국내 선풍기를 생산하는 유명업체이다. S사는 선풍기 날개의 독점적인 권리를 확보하고자 특허출원을 하였다. 그런데 특허청의 실체심사 중 심사관이 이와 유사한 미국특허공개가 존재한다는 점을 들어 진보성 결여를 이유로 거절 통지를 하였다. 이에 S사는 변리사와 협의를 통해 미국특허공개와 차이점을 주장한 의견서 및 보정서를 제출하였다. 그러나 심사관은 보정을 한 내용이 당해 기술분야의 통상의 기술자가 용이하게 발명할 수 있다는 점을 들어 최종 거절결정하였다. 이때 S사의 대응조치로 적절한 것은?

① 재심사청구를 하거나 거절결정불복심판을 청구한다.

② 정정심판을 청구한다.

③ 권리범위확인심판을 청구한다.

④ 분리출원을 한다.

⑤ 정답이 없다.

009 특허의 무효심판에 관한 다음 설명 중 가장 부적합한 것은?

① 이해관계인 또는 심사관은 특허에 무효사유가 있는 경우에는 무효심판을 청구할 수 있다.

② 특허의 무효심판은 특허권이 소멸된 후에도 이를 청구할 수 있다.

③ 특허를 무효로 한다는 심결이 확정된 때에는 그 특허권은 처음부터 없었던 것으로 본다.

④ 심판장은 무효심판의 청구가 있는 때에는 그 취지를 당해 특허권의 전용실시권자, 기타 특허에 관하여 등록을 한 권리를 가지는 자에게 통지하여야 한다.

⑤ 청구범위의 청구항이 2 이상인 경우에도 전체 청구항에 대해서 무효심판을 청구하여야 한다.

010 무효심판에 관한 다음 설명 중 옳지 않은 것은?

① 인용심결이 확정되면 누구든지 해당 기술을 자유롭게 실시할 수 있다.

② 기각심결이 확정되면 일사부재리 원칙이 적용된다.

③ 기각심결이 확정되더라도 다른 증거에 기하여 심판청구가 가능하다.

④ 심판청구인은 심판장에게 심판청구서를 제출하고 수수료를 납부하여야 한다.

⑤ 인용심결이 확정되면 특허권은 처음부터 없었던 것으로 본다.

011 특허권의 존속기간연장등록무효심판에 대한 설명으로 옳지 않은 것은?

① 심사관은 존속기간의 연장등록무효심판을 청구할 수 있다.

② 공유자 모두가 연장등록출원을 하지 않은 출원은 연장등록무효사유에 해당한다.

③ 연장된 특허권이 소멸된 후에는 연장등록 무효심판을 청구할 수 없다.

④ 존속기간연장등록무효심결이 확정된 때에는 그 존속기간연장은 처음부터 없었던 것으로 본다.

⑤ 특허발명을 실시할 수 없었던 기간을 초과하여 연장되었다는 사유로 연장등록무효심결이 확정된 경우에는 초과하여 연장된 기간에 대하여만 연장이 없었던 것으로 본다.

012 다음 설명의 (   ) 안에 들어갈 내용이 순차적으로 나열된 것은?

> 특허침해소송에 대한 대응수단의 하나로 특허권자를 상대로 특허심판원에 자신의 실시기술이 특허권자의 특허의 (   )에 속하지 않는다는 내용의 (   )을 제기할 수 있다.

① 권리범위, 소극적 권리범위확인심판

② 발명의 설명, 소극적 권리범위확인심판

③ 권리범위, 정보제공

④ 발명의 설명, 적극적 권리범위확인심판

⑤ 선행기술, 적극적 권리범위확인심판

013 다음 중 존속기간 만료로 권리가 소멸된 후에도 청구가 가능한 심판에 해당하는 것은?

> ㉠ 권리범위확인심판   ㉡ 등록무효심판
>
> ㉢ 거절결정불복심판   ㉣ 통상실시권허락심판
>
> ㉤ 취소결정불복심판   ㉥ 정정심판
>
> ㉦ 등록취소심판   ㉧ 보정각하결정불복심판

① ㉠, ㉡   ② ㉢, ㉣

③ ㉡, ㉥   ④ ㉤, ㉧

⑤ ㉥, ㉦

014 B사는 전동의자를 생산·판매하고 있었으며, 2017년에 특허등록을 완료하였다. 그런데 2022년에 경쟁업체 C사가 동일한 전동의자를 시장에서 판매하여 B사의 시장점유율이 점점 떨어졌고, 이에 B사는 C사를 제재하여야겠다고 판단하고 조치를 취하려 한다. 이때 B사의 조치와 C사의 대응이 잘못된 것은?

① B사는 C사에 적극적 권리범위확인심판을 청구할 수 있다.

② C사는 B사의 특허등록에 대한 선행문건을 찾아서 특허무효심판을 청구할 수 있다.

③ C사는 B사에 소극적 권리범위확인심판을 청구할 수 있다.

④ C사는 B사에 정정심판을 청구할 수 있다.

⑤ 답이 없다.

015 다음 ( ) 안에 들어갈 숫자로 적절한 것은?

> 등록된 상표가 최근 ( )년간 사용된 사실이 없는 경우 누구든지 상표의 취소를 청구할 수 있다.

① 1   ② 2

③ 3   ④ 4

⑤ 5

016 김발명은 침해제품을 생산하고 이창작은 김발명이 만든 제품이 침해제품인지 모르고 구입하였다. 이 경우 이창작이 개인적 혹은 가정적으로 사용하면 비침해이지만, 제3자에게 업으로 판매하면 특허권 침해가 된다. 즉, 김발명과 이창작 모두가 특허권 침해자가 되어 민형사 처벌을 받게 된다. 민법과 달리 특허제도에만 존재하는 이 이론 또는 원칙은?

① 속지주의
② 구성요소완비의 법칙
③ 실시행위독립의 원칙
④ 권리소모이론
⑤ 균등론

017 청구범위의 해석에 관한 설명으로 옳지 않은 것은?

① 특허발명의 청구범위의 구성요소 전부를 실시하지 않는 경우에 침해가 성립하는 경우는 있다.
② 청구범위에 적혀 있지 않고 발명의 설명에만 적혀 있는 발명은 특허권의 권리범위에 포함하지 않는다.
③ 특허발명의 보호범위에는 하나의 청구항만이 적혀 있어야 하는 것은 아니다.
④ 출원인이 보정서 및 의견서 등에서 출원발명의 내용을 감축하여 한정하였다 하더라도, 이를 특허권의 권리범위를 해석하는 데 참작할 수 없다.
⑤ 발명의 설명을 참작하여 청구범위를 해석할 수 있다 하더라도 청구범위를 확장하여 해석할 수는 없다.

018 청구범위 해석에 관한 내용으로 옳은 것끼리 짝지어진 것은?

ㄱ 청구범위 해석에 있어 발명의 설명과 도면에 적혀 있는 사항에까지 권리범위가 미친다.
ㄴ 출원인이 출원경과에서 발명의 내용을 감축하더라도 발명의 설명을 참작하여 권리를 주장할 수 있다.
ㄷ 청구범위에 적혀 있는 사항이 불분명하거나 추상적으로 적혀 있는 경우는 발명의 설명이나 도면을 참작하여 판단할 수 있다.
ㄹ 청구범위의 해석은 청구범위 전체의 문맥을 고려하여 해석한다.

① ㄱ, ㄴ
② ㄴ, ㄷ
③ ㄷ, ㄹ
④ ㄱ, ㄷ, ㄹ
⑤ ㄴ, ㄷ, ㄹ

019 특허발명이 구성 A, B, C로 이루어져 있는데 특허분쟁이 발생하였다. 이때 확인대상발명의 발명 구성을 분석한 결과 아래의 표와 같을 경우, 특허발명의 권리를 침해한 확인대상발명을 모두 고른 것은?

확인대상발명 1	A, B, C
확인대상발명 2	A, B
확인대상발명 3	A, B, C, D

① 2

② 1, 2

③ 1, 3

④ 2, 3

⑤ 1, 2, 3

020 다음 설명과 관련된 이론은?

> 확인대상발명에서 특허발명의 청구범위에 적혀 있는 구성 중 변경된 부분이 있는 경우에도, 양 발명에서 과제의 해결원리가 동일하고, 그러한 변경에 의하더라도 특허발명에서와 실질적으로 동일한 작용효과를 나타내며, 그와 같은 변경이 그 발명이 속하는 기술분야에서 통상의 지식을 가진 사람이라면 누구나 용이하게 생각해 낼 수 있는 정도인 경우에는, 특별한 사정이 없는 한 확인대상발명은 특허발명의 청구범위에 적혀 있는 구성과 균등한 것으로서 여전히 특허발명의 권리범위에 속한다.

① 의식적 제외론

② 출원경과 참작이론

③ 균등론

④ 구성요소 완비의 법칙

⑤ 자유기술의 항변

021 김발명의 특허발명은 A + B + C로 구성되어 있다. B와 b가 균등관계에 있을 때, 다음 중 김발명의 특허를 침해하는 것의 개수는?

㉠ A + B를 실시하는 경우	㉡ A + b를 실시하는 경우
㉢ A + B + C를 실시하는 경우	㉣ A + C + D를 실시하는 경우
㉤ A + b + C를 실시하는 경우	㉥ A + B + D를 실시하는 경우
㉦ B + C + D를 실시하는 경우	㉧ A + b + C + D를 실시하는 경우

① 1개

② 2개

③ 3개

④ 4개

⑤ 5개

022 김발명은 새로운 발광소자 X에 대해 특허출원하여 등록을 받았다. 그 후 이창작은 발광소자 X를 이용한 휴대폰 디스플레이를 개발하였다. 다음 설명 중 맞는 것을 모두 골라 나열한 것은?

> ㉠ 이창작이 발광소자 X를 이용한 휴대폰 디스플레이를 생산하여 판매하기 위해서는 원칙적으로 김발명의 허락을 받아야 한다.
>
> ㉡ 이창작이 개발한 휴대폰 디스플레이가 특허요건을 만족하는 경우에는 이창작은 해당 디스플레이에 대해 특허를 받을 수 있다.
>
> ㉢ 이창작이 발광소자 X를 이용한 휴대폰 디스플레이에 대해 특허를 받은 경우에는 김발명의 허락을 받지 않고 해당 디스플레이를 생산하더라도 이창작은 자신의 특허발명을 실시하는 것이므로 김발명의 특허권을 침해하는 것은 아니다.
>
> ㉣ 김발명이 이창작이 개발한 휴대폰 디스플레이를 생산하기 위해서는 원칙적으로 이창작의 허락을 받아야 한다.

① ㉠, ㉡
② ㉠, ㉡, ㉣
③ ㉠, ㉡, ㉢
④ ㉡, ㉣
⑤ ㉠, ㉣

023 특허침해에 관한 다음 설명 중 옳지 않은 것은?

① 자신의 특허를 실시하는 자는 타인의 특허를 침해하는 것을 걱정할 필요가 없다.
② 특허권 침해죄는 양벌규정이 적용된다.
③ 문언침해가 아닌 경우에도 침해가 성립될 수 있다.
④ 특허발명의 실시가 아니어도 침해가 성립될 수 있다.
⑤ 고의로 특허를 침해한 자에 한하여 침해죄를 이유로 형사처벌된다.

024 '전기다리미'에 관한 발명에 대해 특허권이 있다. 다음 중 침해행위가 되지 않을 가능성이 가장 높은 것은?

① 전기다리미를 제조하는 행위
② 전기다리미를 판매하는 행위
③ 전기다리미를 박람회에서 전시하는 행위
④ 전기다리미를 세탁업자가 사용하는 행위
⑤ 전기다리미를 가정에서 개인적으로 사용하는 행위

025 다음 중 특허권 침해행위에 해당되는 것의 개수는?

> ㉠ 물건발명의 경우, 해당 물건을 수입하는 행위
> ㉡ 제법발명의 경우, 그 제조 방법에 의해 생산된 물건을 대여하는 행위
> ㉢ 물건발명의 경우, 해당 물건을 분해하는 행위
> ㉣ 제법발명의 경우, 그 제조 방법에 의해 생산된 물건을 사용하는 행위
> ㉤ 물건발명의 경우, 해당 물건을 매장 진열대에 전시하는 행위
> ㉥ 제법발명의 경우, 그 제조 방법에 의해 생산된 물건을 구입하는 행위
> ㉦ 물건발명의 경우, 해당 물건을 제조하는 행위

① 1개 ② 2개
③ 3개 ④ 4개
⑤ 5개

026 특허권자 김발명은 이창작을 상대로 특허침해행위를 중지하라는 내용의 경고장을 보냈다. 얼마 후 이창작은 김발명의 특허권에 대해 무효심판을 청구하였다. 이 경우 다음 설명 중 가장 부적합한 것은?

① 김발명은 필요한 경우, 무효심판의 답변서 제출기한 내에 특허발명의 명세서 또는 도면에 대하여 정정을 청구할 수 있다.
② 김발명은 이창작이 실시하고 있는 제품에 관하여 이창작을 피청구인으로 하는 소극적 권리범위확인심판을 청구할 수 있다.
③ 김발명은 이창작을 특허침해죄로 고소할 수도 있다.
④ 이창작은 무효심판청구 시 자신이 받은 경고장을 제시하면서 이해관계인에 해당함을 소명할 수 있다.
⑤ 김발명은 이창작을 피고로 하여 특허침해금지 및 손해배상을 청구하는 소송을 이창작의 주소지의 민사법원에 제기할 수 있다.

027 다음 사례에 대한 설명 중 옳지 않은 것은?

> 이차 전지는 양극, 음극, 전해질로 구성되어 있다. S사는 이차 전지의 제조사이며, A사의 양극을 구입하여 전지를 제조하고 있다. S사의 전지를 이용한 전동 드릴을 P사가 판매하고 있다. 이때, A사의 양극에 대해 침해를 구성하는 특허를 B사가 보유하고 있다. B사는 별도의 제조·판매를 하지는 않는다. S사 및 P사 역시 양극에 대해 다양한 특허를 확보하고 있다.

① B사는 P사에 대해 특허침해를 이유로 민형사상 책임을 요구할 수 있다.
② B사는 S사에 대해 특허침해를 이유로 민형사상 책임을 요구할 수 있다.
③ B사는 A사에 대해 특허침해를 이유로 민형사상 책임을 요구할 수 있다.
④ B사가 S사에 대해 특허침해에 따른 소송을 제기할 경우, S사도 보유하고 있는 양극 특허를 활용하여 B사에 특허소송을 제기할 수 있다.
⑤ A사는 B사가 등록 특허에 대해 이해관계인임을 입증하여 무효심판을 청구할 수 있다.

028 다음 대화 중 가장 타당하지 않은 이야기를 한 사람은?

> • 정아 : 특허는 속지주의 원칙이기 때문에 미국에서의 특허권을 행사하기 위해서는 미국에서 특허권을 확보하여야 하고, 한국에서 특허권을 행사하기 위해서는 한국에서 특허권을 확보하여야 한다.
> • 현준 : 최근 A와 B사 간의 특허소송에서 A사 제품이 B사 제품을 거의 그대로 모방하였기 때문에 A사는 B사의 특허를 침해한 것이다.
> • 서준 : 특허침해소송에서는 침해금지청구뿐만 아니라 침해로 인한 손해배상도 청구할 수 있다.
> • 성화 : 미국에서의 특허소송 결과와 한국에서의 특허소송 결과는 상이할 수 있다.

① 정아 ② 현준
③ 서준 ④ 성화
⑤ 없음

029 김발명은 레이저프린터 A의 특허권자이다. 이창작은 김발명의 레이저프린터 A에 사용되는 감광카트리지 B를 생산하고 있다. 이 경우 B가 특허법상 침해로 보는 행위에 해당하기 위한 요건이 아닌 것은?

① 김발명이 B를 A와 별도로 제조·판매하지 아니하는 경우여야 한다.
② B는 일반적으로 널리 쉽게 구할 수 없는 물품이어야 한다.
③ B는 A 외에 다른 용도로 사용되지 않아야 한다.
④ B는 A의 소모품이나 A의 본질적인 구성요소에 해당하여야 한다.
⑤ A의 구입 시에 B의 교체가 예정되어 있어야 한다.

030 다음 중 특허권 침해 가능성이 가장 높은 것은?

① 특허발명인 카시트의 생산에만 사용되는 장치를 개인적으로만 사용하는 행위
② 특허발명인 블랙박스를 구성하는 부품 중 하나를 생산하여 로봇 청소기의 부품으로 사용하는 행위
③ 특허발명인 양말 제조 방법의 실시에만 사용되는 양말 제조기를 제작하는 행위
④ 특허발명인 시료 측정기의 생산에만 사용되는 카트리지를 생산하여 연구를 위한 시험용도로만 사용하는 행위
⑤ 부품 X와 부품 Y로 이루어진 특허 A에 있어서, 특허 A의 생산에만 사용되는 부품 X를 미국에서 생산하는 행위

Part 1
Part 2
Part 3
Part 4

031 특허권 침해의 구제수단 중 침해금지·예방청구권에 대한 설명으로 옳지 않은 것은?

① 특허권리를 침해한 자 또는 침해할 우려가 있는 자에 대해 행사할 수 있다.
② 제3자의 실시가 업으로서 무단실시인 경우여야 한다.
③ 청구권자는 특허권자만 가능하며 전용실시권자와 통상실시권자는 제외된다.
④ 침해자의 고의 또는 과실은 고려하지 않는다.
⑤ 손해배상청구와 같이 청구할 수 있다.

032 다음 중 특허권자가 침해에 대한 민사상 침해금지와 손해배상을 청구함에 있어서 특허권자 보호를 강화하기 위한 특별 규정이라고 보기 어려운 것은?

① 구체적인 행위태양 제시 의무
② 감정사항 설명 의무
③ 고의의 추정
④ 생산방법의 추정
⑤ 자료의 제출

033 특허권자의 보호에 관한 설명으로 옳은 것은?

① 특허권자는 자기의 권리를 침해한 자에 대하여 침해금지를 청구할 수 있으나, 침해할 우려가 있는 자에 대하여는 취할 수 있는 조치가 없다.

② 물건을 생산하는 방법의 발명이 특허가 된 경우에 그 물건과 동일한 물건이 특허출원 전에 국내에서 공지된 것이 아닌 때에는 그 특허된 방법에 의하여 생산된 것으로 간주한다.

③ 특허권자가 손해배상을 청구하는 경우, 합리적으로 받을 수 있는 금액을 손해액으로 하여 청구할 수 있고, 손해액이 이 금액을 초과하는 경우에는 초과액에 대하여도 손해배상을 청구할 수 있다.

④ 특허권 침해에 대한 손해배상청구권은 최초 침해가 발생한 날로부터 3년 내에 행사하여야 한다.

⑤ 특허권자는 고의 또는 과실로 특허를 침해한 자에 한하여 부당이득반환청구를 할 수 있다.

034 A사는 B대학으로부터 코로나치료제의 특허권에 대해 실시권 허락을 받았다. A사는 코로나 치료제 판매 사업을 추진하는 중에 경쟁업체인 C사가 동일한 방법을 사용하여 코로나 치료제를 생산·판매하는 것을 확인하였다. 다음 중 옳은 것은?

① A사가 B대학으로부터 통상실시권을 허락받은 경우 특허침해금지청구를 할 수 있다.

② A사가 B대학으로부터 전용실시권을 허락받은 경우 특허침해금지청구를 할 수 없다.

③ A사가 B대학으로부터 통상실시권을 허락받은 경우 손해배상청구를 할 수 없다.

④ A사가 B대학으로부터 전용실시권을 허락받은 경우 손해배상청구를 할 수 없다.

⑤ A사는 B대학에 의뢰하여 특허권 침해금지요청을 C사에 할 수 없다.

035 김발명은 안테나를 전문으로 생산하는 업체이다. 김발명은 A회사의 TV에만 사용할 수 있는 안테나를 생산하여 독자 판매하였다. 그런데 경쟁업자 이창작이 김발명의 허락 없이 김발명의 안테나를 생산·판매하기 시작하였고, 김발명은 이에 대한 조치를 하고자 한다. 김발명이 특허 전후에 취할 수 있는 조치로서 옳지 않은 것은?

① 김발명은 특허권을 조기에 확보하기 위하여 출원공개 후 출원 중인 발명을 업으로 실시 중임을 이유로 우선심사를 신청할 수 있다.

② 김발명은 특허등록 전이라도 이창작에게 출원공개 후 보상금 청구권을 행사할 수 있고 이는 설정등록 후 행사 가능하다.

③ 김발명은 특허등록 후 이창작에게 손해배상을 청구할 수 있다.

④ 김발명은 특허등록 후 이창작에게 침해금지를 청구할 수 있다.

⑤ 김발명은 특허등록 후 이창작에게 손해배상을 청구할 수 있지만 침해행위를 조성한 물건의 폐기는 청구할 수 없다.

036 침해죄에 관한 다음 설명 중 타당한 것은?

① 특허권에 대한 침해행위에 대한 고소가 없으면 침해죄로 처벌될 수 없다.

② 특허권을 침해하여도 그것에 의하여 재산상의 이득이 없을 때에는 침해죄로 되지 않는다.

③ 종업원이 타인의 특허권을 침해한 경우에는 사용자가 되는 회사는 반드시 벌금형에 처해진다.

④ 모든 지식재산권에 대한 침해죄는 친고죄로 하고 있다.

⑤ 침해죄는 해당 특허권의 존재를 알고 특허권을 침해한 때 성립한다.

037 다음의 특허법상 형사처벌 대상 중 반의사불벌죄에 해당하는 것은?

① 특허권 또는 전용실시권을 침해한 때

② 선서한 증인이 특허심판원에 대하여 허위 진술을 한 때

③ 특허발명이 아닌 제품에 특허된 제품으로 허위 표시를 한 때

④ 거짓 기타 부정한 행위로서 특허권의 존속기간의 연장등록 또는 심결을 받은 때

⑤ 특허청 직원이 직무상 지득한 특허출원 중의 발명에 관하여 비밀을 누설하거나 도용한 때

038 디자인권의 침해 시 디자인권자가 가장 신속하고 효과적으로 선택할 수 있는 초기 대응책은?

① 침해금지청구권 행사　　　　② 화해 및 조정 신청

③ 손해배상청구권 행사　　　　④ 경고장 발송

⑤ 신용회복청구권 행사

039 상표법상 침해(침해로 보는 행위 포함)에 해당하는 행위가 아닌 것은?

① 타인의 등록상표와 동일·유사한 상표를 그 지정상품과 동일·유사한 상품에 사용하는 행위

② 타인의 등록상표와 동일·유사한 상표를 그 지정상품과 동일·유사한 상품에 사용할 목적으로 교부·판매·위조·모조 또는 소지하는 행위

③ 타인의 등록상표를 위조 또는 모조할 목적으로 그 용구를 제작·판매·소지하는 행위

④ 타인의 등록상표와 동일·유사한 상표가 표시된 상품(타인의 지정상품과 동일·유사)을 양도하기 위하여 소지하는 행위

⑤ 타인의 저명상표와 동일·유사한 상표를 그 저명상표의 지정상품(사용상품)과 비유사한 상품에 사용하는 행위

040 상표권 침해죄에 관한 다음 설명 중 (   ) 안에 들어갈 단어가 차례로 기재된 것은?

> 상표권 및 전용사용권의 침해행위를 한 자는 (   ) 이하의 징역 또는 (   ) 원 이하의 벌금에 처한다.

① 6개월, 5천만   ② 1년, 1억
③ 3년, 2억   ④ 5년, 1억
⑤ 7년, 1억

041 저작권 침해판단에 관한 설명으로 옳지 않은 것은?

① 양 저작물이 서로 실질적 유사성이 있어야 한다.
② 주관적 요건으로 모방 사실을 입증하여야 한다.
③ 모방 여부 판단은 선행저작물에 의거한 것인지가 중요 기준이 된다.
④ 선행저작물과 공통오류가 있으면 일응 의거요건이 충족된 것으로 본다.
⑤ 표절과 저작권 침해는 법적으로 동일한 개념이다.

042 저작재산권의 침해요건에 관한 설명으로 잘못된 것은?

① 저작재산권의 침해에 해당하기 위하여 침해자가 피침해자의 저작물에 의거할 필요는 없다.
② 침해자가 피침해자의 저작물을 보거나 접할 상당한 기회를 가졌다면 '의거'를 추정할 수 있다.
③ 침해자와 피침해자의 저작물 사이에 실질적인 유사성의 범위를 넘어 '충분히 현저한 유사성'을 가지고 있는 경우에는 사실상 '의거'가 추정된다.
④ 현저한 유사성의 대표적인 예는 '공통의 오류'이다.
⑤ 어문저작물의 유사성에는 크게 '포괄적·비문언적 유사성'과 '부분적·문언적 유사성' 두 가지가 있다.

043 다음 중 저작권을 침해하는 행위로 볼 수 없는 것은?

① 홈페이지 제작회사인 A사가 B사의 홈페이지를 제작해 주면서 C사가 만든 인상적인 그래픽 디자인과 플래시 이미지를 그대로 베껴서 사용하는 행위
② 사진작가 A가 박물관에 전시된 사진을 촬영하고 촬영한 사진에 대한 저작재산권 일체를 박물관에 양도한다는 약정을 하였을 경우, 박물관의 허락 없이 그 사진을 개인 인터넷 사이트에 게재한 A의 행위
③ 집필을 의뢰한 출판사가 원고가 미흡하다고 판단하여 이를 임의로 변경한 행위
④ 음악 CD를 구입하여 집에서 컴퓨터로 듣기 위해 MP3파일로 복제하는 행위
⑤ 출판사가 A 대학교수의 기말고사 시험 문제를 뽑아 문제집을 제작한 행위

001 다음 중 특허청장을 피청구인으로 하는 결정계 심판의 개수는?

> ㉠ 적극적 권리범위확인심판   ㉡ 소극적 권리범위확인심판
> ㉢ 무효심판   ㉣ 보정각하결정에 대한 심판
> ㉤ 거절결정불복심판   ㉥ 정정심판

① 1개   ② 2개
③ 3개   ④ 4개
⑤ 5개

002 무효심판 계속 중 정정청구에 관한 설명으로 옳지 않은 것은?

① 특허권자는 답변서 제출기간 내에 명세서 또는 도면의 정정을 청구할 수 있다.
② 등록청구범위에 "A 및 B를 포함하는 물건"이라고 적혀 있는 것을 "A를 포함하는 물건"으로 정정할 수 있다.
③ 청구범위를 감축하는 경우, 잘못된 기재를 정정하는 경우 및 분명하지 않은 기재를 명확히 하는 경우에 한하여 가능하다.
④ 등록청구범위에 "제1항 또는 제2항의 물건"이라고 적혀 있는 것을 "제1항의 물건"이라고 정정할 수 있다.
⑤ 청구범위 감축 유형으로는 택일적 기재요소 삭제, 구성요소 직렬적 부가 등이 있다.

003 특허무효심판에서 무효심결이 확정된 경우 그 효과에 대한 설명으로 옳지 않은 것은?

① 무효심결이 확정되면 그 특허권은 소멸된다.
② 무효심결이 확정되면 동일 특허에 대한 이후의 무효심판청구는 심결로서 각하된다.
③ 무효심결이 확정되면 특허침해에 관한 민형사소송의 확정판결에 대하여 재심을 청구할 수 있다.
④ 무효심판청구등록 전에 자기 특허발명이 무효사유에 해당되는 것을 알지 못하고 선의로 실시를 하고 있는 자는 법정실시권이 인정될 수 있다.
⑤ 무효심결이 확정되면 특허등록 후 모든 기간의 특허료를 반환받을 수 있다.

004 **다음 사례에 대한 설명 중 옳지 않은 것은?**

기업 A는 2023년 1월 다음과 같은 제품을 개발하여 제조 준비 중이다. 아직까지 별도의 특허 출원은 진행하지 않았다.

[A사의 제품 구조 및 스펙]

표면에 a입자가 균일하게 분포된 전극.

BET 표면적 2.0-2.2 m^2/g

[A사 제품 이전의 전극 구조]

a 입자가 없는 집전체만 존재하는 전극.

BET 표면적 1.5-1.8 m^2/g

이때, 제품 판매 전 경쟁사 특허 검토를 하던 중 다음과 같은 특허를 조사하였다.

[경쟁사 B의 등록 특허]

특허출원일 : 2021년 1월 16일, 현재 B사는 사업을 진행하고 있지는 않음

<청구범위>

BET 표면적 1.9-2.5 m^2/g인 전극.

<상세한 설명>

일반 전극에 플라즈마 처리를 통해 BET 비표면적을 일부 상승시키는 기술에 대한 설명 및 데이터

---

① A사는 B사의 등록 특허에 대해 불명확함의 존재 또는 명세서상의 충분한 뒷받침이 되지 않는다는 것을 이유로 무효심판을 청구할 수 있다.

② A사는 B사의 등록 특허에 대해 플라즈마를 활용하지 않는다는 점을 근거로 소극적 권리범위 확인심판을 청구할 수 있다.

③ B사의 등록 특허는 플라즈마를 활용한 기술이지만, 기업 A사의 개발된 제품과 저촉될 가능성이 있다.

④ A사는 개발된 제품에 대해 신규 출원을 하여 특허를 확보할 가능성이 높다.

⑤ B사의 특허는 현재 시중에 제품을 판매하고 있지 않으며, 사업을 중단하였다. 따라서 B사의 특허에는 A사의 신규 제품이 저촉되지 않는다.

005 다음은 상표법 제119조 제1항 제3호(불사용에 의한 상표등록취소심판)에 대한 설명이다. 옳은 것의 개수는?

> ㉠ 상표법 제119조 제1항 제3호에 의하여 상표등록취소심판이 청구된 경우 등록상표의 사용사실은 피청구인(상표권자)이 입증하여야 한다.
>
> ㉡ 상표법 제119조 제1항 제3호에 의한 상표등록취소심판은 등록상표의 지정상품이 둘 이상 있는 경우에는 일부 지정상품에 관하여 취소심판을 청구할 수 있다.
>
> ㉢ 상표법 제119조 제1항 제3호에 의한 상표등록취소심판이 인용되기 위하여는 불사용 기간이 3년 이상이어야 한다.
>
> ㉣ 상표권자뿐만 아니라 전용사용권자 또는 통상사용권자의 사용으로도 상표등록의 취소를 면할 수 있다.
>
> ㉤ 상표법 제119조 제1항 제3호에 의한 상표등록취소심판은 이해관계인만이 청구할 수 있다.

① 1개　　　　　　　　　　　② 2개
③ 3개　　　　　　　　　　　④ 4개
⑤ 5개

006 김발명은 새롭게 디자인된 로고 A와 영문자 B가 포함된 상표를 출원하여 등록을 받았다. 그런데 추후 디자인이 변경되어 이를 반영한 로고 C와 B를 포함하는 상표를 주로 사용하게 되었다. 이 경우 다음 설명 중 옳은 것은?

① 등록된 상표권은 설정등록일로부터 3년이 경과되면 자동으로 취소된다.
② 등록된 상표권은 김발명이 A + B를 사용하지 않은 날로부터 3년이 경과되면 자동으로 취소된다.
③ 김발명은 A를 사용하지 않지만 B를 사용하고 있으므로, 등록된 상표와 유사한 상표를 사용하고 있는 것이어서 등록된 상표의 사용으로 인정될 수 있다.
④ 김발명은 등록된 상표와 동일한 상표를 사용하는 것이라 보기 어렵다.
⑤ 김발명은 등록상표에서 사용되지 않는 A를 삭제할 수 있다.

007 다음 중 심판 및 소송을 관할하는 행정기관이 바르게 짝지어진 것의 개수는?

> ㉠ 무효심판 – 특허심판원
> ㉡ 무효심결에 대한 불복 – 특허법원
> ㉢ 특허침해금지청구소송의 1심 – 특허법원
> ㉣ 특허침해에 대한 손해배상소송의 2심 – 민사법원
> ㉤ 거절결정에 대한 불복 – 특허법원

① 1개   ② 2개
③ 3개   ④ 4개
⑤ 5개

008 P사는 스피커를 생산하는 업체이고 주요 부분의 특허등록을 완료하였다. 이후 P사의 경쟁업체인 S사가 P사의 특허등록 사실을 특허공보를 통해 확인하였고, P사의 특허가 자신들이 이전에 출원한 특허와 동일한 것임을 확인 후 다음과 같은 조치를 취하려고 한다. 다음 중 옳지 않은 것은?

① S사는 자신의 등록된 특허를 인용발명으로 삼아 등록공고일 6개월 이내에 특허취소 신청을 한다.
② S사는 자신의 등록된 특허를 인용발명으로 삼아 무효심판을 청구한다.
③ S사가 무효심판에서 기각될 경우 S사는 특허법원에 소송을 제기할 수 있다.
④ P사가 특허취소 신청에서 취소가 될 경우 P사는 특허법원에 소송을 제기할 수 있다.
⑤ P사가 특허취소 신청에서 취소가 될 경우 P사는 거절결정불복심판청구를 할 수 있다.

009 A는 자신의 특허발명을 제3자가 실시하고 있다는 사실을 알고 특허심판 및 소송 등의 절차를 진행하려고 한다. 특허심판 및 소송에 대한 다음 설명 중 옳은 것의 개수는?

> ㉠ 특허권 침해소송을 관할법원 소재지를 관할하는 고등법원이 있는 곳의 지방법원에 제기한다.
> ㉡ 특허심판은 법원의 법관에 의하여 진행된다.
> ㉢ 특허심판의 심결에 불복하고자 하는 경우 특허법원에 심결취소소송을 제기하여야 한다.
> ㉣ A가 제기한 침해금지 및 손해배상청구소송 절차는 제3자가 A의 특허권을 대상으로 청구한 무효심판에 대한 심결이 확정될 때까지 당연히 중지된다.

① 0개   ② 1개
③ 2개   ④ 3개
⑤ 4개

010 김발명은 일회용 카메라에 대한 특허권자로서, 일회용 카메라를 제작하여 박고도에게 판매하였고, 박고도는 일회용 카메라를 사용한 후 재활용 수거함에 폐기하였다. 한편, 이창작은 재활용 수거함에서 일회용 카메라를 수거하여, 일회용 카메라 본체와 뒷면의 커버 접착부분을 개봉하거나 파괴하여 뒷면 커버를 본체로부터 분리한 뒤 별개의 필름을 갈아 끼우고, 촬영매수의 표시를 영(zero)으로 재조작한 후 최자연에게 판매하였고, 최자연은 일회용 카메라를 사용하였다. 다음 중 가장 적절한 설명은?

① 박고도의 일회용 카메라의 사용은 김발명의 특허권의 침해이다.

② 필름을 교체하는 것이 김발명이 판매한 일회용 카메라와의 동일성을 해할 정도인 경우에는 최자연의 일회용 카메라의 사용행위는 김발명의 특허권의 침해가 아니다.

③ 필름을 교체하는 것이 김발명이 판매한 일회용 카메라와의 동일성을 해할 정도가 아니라면, 이창작이 최자연에게 일회용 카메라를 판매하는 것은 김발명의 특허권의 침해이다.

④ 필름을 교체하는 것이 김발명이 판매한 일회용 카메라와의 동일성을 해할 정도가 아니라면, 이창작의 필름을 교체하는 행위는 일회용 카메라의 수리ㆍ개조이기 때문에 권리소진이 적용된다.

⑤ 필름 교체행위가 김발명이 판매한 일회용 카메라와의 동일성을 해할 정도에 이르러 생산행위에 해당하는지 여부를 판단함에 있어서 당해 제품의 객관적 성질, 이용형태 및 특허법의 규정 취지를 고려할 필요는 없다.

011 특허권의 권리소진과 관련된 설명으로 가장 적절하지 않은 것은?

① 실시권자가 판매한 특허발명을 실질적으로 구현한 제품을 적법하게 구입한 경우에, 구입한 자가 그것을 스스로 사용하더라도 특허권의 침해가 되지 않는다.

② 진정상품을 병행수입한 경우 양 국가의 특허권자가 동일인이라면 권리소진이 적용되어 특허권의 침해가 되지 않는다.

③ 특허권자가 판매한 물품을 사용하던 중 부품을 교체하였지만 제품의 동일성을 유지할 정도라면 부품을 교체한 물품을 사용한 것은 특허권의 침해가 아니다.

④ 판매권을 가진 실시권자가 계약상 부수적인 제한조건을 위반하여 판매한 경우에는 일률적으로 특허권자의 동의를 받지 않은 양도행위로서 권리소진의 원칙이 배제된다고 볼 수는 없고, 계약의 구체적인 내용, 특허권자가 판매로 보상을 받았음에도 추가적인 유통을 금지할 이익과 특허제품을 구입한 수요자 보호의 필요성 등을 종합하여 권리소진 여부를 판단하여야 한다.

⑤ 국내 특허권자가 국내에서 판매하여 외국에 수출하였는데, 제3자가 이를 그대로 국내에 수입할 경우에 국내 특허권의 침해가 된다.

012 청구범위는 특허의 보호범위를 설정하는 역할을 한다. 다음 중 특허의 보호범위에 대한 설명으로 옳은 것만을 묶은 것은?

> ㉠ 특허발명의 보호범위는 청구범위에 의하여 정해지기 때문에 발명의 설명을 참작할 여지는 없다.
> ㉡ 화학발명의 경우, 보호범위는 실시예에 한정된다.
> ㉢ 출원 과정에서 출원인이 청구항을 삭제하는 보정을 한 경우에, 보정을 통해 삭제된 청구항에 대하여는 보호범위를 인정할 수 없다.
> ㉣ 요약서는 특허발명의 보호범위를 정하는 데 사용될 수 없다.
> ㉤ 특허발명과 완전히 동일하지 않더라도 균등한 발명을 실시하는 경우에 특허발명의 보호범위에 포함되어 침해가 될 수 있다.

① ㉠, ㉢

② ㉡, ㉢

③ ㉡, ㉣, ㉤

④ ㉢, ㉣, ㉤

⑤ ㉢, ㉣

013 특허발명의 보호범위에 대한 다음 설명 중 옳은 것은?

① 특허발명의 청구범위에 적혀 있는 발명을 실시하는 경우에는 항상 특허권을 침해하는 것으로 된다.
② 특허발명의 청구범위에 속하지 않는 발명을 실시하고 있는 경우에도 특허권을 침해한 것으로 되는 경우가 있다.
③ 출원공개된 특허출원의 출원서에 최초로 첨부한 명세서 또는 도면에 적혀 있는 발명과 동일한 후출원의 발명을 거절시키는 것은 출원공개된 특허출원의 출원서에 최초로 첨부된 명세서 또는 도면에 적혀 있는 발명이 곧 특허발명의 보호범위에 속하기 때문이다.
④ 특허발명의 보호범위는 첨부한 명세서의 청구범위를 적는 것에 의하여 정해지므로 발명의 설명을 참작해서는 안 된다.
⑤ 청구범위를 기준으로 해석하여야 하므로, 출원과정에서 심사관이 표시한 견해를 참작하여서는 안 된다.

014 특허발명의 구성요소가 A + B + C인데 제3자가 A + B1 + C를 실시하는 경우 균등침해가 성립되기 위한 요건과 관련성이 적은 것은?

① B와 B1의 변경이 있는 경우에도 과제의 해결원리가 동일하여야 한다.

② B를 B1으로의 변경에 의하더라도 A + B + C와 실질적으로 동일한 작용효과를 나타내야 한다.

③ B에서 B1으로의 변경이 통상의 기술자라면 누구나 용이하게 생각해 낼 수 있는 정도인 경우이어야 한다.

④ A + B1 + C가 특허발명인 A + B + C의 출원 시에 이미 공지된 기술 내지 공지기술로부터 통상의 기술자가 용이하게 발명할 수 있었던 기술에 해당하지 않아야 한다.

⑤ A + B + C의 출원절차를 통하여 A + B1 + C가 청구범위로부터 의식적으로 제외되어야 한다.

015 A는 청구범위에 (a + b + c)로 적어 특허출원을 하였으나, 특허청으로부터 의견제출통지서를 받은 후에, 선행기술을 극복하기 위하여 (a + b' + c)로 보정하고 등록을 받았다. 다음 중 특허권을 침해한다고 볼 수 있는 것의 개수는? (단, a, b, c 및 d는 서로 다른 구성요소이고, b와 b'는 균등물이다.)

㉠ a + b + c	㉡ a + b' + c
㉢ a + b + c + d	㉣ a + b' + c + d
㉤ a + b + d	㉥ a + b' + d

① 1개 ② 2개

③ 3개 ④ 4개

⑤ 5개

016 홍길동이 다리, 시트, 등받이를 포함하는 의자에 대하여 출원하여 특허를 받았다. 이와 관련해 다음 설명 중 옳지 않은 것은?

① 누군가 위 홍길동 특허에 바퀴를 추가하여 또 다른 특허를 받았다면, 이 특허는 더 이상 홍길동 특허와 이용관계가 성립되지 않는다.

② 홍길동이 심사과정에서 선행문헌과 차별화하기 위해 시트를 사각으로 한정하여 특허를 받았다면, 원형의 시트는 홍길동 특허의 보호범위에서 제외된다.

③ 누군가 홍길동 특허에 팔걸이를 부착하여 판매할 경우, 특허 침해가 성립될 수 있다.

④ 누군가 뒷다리와 등받이를 일체로 하는 새로운 형태의 의자를 발명하였다면 홍길동 특허에도 불구하고 특허받을 수도 있다.

⑤ ①에서, 바퀴가 추가된 특허를 실시하기 위해서는 홍길동에게 허락을 받아야 한다.

017 김발명은 발명 a의 특허권자이고, 이창작은 발명 a와 완전 동일한 a'를 뒤늦게 독자기술로 개발한 동종업자이다. 다음 박고도의 행위 중 김발명의 특허권을 침해하는 것의 개수는?

> ㉠ 이창작으로부터 a'를 구매하여 제품 생산에 사용하는 행위
> ㉡ 김발명으로부터 a를 구입하여 시장에서 판매하는 행위
> ㉢ 이창작으로부터 a'를 구매하여 가정에서 사용하는 행위
> ㉣ 이창작으로부터 a'를 구매하여 a'를 분석 및 성능을 시험하는 행위
> ㉤ 발명 a와 완전 동일한 a''를 독자 개발하여 판매하는 행위
> ㉥ 이창작으로부터 실시권을 허여받아 a'를 생산하는 행위

① 1개   ② 2개
③ 3개   ④ 4개
⑤ 5개

018 금속 재질의 안경테에 대하여 특허를 받았다. 이와 관련해 가장 부적합한 설명은?

① 위 특허의 설명에 알루미늄이라는 기재가 없더라도, 알루미늄 안경테는 위 특허의 보호범위에 포함될 수 있다.

② 위 특허출원 전에 이미 구리 재질의 안경테가 공지되었더라도, 위의 특허가 무효될 가능성은 없다.

③ 금속 재질의 안경테 제조 방법에 대해서도 함께 특허를 받을 수도 있다.

④ 위 특허의 명세서에 기재된 안경테 제조 방법과 다르게 금속 재질의 안경테를 제조한 경우에도 특허침해책임을 질 수 있다.

⑤ 정당한 권원이 없는 자가 구리로 된 안경테를 업으로서 제조하는 경우 특허 침해죄에 해당된다.

019 특허권의 침해 등에 대한 설명 중 가장 적절하지 않은 것은?

① 특허권자로부터 수입 및 판매에 대해서 실시허락을 받은 자가 그 물건을 제조한다면 특허권을 침해하는 것이 된다.

② 정당한 권리를 가지지 않은 자가 물질 A의 생산방법의 특허발명을 업으로서 실시하다가 그 생산을 중지하고, 그 특허발명에 의해 생산된 물질 A를 소지하고만 있는 경우에는 침해예방청구권을 행사할 수 없다.

③ 특허권 또는 전용실시권 침해소송에서 법원이 침해로 인한 손해액의 산정을 위하여 감정을 명한 때에는 당사자는 감정인에게 감정에 필요한 사항을 설명하여야 한다.

④ 특허권 침해의 민사본안소송의 경우 1심은 고등법원 소재지가 있는 6개 지방법원이 전속적으로 맡고, 2심은 특허법원이 맡는다.

⑤ 특허권에 대한 침해행위에 대한 고소가 없으면 침해죄로 처벌될 수 없다.

020 A 전자회사가 자신이 보유한 특허권을 B사가 침해하였다는 이유로 법원에 판매금지가처분 신청을 제기하였다. 이에 관한 다음 설명 중 옳지 않은 것만을 짝지은 것은?

㉠ 특허침해 사실이 인정되더라도 급박한 사정 등 보전의 필요성이 인정되지 않는다면 가처분이 인용되지 않을 수 있다.

㉡ 가처분 신청은 특허법원에 제기하여야 한다.

㉢ 가처분 결정이 내려진 이후에 본안소송에서 침해가 아닌 것으로 결론이 내려진다면, 특허권자인 A는 B가 이로 인해 입은 손해에 대해 배상을 하여야 할 책임이 있다.

㉣ B는 가처분 사건에 대응할 필요 없이 특허무효심판을 제기하면 된다.

㉤ B는 특허무효심판과 권리범위확인심판을 동시에 제기할 수는 없다.

㉥ 가처분이 인용되기 위해서 침해자의 고의 또는 과실을 요하지는 않는다.

---

① ㉠, ㉣, ㉢

② ㉡, ㉣, ㉤

③ ㉢, ㉤, ㉥

④ ㉠, ㉡, ㉤

⑤ ㉢, ㉣, ㉥

021 김발명은 특허발명 A에 대한 특허권자이고, 이창작은 특허발명 A와 유사한 발명 A′를 실시하고 있다. 김발명은 이창작을 상대로 특허권 침해에 의한 손해배상청구소송을 제기하였다. 다음 중 이창작의 대응방안으로 가장 적합하지 않은 것은?

① 이창작이 특허발명 A의 특허출원일 이전부터 발명 A′를 사용하고 있었다면, 그 사실을 증명하며 자신은 선사용에 의한 통상실시권이 있으므로 침해가 아니라는 주장을 한다.

② 이창작은 특허발명 A에 관한 선행기술조사를 하던 중, 발명 A′와 극히 유사한 공지기술인 발명 A″를 발견하게 되어, 자신의 발명 A′는 발명 A″와 유사하므로, 특허발명 A와 비교할 필요도 없이 침해가 아니라는 주장을 한다.

③ 이창작은 특허발명 A에 관한 선행기술조사를 하던 중, 특허발명 A와 극히 유사한 발명 A″를 발견하고, 특허무효심판을 청구한다.

④ 이창작은 발명 A′가 특허발명 A의 권리범위에 속하지 않는다는 판단을 하게 되어, 소극적 권리범위확인심판을 청구한다.

⑤ 이창작은 발명 A′를 실시하였으나 이를 통해 자신이 얻은 이익이 없었으므로, 자신에게는 배상할 책임이 없다고 주장한다.

022 국내 특허침해에 대하여 특허권자의 권리구제를 설명한 것 중 옳은 것은?

> ㉠ 특허권 침해죄는 친고죄로서 7년 이하의 징역 또는 1억 원 이하의 벌금형에 해당한다.
>
> ㉡ 특허권 또는 전용실시권 침해행위가 고의적인 것으로 인정되는 경우 손해액의 3배의 범위에서 징벌적 손해배상이 가능하다.
>
> ㉢ 특허권자의 제품 생산능력이 100개인 경우, 침해자가 1만 개의 특허침해 제품을 시장에 판매하여도 특허권자 본인 생산능력 100개를 넘는 9,900개의 제품에 대해서는 손해배상을 받을 수 없다.
>
> ㉣ 특허법은 특허침해의 행위자 외에 법인에 대하여 3억 원 이하의 벌금을 과하도록 하는 양벌규정을 도입하고 있다.
>
> ㉤ 특허침해 중 간접침해 행위의 경우에는 형사처벌 대상이 아니다.

① ㉠, ㉡, ㉣   ② ㉠, ㉣
③ ㉡, ㉣   ④ ㉢, ㉤
⑤ ㉢, ㉣

023 A사는 최초 청구범위에서 a, b 및 c로 구성되는 발명을 출원한 후, 심사과정에서 심사관의 진보성의 거절이유에 대응하기 위해, a, b 및 c'로 구성되는 발명으로 보정한 후 특허를 받았다. 그 후 특허권자인 A사는 B사가 a, b 및 c로 구성되는 발명을 제조하여 판매하고 있음을 알고 법원에 소를 제기하였다. 이 경우 법원의 판결 및 그 판결이유로 가장 적합한 것은? (단, c와 c'는 균등물이라 가정하고, B사는 정당한 권원이 없다고 가정한다.)

① 발명의 구성요건 완비의 법칙에 의해 B사의 행위는 A사의 특허권을 침해한 것이다.
② 명세서주의에 기초하여 B사의 행위는 A사의 특허권을 침해한 것이다.
③ 포대금반언의 원칙에 기초하여 B사의 행위는 A사의 특허권을 침해하지 않은 것이다.
④ 균등론에 의해 B사의 행위는 A사의 특허권을 침해한 것이다.
⑤ A사는 최초 청구범위에 c로 출원하였으므로, B사의 행위는 A사의 특허권을 침해하는 것이다.

024 다음 사례에 대한 설명으로 옳지 않은 것은?

> - 특허출원 A는 2001년 1월 1일에 출원하여 2005년 1월 16일에 설정등록되었다. 이후 존속 기간 만료까지의 모든 특허료는 납부된 상태이다.
> - 특허출원 A에 대해, 경쟁사 B사는 2017년 1월부터 침해되는 제품을 제조 및 판매하였으며, 이에 대한 사실을 최근 특허출원 A의 특허권자가 알게 되었다.

① 특허출원 A의 특허권자는 이미 소멸된 특허권을 가지고 경쟁사 B의 침해 행위에 대해 손해 배상을 청구할 수 있다.
② 특허출원 A의 특허권자의 권리행사에는 민법상의 시효가 적용될 수 있다.
③ 경쟁사 B는 선의 또는 고의에 따른 형사상의 책임도 질 수 있다.
④ 이미 특허출원 A가 등록 후 소멸된 상태이기 때문에, 경쟁사 B는 별도의 무효심판을 청구할 수 없다.
⑤ 특허출원 A의 특허권자는 이미 소멸된 특허권에 대해서도 권리범위를 정정할 수 있다.

025 다음 사례에 대한 설명으로 옳지 않은 것은?

> 발명자 A는 자전거 페달에 대해 다음과 같은 연구를 진행하였다. 발명의 주요 특징은 기존 페달과 신발의 접지 효과가 개선되는 구조물을 부착한 것이다. 이때 구조물 부착으로 인해 발생할 수 있는 중량 증가를 최소화할 수 있다. 이에 발명자 A는 페달 구조에 대한 특허를 등록받았다. 이후, 다양한 페달과 관련된 발명이 이루어지고 있는 상황이다.

① 후행 발명자 B는 발명자 A의 페달 구조의 일부 재질을 변경하여 강도를 더 향상시킨 발명을 완성하였다. 이때, 발명자 B는 발명자 A의 등록 특허보다 개선된 기술을 완성하였기에 발명자 A의 특허에 침해되는 것은 아니다.
② 발명자 A는 본인이 등록받은 구조물이 부착된 페달 특허에서, 구조물의 형상을 보다 접지력이 좋은 구조로 개선한 경우, 별도의 특허를 받을 수 있다.
③ 후행 발명자 C는 발명자 A의 페달을 경제적으로 제조하는 설비를 제작하였다. 이러한 발명자 C의 기술을 이용하는 경우에도 발명자 A의 등록 특허에 침해가 된다.
④ 발명자 D는 발명자 A의 특허출원 이전부터 발명자 A의 구조물이 부착된 페달을 자체적으로 제조하여 본인만 사용하고 있었다. 이때 발명자 D의 페달은 발명자 A의 등록 특허에 저촉되지 않는다.
⑤ 발명자 A는 본인이 등록받은 특허에 대해 세계적인 자전거 기업 E에 라이선스를 맺고 전용 실시권을 부여하였다. 이후 발명자 A 본인도 개발한 페달을 자체 생산하여 판매하게 되면 기업 E로부터 특허 침해에 따른 책임을 져야 한다.

026 저작권 침해의 판단에 대한 설명으로 옳지 않은 것은?

① 피고가 원고의 저작물에 접근할 기회가 있었는지를 확인한다.
② 두 저작물에 동일한 오류가 있었는지 판단한다.
③ 아이디어 및 표현에 있어 유사성이 있는지 판단한다.
④ 판례에서는 사건의 플롯이나 줄거리를 보호대상에서 제외하는 경향이 있다.
⑤ 저작권의 존속기간이 종료하였는지 판단한다.

027 표절과 저작권 침해에 대한 설명으로 옳지 않은 것은?

① 표절은 대상 저작물이 저작권으로 보호되지 않는 경우에도 있을 수 있다.
② 보호기간이 만료된 저작권의 경우 표절 및 저작권 침해는 발생하지 않는다.
③ 표절은 주로 저작물의 작성단계에서 발생한다.
④ 저작권 침해는 주로 저작물의 이용단계에서 발생한다.
⑤ 저작권 침해가 되기 위해서는 무단 이용이면 족하고 반드시 자신의 것인 것처럼 속일 것을 요하지는 않는다.

028 저작재산권 침해의 예로 인정될 수 있는 것은?

① 자신이 정당한 대가를 주고 산 사진집을 친구에게 판매한 경우
② 도심에 세워져 있는 빌딩의 사진을 찍어 판매한 경우
③ 타인의 다큐멘터리에 나온 이야기의 아이디어를 극본으로 작성하여 판매한 경우
④ 백화점에서 상업용 음반을 구입하여 대여 영업한 경우
⑤ 노래방 영업을 하는 자가 음반 기기를 구매하고 공연 허락을 받아 영업한 경우

I
P
A
T

INTELLECTUAL
PROPERTY
ABILITY
TEST

www.ipat.or.kr

지식재산능력시험
예상문제집

02

지식재산 창출

지식재산 창출

STEP 1 난도 ▶ 하   정답 및 해설_p.54

001 최근의 특허동향에 해당하지 않는 것은?

① 지식재산권의 중요성 증대 ② 특허대상의 증대
③ 우리나라의 특허출원 증대 ④ 국가 간 심사 공조체제의 감소
⑤ 특허분쟁 증가

002 지식재산 경영의 기본 전략으로 적절하지 않은 것은?

① 지식재산 관리부서의 설치
② 지식재산 감사
③ 타사 영업비밀을 확보하여 특허등록
④ 전략적 출원
⑤ 지식재산의 상업화

003 지식재산 경영에 있어서 위험관리를 위해 지식재산의 보유현황을 파악하는 작업은?

① 지식재산감사 ② 정기감사
③ 회계감사 ④ 감사원감사
⑤ 특허청감사

004 지식재산 관리부서의 주요 업무와 가장 거리가 먼 것은?

① 선행기술조사와 특허맵의 작성
② 개발된 신기술의 특허출원
③ 타사 특허와의 저촉관계 파악
④ 최신 기술 독자개발
⑤ 지식재산 관련교육

005 A사는 지식재산 관리를 위한 특별 조직으로 지식재산 관리부서를 두고 있다. 다음 중 지식재산 관리부서에서 하는 업무와 밀접한 것만을 골라 나열한 것은?

> ㉠ 선행기술조사
> ㉡ 특허맵 작성을 통한 신기술 트렌드 예측
> ㉢ 경쟁사 및 연구소의 특허분석
> ㉣ M&A 리스크와 관련한 지식재산권적 검토
> ㉤ 특허 포트폴리오의 구축 및 관리

① ㉠   ② ㉠, ㉡
③ ㉠, ㉡, ㉢   ④ ㉠, ㉡, ㉢, ㉣
⑤ ㉠, ㉡, ㉢, ㉣, ㉤

006 다음 중 특허권을 취득하는 방법이 아닌 것은?

① 직접 발명에 의한 특허출원
② 특허권자로부터의 양도
③ 타기업의 인수합병에 따른 취득
④ 상속에 의한 취득
⑤ 특허심판원에 특허의 양도 청구

007 해외출원을 진행하고자 하는 경우에 고려하여야 할 사항이라 보기 어려운 것은?

① 시장   ② 제조국가
③ 발명의 완성시점   ④ 시간 및 비용
⑤ 권리의 유효성

008 다음 중 특허출원전략으로 적절하지 않은 것은?

① 공식적인 보호를 받기 전에는 발명과 관련된 세부사항을 기본적으로 유출해서는 안 된다.
② 경우에 따라서 전략적으로 특허출원시기를 지연할 수 있다.
③ 어떠한 경우에도 특허는 빨리 출원하는 것이 중요하다.
④ 주요 시장, 경쟁사 주요 시장, 경쟁사 생산기지, 주요 무역 루트 등을 고려하여 특허출원국가를 선정한다.
⑤ 특허검색을 통해서 중복연구로 인한 시간과 비용의 낭비를 최소화해야 한다.

009 다음 중 아이디어 도출과 관련한 '더하기 기법'에 해당하지 않는 것은?

① 신발 − 바퀴 → 인라인스케이트
② 연필 − 지우개 → 지우개 달린 연필
③ 우유 − 초콜릿 → 초콜릿 우유
④ 스팀 − 걸레 → 스팀 청소기
⑤ 카메라 − 필름 → 디지털 카메라

010 연구원 A는 회사에서 주어진 연구를 하던 중, 회사에서 제조하여 판매하고 있는 제품과 관련한 발명 X를 하였다. 다음 중 발명 X에 대한 설명으로 가장 옳은 것은?

① 발명 X는 직무발명에 해당한다.　② 발명 X는 업무발명에 해당한다.
③ 발명 X는 자유발명에 해당한다.　④ 발명 X는 개인발명에 해당한다.
⑤ 발명 X는 회사발명에 해당한다.

011 다음 중 발명진흥법상 직무발명제도에 규정된 '발명'에 해당하는 것을 모두 고르면?

㉠ 특허법상 발명	㉡ 실용신안법상 고안
㉢ 디자인보호법상 창작	㉣ 상표법상 상표

① ㉠　　　　　　　　　　　　　② ㉠, ㉡
③ ㉠, ㉡, ㉢　　　　　　　　　④ ㉠, ㉢
⑤ ㉠, ㉡, ㉣

012 다음 세 개의 (　　) 안에 차례로 들어갈 단어는?

직무발명이란 종업원, 법인의 임원 또는 공무원이 그 (　　)에 관하여 발명한 것이 성질상 사용자 법인 또는 국가나 지방자치단체의 (　　) 범위에 속하고 그 발명을 하게 된 행위가 종업원 등의 현재 또는 과거의 (　　)에 속하는 발명을 말한다.

① 업무, 직무, 직무　　　　　　② 직무, 업무, 직무
③ 업무, 업무, 직무　　　　　　④ 업무, 직무, 업무
⑤ 직무, 직무, 업무

013 다음 중 직무발명에 해당하는 것은?

① 타이어 회사의 영업사원이 개발한 연비효율이 높은 타이어
② 의과대학 소속 간호사가 개발한 대장암 진단장치
③ 특허법인 소속 도면사가 고안한 전자출원 명세서 기재불비를 자동으로 찾아주는 알고리즘
④ 대기업 소속 직원이 외주업체 직원에 의뢰하여 납품받은 신제품 디자인
⑤ 스마트폰 앱 개발 회사의 대표이사가 직접 개발한 증강기술 애플리케이션

014 다음 중 직무발명제도에 대한 설명으로 가장 부적합한 것은?

① 종업원이 자신의 직무 중에 한 발명이 직무발명에 해당한다.
② 법인의 임원도 직무발명을 할 수 있다.
③ 종업원의 현재뿐 아니라 과거의 직무와 관련한 발명도 직무발명에 해당할 수 있다.
④ 종업원이 재직 중 한 발명이 자신의 직무와 무관하더라도, 회사의 업무에 포함되는 경우 직무발명에 해당한다.
⑤ 종업원이 자신의 직무와 무관한 발명을 한 경우에도, 그 발명에 대해 특허받을 수 있는 권리를 회사로 양도할 수 있다.

015 다음 중 직무발명의 인정에 있어서 종업원으로 볼 수 없는 자는?

① 법인의 대표 이사
② 국가 공무원
③ 계약직 직원
④ 고용 계약을 체결하지 않은 회사 고문
⑤ 보수를 지급받는 비상근 촉탁 직원

016 다음 중 직무발명에 관한 설명으로 가장 부적합한 것은?

① 공무원의 직무발명에 대한 권리는 국가나 지방자치단계가 승계한다.
② 종업원의 자유발명에 대해 특허빋을 수 있는 권리를 사용자에게 미리 승계시키기로 힌 계약에 종업원이 서명을 하였다면 그 규정은 유효하다.
③ 통상적인 업무지시만을 한 관리자는 직무발명에 관한 발명자가 아니다.
④ 공동으로 직무발명을 완성한 경우에는 공동으로 그 완성 사실을 사용자에게 문서로 알려야 한다.
⑤ 직무발명에 대한 권리를 사용자가 승계한 경우, 정당한 보상은 반드시 하여야 한다.

017 직무발명에 대한 보상의 내용으로 거리가 가장 먼 것은?

① 출원보상　　　　　　　　　② 등록보상
③ 출원유보에 대한 보상　　　　④ 실시보상
⑤ 불승계 통지에 대한 보상

018 직무발명보상금의 금액 크기를 일반적인 순서대로 나열한 것은?

① 출원보상 < 실시보상 < 등록보상
② 등록보상 < 출원보상 < 실시보상
③ 실시보상 < 출원보상 < 등록보상
④ 등록보상 < 실시보상 < 출원보상
⑤ 출원보상 < 등록보상 < 실시보상

019 직무발명 보상액에 대한 설명으로 바르지 않은 것은?

① 보상액을 계약이나 근무규정에서 정하였더라도 적정하지 않은 경우에는 조정 등의 절차에서 달리 정해질 수 있다.
② 직무발명 보상액과 관련하여 분쟁이 발생하는 경우, 사용자나 종업원은 산업재산권분쟁조정위원회에 조정을 신청할 수 있다.
③ 사용자가 승계한 직무발명에 대하여 출원을 유보한 경우, 보상액은 그 발명이 산업재산권으로 보호되었을 때 종업원이 받을 수 있는 경제적 이익을 고려하여 결정된다.
④ 공무원의 직무발명을 국가가 승계한 경우에는 보상금을 지급하지 아니한다.
⑤ 보상액에 대하여 계약이나 근무규정에서 정하지 않은 경우, 사용자가 얻을 이익과 종업원의 공헌 정도를 고려하여 결정한다.

020 다음 중 선행기술검색 사이트를 무료로 제공하는 한국의 기관은?

① 한국특허정보원　　　　　　② 한국특허기술원
③ 중소기업진흥원　　　　　　④ 윕스
⑤ 델피온

021 특허명세서는 사용자의 이해를 돕기 위해 일정한 코드를 사용하고 있다. 이와 관련하여 세계지식재산권기구(WIPO)에서 부여한 특허문서 서지사항에 대한 식별코드는?

① F-Term
② IPC분류
③ FI
④ INID
⑤ 키워드

022 다음 중 공개특허공보의 서지사항을 통해 알 수 없는 정보는?

① 출원인 정보
② 발명자 정보
③ 공개일자
④ 등록일자
⑤ 국제특허분류 정보

023 아래의 KIPRIS 검색사이트에서 키워드를 입력하여 검색을 하려 한다. 다음 중 조회건수가 전혀 나오지 않을 것으로 예상되는 항목은?

자유검색 (전문) 검색도움말		and ∨
IPC 도우미		and ∨
발명의 명칭 (TL) 검색도움말		and ∨
요약 (AB) 검색도움말		and ∨
직접입력 검색도움말	청구범위(CL)	and ∨
	존속기간연장공보(EX)	and ∨

① 『자유검색』 항목
② 『IPC』 항목
③ 『발명의 명칭』 항목
④ 『요약』 항목
⑤ 『청구범위』 항목

024 다음 중 특허검색 방법으로 가장 적절하지 않은 것은?

① 키워드와 특허분류를 함께 이용하여 특허검색을 하였다.
② 키워드의 유사 단어까지 고려하여 검색식을 작성하였다.
③ 경쟁사 특허를 무효시키기 위해, 해당 특허의 출원일자 이전에 공개된 건으로 한정하였다.
④ 키워드 검색 시, 키워드 간에 OR 연산자만을 이용하여 검색식을 작성하였다.
⑤ 1차 검색 결과 너무 많은 조회 건수가 나와, 발명의 명칭란에 해당 기술의 명칭을 입력하였다.

025 다음 중 담당관청에 별도의 출원서류 제출 없이도 지식재산권이 발생하는 것은?

① 특허권
② 실용신안권
③ 디자인권
④ 상표권
⑤ 저작권

026 특허맵의 작성 과정 중 특정 데이터 항목을 추출하여 테이블로 만들고 그래프로 표현하는 과정으로서, 시계열 분석·점유율 분석·랭킹 분석 등을 수행하는 과정은?

① 기술분류표 작성
② 검색식 작성
③ 데이터 입수 및 처리
④ 정량 분석
⑤ 정성 분석

027 다음 중 특허맵의 목적으로 가장 바람직하지 않은 것은?

① 기술 동향을 파악하거나 연구개발의 방향성을 설정하기 위하여
② 연구개발 시 중복 투자를 방지하기 위하여
③ 자사특허를 제3자가 무단으로 실시하는지를 파악하기 위하여
④ 경쟁사의 핵심특허를 찾아내고, 이를 회피하기 위하여
⑤ 대체기술을 통한 새로운 아이디어를 찾기 위하여

028 다음 중 특허맵(patent map)의 작성 목적과 거리가 먼 것으로만 짝지은 것은?

> ㉠ 기술개발동향 파악 　　　　㉡ 특허분쟁 사전 예방
> ㉢ 특허전략 수립 　　　　　　㉣ 경쟁제품의 매출현황 파악

① ㉠, ㉡ 　　　　　　　　　　② ㉠, ㉡, ㉢
③ ㉠, ㉡, ㉣ 　　　　　　　　④ ㉡, ㉣
⑤ ㉣

029 산업재산권 관련 검색 요령에 대한 설명으로 적절하지 않은 것은?

① 관련된 기술의 선행 정보를 전부 파악하기 위해서는 특허와 실용신안만을 대상으로 하고 디자인은 검색 범위에서 제외하는 것이 바람직하다.
② IPC 등 특허분류코드를 함께 이용하면 검색 범위를 더 줄일 수 있다.
③ 검색한 조회 건수를 참고로 검색식의 키워드를 변경하는 것이 바람직하다.
④ 한국특허청 검색 사이트 외에 유럽특허청 검색 사이트도 함께 조사하는 것이 보다 정확하다.
⑤ 검색 결과의 이용 효율을 위해서 처음에는 초록이나 요약을 가지고 검색하는 것이 효율적일 수 있다.

030 다음 중 전자출원 절차를 올바른 순서대로 배열한 것은?

> ㉠ 특허고객번호 부여 신청 및 전자문서 이용 신고
> ㉡ 온라인 제출
> ㉢ 인증서 등록
> ㉣ 문서 작성 S/W 및 서식 작성 S/W 설치
> ㉤ 명세서 서식 작성
> ㉥ 제출결과 조회

① ㉣ - ㉢ - ㉥ - ㉠ - ㉤ - ㉡
② ㉠ - ㉢ - ㉣ - ㉤ - ㉡ - ㉥
③ ㉢ - ㉥ - ㉠ - ㉣ - ㉤ - ㉡
④ ㉣ - ㉠ - ㉢ - ㉥ - ㉤ - ㉡
⑤ ㉢ - ㉣ - ㉤ - ㉡ - ㉠ - ㉥

031   특허검색에 대한 다음 설명 중 옳지 않은 것은?

① 'KIPRIS' 사이트를 통해 미국특허검색이 가능하다.
② 미국에 출원된 특허의 현재 상태는 http://ep.espacenet.com으로 접속하여 확인할 수 있다.
③ http://www.wipson.co.kr 사이트에서는 일본특허에 대한 한글 검색이 가능하다.
④ 윕스온, 위즈도메인 등의 검색 데이터베이스는 유료로 사용할 수 있다.
⑤ 일본의 경우 2000년 이전에는 특허문헌에 독자적인 연호를 사용하였다.

032   전자출원은 특허청의 '특허로' 사이트를 통하여 온라인으로 가능하다. 이와 관련해 전자출원의 절차에 대한 다음 설명 중 옳지 않은 것은?

① 전자출원을 하기 위해서는 특허고객번호 부여 신청을 하여야 하며, 특허고객번호가 발급되면 별도의 전자문서 이용신고는 하지 않아도 된다.
② 온라인 출원 및 전자문서 교환을 위해서는 인증서를 등록한다.
③ 전자출원은 특허청에서 제공하는 소프트웨어 또는 특허청 홈페이지를 이용하여 작성되어야 한다.
④ 명세서 및 필요서식을 작성하고, 필요시 첨부서류 입력기를 실행하여 위임장, 증명서 등을 출원서에 첨부한다.
⑤ 전자문서는 서식작성기(PKEAPS)를 이용하여 생성된 압축파일을 특허청의 온라인 제출 서비스를 이용하여 제출한다.

033   특허검색 시 유의사항에 대한 설명으로 옳지 않은 것은?

① 특허문헌검색 시, 해당 특허의 핵심적 기술내용을 표현한 키워드를 활용할 수 있다.
② 특허문헌검색 시, 해당 특허의 출원번호로 검색이 가능하다.
③ 특허문헌검색 시, 키워드를 이용한 검색을 하는 경우 특허분류를 이용한 검색을 병행하는 것은 노이즈를 발생시킬 수 있으므로 키워드만을 이용한 검색이 바람직하다.
④ 특허분류를 활용하면 특정기술분류에 속하는 선행기술을 검색할 수 있다.
⑤ 키워드검색 시, 연산자를 통해 키워드를 조합하여 검색식을 작성할 수 있다.

034 직무발명을 완성한 종업원은 발명에 대한 출원 시, 발명자로 게재될 수 있는 권리를 가진다. 다음 중 발명자에 해당하지 않는 사람은?

① A는 주 발명자로서, 발명의 착상에 실질적으로 관여하였다.
② B는 A가 발명을 완성하는 과정 중간에 참여하여 발명을 구체화하는 데 실질적인 도움을 주었다.
③ C는 A의 상사로서, 발명을 완성할 것을 지시하였다.
④ D는 A에게 발명에 대한 중요한 아이디어를 제시하여 핵심적인 문제 해결에 도움을 주었다.
⑤ E는 A가 발명을 완성할 수 있도록 효과를 뒷받침할 수 있는 실험을 수행하고 발명의 기술적 과제를 해결하기 위한 새로운 착상을 구체화하였다.

035 다음 중 일반적 발명기법에 관한 예로 옳지 않은 것은?

① 지우개 달린 연필은 더하기의 예이다.
② 고무장갑은 모양 바꾸기의 예이다.
③ 천막천으로 만든 청바지는 용도 바꾸기의 예이다.
④ 튜브 없는 타이어는 빼기의 예이다.
⑤ 구부러진 물파스는 모양 바꾸기의 예이다.

036 다음 중 발명자에 해당하지 않을 가능성이 가장 높은 사람은?

① 문제를 해결하기 위한 기술적인 수단을 착상한 자
② 타인의 착상에 대하여 구체화하는 기술적 수단을 부가하여 발명을 완성한 자
③ 필요한 희망 조건만 제시한 자
④ 타인의 착상에 따라서 연구를 하여 발명을 완성하게 한 자
⑤ 타인의 발명에 힌트를 얻고 그 발명의 범위를 확대하는 발명을 한 자

037 직무발명에 대한 다음 설명 중 잘못된 것은?

① 고용계약에 의해 타인의 사업에 종사하는 종업원에 의한 발명이어야 한다.
② 발명을 하게 된 행위가 종업원 등의 현재의 직무에만 속하여야 한다.
③ 종업원이 한 발명의 성질상 사용자 등의 업무범위에 속하여야 한다.
④ 종업원의 재직 중에 완성된 발명은 종업원이 퇴직하여도 직무발명에 해당된다.
⑤ 직무발명에 대한 특허를 받을 수 있는 권리는 사용자가 아닌 종업원에게 1차적으로 귀속된다.

038 직무발명에 대한 설명으로 옳지 않은 것은?

① 직무발명의 사용자와 종업원의 권리 및 의무관계에 대한 내용은 특허법에 규정되어 있다.

② 직무발명에 해당하기 위해서는 종업원의 발명이자 종업원의 직무에 관련된 발명이어야 한다.

③ 사용자의 업무범위에 속하지 않는 발명은 직무발명이 아니다.

④ 종업원이 과거의 직무에 속하는 발명을 하였어도 이는 직무발명이라고 본다.

⑤ 종업원이 직무발명을 하고, 특허권 등을 사용자 등에게 승계한 경우 정당한 보상금을 지급받을 권리를 가진다.

039 직무발명을 한 연구원의 의무와 거리가 가장 먼 것은?

① 공동발명인 경우 공동으로 발명 사실을 신고할 의무

② 사용자의 업무에 협력할 의무

③ 발명완성 사실을 사용자에게 신고할 의무

④ 사용자가 승계하기로 한 경우, 출원할 때까지 그 발명의 내용에 관한 비밀을 유지할 의무

⑤ 직무발명에 대한 가치평가를 할 의무

040 연구자가 연구를 할 경우 반드시 특허검색을 해야 하는데, 이에 대한 설명으로 옳지 않은 것은?

① 특허정보를 검색함으로써 기술동향을 파악할 수 있다.

② 특허정보 검색에서 발명자별로 검색할 수 있다.

③ 선행특허가 있는 경우 중복연구를 방지할 수 있다.

④ 회피설계를 하기 위해 특허정보를 검색할 필요가 없다.

⑤ 특허정보를 검색하면 권리의 존속여부를 확인할 수 있다.

041 다음 중 상표 검색항목으로 적절하지 않은 것은?

① 상표명칭   ② 지정상품

③ 상표제작자의 명칭   ④ 출원번호

⑤ 등록번호

042 특허문헌에 대한 설명으로 옳은 것을 모두 골라 짝지은 것은?

> ㉠ 특허문헌은 누구든지 열람할 수 있다.
> ㉡ 특허문헌은 통일된 기재양식이 있어 어느 국가의 특허정보 검색 사이트에 접속하더라도
>   통일된 검색식에 따라 검색을 진행하면 된다.
> ㉢ 특허문헌은 검색수단이 풍부하지만, 출원일자 등에 의한 시간적 파악은 불가능하다.
> ㉣ 특허문헌을 통해 기술내용의 파악뿐만 아니라 권리정보의 파악도 가능하다.

① ㉠, ㉡   ② ㉠, ㉢
③ ㉠, ㉣   ④ ㉡, ㉢
⑤ ㉡, ㉣

043 다음 설명이 나타내는 특허분류는?

> 국제적으로 통일된 특허기술분류 체계로, 섹션·클래스·서브클래스·메인그룹·서브그룹
> 으로 구성된다.

① PCT   ② ECLA
③ F-Term   ④ USPC
⑤ IPC

044 다음 중 특허출원의 기술분야를 분류하는 특허분류 체계의 명칭이 아닌 것은?

① IPC   ② KPI
③ ECLA   ④ UPC
⑤ F-Term

045 특허정보조사의 필요성에 대한 내용으로 적절하지 않은 것은?

① 특허정보의 조사는 회피설계 및 우회발명을 하기 위한 것은 아니다.
② 기술개발의 동향을 파악할 수 있으며 선행기술 자료를 입수할 수 있다.
③ 특허획득 가능성을 사전에 예측할 수 있다.
④ 중복투자를 방지할 수 있으며 특허획득에 소요되는 시간과 비용을 절감할 수 있다.
⑤ 특허분쟁에 적절한 대처를 할 수 있다.

046 특허정보로부터 얻을 수 있는 정보로 적절하지 않은 것은?

① 경쟁사의 기술동향
② 경쟁사의 현금 흐름
③ 정보제공, 이의신청 및 무효심판 등의 자료
④ 신규 사업 방향 및 가능성 파악
⑤ 기술분야의 체계 파악

047 다음 중 특허정보에서 조사할 수 있는 정보가 아닌 것은?

① 발명 완성일자　　　　② 발명자의 성명
③ 출원일자　　　　　　④ 국제특허분류코드
⑤ 공개일자

048 특허정보 조사의 목적 중 특허등록 가능성 조사와 거리가 먼 것은?

① 회피설계 타진 또는 해당 권리의 무효화 추진
② 특허출원 전 선행기술 조사
③ 특허등록 가능성 판단 및 기술적 범위의 확인
④ 무용한 특허출원 지양
⑤ 특허등록 가능성이 높아지도록 명세서 작성

049 다음 중 키프리스(KIPRIS)에서 제공되는 정보가 아닌 것은?

① 한국특허정보　　　　② 해외특허정보
③ 해외디자인정보　　　④ 한국특허심판정보
⑤ 한국영업비밀정보

Part 1
Part 2
Part 3
Part 4

050 다음 지문이 설명하는 것은?

> 특허정보를 분석하여 특허정보의 각종 서지사항의 분석항목을 정리하고, 특허정보의 기술적 사항의 분석항목을 가공하여 특허정보만이 가지고 있는 권리정보로서의 특징을 효율적으로 이용, 분석함으로써 그들의 조합을 통해 해석된 결과를 도표화한 것이다.

① 모순행렬표(contradiction matrix) 　② 국제특허분류(IPC)
③ 특허맵(patent map) 　④ 약식 판결(summary judgment)
⑤ 마크만 히어링(markman hearing)

051 다음 중 특허맵 작성 과정이 바르게 나열된 것은?

> ㉠ 정성분석 　　　　　　　　　㉡ 검색 및 데이터 입수
> ㉢ 분석 범위 선정 　　　　　　㉣ 정량분석
> ㉤ 검색식 작성 　　　　　　　㉥ 기술분류표 작성

① ㉡ - ㉢ - ㉤ - ㉥ - ㉣ - ㉠ 　② ㉢ - ㉤ - ㉥ - ㉡ - ㉣ - ㉠
③ ㉢ - ㉡ - ㉤ - ㉥ - ㉣ - ㉠ 　④ ㉡ - ㉢ - ㉥ - ㉤ - ㉠ - ㉣
⑤ ㉢ - ㉥ - ㉤ - ㉡ - ㉣ - ㉠

052 문제를 발명적으로 해결하기 위한 이론으로서 러시아어 이니셜을 영어로 나타낸 것이다. 러시아의 알트슐러(Genrich Altshuller)가 창시하여 1940년대 초기부터 2백여 만 건 이상의 특허를 분석하고 핵심적인 특허들의 공통적인 문제해결 원리를 도출하여 완성한 도구는?

① TRIZ 　　② PCT
③ ALU 　　④ PPC
⑤ six sigma

053 다음 중 상표등록을 받을 수 있는 상표는?

① 상품의 관용적인 명칭에 해당하는 상표
② 간단하지만 흔히 볼 수 없는 표장으로 구성된 상표
③ 저명한 타인의 성명, 상호, 초상 등을 포함한 상표
④ 타인이 선사용하여 저명해진 상표와 동일 또는 유사한 상표
⑤ 국기, 국장, 훈장, 공공기관의 감독용이나 증명용 인장 등과 동일 또는 유사한 상표

054   특허법 시행규칙상 특허출원서(서식 14)의 기재사항이 아닌 것은?

① 청구범위   ② 원출원의 출원번호
③ 서열목록 여부 표시   ④ 심사유예신청에 대한 유예희망시점
⑤ 분할출원 여부 표시

055   출원에 관한 내용으로 옳지 않은 것은?

① 분할출원은 2 이상의 발명을 하나의 특허출원으로 한 경우, 그중 일부를 별도로 분할한 출원이다.
② 변경출원은 실용신안등록출원을 한 후 특허출원으로 변경하거나 특허출원을 한 후 실용신안
   등록출원으로 변경한 출원이다.
③ 특허출원 등 특허에 관한 절차에 있어서는 출원료 등의 수수료를 납부하여야 한다.
④ 출원수수료는 납부한 자의 신청에 의해 반환되는 경우도 있다.
⑤ 출원절차에 있어서는 선행기술조사서를 함께 제출하여야 한다.

056   다음 중 직무발명이 성립되기 위한 요건으로서의 종업원에 해당되지 않는 사람은?

① 기업에 근무하고 있는 연구원
② 서울시청에 근무하는 공무원
③ 대학에 재학 중인 대학생
④ 법인의 이사
⑤ 기업에서 계약직으로 근무하고 있는 사원

057   다음 지문에서 직무발명이 성립되는 경우는?

① A는 핸드폰을 개발하는 회사에 재직 중, 핸드폰에 들어가는 부품에 대한 발명을 완성하였다.
② A는 재직 중 연구하던 분야에 대하여, 퇴직 후 발명을 완성하였다.
③ A는 핸드폰을 개발하는 회사에서 마케팅을 담당하는 사원이고, 재직 중 자신의 직무와는 별
   도로 핸드폰 케이스에 대한 발명을 완성하였다.
④ B 회사는 화장품을 개발하는 회사이다. A는 B에 연구원으로 재직 중 컴퓨터 자판에 대한 발
   명에 착수하였고, 이후 부서를 마케팅으로 이전한 후 발명을 완성하였다.
⑤ A는 핸드폰 제조 회사인 B에 입사하기 위하여 핸드폰과 관련된 발명을 완성하였다.

Part 1

Part 2

Part 3

Part 4

058 특허 데이터베이스를 통한 특허검색 시, 키워드 및 이를 이용한 검색식을 적절하게 설정하여야 효과적인 검색이 가능하다. 키워드 및 검색식에 관한 설명으로 옳지 않은 것은?

① 키워드는 해당 특허기술을 가장 잘 나타내고 있는 핵심적인 기술용어이다.

② 키워드 설정 시, 다양한 표현 형태로 확장하여야 관련 기술에 대한 검색을 포괄적으로 할 수 있다.

③ 출원인이 사용하는 언어가 다양하므로 키워드 선택 시, 묘사적 · 축약적 · 형태적 · 기능적 표현 등을 모두 고려하여야 한다.

④ 다양한 검색 연산자들을 사용하여 키워드를 상호 조합함으로써 원하는 특허 문헌을 좀 더 쉽고 빠르게 검색할 수 있다.

⑤ 검색 연산자는 모든 특허 데이터베이스에서 통일되어 있다.

059 종업원 발명의 종류에 대한 설명으로 옳지 않은 것은?

① 업무발명은 권리관계에 있어서 직무발명에 준하여 취급된다.

② 개인발명이란 종업원의 발명이 사용자의 업무범위에 속하지 않는 것을 말한다.

③ 직무발명이란 종업원이 직무에 관하여 발명한 것이 회사의 업무범위에 속하는 것을 말한다.

④ 업무발명이란 종업원의 발명이 직무와는 무관하나 사용자의 업무범위에 속하는 것을 말한다.

⑤ 회사는 종업원의 자유발명에 대해서는 아무런 권리를 갖지 못한다.

060 다음은 KIPRIS에서 검색한 등록상표의 등록사항이다. 이 등록상표의 존속기간 만료일은?

상표 등록번호	40-0895453-0000
권 리 란	
표시번호	사항

출원 연월일 : 2010년 08월 21일   출 원 번 호 : 40-2010-0043506
공고 연월일 : 2011년 07월 28일   공 고 번 호 : 40-2011-0052574
등록결정(심결)연월일 : 2011년 10월 22일   상품류구분수 : 1

① 2020년 8월 21일　　　　　　② 2021년 7월 28일

③ 2021년 10월 22일　　　　　　④ 2021년 10월 21일

⑤ 이 자료만으로는 알 수 없다.

061 다음 중 창의적 사고 방법의 하나로서 특허에 나타난 문제해결 방법을 조사·분석하여 도출
된 발명적 문제해결 원리를 제공하는 도구는?

① patent troll
② brain storming
③ TRIZ
④ patent map
⑤ six sigma

062 창의적 사고의 구성요소가 아닌 것은?

① 상상력
② 융통성
③ 민감성
④ 정교성
⑤ 보편타당성

063 국제특허분류(IPC)에 대한 설명으로 옳지 않은 것은?

① IPC는 전 세계적으로 공통된 특허분류기준이다.
② IPC는 모든 특허발명을 약 7만여 개로 기술 분류한 것이다.
③ IPC는 기술적 내용 또는 특성에 따라 체계적으로 구분하기 위한 분류이다.
④ IPC별로 분류하고 연대별, 기술별로 정리하여 특허맵(PM)을 작성할 수도 있다.
⑤ 선행기술을 검색할 경우 키워드 검색만으로 검색해도 되므로 IPC 검색은 불필요하다.

064 발명을 위한 아이디어 창출을 위해서는 창의적 사고가 필요하다. 다음 중 창의적 사고의 구
성요소에 대한 설명으로 옳지 않은 것은?

① 변화하는 상황에 적응할 수 있도록 현상을 변화시키는 융통성을 가져야 한다.
② 자기만의 참신하고 독특한 아이디어를 산출하는 능력인 독창성이 있어야 한다.
③ 창의적 사고는 아이디어를 많이 생성해 내기 위하여 양적인 사고과정을 거치는 것과는 관계
가 없다.
④ 한 가지 아이디어를 설명하기 위하여 상세한 내용을 가득 채워 넣거나 심층적인 아이디어를
생산하는 능력이 필요하다.
⑤ 자신의 지식이나 정보를 활용하여 기존의 일반적인 생각이나 산물을 다른 목적이나 관점에서
분리하여 재구성하는 능력이 필요하다.

065 다음 중 특허공보를 통하여 얻을 수 있는 정보가 아닌 것은?

① 출원일   ② 출원인
③ 출원번호   ④ 공개번호
⑤ 심판번호

066 다음 설명에 해당하는 특허전략은?

> 특허 포트폴리오가 구성된 상황에서 특허는 전혀 상관없는 회사 이름으로 취득할 수도 있는데,
> 이를 통해 특허출원과 관련해서 특정 회사 이름만을 신경 쓰는 경쟁사에 타격을 줄 수 있다.

① 조사 전략   ② 개선 전략
③ 위장 전략   ④ 제휴 전략
⑤ 소송 전략

067 다음의 일반적 지식재산 전략 중 가장 낮은 단계의 전략은?

① 미니멀리즘 전략   ② 협상 전략
③ 지식재산 덤블 전략   ④ 갑옷 전략
⑤ 지식재산 공백 탈피 전략

068 피라미드형 발전에 따른 지식재산 경영(Edison in the Boardroom)의 5단계 중 3단계에 해당하는 단계는?

① 가치획득 단계   ② 비용관리 단계
③ 기회의 통합 단계   ④ 방어 단계
⑤ 미래의 형성 단계

069 다음은 지식재산 조직의 형태 중 중앙집중형 조직에 관한 내용이다. 옳지 않은 것은?

① 경제적이고 효율적인 조직 형태이다.

② 모든 지식재산 경영에 대한 의사결정을 최고 레벨의 조직이 하게 되고, 이러한 결정의 실행을 위해 조직 구성원들에게 역할과 임무가 주어진다.

③ 지식재산의 상업화 요구가 적거나, 지식재산 이유가 복잡하지 않은 경우에 적합한 형태이다.

④ 일관된 전략과 결정을 할 수 있는 장점이 있다.

⑤ 모든 사업부문이나 지역의 상황과 설정을 다 파악하기 어려워 전략 수립과 결정이 적절하지 않을 수 있다는 단점이 있다.

070 다음은 '내부로부터 특허를 취득하는 전략'에 관한 내용 중 특허출원 시 고려사항에 관한 것이다. 옳지 않은 것은?

① 특허출원보다 제품 출시 · 논문 발표를 우선하라.

② 특허출원을 위한 아이디어를 종적 · 횡적으로 확대하라.

③ 출원명세서를 충실하게 적어라.

④ 우선심사제도를 적극 활용하라.

⑤ 특허출원 시 상표출원 및 디자인출원도 함께 고려하라.

071 다음은 외부로부터 특허권을 취득하는 방법에 관한 내용이다. 옳지 않은 것은?

① 특허권의 매입

② 연구개발을 위한 선행기술 검색

③ 특허권의 라이선싱

④ 기업의 인수 · 합병에 의한 특허권의 확보

⑤ 외부와의 협력을 통한 특허권의 획득

072 지식재산 전략의 수립 방법을 순서대로 나열한 것은?

① 방향 설정 – 관찰 – 결정 – 실행
② 관찰 – 실행 – 방향 설정 – 결정
③ 결정 – 방향 설정 – 관찰 – 실행
④ 관찰 – 방향 설정 – 결정 – 실행
⑤ 실행 – 관찰 – 결정 – 방향 설정

073 다음의 예에 해당하는 일반적 발명기법은?

> • CRT TV → LCD, LED, OLED TV
> • 커다란 다리미 → 미니 다리미
> • 커다란 카세트 → MP3 플레이어

① 빼기 기법
② 구멍 뚫기 기법
③ 크기 바꾸기 기법
④ 모양 바꾸기 기법
⑤ 더하기 기법

001　다음 사례에 대한 설명 중 옳지 않은 것은?

> 발명자 A는 다음과 같은 경과를 통해 특허를 등록받았다.
> **[최초 출원 청구범위]**
> 수지 A 및 첨가제 B를 포함하는 조성물.
>
> **[1차 의견제출통지서에 대한 보정안 1]**
> <u>수지 a</u> 및 첨가제 B를 포함하는 조성물.
>
> **[2차 의견제출통지서에 대한 보정안 2] – 등록**
> <u>수지 a</u> 및 첨가제 B를 포함하되,
> <u>전체 조성 100중량%에 대해 첨가제 B를 10-20중량% 포함하는</u> 조성물.

① 후행 발명자 B가 수지 a 및 첨가제 B를 첨가제 B 10중량%로 실시하는 경우 발명자 A의 등록 특허 침해이다. (a는 A의 하위 개념 물질)

② 후행 발명자 B가 수지 a1 및 첨가제 B를 첨가제 B 10중량%로 실시하는 경우 발명자 A의 등록 특허에 대해 균등 침해 가능성이 있다. (a1은 a와 유사한 특성을 보이나 일부 상이한 물질)

③ 후행 발명자 B가 수지 a 및 첨가제 B1을 첨가제 B1 10중량%로 실시하는 경우 발명자 A의 등록 특허에 대해 균등 침해 가능성이 있다. (B1은 B와 유사한 특성을 보이나 일부 상이한 물질)

④ 후행 발명자 B가 수지 a 및 첨가제 B를 첨가제 B 70 중량%로 실시하는 경우, 개선된 효과를 확보하였다면 신규로 특허출원하여 등록받을 수 있다.

⑤ 발명자 A가 수지 a 및 첨가제 B를 첨가제 B 70 중량%로 실시하는 경우, 개선된 효과를 확보하였다면 신규로 특허출원하여 등록받을 수 있다.

002 다음 사례에 대한 설명 중 옳지 않은 것은?

> 기업 A는 보유 기술에 대해 출원 A를 국내에 진행하였다. 이후 우선일 기한 내에 출원 A에 대한 미국 출원도 진행한 상태이다. 출원 A의 청구범위에 의해 보호되는 사상은 a1, a2, 및/또는 a3 범위 정도이다. 출원 A 이후, 경쟁사 B가 a4에 대해 제품을 판매하며 특허출원을 한 사실을 알게 되었다.

① 기업 A는 당사와는 아무 관계가 없는 C 명의로 경쟁사 B의 특허출원에 대해 정보제공을 하여 특허등록을 저지할 수 있다.
② 기업 A는 미국에 a4를 보호할 수 있도록 계속 출원을 진행할 수 있다.
③ 기업 A는 한국에 a4를 보호할 수 있도록 분할출원을 진행할 수 있다.
④ 경쟁사 B의 a4 판매에 대해 출원 A가 등록받은 경우 균등 범위 침해 위험이 있다.
⑤ 경쟁사 B는 출원 A가 등록될 경우 무효심판을 청구할 수 있다.

003 다음 사례에 대한 설명 중 옳지 않은 것은?

> 한국 기업 A는 미국 CA주에 해외 연구소를 가지고 있다. 해외 연구소 인력은 100명 정도이며, 해외 연구소에서 나오는 특허도 연간 20건 정도가 있는 상황이다. 기업 A는 국내 연구소에서도 특허를 연간 100여 건 정도 진행하고 있다. 이에 특허출원을 위한 변리사 선임을 고민하고 있으며, 한국 변리사 후보군 및 미국 변리사 후보군을 모두 검토 중에 있다.

① 기업 A는 변리사 비용 절감을 위해, 미국 연구소 특허에 대해서도 한국 변리사에게 사건을 의뢰하여 명세서를 작성하고 한국에 먼저 출원 후 이를 번역하여 미국에 파리조약으로 출원할 수 있다.
② 기업 A는 미국 소송을 대비하여 한국 연구소 특허에 대해서도 미국 변리사를 활용하여 미국 소송 성향에 적합한 명세서를 작성 후, 미국에 먼저 출원하고 파리조약을 통해 한국 출원을 진행할 수 있다.
③ 한국 연구소 사건이 다수이기 때문에, 다수의 변리사에게 나누어 사건을 의뢰할 수 있다.
④ 한국 연구소에서 도출된 특허에 대해 한국에만 특허출원을 진행하고, 미국에는 출원을 진행하지 않을 수 있다.
⑤ 미국 연구소에서 도출된 특허에 대해, 기업 내부 절차로 인해 한국어로 명세서를 작성하여 미국 특허청에 먼저 출원한 후 추후 영문 번역문을 제출할 수 있다.

004 다음 특허 분석 사례 중 옳지 않은 것은?

> 기업 A는 신규 의약품 A를 개발 완료한 상태로 이를 제품화하려고 한다. 제품의 구체적인
> 형태로는 패치 형태 또는 알약 형태의 의약품 및 일반 건강 보조제 형태의 식품 첨가제를
> 예상하고 있다. 2023년 3월 출시 예정이며 제품 출시 전 미래에 발생할 수 있는 IP 이슈에
> 대해 조사가 필요한 상황이다.

① 2023년까지 등록받지 못한 특허는 침해 검토 대상 특허에서 제외한다.

② 국가별 특허 현황이 다르기 때문에 국가별로 등록된 특허를 조사한다.

③ 주요 경쟁사의 특허출원 경향을 파악한 뒤 당사 보유 특허와의 비교를 통해 특허망을 보완한다.

④ 의약품 특허의 존속기간은 국가별로 예외 규정이 있어, 출원일로부터 20년이 지난 특허에 대해서도 만료 상태로 예단하지 않는다.

⑤ 제품의 실시 형태인 의약품 및 건강보조제 각각에 대해 FTO 검토가 필요하다.

005 주요 IP 국가의 심사제도에 대한 설명 중 옳은 것은? (2023년 1월 기준)

① 중국의 경우 심사청구제도가 없어 출원되는 모든 특허가 반드시 심사를 받는다.

② 유럽에서 가속심사(우선심사)를 원하는 경우, 신청과 함께 일정한 수수료를 납부하여야 한다.

③ 유럽의 경우, 다중 인용하고 있는 항을 다시 다중 인용하는 형태의 종속항을 허용하지 않는다.

④ 미국의 경우 출원 시 청구항의 개수별로 심사에 따른 관납료가 책정되기 때문에, 10개의 청구항으로 출원하는 경우가 15개의 청구항으로 출원하는 경우보다 관납료 측면에서 이점이 있다.

⑤ EPO를 통한 유럽 출원을 진행하는 경우, 특허가 등록되기 전인 출원 상태에서도 출원 유지료를 매년 납부하여야 한다.

006 다음 특허 분석 사례 중 옳은 것은?

> 기업 A는 다음과 같은 계열사를 두고 철강 사업을 진행 중에 있다.
> [**계열사 A**] 원재료 수급
> [**계열사 B**] 슬라브 제조 – 압연 후 강판 제조
> [**벤더사 C**] 강판에 내열성 코팅
> [**벤더사 D**] 내열성 코팅된 강판의 제품화
>
> 이때, 기업 B는 다음과 같은 특허를 가지고 있다.
> [**특허 1**] 강판의 압연 조건 + 내열성 코팅 조건 특허
> [**특허 2**] 내열성 코팅 조건 + 특정 조건의 절단에 따른 제품화 특허

① 기업 B의 특허 1로 계열사 A에 특허침해소송을 제기할 수 있다.
② 기업 B의 특허 1로 벤더사 C에 특허침해소송을 제기할 수 있다.
③ 기업 B의 특허 2로 벤더사 C에 특허침해소송을 제기할 수 있다.
④ 기업 B의 특허 2로 벤더사 D에 특허침해소송을 제기할 수 있다.
⑤ 기업 B의 특허로 기업 A의 계열사 A, B 및 벤더사 C, D 어디에도 특허소송을 하기는 어렵다.

007 다음 (   )에 들어갈 단어는?

> (   )은/는 특허발명을 실시하여 제품을 제조하거나 판매하지 않으면서, 특허 등의 지식재산권을 이용하여 라이선스나 소송을 통하여 수익을 창출하는 기업 또는 단체를 의미한다.

① NPE
② PCT
③ IP audit
④ CIPO
⑤ IP thickets

008 지식재산 경영에 있어서 지식재산 관리부서의 상표관리 업무로 옳지 않은 것은?

① 상표가 기술적(descriptive) 이름이 아님을 확인함
② 미등록 상표를 발견하고 기록함
③ 상표 포트폴리오를 정기적으로 점검함
④ 상표의 신규성이 있는지를 검토함
⑤ 경쟁사가 유사한 상표를 등록하는지를 점검함

009 연구개발자나 기술자가 만들어 낸 발명을 효과적으로 권리화하기 위해 사내에 관리부서를 둘 필요가 있다. 선행기술조사, 특허맵 작성, 신기술 트렌드 예측 등의 역할을 하는 이 부서는?

① 재무 관리부서   ② 연구개발부서
③ 지식재산 관리부서   ④ 자산 관리부서
⑤ 전략기획부서

010 자국에서 특허가 된 출원과 대응하는 외국 출원으로, 완화된 수속으로 조기에 심사를 받게 되는 제도는?

① 특허심사 하이웨이   ② 국제출원
③ PCT출원   ④ 국내우선권제도
⑤ 심사청구제도

011 다음 사례에 대한 설명 중 옳지 않은 것은?

> 기업 A는 뚜껑이 쉽게 열리는 텀블러를 제조·판매하는 회사이다. 현재 한국과 중국에 공장이 있으며, 판매 시장은 한국, 중국, 일본, 미국, 유럽이다.

① 중국 시장 IP 관리를 위해 중국 실용신안제도를 활용할 수 있으며, 중국 실용신안제도는 무심사제도이기 때문에 심사 과정에 절차적 유리함이 있다.
② 미국 시장 IP 관리를 위해 미국 실용신안제도를 활용할 수 있으며, 미국 실용신안제도는 심사제도를 따르고 있으나, 특허에 비해 진보성이 낮아 권리 확보가 용이하다.
③ 시장 측면에서 보면, 한국, 중국, 일본, 미국, 유럽 모두 권리 확보가 필요하다.
④ 특허출원 전에 이미 제품이 출시된 경우라면, 일정 기간 내 한국, 미국 및 일본에 특허를 확보할 수 있다.
⑤ 특허출원과 함께 디자인출원도 병행하여 진행할 수 있다.

012 특허출원 시 고려해야 할 사항으로 적절하지 않은 것은?

① 제조 방법 발명보다는 물(物) 발명의 권리범위가 넓으므로, 가급적 물(物) 발명에 대해서도 특허를 받을 수 있도록 한다.

② 특허명세서에 실시예를 적게 기재하여야 향후 특허침해소송 시 특허권자에게 유리하다.

③ 제조 방법에 관한 발명은 제3자의 실시 입증이 용이한 경우에 특허출원하는 것이 바람직하다.

④ 조속한 출원일 확보가 필요하다면, 영어로 작성된 논문자료라도 한글 번역 없이 특허출원하는 것이 바람직하다.

⑤ 출원발명이 공개되기 전에 개량된 발명을 특허출원하는 것이 진보성 확보에 있어 유리하다.

013 다음 사례에 대한 설명 중 옳지 않은 것은?

> 기업 A는 제품 개발 후 한국에 특허출원을 하였고, 시장을 고려하여 미국과 유럽에도 특허출원을 고려하고 있다. 한국 특허출원 전에 이미 시제품 공개 행사를 한 상태이며, 한국 특허출원 시점으로부터 1년은 넘지 않은 시점이다.

① 한국 특허는 출원 당시 심사청구를 할 수 있고, 하지 않았다면 출원일로 3년 이내에 심사청구를 하여야 한다. 심사청구를 하지 않으면 취하 간주되어 권리 확보를 할 수 없다.

② 한국 특허는 심사청구 후 일정한 기간이 지나면 의견제출통지서를 받게 되며, 이에 대해 2달 안에 의견서 및/또는 보정서를 제출하여 대응하여야 한다. 해당 기간은 연장할 수 없다.

③ 미국 특허는 한국 특허출원일로부터 1년 안에 출원할 수 있으며, 한국 특허출원 전에 공개된 시제품으로 인한 미국 특허에 대한 영향은 없다.

④ 이미 출원된 한국 특허에 대해 명세서 내용 보완 등을 위한 국내우선권주장출원을 진행할 수 있다.

⑤ 한국 출원 전에 이미 시제품 공개 행사를 하였기 때문에, 유럽에서는 특허를 확보할 수 없다.

014   다음 사례에 대한 설명 중 옳지 않은 것은?

> 출원인 A는 유사한 발명인 발명 1과 발명 2를 하나의 명세서에 기재하여 한국 및 미국에
> 출원을 진행하였다. 이에 한국에서는 특허법 제45조에 따른 단일성 지적을 받았으며, 미국에
> 서는 한정요구를 받은 상태이다.

① 출원인 A는 한국 출원에 대해 발명 1과 발명 2에 공통된 기술적 특징을 부가하는 보정을 통해
  단일성 지적을 극복할 수 있다.
② 출원인 A는 한국 출원에 대해 발명 2를 별도로 분할출원함과 동시에 최초 출원에서 발명 2를
  삭제하여 대응할 수 있다.
③ 출원인 A는 미국 출원에 대해 발명 2를 계속 출원을 통해 별도 출원으로 신규 출원할 수 있다.
④ 출원인 A의 한국 출원에서 최종적으로 발명 1과 발명 2는 동일한 존속기간을 가지게 된다.
⑤ 출원인 A는 미국 출원의 한정요구 사항에 대해, 어느 하나의 발명을 선택하지 않고, 심사관의
  지적이 부당하다고 다투며 하나의 특허로 심사를 받을 것을 요구할 수 있다.

015   A사는 박 팀장이 무선모뎀을 개발하는 핵심 멤버로 근무하다가 갑자기 A사를 퇴사하고 창업
하여 무선모뎀을 시장에 판매하고 있다는 사실을 알게 되었다. 확인 결과, 박 팀장은 A사에
서 근무할 때 직무와 관련하여 무선모뎀 핵심 기술을 몰래 특허출원하여 등록하였으며 퇴사
후 동 제품을 시장에 내어 놓았다. 이와 관련하여 가장 적절한 설명은?

① A사는 박 팀장에게 특허권을 강제로 이전받을 수 있다.
② A사는 박 팀장에게 무상의 전용실시권을 요구할 수 있다.
③ A사는 박 팀장에게 강제로 권리 공유를 요구할 수 있다.
④ A사는 박 팀장에게 무상의 법정통상실시권을 가진다.
⑤ A사는 직원 관리를 잘못하여 아무 대책이 없는 것이 당연하다.

016   다음 중 직무발명과 가장 거리가 먼 것은?

① 화장품 회사 소속 연구원이 연구한 노화방지용 조성물
② 자동차 회사 소속 디자이너가 창작한 차량 외관 디자인
③ 서울시 소속 공무원이 창작한 서울시 마스코트 캐릭터
④ 특허법인 소속 직원이 창작한 온라인 특허비용 관리방법
⑤ 고등학교 영어교사가 창작한 컴퓨터를 이용한 영단어 암기 방법

017 **직무발명과 관련한 다음 설명 중 가장 부적절한 것은?**

① 직무발명에 해당하는 경우, 출원할 수 있는 권리는 원천적으로 발명자인 직원에게 있다.

② 직무발명에 대한 보호는 특허법에 규정되어 있다.

③ 직무발명을 회사로 양도한 경우, 발명자인 직원은 정당한 보상을 받을 권리가 있다.

④ 직무발명에 대해서는 회사가 직원과 사전에 맺은 예약승계규정에 의해 특허받을 수 있는 권리가 회사로 이전될 수 있다.

⑤ 직원의 자유발명에 대해서 그 권리를 회사로 이전하기로 하는 예약승계규정은 무효이다.

018 **다음 중 직무발명 보상에 대한 설명으로 가장 부적합한 것은?**

① 직무발명에 대한 보상은 반드시 금전으로만 하여야 한다.

② 직무발명 보상금을 성과급이나 임금에 포함시켜 지급한 것은 적법한 보상이 아니라는 것이 판례의 입장이다.

③ 직무발명에 대해 특허받을 수 있는 권리를 승계하기로 한 사용자가 출원을 하지 않는 경우에도 종업원에 대해 정당한 보상을 하여야 한다.

④ 공무원의 직무발명에 대한 권리를 국가가 승계한 경우 정당한 보상을 하여야 한다.

⑤ 직무발명 보상 중 그 발명이 적용된 제품의 판매실적에 따라 받을 수 있는 보상은 실적보상이라고 한다.

019 **다음 중 한국의 직무발명제도에 관한 설명으로 옳지 않은 것은?**

① 직무발명에 대하여 특허를 받을 수 있는 권리 또는 특허권의 귀속 방식에 따라 사용자주의와 발명자주의로 구별되며, 한국은 종업원주의를 채택하고 있다.

② 한국은 특허법이 아닌 발명진흥법에서 직무발명의 정의, 권리관계와 의무 및 직무발명심의위원회 등에 관하여 규정하고 있다.

③ 사용자는 직무발명에 대한 사안을 조정, 심의하기 위하여 직무발명심의위원회를 두어야 하며, 이를 위반할 시에는 7년 이하의 징역, 1억 원 이하의 벌금에 처하게 된다.

④ 직무발명에 대한 보상으로는 발명보상, 출원보상, 등록보상, 실시처분보상, 출원유보보상 등이 시행되고 있다.

⑤ 국가공무원의 직무발명에 대한 권리는 국가가 승계하고 '공무원 직무발명의 처분관리 및 보상에 관한 규정'에 따라 보상한다.

020 A 대학교의 전자공학과 조교인 대학원생 김발명은 휴대폰에 대한 연구를 진행하던 중 휴대폰 생산 업체인 B 회사의 연구 부서에 입사하게 되었다. 이후 김발명은 연구를 계속한 끝에 휴대폰 X에 대한 발명을 완성하였으나 마케팅 부서로 이동하게 된 이후 출원이 이루어졌다. 이 경우에 다음 설명 중 옳지 않은 것은?

① A 대학교는 김발명의 발명에 대하여 직무발명의 성립을 주장할 수 없다.
② 김발명의 발명은 B 회사의 업무범위에 속하므로, B 회사에 대하여 직무발명이다.
③ 김발명이 발명의 출원 시점에 해당 직무에 종사하고 있지 않기 때문에 휴대폰 X는 직무발명이 아니다.
④ B 회사가 김발명의 발명을 승계한 경우, 김발명에게 정당한 보상을 지급하여야 한다.
⑤ 김발명의 발명은 과거의 직무범위에 속하기 때문에 직무발명이다.

021 A는 X사에 근무하는 사원으로서 직무발명을 완성하였다. 이와 관련해 다음 설명 중 옳지 않은 것을 골라 나열한 것은?

> ㉠ A는 X사에 발명의 완성 사실을 통지하였고, X사는 해당 발명을 승계하지 않을 것을 A에게 통지하였다. 이 경우 X는 해당 발명에 대한 통상실시권을 포기한 것으로 본다.
> ㉡ 예약승계의 규정이 있는 경우, 사용자가 승계 여부에 대한 통지를 하면 불승계의사를 통지한 경우에도 무상의 통상실시권이 발생한다.
> ㉢ 사용자는 종업원의 직무발명에 대하여 항상 무상의 통상실시권을 가진다.
> ㉣ 종업원은 직무발명에 관한 권리를 가지며, 처음부터 사용자에게 귀속되는 것은 아니다.
> ㉤ 우리나라는 발명자와 출원인이 반드시 동일하여야 하므로, 직무발명의 경우에도 출원은 발명자의 이름으로 진행하여야 한다.

① ㉠, ㉤
② ㉠, ㉡, ㉢
③ ㉠, ㉢, ㉤
④ ㉡, ㉣
⑤ ㉤

022 "에어컨의 바람제어" 관련 특허문헌을 찾기 위해 KIPRIS 검색사이트에서 아래와 같이 검색식을 입력하였으나, 특허문헌이 조회되지 않았다. 그 이유를 분석한 것 중 가장 옳은 것은?

자유검색 (전문) 검색도움말		and ∨
IPC 도우미		and ∨
발명의 명칭 (TL) 검색도움말		and ∨
요약 (AB) 검색도움말	에어컨*바람제어	and ∨

① 위 검색식을 『자유검색(전문)』란에 입력하였어야 했다.
② 위 검색식을 『에어컨＋바람제어』로 입력하였어야 했다.
③ 위 검색식을 『(에어컨＋냉방장치)*((바람＋풍향)*제어))』로 입력하였어야 했다.
④ 위 검색식을 『IPC』란에 입력하였어야 했다.
⑤ 위 검색식을 『발명의 명칭』란에도 함께 입력하였어야 했다.

023 다음 중 특허맵의 정성분석에 포함될 내용으로 적절하지 않은 것은?

① 요지맵 형태로 표현하는 템페스트(TEMPEST) 분석
② 전체적인 기술흐름을 분석하는 기술발전도 분석
③ 새로 발생한 키워드를 일정 시간 간격으로 분석하는 뉴엔트리(new entry) 분석
④ 주요 출원인별 및 관련기술별 출원국가 분석
⑤ 공백특허 분야를 찾기 위한 매트릭스 분석

024 일본 공개특허공보의 공개번호가 『特開平10-123456』으로 기재되어 있었다면, 이 공보의 공개연도는?

① 1997년   ② 1998년
③ 1999년   ④ 2000년
⑤ 2001년

025 다음 중 특허맵 결론에 포함될 내용으로 가장 적절하지 않은 것은?

① 경쟁사의 특허분석을 통해 특허 장벽도 정도를 제시한다.
② 문제특허의 권리범위 분석을 통해 특허침해 가능성을 제시한다.
③ 경쟁사의 특허분석 중 활용가능성 높은 특허를 제시한다.
④ 문제특허의 권리범위 분석을 통해 회피설계 방안을 제시한다.
⑤ 특허기술 동향 및 이에 대한 시사점을 제시한다.

026 다음 중 특허정보 체계의 분류코드만으로 이루어진 것은?

① ESPACENET, NRI 　　　　　② IPC, WIPS
③ IPC, F-Term　　　　　　　　④ F-Term, EPO
⑤ IPC, EPO

027 다음 중 특허정보에 대한 설명으로 옳지 않은 것은?

① 특허정보는 일반적으로 특허출원 시에 제출하는 특허출원서 및 특허명세서에 적혀 있는 정보를 말한다.
② 특허권의 권리범위는 기술분야, 배경기술, 발명의 설명 등으로 해석되는 것이 원칙이다.
③ 특허정보가 공중에 활용될 수 있도록 특허명세서의 내용에 대하여 법적 기준을 정하고 있다.
④ 특허명세서는 사용자의 이해를 돕기 위해 INID코드를 기재하고 있다.
⑤ 특허정보는 표준화된 정보로 검색이 용이하나 권리정보를 포함하여 해석의 어려움도 가지고 있다.

028 컴퓨터 부품 제조회사에서 연구원으로 근무하는 A는 컴퓨터 부품에 대한 새로운 직무발명 X를 완성하였다. 이후 A는 연구부서에서 영업부서로 옮겨 X와 다른 컴퓨터 부품에 대한 발명 Y를 완성하였다. 이 경우에 다음 중 옳은 것을 모두 골라 짝지은 것은?

> ㉠ A는 발명 X에 대하여 발명완성 사실을 회사에 문서로 통지하여야 한다.
> ㉡ 직무발명에 대한 예약승계 규정이 있는 경우, 발명 X에 대하여 회사가 승계하기로 통지하면 발명 X에 대한 권리는 회사로 귀속된다.
> ㉢ 위 ㉡의 경우에 A에게는 어떠한 권리도 인정되지 않는다.
> ㉣ A의 발명 Y는 직무발명에 해당되지 않는다.

① ㉠, ㉡　　　　　　　　　　② ㉠, ㉡, ㉢
③ ㉡, ㉢　　　　　　　　　　④ ㉡, ㉢, ㉣
⑤ ㉠, ㉡, ㉣

029 다음 중 상표의 보통명칭화를 방지하기 위한 방법으로서 부적절한 것은?

① 상표의 선정단계에서부터 식별력이 큰 상표를 선정한다.
② 경쟁업자의 무단사용에 대해서 철저하게 권리를 행사한다.
③ 상표 사용 시 등록상표라는 표시를 한다.
④ 자신의 상표가 유명하다는 것을 알리기 위해, 자신의 상표가 해당 상품을 지칭하는 것으로 일반적으로 사용된다고 홍보한다.
⑤ 사전 등에 자신의 상표가 해당 상품의 보통명칭으로 설명되어 있는 경우에는 정정을 요구한다.

030 직무발명에 대한 사용자 등의 승계 시점으로 가장 옳은 것은?

① 종업원 등의 발명을 완성한 때
② 종업원 등이 직무발명 완성 사실을 통지한 때
③ 종업원 등이 직무발명 완성 사실을 통지한 날부터 4개월이 되는 때
④ 종업원 등이 직무발명 완성 사실을 통지한 날부터 4개월 이내에 사용자 등이 그 발명에 대한 권리의 승계 의사를 알린 때
⑤ 종업원 등이 직무발명 완성 사실을 통지한 날부터 4개월 이내에 사용자 등이 그 발명에 대한 권리의 승계 의사를 알리고 종업원 등에게 정당한 보상을 한 때

031 다음은 특허정보조사에 관한 설명이다. 옳지 않은 것만으로 짝지어진 것은?

> ㉠ 일반적인 검색은 키워드 선정 → 검색어 선정 → 검색식 작성 단계로 진행된다.
> ㉡ IPC, UPC, F-term과 같은 특허분류코드를 사용하여 검색할 수 있다.
> ㉢ 번호 검색은 공개번호로만 할 수 있다.
> ㉣ 등록 특허에 대한 무효가능성을 검토하는 경우, 검색 가능한 무효자료는 특허문헌에 한정된다.

① ㉠, ㉡   ② ㉠, ㉢
③ ㉡, ㉢   ④ ㉡, ㉣
⑤ ㉢, ㉣

032 직무발명에 관련한 다음 설명 중 가장 부적합한 것은?

① 직무발명은 디자인의 경우에는 해당되지 않는다.
② 직무발명은 종업원의 현재의 직무에 속해도 된다.
③ 종업원이 직무발명을 하면 사용자에게 문서로 알려야 한다.
④ 종업원은 직무발명을 하면 사용자 등이 출원할 때까지 비밀로 유지하여야 한다.
⑤ 직무발명은 종업원의 과거의 직무에 속해도 된다.

033 김발명은 A 회사에 근무하고 있는 자로서 현재 부서가 아닌 과거 부서의 직무와 관련된 발명을 완성하였다. 이 경우 다음 설명 중 옳은 것은?

① 김발명은 과거 부서의 직무와 관련된 발명을 하였으므로 직무발명에 해당되지 않는다.
② A 회사는 김발명의 직무발명에 대하여 유상의 통상실시권을 가진다.
③ A 회사가 김발명으로부터 직무발명에 대하여 미리 그 권리를 승계받기로 한 예약승계 규정은 무효이다.
④ 김발명이 예약승계에 의하여 직무발명을 A 회사로 양도한 경우 A 회사가 김발명에게 보상을 할 필요는 없다.
⑤ 김발명은 A 회사가 직무발명을 출원할 때까지 그 발명에 관한 비밀을 유지하여야 한다.

034 개인발명가인 A는 X에 대한 발명을 완성하고 이에 대한 특허권을 확보하기 위하여 특허출원을 진행하였다. 다음 중 A가 특허를 받을 수 없는 경우는?

① A는 특허출원 시 청구범위 유예제도를 활용하여 청구범위를 적지 않고 출원을 진행하였고, 현재 출원일로부터 1년이 경과되었다.
② A는 청구범위의 기재가 불비하다는 심사관의 거절이유통지서를 송달받았다.
③ A는 출원 시 심사청구를 하지 않았고, 예외적인 사유 없이 현재 출원일로부터 3년이 경과되었다.
④ A는 특허고객번호 부여 신청을 하지 않고 우편으로 특허출원을 접수하였다.
⑤ A의 출원 이후 B 회사가 X와 동일한 발명을 완성하고, TV 광고를 통하여 이를 공개하였다.

035 특허분류코드에 대한 다음 설명 중 옳지 않은 것은?

① 일본의 F-Term은 자기 나라만의 고유한 코드이다.
② 미국의 USPC(UPC)는 자기 나라만의 고유한 코드이다.
③ 우리나라는 우리나라만의 고유한 특허분류코드가 있다.
④ 일본의 FI와 유럽의 ECLA는 IPC를 근간으로 하여 더 세분화한 것이다.
⑤ 중국은 IPC를 사용한다.

036 특허정보를 분석하여 경영정보, 권리정보로 활용할 수 있도록 도식화한 것을 특허맵이라고 한다. 특허맵의 작성 과정을 설명한 다음 지문을 순서대로 나열한 것은?

> ㉠ 데이터 분석을 위한 체계를 수립하고 분석 목적에 맞는 기술분류표를 작성한다.
>
> ㉡ 분석 목적을 정의하고, 조사 범위 및 특허검색 DB를 확정한다.
>
> ㉢ 주요 출원인별, 세부기술별 기술발전의 흐름 및 특허 포트폴리오를 분석한다.
>
> ㉣ 기초데이터를 입수하고 기술분류표에 따른 기술분류를 수행한다.
>
> ㉤ 핵심 키워드를 중심으로 한 검색식을 작성한다.

① ㉡ - ㉠ - ㉣ - ㉢ - ㉤
② ㉠ - ㉡ - ㉤ - ㉣ - ㉢
③ ㉠ - ㉡ - ㉣ - ㉤ - ㉢
④ ㉡ - ㉠ - ㉤ - ㉣ - ㉢
⑤ ㉤ - ㉠ - ㉡ - ㉣ - ㉢

037 다음은 특허 검색을 수행하는 5인의 대화이다. 다음 대화 중 옳지 않은 것은?

① A : 특허 DB를 통해 특허를 검색했는데, 등록 특허와 공개 특허를 모두 검색하기 위해 두 옵션을 모두 체크하고 검색을 했어. 그 결과 특허가 245건 검색됐어. 해당 분야에 245 종류의 기술이 특허로 존재하다니 생각보다 너무 많다.

② B : 특허 DB를 통해 검색을 하고 있는데, 주요 IP5개국 특허를 조사하고 싶어서 국가별 특허를 모두 조사했어. 기술 종류별로 특허를 분류하기 위해 출원인 국적별 특허를 우선순위로 하여 패밀리 특허를 모아서 정리하여 특허를 정량화했어.

③ C : 국내에서의 제품 생산을 위한 FTO 검토를 수행하기 위해 특허를 검색하고 있는데, 법적 상태가 취하 또는 거절결정 확정된 특허는 제외하고 검색하는 게 업무에 효율적일 것 같아.

④ D : 경쟁사의 핵심 기술을 특허를 통해 알고 싶은데, 작년에 출원한 경쟁사 특허는 찾을 수 없으니 기술 트렌드가 빨리 변하는 분야에서는 특허만으로 정보를 모두 얻기는 어려울 것 같아.

⑤ E : 특정 기업의 특허를 모두 찾으려면 출원인 명칭이 출원한 대리인마다 조금씩 달라 이를 통일화하는 작업이 필요할 것 같아.

038 확산적 사고기법 활용 시 유의점으로 적절하지 않은 것은?

① 판단 유보 : 성급한 판단과 타인의 평가적 간섭을 유보한다.

② 양의 중시 : 많은 양의 대안들로부터 유용한 대안을 발굴한다.

③ 자유 연상 : 사고의 경직을 방지한다.

④ 아이디어 편승 : 제시된 아이디어로부터 새로운 아이디어를 발굴한다.

⑤ 질의 중시 : 소수의 결론으로 빠르게 처리한다.

039 다음 중 직무발명과 관련하여 사용자와 관련된 권리 및 의무만을 묶은 것은?

> ㉠ 정당한 보상의무   ㉡ 비밀유지의무
> ㉢ 무상의 통상실시권   ㉣ 승계여부통지의무
> ㉤ 보상금청구권

① ㉠, ㉢, ㉣   ② ㉠, ㉡, ㉢
③ ㉡, ㉢, ㉣   ④ ㉡, ㉢, ㉤
⑤ ㉢, ㉣, ㉤

040 창의적 사고에 대한 설명으로 옳지 않은 것은?

① 창의력이란 독창적이고 가치 있는 사고나 산출물을 생산해 낼 수 있는 개인의 능력을 말한다.
② 창의력의 가치를 예를 들어 설명하면, 승용차의 g당 가격이 20원 정도인 데 반하여, 항암치료제 인터페론의 g당 가격은 5천만 원 정도에 이른다.
③ 확산적 사고는 아이디어를 선택하거나 개발하는 초점화의 사고과정으로서, 더 나은 대안을 찾고 만들기 위해 대안들을 분석하고 다듬고 선택하는 것을 말한다.
④ 확산적 사고기법의 종류에는 브레인스토밍, 체크리스트 등이 있다.
⑤ 창의력의 발휘 방법으로는 정보 수집 및 정리, 호기심, 고정 관념 탈피, 반대로 생각하기 등이 있다.

041 직무발명과 관련된 사용자와 종업원의 권리 및 의무에 관한 다음 설명 중 옳지 않은 것은?

① 비록 직무발명에 해당하더라도 특허를 받을 수 있는 권리는 원칙적으로 발명자인 종업원이 가진다.
② 사용자가 승계하지 않기로 한 직무발명에 대해 사용자는 그 특허를 무상으로 실시할 수 있다.
③ 종업원이 직무발명을 완성한 경우에는 지체 없이 그 사실을 사용자에게 알려야 한다.
④ 계약이나 근무규정에 예약승계에 관한 규정만 있고 보상에 관한 규정이 없는 경우에도, 종업원은 정당한 보상금지급을 청구할 수 있다.
⑤ 사용자는 직무발명이 아닌 발명에 대해서도 계약이나 근무규정 등에 의해 미리 특허를 받을 수 있는 권리 또는 특허권을 승계하거나 전용실시권을 설정할 수 있다.

STEP 3   난도 ▶ 상   정답 및 해설_p.62

001   **다음 사례에 대한 설명으로 옳지 않은 것은?**

> A사는 플라스틱 수지에 대한 한국 특허출원 KR1을 가지고 있다. (특허출원일자 2020. 1. 1.)
> 현재 KR1은 거절결정단계이며, 이에 대응하기 위한 전략을 수립 중에 있다.
> 한편, KR1의 우선일 내 미국 출원 US1 및 US2를 상이한 청구범위세트로 출원한 상태이다.
> 이때 US1의 출원일은 US2보다 2개월 정도 앞선 날짜로 출원이 진행되었다. 현재 US2는
> US1에 대해 이중 특허를 이유로 의견제출통지서를 받은 상태이다.

① KR1에 대해 대응함과 동시에, 별도의 분할출원인 KR2를 진행할 수 있다.

② US1의 청구범위를 수정하기 위해 권리범위를 넓힌 US3 출원을 진행할 수 없다.

③ US2의 등록을 위해 존속기간 포기서(terminal disclaimer)를 제출할 수 있으며, 이때 US1 및 US2가 모두 등록된 경우 특허의 존속기간은 동일하다.

④ US2가 존속기간 포기서(terminal disclaimer)를 제출하여 등록받은 경우, US1을 제외하고 US2만 제3자에게 권리 이전을 하게 되면 특허권 행사에 문제가 생긴다.

⑤ A사는 KR1의 거절결정에 사용된 선행문헌을 US1 및 US2 심사에 활용될 수 있도록 미국 특허청에 알려야 하는 의무가 있다.

002   **A 기업에서 국내에 특허출원한 후 동일한 발명에 대하여 해외에도 특허출원하고자 한다. 이 경우 A 기업의 특허 담당자가 고려하여야 할 사항으로 옳지 않은 것은?**

① 최초출원일인 국내출원일부터 1년 이내에 해외출원하여야 우선권주장이 가능하다.

② 어떠한 국가에 특허출원할 것인지 결정하지 않은 경우에는 PCT출원을 진행하는 것이 유리하다.

③ 어떠한 국가에 특허출원할 것인지 확정하고 2개 국가에만 출원을 하기로 결정한 경우에는 결정된 국가에 직접 특허출원을 진행하는 것이 비용 면에서 유리하다.

④ PCT출원일로부터 30개월 이내에 미국에 진입하여야 하므로 기간을 정확히 인지하여야 한다.

⑤ PCT출원을 하면서 국내 특허출원서에 첨부한 명세서 또는 도면을 보정할 수 있다.

003 2022년 1월 1일자로 한국에 특허출원 A를 하였다. 이후 2022년 12월 1일자로 PCT 출원 B를 진행하였으며, 2023년 2월 1일자로 PCT를 기초로 하여 미국 출원 C, 일본 출원 D 및 중국 출원 E를 진행하였다. 이때, A, B, C, D 및 E 출원은 모두 동일한 명세서 및 청구범위로 출원되었다. 한편, 2021년 8월 1일에 출원 A를 진행한 발명자가 한국 기업을 상대로 공개 세미나를 진행하였다. 이때 특허를 등록받을 수 있는 국가는 어디인가?

① 한국, 미국 ② 미국, 일본
③ 일본, 중국 ④ 한국, 일본
⑤ 미국, 중국

004 다음 발명자 A와 발명자 B의 관계에 대한 설명 중 옳지 않은 것은?

- 발명자 A는 이차 전지 양극에 포함된 양극 활물질을 개발하여 이에 대한 등록 특허를 소유하고 있다.
- 발명자 B는 이차 전지 음극에 포함된 음극 활물질을 개발하여 이에 대한 등록 특허를 소유하고 있다.
- 기업 C는 전술한 A의 양극, B의 음극 및 자체 개발한 전해질을 포함한 전지를 제조하여 판매하고 있다. 이때 기업 C도 자체 개발한 전해질에 대한 등록 특허를 보유하고 있다.
- 기업 D는 전술한 A의 양극, B의 음극, C의 전해질 및 추가적인 첨가제를 포함한 전지가 기존의 기업 C의 전지보다 수명 특성이 개선될 수 있다는 연구를 완료하였다.
- 전술한 등록 특허는 모두 특허 존속기간이 남아 있는 상태로 전제한다.

---

① 기업 C가 전지를 제조하려면 발명자 A에게 허락을 받아야 한다.
② 기업 D는 발명자 A, 발명자 B 및 기업 C에게 허락을 받지 못하면 신규 개발한 전지를 제조·판매할 수 없다.
③ 기업 D는 독자 기술을 개발하였기에 특허등록을 받을 수 있다.
④ 기업 C의 등록 특허는 발명자 A 및 발명자 B의 특허를 이용하였기에 특허등록에 문제가 있으며, 이를 이유로 등록된 특허가 무효가 될 수 있다.
⑤ 기업 D는 개발한 첨가제의 특허등록을 위한 출원을 할 수 있으며, 이때 출원명세서에 발명자 A의 등록 특허 내용, 발명자 B의 등록 특허 내용 및 기업 C의 등록 특허 내용을 모두 활용하여 기재하여도 저작권 침해가 성립하지 않는다.

005 **해외출원 방법에 대한 설명 중 옳지 않은 것은? (2023년 1월 기준)**

① 한국 특허출원 A를 기초로 독일에 출원하는 방법은 파리조약을 통한 우선권을 동반하여 독일에 직접 출원하는 방법이 있다.

② 한국 특허출원 A를 기초로 독일에 출원하는 방법은 파리조약을 통한 우선권을 동반하여 PCT에 출원하고, PCT를 기초로 EPO에 출원 및 등록 후 추후 독일에 번역문을 제출하여 진입하는 방법이 있다.

③ 한국 특허출원 A를 기초로 프랑스에 출원하는 방법으로 파리조약을 통한 우선권을 동반하여 PCT에 출원하고, PCT를 기초로 EPO가 아닌 프랑스 특허청에 직접 출원하는 방법은 이용할 수 없다.

④ 한국 특허출원 A를 기초로 아르헨티나에 출원하는 방법으로 파리조약을 통한 우선권을 동반하여 PCT에 출원하고, PCT를 기초로 아르헨티나에 출원하는 방법은 이용할 수 없다.

⑤ 한국 특허출원 A를 기초로 미국에 출원할 때, 한국어 상태로 출원 후 추후 영문 번역문을 제출하는 절차를 이용할 수 있다.

006   다음 설명 중 옳지 않은 것은?

> 발명자 A는 다음과 같이 명세서 및 청구범위를 작성하여 특허출원을 진행하였으며, 공개,
> 및 등록된 상태이다. 구체적으로 한국 출원은 현재 등록된 상태이며, 이를 우선권으로 한 미
> 국 출원이 현재 심사중이다.
>
> <발명의 설명>
>
> … 중략 …
>
> 첨가제 A 및 첨가제 B의 비율은 A 및 B 합계 100중량%에 대해 A가 20 내지 50중량%일
> 수 있다. 이러한 비율을 만족하는 경우 점도가 개선되어 생산성이 개선될 수 있다.
>
> … 중략 …
>
> <실험예>
>
> 첨가제 A 20중량% 및 첨가제 B 80중량%를 혼합한 수지
>
> <청구범위>
>
> 첨가제 A 및 첨가제 B의 비율은 A 및 B 합계 100중량%에 대해 A가 10 내지 80중량%인
> 수지 조성물.

① 발명자 B가 첨가제 A 70중량% 및 첨가제 B 30중량%를 혼합한 수지가 개선된 효과를 확보한
  점을 확인 후, 이러한 수지를 제조하여 판매하는 경우, 발명자 A의 특허 침해이다.

② 발명자 B는 첨가제 A 70중량% 및 첨가제 B 30중량%를 혼합한 수지가 개선된 효과를 확보한
  점을 확인 후, "첨가제 A 및 첨가제 B의 비율은 A 및 B 합계 100중량%에 대해 A가 70 내지
  80중량%"로 출원하여 등록을 받을 수 있다.

③ 발명자 B는 발명자 A의 등록 특허에 대해 청구범위의 기재에 비해 실험한 데이터가 부족하다
  는 것을 이유로 무효심판을 청구할 수 있다.

④ 발명자 A는 특허등록 이후 청구범위를 현재 "A가 10 내지 80중량%인" 범위에서 다소 좁힌
  "A가 30 내지 40중량%인" 범위로 축소하는 정정을 할 수 있다.

⑤ 발명자 A는 "첨가제 A가 40중량%"인 추가 실험예를 구비하여 미국에 추가적인 출원을 진행
  할 수 있다.

007 다음 중 트리즈(TRIZ)에 대한 설명 중 옳지 않은 것은?

> ㉠ 트리즈에서 모순(contradiction)은 가장 중요한 개념 중 하나이다.
> ㉡ 이상성(ideality)은 시스템의 유용한(useful) 기능의 합을 유해한(harmful) 기능의 합으로 나눈 것을 의미한다.
> ㉢ 면도기의 날은 면도 성능을 높이기 위해 날카로워야 하지만, 피부 손상을 방지하기 위해서는 무뎌야 하는데, 이를 트리즈에서는 기술적 모순이라 한다.
> ㉣ 트리즈 이론은 시스템(system)이 일정한 유형을 따라 진화(evolution)한다고 본다.
> ㉤ 트리즈의 모순행렬은 39가지 표준 특징과 40가지 발명원리로 구성되어 있다.

① ㉠   ② ㉡

③ ㉢   ④ ㉣

⑤ ㉤

008 다음 중 트리즈의 기술적 모순(technical contradiction)에 해당하는 것은?

> ㉠ 비행기가 착륙하기 위해서는 바퀴가 있어야 하지만, 공기저항을 최소로 하려면 바퀴가 없어야 한다.
> ㉡ 실을 잘 넣으려면 바늘 귀가 커야 하지만, 옷감을 잘 통과하려면 바늘 귀가 작아야 한다.
> ㉢ 핸드폰은 소지가 용이하려면 작아야 하고, 화면이 잘 보이려면 커야 한다.
> ㉣ 자동차 엔진의 출력을 높일 경우, 자동차 엔진의 연비는 떨어진다.
> ㉤ 조선시대 조총의 경우, 빠르게 장전하려면 총신이 짧아야 하지만, 사거리를 늘릴려면 총신이 길어야 한다.

① ㉠   ② ㉡

③ ㉢   ④ ㉣

⑤ ㉤

009 직무발명에 대한 다음 설명 중 잘못된 것은?

① 직무발명에 대한 사전예약승계 설정과 무관하게, 종업원은 직무발명을 완성한 경우 지체 없이 그 사실을 사용자에게 알려야 한다.

② 종업원이 직무발명 완성사실을 통지하였으나 사용자가 그 직무발명의 승계 여부를 4개월 이내에 종업원에게 알리지 않은 경우 그 발명에 대한 권리의 승계를 포기한 것으로 본다.

③ 직무발명에 대한 사전예약승계가 설정되지 않은 경우, 중소기업이 아닌 사용자는 특허받은 직무발명에 대하여 무상의 통상실시권을 가질 수 없다.

④ 종업원이 재직 중에 직무발명을 연구하다가 퇴사하여 완성하였다 하더라도 이는 직무발명에 해당하지 아니한다.

⑤ 직무발명에 대한 사전예약승계가 이루어진 경우, 직무발명에 대한 특허를 받을 수 있는 권리는 종업원이 아닌 사용자에게 일차적으로 귀속된다.

010 현재 X 타이어 제조회사 직원으로 근무 중인 종업원 김발명은 2021년에는 A 직무를, 2022년에는 B 직무를 담당했으며, 2023년 1월 현재 C 직무를 담당 중이다. 김발명은 향후 2023년 9월에 부서를 옮겨 D 직무를 담당하려고 한다. 다음 중 옳지 않은 것은?

① 이미 지나간 2021년과 2022년의 직무와 관련된 발명도 직무발명에 해당한다.

② D 직무와 관련된 발명도 2023년 1월에 출원하면 당연히 직무발명에 해당한다.

③ 김발명이 X 타이어 제조사에 재직 중에 한 발명을 숨기고 있다가 Y 회사로 이직하여 출원해도 X 회사의 직무발명에 해당한다.

④ 김발명 퇴직 후 일정한 기간 안에 이루어진 발명을 X 회사의 직무발명으로 승계한다는 내용의 고용계약 규정(이른바 추적조항)은 공익에 어긋나지 아니하면 유효하다.

⑤ X 회사가 김발명 재직 중 직무발명 입증자료를 확보하기 위해 김발명에게 매일 발명일지를 쓰도록 해도 이는 위법이 아니다.

011 다음 중 지문과 관련한 설명으로 옳은 것은?

> A 대학 소속 김발명 교수와 B 제약사 소속 이창작 연구원은 함께 연구를 진행하여 새로운 신약을 발명하고, 3개월 후에 이를 논문으로 공개하였다. 이후 이창작 연구원은 B 제약사를 퇴사하고 김발명 교수의 A 대학으로 취업하였으며, 위 논문이 공개된 날로부터 10개월이 지난 시점에서 이 신약에 대한 특허출원을 완료하였다.

① 신약 발명의 완성으로부터 1년이 경과된 이후에 위 특허출원을 하였으므로, 특허받을 수 없다.

② 출원과 동시에 공지예외주장을 하지 않았다면, 위 특허출원은 특허받을 수 없다.

③ 출원 시점을 기준으로 발명자들이 모두 A 대학에 소속된 상태이므로, B 제약사는 공동출원인이 될 수 없다.

④ 이창작 연구원이 B 제약사에 발명 완성사실을 통지하였음에도 B 제약사가 신약 발명에 대한 승계 여부를 통지하지 않았다면, A 대학은 위 특허출원의 단독출원인이 될 수 있다.

⑤ 김발명 교수가 A 대학에 발명 완성사실을 통지하지 않고 자신을 출원인으로 하여 위 특허출원을 진행한 경우, A 대학에 대한 업무상 배임죄에 해당할 수 있다.

012 다음 사례에 대한 설명 중 옳지 않은 것은?

> 발명자 A는 기업 A의 연구실에 소속되어 근로 소득을 받았다. 기업 A의 연구실에서 연구 과제를 수행한 아이템은 이차 전지였다. 이때 기업 A의 연구실 소속 당시 이차 전지에 대한 발명 A 및 이와는 무관한 개인적인 취미 활동인 자전거에 대한 발명 B를 완성하였다. 이후, 기업 B에서 새로운 근로 조건을 제시하여 현재는 기업 B 소속으로 연구를 진행 중이다. 현재 기업 B의 특허팀에서 특허 도출을 진행하고 있으며, 발명자 A가 발명 A 및 발명 B에 대해 기업 B의 특허팀에 보고한 상태이다.

① 기업 B가 발명 A에 대해 특허를 확보하는 경우, 이는 무권리자 출원에 해당한다.

② 만약 발명 A에 대해, 발명자 A가 이직 전에 기업 A의 특허팀에 발명 사실을 보고하고, 이후 발명자 A가 이직한 뒤에 기업 A가 발명 A를 출원한 경우, 기업 A는 발명자 A에게 보상금을 지급할 필요가 없다.

③ 발명자 A는 발명 B에 대해서는 기업 B에 양도할 의무는 없다.

④ 발명자 A는 기업 A에 재직 당시 발명 A의 완성 사실을 보고하지 않고 이직 후 기업 B에 발명의 완성 사실을 보고하였기 때문에, 기업 A에 대해 민형사상 책임을 진다.

⑤ 발명자 A가 기업 B에 재직하면서 발명 B를 활용한 특허를 개인적으로 확보하였을 때, 기업 B가 자전거 사업을 하여 발명 B에 대한 특허가 필요한 경우에도, 기업 B가 발명자 A로부터 발명 B에 대한 무상의 통상실시권을 강제할 수는 없다.

013 다음 특허공보의 특허발명을 진보성 흠결로 무효시키고자 할 경우, 선행문헌으로 적절한 것은?

(19) 대한민국특허청(KR)	(45) 공고일자	2022년01월24일
(12) 등록특허공보(B1)	(11) 등록번호	10-2354596
	(24) 등록일자	2022년01월19일

(51) 국제특허분류(Int. Cl.)		(21) 출원번호	10-2021-0132591(분할)
F25D 21/08 (2006.01) F25D 21/00 (2006.01)		(22) 출원일자	2021년10월06일
F25D 21/12 (2006.01) F25D 23/00 (2006.01)		심사청구일자	2021년10월06일
F28D 15/02 (2006.01) F28D 21/00 (2006.01)		(65) 공개번호	10-2021-0124163
G05D 23/30 (2006.01)		(43) 공개일자	2021년10월14일
(52) CPC특허분류		(62) 원출원	특허 10-2017-0064812
F25D 21/08 (2013.01)		원출원일자	2017년05월25일
F25D 21/004 (2013.01)		심사청구일자	2020년03월19일

① 2022년 1월 24일 이전에 공개된 선행문헌
② 2022년 1월 19일 이전에 공개된 선행문헌
③ 2021년 10월 14일 이전에 공개된 선행문헌
④ 2020년 3월 19일 이전에 공개된 선행문헌
⑤ 2017년 5월 25일 이전에 공개된 선행문헌

014 다음 중 아래 특허공보를 통해 알 수 있는 정보로서 옳은 것은?

(19) 대한민국특허청(KR)	(45) 공고일자	2022년02월08일
(12) 등록특허공보(B1)	(11) 등록번호	10-2356067
	(24) 등록일자	2022년01월21일

(51) 국제특허분류(Int. Cl.)		(21) 출원번호	10-2021-0172999
F25D 17/04 (2006.01)		(22) 출원일자	2021년12월06일
F25D 23/06 (2006.01)		심사청구일자	2021년12월06일
(52) CPC특허분류		(56) 선행기술조사문헌	
F25D 17/047 (2013.01)		KR1020030027910 A	
F25D 13/00 (2013.01)			

① 위 특허공보에 게재된 발명은 공고일자에 공개된 것으로 볼 수 있다.
② 출원인은 조기공개를 신청한 것으로 추정된다.
③ 출원인은 우선심사를 신청한 것으로 추정된다.
④ 위 특허공보에 기재된 선행기술조사문헌은 대한민국 등록특허공보이다.
⑤ 위 특허공보에 게재된 발명은 분할출원에 의해 출원일이 소급된다.

015 다음 중 특허검색 시 조회 건수가 증가될 가능성이 높은 것은?

① 검색식 작성 시, AND 연산자를 이용하여 키워드를 추가하였다.
② '자유 검색'란이 아닌 '발명의 명칭'란에 키워드를 입력하였다.
③ 키워드뿐만 아니라 특허분류코드도 함께 입력하여 검색식을 작성하였다.
④ 핵심 키워드와 연관된 단어를 한 칸 띄어 입력하고 이들을 괄호로 묶어 검색식을 작성하였다.
⑤ AND 연산자 대신 근접연산자를 이용하였다.

016 김발명은 새로운 완구에 대한 발명을 하고 이를 특허출원하고자 한다. 다음 설명 중 옳지 않은 것은?

① 개정법상 반드시 국어로 작성된 특허출원서를 특허청에 제출하여야 하는 것은 아니다.
② 김발명이 제출한 특허출원서는 원칙적으로 특허청에 도달된 날부터 효력이 발생된다.
③ 특허출원서에는 특허고객번호를 적어야 하므로, 특허고객번호 부여 신청을 하지 않고는 특허 출원서를 제출할 수 없다.
④ 김발명은 특허출원서와 함께 명세서, 필요한 도면 및 요약서를 제출하여야 한다. 다만 명세서에 청구범위는 적지 아니할 수 있으나, 발명의 설명은 적어야 한다.
⑤ 김발명이 특허청에 방문하여 특허출원서 등을 제출한 경우, 출원료를 바로 납부하지 않더라도 출원번호통지서는 즉시 발급된다.

017 A 회사는 보일러를 판매하는 회사이다. 최근에 A 회사는 경쟁사인 B 회사로부터 자사의 등록 특허와 동일한 기술을 사용하는 A 회사의 보일러가 특허침해라는 경고장을 받았다. 이때 김발명 회사가 수행할 수 있는 특허정보 조사로서 가장 적절한 것은?

① 자사 제품에 적용된 기술과 관련된 특허동향을 조사한다.
② 경쟁사 특허에 대한 서지사항을 조사한다.
③ 경쟁사 특허와 유사한 특허에 대한 동향을 조사한다.
④ 자사에서 출원을 준비하고 있는 특허의 등록가능성 파악을 위해 선행기술을 조사한다.
⑤ 경쟁사가 제시한 특허를 무효화시키기 위해 선행기술을 조사한다.

지식재산 보호

PART

03

지식재산 보호

STEP 1   난도 ▶ 하   정답 및 해설_p.64

001   연구노트에 대한 설명으로 적합하지 않은 것은?

① 연구노트는 연구자가 연구의 과정을 기록한 것을 말한다.

② 연구노트는 특허권의 매각이나 실시권 설정 등의 수익화 과정에서 필수적으로 검증하여야 하는 부분이다.

③ 연구노트를 작성함으로써 연구개발의 관리가 용이해지며, 구성원들 간의 지식 전달의 도구로서 활용이 가능하다.

④ 연구노트는 해당 기술과 관련된 분쟁이 발생하는 경우에도 일정 요건하에서 유용한 증거로서 사용될 수 있으므로 꼼꼼히 기록하는 것이 중요하다.

⑤ 연구노트는 서면으로만 작성하여야 하며, 전자연구노트는 인정되지 않고 있다.

002   기업이 사업을 전개하는 해외 국가에서의 특허출원 및 권리의 확보를 위한 전략으로 적합하지 않은 것은?

① 시장이 있는 국가에는 반드시 특허 등의 IP권리를 확보하여야 한다.

② 특허의 경우 PCT에 의한 출원과 국내출원 후에 1년의 우선기간을 활용한 파리조약의 우선권 제도를 활용한 특허출원을 진행한다.

③ 특허권을 적절히 확보하고 있으면, 향후 분쟁에 있어서 이를 활용하여 크로스 라이선스를 할 수도 있다.

④ 특허권 확보 시, 특허침해소송을 제기한 원고에 대해 반소할 수도 있으므로 기본적인 전략으로 특허권을 확보하는 것이 필요하다.

⑤ 속지주의 원칙상 등록된 특허권은 해당 국가 내에서만 활용 가능하다. 따라서 한국 이외의 해외로 사업을 진행하는 경우, 해당 국가의 특허출원 및 권리확보는 필요하지 않다.

003 김발명은 특허출원을 준비 중에 있다. 다음 중 김발명이 특허출원 전에 우선적으로 고려하여야 할 사항과 가장 거리가 먼 것은?

① 출원 타당성 검토
② 선행기술조사
③ 논문발표 여부 확인
④ 출원명세서 작성 방안
⑤ 조약에 의한 우선권주장출원 여부 결정

004 다음 중 특허출원의 목적과 거리가 가장 먼 것은?

① 독점적 지위의 확보
② 특허제품의 경쟁력 확보
③ 특허분쟁 시 우월한 지위 확보
④ 영업비밀 및 노하우의 보호
⑤ 연구결과를 자산으로 연결

005 이보정은 컴퓨터 마우스 관련 발명을 하고 특허출원하였다. 그러나 컴퓨터 마우스의 휠 부분의 구성이 불명료하다는 이유로 특허청 심사관으로부터 거절이유가 적혀 있는 최초의견제출통지서를 받았다. 이에 대한 이보정의 조치로서 다음 중 옳지 않은 것은?

① 휠에 대한 구성이 불명료하여 의견제출통지서를 받은 것이므로 휠이 아닌 다른 구성에 대해서는 보정을 할 수 없다.
② 보정은 심사관이 지정해 준 기간(통상 2개월) 내에 하여야 한다.
③ 의견제출에 대한 기간연장신청이 가능하므로, 시간이 촉박할 경우는 기간연장신청을 한다.
④ 보정하는 경우 새로운 신규 사항이 포함되지 않도록 주의하여야 한다.
⑤ 의견서 및 보정서 제출 이후에 더 이상 의견제출이 없으므로 심사처리기간을 단축하여 달라는 청구를 할 수 있다.

006 2인이 공동으로 특허출원한 후 특허에 관한 다음 절차를 밟을 때, 각자가 모두를 대표할 수 있는 경우는?

① 신청의 취하
② 국내우선권주장의 취하
③ 특허출원의 포기
④ 거절결정에 대한 불복심판의 청구
⑤ 거절이유통지에 대한 의견서의 제출

007 **특허출원전략의 특허출원지연에 대한 설명으로 적절하지 않은 것은?**

① 발명이 완전히 완성되지 않은 경우에 특허출원을 지연할 수 있다.

② 투자자들의 자금유치를 경쟁시키려고 특허출원을 지연할 수 있다.

③ 특허출원을 위한 비용을 확보하지 않은 경우에 특허출원을 지연할 수 있다.

④ 발명 내용이 관련 분야의 종사자가 실시하지 못할 수준의 불완전한 기술일 경우에 특허출원을 지연할 수 있다.

⑤ 조기에 출원하는 경우 해외출원이나 심사 및 기간의 연장 비용 등을 초래하고, 관련 시장이 열릴 것인지 예측하기 어려운 경우 특허출원을 지연할 수 있다.

008 **특허권의 등록에 대한 다음 설명 중 옳지 않은 것은?**

① 특허권은 설정등록에 의하여 발생한다.

② 특허제도는 등록주의이다.

③ 권리의 이전·양도 등을 할 경우 등록하여야 그 효력이 발생하는 것이 원칙이다.

④ 등록원부에는 권리란·등록료란·특허권자란·전용실시권자란 또는 통상실시권자란 등이 있다.

⑤ 통상실시권의 효력은 반드시 등록하여야 그 효력이 발생한다.

009 **다음 중 특허 수수료 감면제도에 대한 설명으로 옳지 않은 것은?**

① 만 19세 이상의 대학원생이 특허출원하는 경우 수수료 100% 감면대상에 해당한다.

② 수수료를 면제받고자 하는 경우, 면제대상에 해당하면서 발명자와 출원인 모두가 일치하여야 한다.

③ 개인 발명가는 수수료의 70%를 감면받을 수 있다.

④ 소기업의 경우는 수수료의 70%를 감면받을 수 있다.

⑤ 대기업이 출원한 발명은 수수료의 감면이 없다.

010 **특허등록을 받기 위해서는 설정등록료를 납부하여야 한다. 특허결정등본을 받은 날부터 원칙적으로 설정등록료를 납부하여야 하는 기한은?**

① 1개월   ② 2개월

③ 3개월   ④ 4개월

⑤ 5개월

011 중소기업·학생·국민기초생활보장법상 수급자 등에 대하여는 일정한 특허 절차에 관하여 수수료를 감면 또는 면제하여 주고 있다. 감면 또는 면제대상에 해당하지 않는 수수료는?

① 특허출원료

② 심사청구료

③ 최초 3년분의 특허등록료

④ 최초 3년분의 디자인등록료

⑤ 무효심판청구료

012 라이선싱의 종류에 대한 설명으로 적합하지 않은 것은?

① 라이선싱 아웃은 라이선스를 타인에게 주는 것을 의미한다.

② 라이선싱 인은 타인의 권리에 대해 라이선스를 도입하는 것을 말한다.

③ 통상실시권과 통상사용권은 독점실시권이다.

④ 상표권의 라이선스는 전용사용권과 통상사용권으로 구분된다.

⑤ 특허권의 라이선스는 전용실시권과 통상실시권으로 구분된다.

013 지식재산의 창출결과의 실시 등과 관련한 설명으로 옳지 않은 것은?

① 전용실시권을 설정하더라도 원특허권자는 전용실시권자와는 무관하게 실시할 수 있다.

② 통상실시권 설정은 등록하지 않아도 되지만 등록하면 제3자에 대항할 수 있다.

③ 라이선시(licensee)가 실시 중 개량한 기술도 라이선서에 귀속되는 것으로 하는 계약은 라이선서의 입장에서 유리하다.

④ 라이선스 계약은 결국 전용실시권이나 통상실시권을 설정하는 것과 같다.

⑤ 특별한 약정이 없는 한, 동일 지역 및 동일 기간의 통상실시권을 중복해서 설정할 수 있다.

014 자신의 국가가 아닌 외국에 위치한 외부의 조직에 업무의 책임을 전부 또는 일부 지우는 것을 뜻하는 용어로서 가장 적합한 것은?

① 오프쇼어링

② 스핀오프

③ 수직계열화

④ 아웃소싱

⑤ 분사

015 연구노트는 연구자가 연구의 과정을 기록한 것으로서, 관련 특허권의 매각이나 라이선스 등의 수익화 과정에서도 그 중요성이 크며 영업비밀로서의 보호에 유용할 수 있다. 기업에서 연구노트의 공증력을 확보하기 위하여 이용할 수 있는 제도로 가장 알맞은 것은?

① 증거보존통지(litigation hold)
② 영업비밀 원본증명 서비스
③ 비밀유지계약(non disclosure agreement)
④ 저작권 등록
⑤ 연구개발성과등록

016 다음 (   ) 안에 들어갈 용어로 적절한 것은?

> (   )은/는 본 제도의 시행국에 공통으로 특허를 출원한 출원인이 상대국에서 우선심사 또는 조기심사를 받아 신속하고 효율적으로 특허를 취득하기 위한 제도로, 해당국의 특허청으로서는 심사협력을 강화하여 상대국 특허청의 심사결과를 참고하여 심사부담을 경감하고 심사의 품질을 향상하도록 한 제도이다.

① 마드리드 출원   ② 특허심사 하이웨이
③ PCT 출원   ④ 국제예비심사
⑤ 파리조약에 의한 우선권 출원

017 특허권자로서 특허침해자에 대하여 공격방안을 수립할 때 대상이 아닌 방법은?

① 경고장 발송
② 소극적 권리범위확인심판청구
③ 침해금지가처분 신청
④ 침해금지 및 예방청구
⑤ 행정적 구제절차로서 중재, 조정제도 활용

018   전 세계적으로 비실시기업(NPE)과의 분쟁이 점증하고 있다. 미국소송에서 원고가 NPE인 분쟁에 대응하는 전략으로 잘못된 것은?

① NPE로부터 접수된 경고장에서 라이선스를 요구하는 내용이 포함된 경우에는 경고장에 대한 회신을 하지 않는 것이 오히려 바람직하다.

② 소송지(venue)가 소송의 승패에 영향을 크게 미치므로 이송신청 등을 통해서 적극적으로 대처하는 것이 필요하다.

③ 특허무효절차 및 반소(counterclaim)를 제기한다.

④ 특허심사과정을 조사하여 부정행위(inequitable conduct)가 있는지 검토한다.

⑤ 같은 피고들을 포섭하여 협력하여 대응한다.

019   다음 중 재판 외 분쟁해결 방식이 아닌 것은?

① 조정   ② 면담
③ 중재   ④ 협상 및 화해
⑤ 알선 및 주선

020   A는 B로부터 A의 제품이 B의 특허를 침해하므로, 침해행위의 중지 및 손해배상을 요구하는 경고장을 수령하였다. 이때 A가 취할 수 있는 조치로서 옳지 않은 것은?

① A는 변리사에게 A의 제품이 B의 특허권을 침해하는지 자문을 구할 수 있다.

② A의 제품이 침해라고 판단되는 경우, B의 특허에 대하여 특허심판원에 무효심판을 청구할 수 있다.

③ A는 B와 라이선스 계약을 체결할 수 있다.

④ A는 특허심판원에 소극적 권리범위확인심판을 청구할 수 있다.

⑤ A는 B에게 통상실시권허락심판을 청구할 수 있다.

021   다음 중 특허를 출원하기 전까지 발명기술을 관리하는 전략으로서 적절치 않은 것은?

① 연구실 단위의 특허관리 매뉴얼을 작성하여 둔다.

② 연구나 발명에 관여하는 당사자들은 비밀유지계약서(NDA)를 작성하여야 한다.

③ 연구노트를 충실하게 작성하여 둔다.

④ 발명을 영업비밀로 보호받기 위해 특허출원 준비를 철저히 하여야 한다.

⑤ 논문의 발간일자가 특허출원보다 앞서지 않도록 주의하여야 한다.

022 연구노트의 요건에 관한 설명으로 옳지 않은 것은?

① 발명자, 기록자, 증인의 서명 및 일자별 작성란이 구비되어야 한다.

② 기록 내용이 변질되지 않고 장기간 보존이 가능한 필기구를 사용하여 작성한다.

③ 속지의 탈부착이 쉬운 바인더 형태의 노트이어야 한다.

④ 페이지 상단이나 하단에 일련번호를 적어야 한다.

⑤ 연구 프로젝트 이름, 제목, 목적 등을 적어야 한다.

023 A는 자신의 특허를 B가 침해하고 있다고 생각하였다. 이때 A가 취할 수 있는 조치로 옳지 않은 것은?

① A는 변리사에게 B가 A의 특허를 침해하고 있는지 자문을 구할 수 있다.

② A는 침해가 확실하다고 판단되는 경우, B에게 경고장을 발송할 수 있다.

③ A는 B를 상대로 특허심판원에 적극적 권리범위확인심판을 청구할 수 있다.

④ A는 B를 상대로 특허법원에 특허침해소송을 제기할 수 있다.

⑤ A는 B의 특허침해에 행위에 대하여 형사고소를 할 수 있다.

024 A는 전자인쇄기술이 사용되는 최신식 인쇄기를 중국회사인 B로부터 수입하여 국내에서 판매해 오고 있었는데, 어느 날 유럽회사인 특허권자 C로부터 A가 판매하는 인쇄기가 자사의 특허를 침해하였다는 내용의 경고장을 받았다. 이에 대해 A가 취할 수 있는 조치로 가장 부적합한 것은?

① C가 적법한 특허권자인지를 먼저 확인한다.

② C의 특허기술과 관련된 선행기술이 존재하는지 여부를 조사하여 본다.

③ 특허심판원에 C를 상대로 소극적 권리범위확인심판을 제기한다.

④ 중국의 B사로부터 적법하게 수입한 이상 특허권 침해가 아니라는 내용의 답변서를 C에게 보낸다.

⑤ 특허심판원에 C의 특허에 대한 무효심판을 제기한다.

025 다음 중 특허권 및 특허등록료에 대한 설명으로 옳지 않은 것은?

① 연차등록료는 기간 경과에 따라 증가한다.

② 실체심사를 통과하여 등록결정이 있은 날로부터 특허권이 발생한다.

③ 등록결정등본을 받은 날로부터 3개월 이내에 특허료를 납부하여야 한다.

④ 최초 3년분의 특허료를 납부하여야 설정등록된다.

⑤ 특허권 발생 후 4년 차부터는 특허료의 해당 연차분을 매년 납부하여야 한다.

Part 1

Part 2

Part 3

Part 4

026 특허권자 A는 발명 a에 대하여 한국, 미국 및 일본에 특허권을 보유하고 있다. 이 경우 다음 설명 중 옳지 않은 것은?

① A는 한국, 미국 및 일본에 특허권을 보유하고 있으므로, 한국, 미국 및 일본에서 발명 a를 무단으로 실시하는 자에게 침해책임을 물을 수 있다.

② B가 한국에서 발명 a의 제품을 무단으로 생산하여 미국으로 수출하는 경우, 한국과 미국에서 모두 침해책임을 물을 수 있다.

③ B가 미국에서 제품을 생산하여 미국 내에서 무단으로 유통한 경우에, A는 한국과 미국에 모두 특허권이 있으므로 한국 특허권에 기초하여 한국에서 B를 상대로 특허소송을 제기하여 손해배상을 받을 수 있다.

④ 한국에서 특허권이 무효가 되었다고 하더라도 미국과 일본에서 특허를 무효시키기 위해서는 미국과 일본에서 각각 무효심판을 청구하여야 한다.

⑤ A는 B가 중국에서 발명 a의 제품을 생산하여 중국 내에서 무단으로 유통시킨 경우, B에 대해서 침해책임을 물을 수 없다.

027 특허권자의 침해주장이 부당한 경우 취할 수 있는 조치로서 적절치 않은 것은?

① 소극적 권리범위확인심판을 청구한다.

② 권리남용의 항변을 한다.

③ 무효심판을 청구한다.

④ 통상실시권허락심판을 청구한다.

⑤ 변리사에게 자문을 구한다.

028 특허괴물(NPE)에 관한 설명으로 옳지 않은 것은?

① 2000년 이후 전 세계적으로 수백여 개의 다양한 특허괴물이 활동하고 있다.

② 인텔렉추얼 벤처스, 인터디지털 등은 대표적인 특허괴물이다.

③ 최근 몇 년간 한국 대기업에 대한 특허괴물의 특허소송이 급증하고 있다.

④ 특허괴물의 출현은 발명자의 노력으로 탄생된 지식재산권의 가치를 제대로 인정받을 수 없는 방향으로 사회분위기를 몰아가고 있다.

⑤ 특허괴물은 실질적으로 제품을 생산하지 않아 제조업체 간의 크로스 라이선싱(cross licensing)이 쉽지 않다.

029 다수의 특허권 소유자들이 자신들의 특허권에 대한 배타적인 권리행사를 자신들 상호 간에는 유보하고 라이선싱 대행기관으로 하여금 공동으로 관리하도록 위탁하는 협정(agreement) 또는 협정으로 인한 특허권의 집합체는?

① 특허괴물
② NPE
③ 특허담보회사
④ 특허풀
⑤ 기술보증기금

030 다음 중 특허된 발명을 제조하거나 사용하지는 않으면서 라이선스 및 소송의 협상을 통해 수익을 얻는 회사는?

① 특허보험회사
② 특허펀드
③ NPE
④ 특허풀
⑤ 특허법인

031 특허침해소송에서의 피고의 대응수단으로 적절치 않은 것은?

① 특허무효심판
② 선사용권의 주장
③ 적극적 권리범위확인심판
④ 회피설계
⑤ 실시 중지

032 특허권자 또는 특허출원인이 취할 수 있는 조치에 관한 설명으로 옳지 않은 것은?

① 특허가 등록된 이후에 비로소 침해금지청구권을 행사할 수 있다.
② 특허가 등록된 이후에 침해금지가처분을 신청할 수 있다.
③ 특허가 등록된 이후에 비로소 손해배상청구권을 행사할 수 있다.
④ 특허가 등록되기 전이라도 출원발명을 실시하는 자에게 경고장을 보낼 수 있다.
⑤ 특허가 등록되기 전이라도 보상금청구권을 행사할 수 있다.

033   A는 B로부터 특허침해에 관한 경고장을 받았다. 이때 A가 취하여야 할 행동으로 적절하지 않은 것은?

① B의 특허의 유효성, 침해 여부 등을 검토한다.
② B가 답변을 요청하는 경우 충분한 검토 없이 침해 사실을 인정하지 말아야 한다.
③ B가 일정한 기한 내에 답변을 요청하는 경우 A는 그 기한 내에 답변을 하여야 한다.
④ A는 B에게 침해사실에 대한 입증자료를 요청한다.
⑤ A는 B의 특허에 대한 대응특허를 보유하고 있는지 검토한다.

034   스마트폰 거치대에 관한 제품을 개발한 A는 해당 발명을 특허출원하고자 한다. 이때 A의 특허출원전략으로 옳지 않은 것은?

① 스마트폰 거치대의 경우, 제품의 라이프 사이클이 짧기 때문에 우선심사제도를 이용하여 빨리 등록을 받는 것이 좋다.
② 제품이 이미 판매되었다면 신규성을 상실하였기 때문에 출원하여 등록받을 수 있는 방법이 없으므로 출원을 포기하는 것이 좋다.
③ 해당 제품의 수출을 생각한다면 해당 제품이 출시되는 국가의 해외출원을 고려할 필요가 있다.
④ PPH제도를 이용하여 해당 제품이 출시되는 국가에서 빨리 특허등록을 받는 것을 고려한다.
⑤ 국내에서 우선심사를 통해 등록가능성을 미리 검토한 후 해외출원을 진행하는 것이 바람직하다.

035   특허침해 경고장 회신에 관한 설명으로 옳지 않은 것은?

① 경고장을 받은 입장에서 이에 대해 답변할 법적인 의무가 있는 것은 아니다.
② 경고장에 대한 회신내용은 법정에서 증거로서의 효력은 없다.
③ 회신내용에 최대한 침해 사실을 인정하는 듯한 표현은 삼간다.
④ 경고장만으로 침해 여부가 불분명할 때는 특허권자에게 추가적인 자료나 설명을 요구하는 것이 좋다.
⑤ 침해주장을 반박할 만한 내용을 충분히 가지고 있더라도 소송으로 발전될 가능성을 고려하여 공개수위를 조절할 필요가 있다.

036 A는 지인으로부터 제품개발 전에 관련 특허를 검색하여 유사한 선행특허가 있는지 조사하는 것이 좋다는 이야기를 들었다. 이와 관련한 설명으로 바람직하지 않은 것은?

① 개발하고자 하는 제품과 동일한 기술의 특허권이 존재하는 경우, 회피설계를 고려하는 것이 좋다.
② 선행특허 조사 시에 등록된 특허만 검색하면 문제가 없다.
③ 선행특허 조사 시에 특허전문 데이터베이스를 활용하는 것이 좋다.
④ 선행특허 조사를 위한 검색식의 작성 시 키워드는 유사어로 확장하는 것이 좋다.
⑤ 해당 제품을 해외에도 수출할 계획이 있다면 수출국에서의 특허도 조사하는 것이 좋다.

037 A는 자신이 개발한 제품을 해외에 진출시키고자 해외출원을 계획 중이다. 이와 관련해 다음 설명 중 옳은 것의 개수는?

> ㉠ 국내 출원일로부터 1년 이내에 조약우선권에 기초한 해외출원이 가능하다.
> ㉡ 해외출원 시에는 PCT출원제도를 이용할 수 있다.
> ㉢ PCT출원 시에는 반드시 영어로 출원서를 작성하여야 한다.
> ㉣ 대한민국 특허청을 수리관청으로 하여 PCT출원이 가능하다.
> ㉤ PCT출원을 한 후, 소정 기간 이내에 원하는 지정국에 번역문을 제출하면서 국내단계 진입을 하여야 한다.

① 1개   ② 2개
③ 3개   ④ 4개
⑤ 5개

038 A는 발명 X를 하고 특허출원을 한 상태이며, 아직 등록을 받지 못한 상황에서 발명 X가 적용된 제품을 팔고 있다. 그런데 B가 A의 제품을 모방한 제품을 판매하고 있는 사실을 확인하였다. 이러한 상황에서 A가 취할 수 있는 다음의 행동 중 가장 부적절한 것은?

① A는 출원공개 전이라면, 출원의 조기공개를 신청한 후 B를 상대로 경고하여 보상금청구권을 조기에 발생시키는 것이 바람직하다.
② A는 B를 상대로 하여, 법원에 특허권침해금지 및 손해배상청구소송을 청구한다.
③ A는 출원이 공개된 후 B에게 출원된 발명임을 알리는 경고장을 발송하는 것이 바람직하다.
④ A는 출원발명의 등록가능성에 대해 전문가에게 자문을 함이 바람직하다.
⑤ A는 B가 출원공개된 발명을 업으로서 실시하고 있다는 것을 소명함으로써, 우선심사를 신청할 수 있다.

039 제3자가 자신의 특허를 침해하고 있는 경우, 특허권자가 제기할 수 있는 심판 및 소송의 개수는?

> ㉠ 침해금지청구소송   ㉡ 손해배상청구소송
> ㉢ 적극적 권리범위확인심판   ㉣ 소극적 권리범위확인심판
> ㉤ 무효심판   ㉥ 거절결정불복심판
> ㉦ 통상실시권허락심판

① 1개   ② 2개
③ 3개   ④ 4개
⑤ 5개

040 특허료 및 수수료에 대한 다음 설명 중 옳지 않은 것은?

① 특허권의 설정등록을 받고자 하는 자는 최초 3년분의 특허료를 일시 납부 또는 분납할 수 있다.
② 특허료는 전용실시권자가 납부할 수 있다.
③ 허락에 의한 통상실시권자는 특허권자의 의사에 반하여 특허료를 대납할 수 있다.
④ 보정에 의해 청구항이 증가한 경우 그 증가항에 관한 심사청구료를 추가 납부하여야 한다.
⑤ 특허청장은 초·중·고 재학생에 대하여 최초 3년분의 특허료를 감면할 수 있다.

041 고기를 굽는 불판에 대한 특허권자 A가 B의 불판 제품에 대하여 판매금지가처분을 법원에 신청하였다. 이 경우 다음 설명 중 옳지 않은 것은?

① 판매금지가처분은 지식재산권 관할법원 소재지를 관할하는 고등법원이 있는 곳의 지방법원에 신청하여야 한다.
② 침해금지 본안소송에서 침해가 아닌 것으로 결론이 나는 경우, A는 판매금지가처분으로 인하여 B가 입은 손해를 배상할 필요는 없다.
③ 특허권 침해를 이유로도 가처분을 신청할 수 있다.
④ 판매금지가처분은 긴급하게 회복할 수 없는 손실이 발생하는 경우에 내려지는 보전처분이다.
⑤ 판매금지가처분 결정이 내려질 경우 B가 큰 타격을 입게 되므로 법원은 이를 엄격하게 판단하는 경향이 있다.

042 A는 B로부터 국내 특허권에 기초하여 특허침해에 대한 경고장을 수령하였다. A는 경고장에 적혀 있는 특허가 현재 적법하게 등록유지 중인지 확인하고 싶고, 현재 B가 해당 특허의 특허권자인지 확인하고 싶다. 이 경우 A가 활용할 수 있는 사이트는?

① www.uspto.gov   ② www.jpo.go.jp
③ www.kipris.or.kr   ④ www.kipra.or.kr
⑤ www.kipa.org

043 A는 발명 X의 특허권자이다. A는 B가 발명 X를 실시하고 있는 것으로 판단하여, B에게 특허침해금지청구를 하였다. 이 경우 B의 항변으로 적절하지 않은 것은?

① B는 발명 X의 출원일 이전부터 발명 X를 자체적으로 개발하여 생산을 하고 있었다는 항변
② 발명 X는 출원 전에 공지된 기술과 동일하다는 항변
③ 발명 X와 B가 생산하는 제품은 서로 상이하다는 항변
④ 발명 X의 출원일보다는 늦지만 B도 특허권자라는 항변
⑤ B는 개인적으로 가정에서 사용할 용도로 발명 X를 실시하였다는 항변

044 A 회사는 우선심사신청을 통해 발명 X를 출원 후 8개월 만에 특허등록을 마치고 그 발명이 적용된 신제품을 국내에서 판매하였다. 출시 후 2개월이 지날 무렵, A 회사는 자신의 제품과 동일한 제품이 한국인 B에 의해 미국에서 판매되고 있는 것을 발견하였다. 이때 A 회사의 조치로 가장 적절한 것은?

① B를 상대로 한국의 법원에서 특허침해금지청구소송을 제기한다.
② B를 상대로 미국법원에 특허권침해금지청구를 제기한다.
③ 한국출원으로부터 6개월이 지났으므로, A 회사가 할 수 있는 조치는 없다.
④ 한국출원일 후 1년이 경과되기 전에, 한국출원을 기초로 미국에 특허출원한다.
⑤ B에게 특허권침해죄를 묻는 형사고소를 한다.

045 특허권자로부터 침해주장을 받은 상대방이 취할 수 있는 조치가 아닌 것은?

① 무효심판청구
② 적극적 권리범위확인심판청구
③ 적법한 통상실시권자로부터 구입하였다는 항변
④ 연구 또는 시험을 위한 실시라는 항변
⑤ 선사용권의 주장

046 A는 자신이 개발한 제품을 미국으로 수출하려고 한다. 이 경우 A가 취할 조치로 바람직하지 않은 것은?

① A는 미국에서 특허침해가 될 수 있는 특허가 있는지 모니터링한다.
② A는 미국에서 특허침해가 있다고 판단되는 경우 수출을 중지한다.
③ 회피설계가 가능하다고 하더라도, A는 특허침해가 있다고 판단되는 특허에 대한 라이선스 계약을 체결한다.
④ 해당 특허를 무효화시킬 수 있는지 고려한다.
⑤ A는 회피설계 시 개발된 기술을 미국에 특허출원한다.

047 A는 제품 개발에 앞서 해당 기술분야의 특허동향을 전반적으로 파악하여 기술개발 방향을 수립하고 연구개발 및 권리화를 진행하고자 한다. 이때 A가 활용할 수 있는 것으로 가장 바람직한 것은?

① 특허무효조사　　　　　　② 특허가치평가
③ 특허맵　　　　　　　　　④ 특허라이선스
⑤ 특허풀

048 다음 대화 중 가장 옳은 이야기를 한 사람은?

> • 정아 : 출원을 하고 난 후에 등록 전까지는 언제든지 청구범위의 보정이 가능하다.
> • 현준 : 특허청으로부터 거절결정서를 받은 경우, 이를 극복할 수 있는 방법은 재심사청구 뿐이다.
> • 서준 : 특허출원 중에는 누구든지 해당 특허출원이 등록받을 수 없다는 취지의 정보제공이 가능하다.
> • 성화 : 특허가 일단 등록이 되면, 해당 특허를 무효시킬 수 있는 방법은 없다.

① 정아　　　　　　　　　　② 현준
③ 서준　　　　　　　　　　④ 성화
⑤ 없음

049 연구개발관리전략에 대한 다음 설명 중 옳지 않은 것은?

① 연구제안서 작성 시에 특허동향조사를 활용할 수 있다.
② 연구결과물은 연구노트를 활용하여 관리할 수 있다.
③ 연구기관에서 비밀정보 관리규정을 마련한다.
④ 기밀정보에 대해서는 NDA를 체결한다.
⑤ 모든 연구결과물은 특허로 보호한다.

050 ITU, ISO 및 ETSI 등의 기관에서 제정하는 규격에 부합하는 특허로서, 해당 특허를 실시하지 않으면 제품의 제조, 판매 또는 서비스가 불가능하게 되는 특허를 의미한다. 애플-삼성 간의 소송에서 삼성이 애플을 공격한 특허인 이것은?

① NPE   ② 방어특허
③ 표준특허   ④ 통신특허
⑤ BM특허

051 영업비밀에 대한 다음 설명 중 옳지 않은 것은?

① 영업비밀로 보호받기 위해서는 영업비밀이 공공연하게 알려져 있지 않아야 한다.
② 영업비밀로 보호받기 위해서는 비밀로서 관리되고 유지되어야 한다.
③ 영업비밀의 보호기간은 특허권의 보호기간보다 긴 30년이다.
④ 영업비밀은 산업상 또는 기술상의 정보까지 포함한다.
⑤ 영업비밀을 침해한 자에 대해서는 민형사상의 책임을 물을 수 있다.

052 다음 중 특허권자로부터 경고장을 수령한 경우 제기할 수 있는 심판의 개수는?

㉠ 거절결정불복심판	㉡ 적극적 권리범위확인심판
㉢ 소극적 권리범위확인심판	㉣ 무효심판
㉤ 통상실시권허락심판	㉥ 정정심판

① 0개   ② 1개
③ 2개   ④ 3개
⑤ 4개

053 영업비밀에 관한 설명으로 옳지 않은 것은?

① 영업비밀에는 영업 계획, 재정적 계획 등과 같은 경영상 정보도 포함된다.
② 영업비밀은 정해진 보호기간이 없다.
③ 영업비밀로 보호받기 위해서는 공연히 알려져 있지 않을 것이 요구된다.
④ 영업비밀은 특허권과는 달리 실시계약을 체결할 수 없다.
⑤ 영업비밀은 산업상 이용가능성을 요건으로 하지 않는다.

054 최근 국내기업의 특허소송이 해외에서 빈번하게 발생하고 있다. 이와 같은 상황에서 우리 기업의 경쟁력을 높이기 위한 방안으로 적절하지 않은 것은?

① 제품개발단계부터 특허동향조사를 통해 특허침해리스크를 최소화한다.
② 독자적으로 개발된 기술에 대해서는 특허출원을 하여 권리화한다.
③ 경쟁자의 특허를 주기적으로 모니터링한다.
④ 필요한 경우 라이선스 또는 특허매입 등을 통해 특허침해리스크를 최소화한다.
⑤ 국내에만 제품이 출시되는 경우, 해외에서의 특허권 확보는 전혀 고려하지 않는다.

055 A는 발명 X를 하고 한국특허청에 특허출원하였다. A는 발명 X가 적용된 신제품을 한국과 대만에 판매할 계획이다. 발명 X 및 신제품을 보호하는 방안으로 가장 적합하지 않은 것을 모두 고르면?

> ㉠ 한국출원을 기초로 조약우선권을 주장하면서 PCT출원을 한 후, 다시 PCT출원을 기초로 조약우선권을 주장하면서 대만에 출원한다.
> ㉡ 한국출원을 기초로 조약우선권을 주장하며, 대만에 특허출원한다.
> ㉢ 신제품의 외관 디자인에 관하여 대만에 디자인출원을 먼저 한 후 이를 기초로 조약우선권을 주장하면서 한국에 디자인출원한다.
> ㉣ 신제품의 외관 디자인에 관하여 한국에 디자인출원을 한 후 이를 기초로 조약우선권을 주장하면서 대만에 디자인출원을 한다.
> ㉤ 한국에 특허출원한 후 발명 X가 X′로 개량된 경우, 발명 X를 기초로 조약우선권을 주장하면서, 대만에 개량된 발명 X′를 출원한다.

① ㉠, ㉡
② ㉠, ㉤
③ ㉡, ㉢
④ ㉢, ㉣
⑤ ㉣, ㉤

056 다음 중 해외특허출원전략에 관한 설명으로 옳은 것만을 모아 놓은 것은?

> ㉠ 해외출원은 크게 PCT출원과 마드리드에 의한 출원으로 나눌 수 있다.
> ㉡ 파리조약에 의한 출원보다는 PCT출원이 훨씬 유리하다.
> ㉢ 미국출원 시에는 특허심사 하이웨이제도를 활용할 수 있다.
> ㉣ 파리조약에 의한 출원보다 PCT출원이 해외특허를 확보하는 데 신속한 절차이다.
> ㉤ 특허출원국이 많을 경우 PCT출원을 하면 비용 지출 기한을 늦출 수 있다.

① ㉠, ㉡, ㉤   ② ㉣, ㉤
③ ㉢, ㉤   ④ ㉡, ㉢
⑤ ㉠, ㉣, ㉤

057 특허가 없는 개인사업자 이창작은 특허권자 김발명으로부터 침해소송을 당하였다. 김발명의 침해주장이 타당한 경우, 이창작이 취할 수 있는 조치로서 적절치 않은 것은?

① 실시를 중지하고, 원만한 화해를 위해 노력한다.
② 회피설계를 한다.
③ 협상을 통해 실시권을 허여받는다.
④ 특허청 산업재산권분쟁조정위원회에 조정 신청을 한다.
⑤ 통상실시권허락심판을 청구한다.

058 특허권자 A는 자신의 특허기술을 B가 무단으로 실시하고 있다는 사실을 알게 되었다. 이에 대한 A의 대응으로 적절하지 않은 것은?

① 경고장 발송
② 민사법원에 침해금지가처분 신청
③ 침해금지본안청구와 동시에 손해배상청구
④ 특허심판원에 소극적 권리범위확인심판 제기
⑤ 경찰서에 특허침해죄 고소장 접수

059 특허출원 절차와 관련한 다음 설명 중 옳은 것은?

① 특허출원 시에 반드시 심사청구를 하여야 한다.
② 청구범위를 적지 않고 출원하는 것은 불가능하다.
③ 출원 중에 발명의 설명에만 포함되어 있는 발명을 청구범위에 포함시키는 보정은 불가능하다.
④ 특허로 출원한 경우에 실용신안으로 변경이 가능하다.
⑤ 실용신안으로 출원한 경우에 특허로의 변경은 불가능하다.

060 특허권 침해에 대한 대응 방법으로 적절치 않은 것은?

① 침해금지청구   ② 손해배상청구
③ 신용회복청구   ④ 보상금청구
⑤ 부당이득반환청구

061 A는 한국에 특허출원 X를 하고 우선심사신청을 통해 4개월 만에 특허권을 확보하였다. 한편, A는 특허출원 X에 기초하여 미국에 출원하였는데, 미국에서도 특허권을 조기에 확보하려고 모색 중이다. 이때 A가 활용하기에 적합한 특허절차는?

① PPH(Patent Prosecution Highway)
② PCT(Patent Cooperation Treaty)
③ WIPO(World Intellectual Property Organization)
④ SPLT(Substantive Patent Law Treaty)
⑤ PLT(Patent Law Treaty)

062 다음 중 특허괴물이라고도 불리는 NPE(Non Practicing Entity)에 대한 설명으로 가장 부적합한 것은?

① 제품의 제조 활동은 하지 않는다.
② 라이선싱 및 소송을 이용하여 이익을 창출한다.
③ 스스로 특허를 실시하지 않는다.
④ 특허권자가 될 수 없다.
⑤ 특허관리 전문회사라고도 한다.

063 일반적으로 외부 전문가에게 아웃소싱하는 분야로 적합하지 않은 것은?

① 조사 및 분석 업무
② 연구 및 개발 업무
③ 특허명세서 작성 및 심사 대응 업무
④ 특허 분석 업무
⑤ 침해소송 관련 업무

064   특허침해주장이 타당한 경우에 그 대응방안으로 적절하지 않은 것은?

① 회피설계   ② 대응특허검토

③ 경쟁사 영업비밀 파악   ④ 실시권 계약 및 특허매입

⑤ 특허협상

065   A사의 특허권은 B사의 특허무효심판청구에 의하여 전체 청구항이 무효로 최종 확정되었다.
이때 B사에서 취할 수 있는 조치로 타당한 것은?

① 특허법원에 심결취소소송의 제기

② 적극적 권리범위확인심판의 청구

③ A사에 대한 심판비용청구

④ 재심청구

⑤ 대법원에 상고

066   다음 중 최근의 국제특허분쟁동향의 특징으로 잘못된 것은?

① 특허괴물에 의한 소송 증가

② 선협상, 후소송 제기의 증가

③ 특허매입 또는 특허권을 보유한 기업의 인수 증가

④ 특허로열티 및 배상액의 고액화

⑤ 특허공유 및 개방형 혁신(open innovation)의 경향 증가

067   다음 (   ) 안에 공통으로 들어갈 말로 적절한 것은?

> 침해에 대한 구제수단을 사용하기 전에 내용증명으로 (   )을/를 발송하여 화해적 해결을
> 유도할 수 있으며, (   )은/는 이후 계속 무단실시할 경우 침해의 고의성을 입증하는 자료
> 로 사용할 수 있다.

① 특허명세서   ② 특허등록증

③ 소장   ④ 침해금지심판청구서

⑤ 경고장

STEP 2　　난도 ▶ 중　　　　　　　　　　　　　　　　　　정답 및 해설_ p.68

001　　**연구노트가 갖추어야 할 물리적 요건에 해당하지 않는 것은?**

① 제본된 묶음노트
② 페이지 상단 또는 하단에 일련번호 기재
③ 수정이 편리한 연필을 사용한 필기
④ 테두리가 있는 페이지 구성
⑤ 발명자, 기록자, 증인의 서명 및 일자별 작성란 구비

002　　**특허출원전략에 관한 설명으로 옳지 않은 것은?**

① 특허출원국가를 선정함에 있어 주요 시장, 경쟁사의 주요 시장, 생산기지, 경쟁사의 생산기지 등을 고려하는 것이 바람직하다.
② 특허는 출원일자를 기준으로 우선순위가 정해지므로 발명이 미완성이라 하더라도 최대한 빠르게 특허출원을 하는 것이 바람직하다.
③ 중복연구를 방지하고 특허등록 가능성을 높이기 위하여 출원을 하기 전에 특허성 조사 및 선행기술 조사를 하는 것이 바람직하다.
④ 제품을 판매할 의도가 없더라도 경쟁사가 그 나라에 기반을 두고 있는 경우 그 나라에 특허출원을 하는 것이 바람직하다.
⑤ 특허출원 전에 기술적 조언을 청하거나 개발자금 유치를 위하여 발명을 공개하고자 하는 경우 공식적인 비밀유지계약을 체결하는 것이 바람직하다.

003　　**A사는 그래핀 변형 방법에 대한 연구를 진행하고 있다. A사가 그래핀 변형 방법에 대한 출원을 지연해야 하는 경우가 아닌 것은?**

> ㉠ 그래핀 변형 방법에 대한 실험예가 부족하여 발명이 완전하지 않은 경우
> ㉡ 그래핀 변형 방법을 이용한 제품출시가 지연되는 경우
> ㉢ 출원을 위한 비용마련이 어려워 출원 진행의 어려움이 예상되는 경우
> ㉣ 그래핀 변형 방법의 개발이 완전하지 않아 아이디어가 일찍 공개되면 더 많은 자원을 가진 타사가 앞서갈 우려가 있는 경우
> ㉤ 그래핀 변형 방법에 대하여 경쟁사보다 먼저 논문을 통해 발표한 경우

① ㉡, ㉢　　　　　　　　　　　　　　② ㉠, ㉢
③ ㉡, ㉤　　　　　　　　　　　　　　④ ㉣, ㉤
⑤ ㉠, ㉣

004 A사의 특허부장 김발명은 새로운 기술에 대한 특허전략을 짜고 있다. 이와 관련해 특허전략으로 바람직하지 않은 것만을 짝지은 것은?

> ㉠ 특허검색을 통해 개발 기술의 특허성을 확인하는 것과 먼저 특허출원하는 것을 모두 고려할 수 있다.
> ㉡ 국내에서 특허출원한 후 PCT출원을 하여 국제사무국에서 등록결정을 받으면 모든 지정국에서의 특허를 획득할 수 있으므로 이를 고려한다.
> ㉢ 경쟁회사의 소재국가, 제품의 시장, 기술의 수명 등을 고려한 해외출원 전략을 활용한다.
> ㉣ 개발 기술을 출원한 이후에 추가적인 개량이 이루어지는 경우 출원일로부터 1년 6개월 이내라면 국내우선권주장출원을 고려해 본다.

① ㉠, ㉡   ② ㉠, ㉢
③ ㉠, ㉣   ④ ㉡, ㉣
⑤ ㉢, ㉣

005 출원된 특허에 흠결이 있는 경우, 이를 치유하기 위하여 보정제도를 활용할 수 있다. 보정제도에 대한 설명으로 적절하지 않은 것은?

① 특허에 관한 절차 또는 명세서 등에 하자가 있는 경우, 그 흠결을 치유하는 절차이다.
② 행위능력 또는 대리권 위반, 방식 위반, 수수료 미납 등의 경우에는 절차보정을 통하여 흠결을 치유할 수 있다.
③ 출원서에 첨부된 명세서 등에 하자가 있는 경우에는 실체보정을 통하여 하자를 치유할 수 있다.
④ 심사관의 거절이유통지에 대응한 보정은 절차보정이다.
⑤ 심사관이 보정을 각하하는 경우에는 서면으로 하여야 하며 그 이유를 붙여야 한다.

006 특허침해소송에 대한 대응수단으로서 심사단계에서의 정보제공에 대한 설명으로 맞는 것은?

① 특허출원인은 특허등록 전에 공개된 출원을 근거로 경고장을 보낼 수 없다.
② 특허출원만 된 경우에서 경고장을 받았으면 출원발명의 특허등록을 저지할 수 없다.
③ 특허등록결정이 나지 않고 심사 중인 상태에서 경고장을 받은 경우에 해당 발명의 선행기술을 특허청장에 제공하는 정보제공제도를 활용할 수 있다.
④ 이해관계자만이 특허출원의 거절이유에 해당하는 정보와 증거를 특허청장에게 제공할 수 있다.
⑤ 특허법 규정에 의하면, 특허의 담당 심사관은 정보제공이 있는 경우에 그 자료를 반드시 심사에 참고하고 활용결과에 대해서 통보하여야 한다.

007 **거절이유통지에 대한 의견서 및 보정서 제출에 대한 대응으로 올바르지 않은 것은?**

① 의견서는 거절이유통지에 응답하여 출원인이 심사관에게 제출하는 서면이다.

② 의견서는 거절이유통지에 지적된 거절이유가 타당하지 않거나 해소되었다는 취지의 의견을 진술하는 서면이다.

③ 의견서를 제출하는 경우에는 필요 이상으로 자신의 발명이나 선행기술에 대해 설명하는 것은 지양하는 것이 바람직하다.

④ 선행기술이 제시된 의견제출통지에 대하여 자신의 발명에 대한 설명을 장황하게 늘어놓는다면 이로 인하여 등록된 후에 특허권의 권리범위가 제한될 수 있다.

⑤ 심사관이 지적한 이유와 특허받을 수 있는 청구항을 고려하여 의견서를 제출하지 않고 보정서만 제출할 수는 없다.

008 **진보성이 없다는 거절이유에 대한 대응으로 의견서의 내용으로 적절하지 않은 것은?**

① 인용문헌의 기재로부터 본원 발명의 채택에 대한 동기나 시사가 없다는 주장을 할 수 있다.

② 주지 또는 관용 기술이 아님을 다른 증거를 첨부하여 주장할 수 있다.

③ 인용문헌이 속하는 기술분야와 본원발명의 기술분야가 상이하여 이를 본원발명 기술분야의 통상의 기술자가 쉽게 적용할 수 없음을 주장할 수 있다.

④ 인용문헌에 기재된 내용과 본원발명이 해결하고자 하는 과제가 같지 않고 그 목적과 효과가 상이하다는 주장을 할 수 있다.

⑤ 구성상의 유사점이 있다고 하더라도 현저한 효과가 있음을 주장하는 것만으로는 진보성에 대한 거절이유를 극복할 수 없다.

009 **이창작은 김발명의 A 특허에 대한 전용실시권자이다. A 특허는 적법하게 등록되었으나, 현재 특허료를 지불하지 않은 상태로 납부기간은 남아 있다. 한편, 박고도는 A 특허 기술과 유사한 기술을 실시하고 있는 자로 이창작의 경쟁사이다. 이와 관련해 다음 중 옳은 것은?**

① 이창작은 A 특허의 특허권자가 아니므로 A 특허의 특허료를 납부할 수 없다.

② 이창작은 침해가 의심되는 박고도에게 A 특허를 기반으로 권리행사를 할 수 있다.

③ 이창작의 전용실시권이 등록원부에 등록되지 않아도 A 특허를 독점적으로 실시할 수 있다고 김발명에게 주장할 수 없다.

④ 김발명은 박고도에게 A 특허권을 행사할 수 있고, 이창작의 전용실시권이 등록된 경우에도 김발명은 자신의 특허발명을 스스로 자유롭게 사용할 수 있다.

⑤ 박고도는 권리범위확인심판청구 시 이창작을 피청구인으로 할 수 있다.

010 김발명은 천연비누를 개발하고 '박하사탕®'이라는 상표를 사용하고자 특허청에 상표출원하였다. 이때 예상되는 문제에 대하여 잘못 설명한 것은?

① 특허청에서 '박하'라는 선행 상표가 있다는 이유로 거절이유를 통지하는 경우, 출원인은 '박하'를 삭제하는 보정을 하여 거절이유를 극복할 수 있다.

② 특허청에서 '박하사탕'이라는 상표에 의하여 일반 수요자들이 박하 성분이 포함된 것으로 제품의 성분을 오인할 수 있다는 거절이유를 통지하는 경우, 출원인은 지정상품을 '박하성분이 포함된 비누'에 한함으로 보정할 수 있다.

③ 최초 출원서에 지정상품의 류구분을 잘못 적은 경우, 출원인은 적절한 상품류로 보정할 수 있다.

④ 출원인은 등록상표를 뜻하는 '®'을 출원 후에 삭제하는 보정을 할 수 있다.

⑤ 출원인은 출원 시 색채상표로 상표의 종류를 잘못 적은 경우, 보정에 의하여 하자를 치유할 수 있다.

011 특허 포트폴리오에 대한 설명으로 적합하지 않은 것은?

① 특허 포트폴리오를 구축하게 되면 특허 중 일부가 무효가 된다 하여도 다른 특허들로 인하여 그 위력을 유지할 수 있게 된다.

② 경쟁자가 회피설계를 하기 어렵게 하거나, 라이선스나 침해소송을 무기로 활용하여 권리의 독점을 유지할 수 있게 한다.

③ 기술분야별로 전략특허를 중심으로 그 주위를 원천특허들이 감싸고, 또 다시 이러한 특허들을 상대적으로 중요하지 않은 주변특허 내지 개량특허로 둘러싸 다중의 벽을 형성하는 것을 말한다.

④ 특허 포트폴리오의 구축을 통하여 기업은 자신의 사업 영역을 방어할 수 있고, 기술적·사업적 우월성을 확보할 수 있다.

⑤ 특허 포트폴리오 구축에는 외부로부터 매입, 라이선스, 공동개발, M&A 등의 방법으로 아웃소싱하는 방법과 내부적인 연구개발 등의 혁신활동을 통하여 개발 및 창출하는 방법이 있다.

012 다음 중 발명자와 출원인이 동일한 개인 발명의 경우 감면받을 수 있는 수수료를 모두 골라 묶은 것은?

㉠ 출원료	㉡ 심사청구료
㉢ 최초 3년분 등록료	㉣ 대리인 수임료

① ㉠   ② ㉠, ㉡

③ ㉠, ㉢   ④ ㉠, ㉡, ㉢

⑤ ㉠, ㉡, ㉢, ㉣

013 표준특허에 대한 설명으로 적합하지 않은 것은?

① 표준특허의 공표는 대부분 국제 표준화기구에서 채택하고 있다.

② 표준특허는 FRAND 관련 의무가 주어진다.

③ 각 회원사는 표준화기구에 의해 표준으로 채택된 기술(내지 특허)의 라이선스 계약에 공정하고 합리적이며 차별 없이 임해야 하는 의무가 있다.

④ FRAND는 Fair, Resonable, And Non-Discriminatory)의 약자이다.

⑤ 표준특허를 근거로 침해소송을 제기하는 것은 일반적이다.

014 비실시기업(NPE : non-practicing entity)은 NPE가 보유하는 특허권이 어디로부터 기인한 것인지에 따라 분류할 수 있는데, 다음 중 그 유형에 속하지 않는 것은?

① 자신이 발명을 전혀 하지 않고 타인이 특허권을 매입하는 방법으로만 특허권을 보유하는 유형

② 자신이 독자적인 연구개발을 통해 특허권을 확보하는 경우

③ 독자적인 개발을 통한 특허권의 확보와 매입을 통한 특허권의 확보를 병행하는 형태

④ 원래는 제조업이었으나, 기업의 파산이나 사업의 정리 후에 남은 특허권을 이용하여 수익을 올리는 기업

⑤ 직접 제조를 통한 이윤의 극대화를 추구하는 특허전문기업

015 라이선스를 주는 자가 라이선서(licensor)이고, 라이선스를 받는 자가 라이선시(licensee)이다. 이러한 라이선스의 목적 내지 효과에 해당하지 않는 것은?

① 라이선시는 필요한 기술에 관한 권리를 부여받아 제품이나 서비스에 해당 권리를 적용함으로써 제품의 가치를 향상시키며, 경쟁 제품과의 차별성 내지 우위를 확보하여 판매를 증진시킬 수 있다.

② 라이선시는 해당 권리에 기인하여 초래될 수 있는 분쟁의 위험을 제거할 수 있게 되고, 이러한 불확실성의 제거로 인하여 안정적으로 사업을 수행할 수 있게 된다.

③ 라이선시는 계약에 따라 필요한 기술을 확보함은 물론이고, 실시 특허를 이용하여 라이선서와 공동으로 신기술을 개발하여 연구개발의 효율성 및 비용을 절감할 수 있다.

④ 라이선시는 라이선스 계약에 따라 라이선서의 실시에 따른 실시료를 징수하여 수익을 창출할 수 있다.

⑤ 라이선스는 특허권, 저작권, 상표권 등의 등록된 지식재산권뿐 아니라 영업비밀이나 노하우 같은 권리를 대상으로 할 수 있다.

016 한국 특허청 심사관으로부터 진보성이 없다는 거절이유를 통지받았다. 본원발명의 진보성을 주장하기 위하여 출원인이 제출할 수 있는 논리 중 실효성이 가장 떨어지는 것은?

① 인용문헌에 기재된 내용과 본원발명이 해결하고자 하는 과제가 같지 않고, 그 목적과 효과가 상이하다고 주장한다.

② 상업적 성공, 장기간 미해결과제의 해결, 장기간 요망되었던 필요성을 충족시켰다는 사실을 들어 본원발명의 진보성을 주장한다.

③ 인용문헌의 기재로부터 본원발명의 채택에 대한 동기나 시사가 없다는 주장을 제기한다.

④ 심사관이 인용문헌에 기재됨이 없음에도 불구하고 주지 또는 관용기술로 인정하는 경우, 그것이 아니라는 점을 단순 주장에 그치지 않고 다른 증거를 첨부하여 주장한다.

⑤ 인용문헌이 속하는 기술분야와 본원발명의 기술분야가 상이하여 통상의 기술자가 쉽게 적용할 수 없다는 점을 다른 주장과 더불어 보완적으로 주장한다.

017 출원인이 특허청 심사관으로부터 거절결정통지를 접수한 경우 취할 수 있는 조치에 대한 설명으로 옳은 것은?

① 대응기간 내에 재심사를 청구할 수 있는데, 이 경우 명세서 또는 도면의 보정은 선택적이다.

② 명세서 또는 도면의 보정 없이는 거절결정불복심판을 청구할 수 없다.

③ 출원에서 거절된 청구항과 거절되지 않은 청구항을 포괄하여 분리출원할 수 있다.

④ 거절결정통지일로부터 30일 이내에 거절결정불복심판을 청구할 수 있다.

⑤ 재심사 결과 거절결정되면 재심사를 청구할 수는 없고, 거절결정불복심판을 청구할 수 있다.

018 특허의 해외출원 전략을 수립할 때 고려해야 할 점에 관한 다음의 설명 중 가장 올바른 것은?

① PCT 루트를 이용하면 파리조약에 의한 우선권 출원에 비해 절차가 복잡하다는 단점이 있다.

② 출원대상국의 수가 많을 경우, 비용 관점에서는 PCT출원보다 파리조약에 의한 우선권 출원이 유리하다.

③ 파리조약 루트를 이용할 경우 국제조사와 국제예비심사를 통해 등록가능성 예측이 가능하다는 장점이 있다.

④ 빠른 권리화가 필요한 경우에는 PCT출원을 우선적으로 고려하는 것이 바람직하다.

⑤ 비용 관점을 제외한다면, 파리조약 루트를 이용하여 출원하는 것이 PCT출원에 비해 절대적으로 유리하다.

019 특허침해경고장을 검토한 결과 침해경고가 타당하다고 판단되는 경우, 다음 중 바람직하지 않은 조치는?

① 일단 실시를 중지한다.
② 회피설계가 가능한지 고려한다.
③ 실시권계약을 고려한다.
④ 특허매입을 고려한다.
⑤ 소극적 권리범위확인심판을 청구한다.

020 A는 자신의 특허에 대하여 B에게 통상실시권을 허락하였고, 이후에 A는 자신의 특허를 C에게 양도하였다. B가 통상실시권을 특허청에 등록하지 않은 경우, 다음 설명 중 옳은 것은?

① B가 특허청에 통상실시권을 등록하지 않았기 때문에 B는 C에게 통상실시권을 주장할 수 없다.
② B가 특허청에 통상실시권을 등록하지 않아도 B는 C에게 통상실시권을 주장할 수 있다.
③ B는 C에게 통상실시권허락심판을 청구할 수 있다.
④ B가 특허청에 통상실시권을 등록한 경우, C는 특허청에 등록말소신청을 할 수 있다.
⑤ 답이 없다.

021 A는 자신의 발명을 출원하였으나, 심사관으로부터 신규성이 없다는 이유로 거절결정을 받았다. 이 경우 A가 취할 수 있는 조치로 맞는 것은?

① 무효심판을 청구한다.
② 통상실시권허락심판을 청구한다.
③ 일반 민사법원에 거절결정에 대한 취소소송을 제기한다.
④ 거절결정에 대한 심판을 청구하거나 재심사를 청구한다.
⑤ 실용신안등록출원으로의 변경출원을 한다.

022   A는 특허발명 X에 관한 특허권자이다. A는 동종업계 종사자 B가 자신의 특허발명 X의 권리범위에 속하는 것으로 보이는 발명 X'를 실시하고 있는 것을 발견하고, B에게 침해행위중지 등을 요청하는 경고장을 발송하였다. 이러한 상황에서 A와 B의 다음 행동 중 가장 적절하지 않은 것은?

① B는 자신도 발명 X'에 대해서 특허등록을 받은 사실이 있으므로, A의 주장은 부당하다고 항변한다.

② B는 이해관계인임을 소명하면서, 특허권에 대해 무효심판을 청구한다.

③ A는 B가 아무런 대응을 하지 않자 특허권 침해를 이유로 형사고소를 하였다.

④ A는 B의 발명 X'가 자신의 특허발명 X의 권리범위에 속함을 확인받기 위해 권리범위확인심판을 청구하였다.

⑤ A는 B의 침해행위로 인해 발생하는 손해가 빠르게 늘고 있으므로 이를 막아달라고 주장하며 침해금지가처분신청을 하였다.

023   A는 로봇 청소기 제조회사 B의 종업원이다. A와 B 간에는 예약승계 규정이 있으며, A는 로봇 청소기의 충전복귀시스템과 관련된 발명을 완성하여 B에게 통지하였으나, B는 해당 발명에 대하여 승계하지 않겠다는 의사를 A에게 통보하였다. 이와 같은 상황에서 다음 설명 중 옳지 않은 것은?

① A는 자신을 출원인으로 하여 특허출원을 할 수 있다.

② A가 해당 발명에 대하여 등록을 받는 경우, B는 A의 허락 없이 자유롭게 해당 발명을 실시할 수 있다.

③ ②의 경우, B는 A에게 실시료를 지급할 필요가 없다.

④ A가 해당 발명에 대하여 등록을 받은 후에, B가 A의 허락 없이 해당 발명을 실시하는 경우, A는 B에 대하여 특허침해 주장을 할 수 있다.

⑤ B는 A의 발명완성에 대하여 보상금을 지급하지 않아도 된다.

024   특허침해경고장을 받았으나, 침해주장이 부당하다고 판단되는 경우 대응방안으로 바람직하지 않은 것은?

① 소극적 권리범위확인심판을 청구한다.

② 연구 또는 시험의 목적으로만 실시하고 있다고 항변한다.

③ 침해제품은 정당한 권리자로부터 구입하였다고 항변한다.

④ 자신은 특허출원일 이전에 공지된 기술을 사용하고 있다고 항변한다.

⑤ 자신의 특허발명에 진보된 구성을 추가하여 실시하고 있다고 항변한다.

025 **설정등록과 특허료에 관한 설명으로 옳지 않은 것은?**

① 특허권의 설정등록을 받으려는 자는 등록결정등본을 받은 날로부터 3월 이내에 최초 3년분의 특허료를 납부하여야 한다.

② 실시권자는 특허권자의 의사에 반하여 특허료를 납부할 수 있다.

③ 설정등록료 납부 시 청구항별 포기가 인정된다.

④ 특허권 설정등록을 받고자 하는 자는 납부기간이 경과한 후에도 6개월 이내에 설정등록료를 추가 납부할 수 있다.

⑤ 추가 납부 기간에도 설정등록료를 납부하지 않은 경우에는, 특허출원을 포기한 것으로 간주되어 더 이상 회복할 수 있는 방법이 없다.

026 **A와 B는 공유특허권자이다. B는 A의 동의 없이 C가 특허발명을 생산할 수 있도록 하는 계약을 체결하였고, C는 현재 특허발명을 생산하여 판매하고 있다. 이와 관련해 다음 중 옳지 않은 것은?**

① A는 C에 대해서 특허침해소송을 제기할 수 있다.

② A는 B에 대해서 특허법에 기초한 행정적 제재를 가할 수 있다.

③ C가 A로부터 특허침해소송을 제기당해 손해배상을 한 경우, C는 B와의 계약을 해지하고, B에게 손해배상의 청구가 가능하다.

④ C는 B와의 계약을 기초로 A의 특허권 행사에 항변할 수 없다.

⑤ B는 A의 동의 없이 특허권의 지분을 C에게 양도할 수 없다.

027 **기업가 A는 X 제품을 생산·판매하고 있다. 이에 특허권자 B는 X 제품이 자신의 특허 Y를 침해한다고 주장하고 있다. 이에 대한 A의 대응방안으로 적절하지 않은 것은?**

① A는 Y 특허에 대한 특허무효심판을 청구할 수 있다.

② A는 Y 특허를 정당한 권리자로부터 구입하였다고 주장할 수 있다.

③ A는 Y 특허는 공지된 기술로 자유로이 이용할 수 있다고 주장할 수 있다.

④ A는 Y 특허의 존재 사실을 모르고 사용하였다고 주장할 수 있다.

⑤ A는 X 제품이 Y 특허의 권리범위에 속하지 않는다고 주장할 수 있다.

028 다음 중 비밀유지계약의 대상으로 바람직하지 않은 것은?

① 일반적으로 알려지거나 법적인 경로를 통해 확인할 수 없는 정보
② 경쟁적인 면에서 이점을 제공하거나 경제적인 가치를 갖는 정보
③ 비공개된 컴퓨터 코드
④ 특허권이 확보된 특허기술자료
⑤ 비밀성을 유지하기 위해 합리적인 노력을 기울인 정보

029 A는 B로부터 특허를 침해한다는 경고장을 수령하였다. A가 확인하여 보니 B는 특허권의 통상실시권자인 것으로 확인되었다. 이와 관련해 다음 설명 중 옳지 않은 것은?

> ㉠ A는 통상실시권자의 경고장이 부적법하다고 항변할 수 있다.
> ㉡ A는 특허권이 소멸한 경우에는 무효심판을 청구할 필요가 전혀 없다.
> ㉢ A는 B를 상대로 무효심판을 청구하여야 한다.
> ㉣ A는 경고장을 수령한 날로부터 소정 기간 이내에 회신하지 않아도 법적 책임을 지지 않는다.
> ㉤ A는 B에게 합의금을 지급하여 특허침해로부터 벗어날 수 있다.

① ㉠, ㉡   ② ㉠, ㉡, ㉢
③ ㉡, ㉢, ㉣   ④ ㉡, ㉢, ㉤
⑤ ㉡, ㉢, ㉣, ㉤

030 다음 중 저작권을 침해하는 행위로 볼 수 없는 것은?

① 홈페이지 제작회사인 A사가 B사의 홈페이지를 제작해 주면서 C사가 만든 인상적인 그래픽 디자인과 플래시 이미지를 그대로 베껴서 사용하는 행위
② 사진작가 A가 박물관에 전시된 사진을 촬영하고 촬영한 사진에 대한 저작재산권 일체를 박물관에 양도한다는 약정을 하였을 경우, 박물관의 허락 없이 그 사진을 개인 인터넷 사이트에 게재한 A의 행위
③ 집필을 의뢰한 출판사가 원고가 미흡하다고 판단하여 이를 임의로 변경한 행위
④ 음악 CD를 구입하여 집에서 컴퓨터로 듣기 위해 MP3파일로 복제하는 행위
⑤ 출판사가 A 대학교수의 기말고사 시험 문제를 뽑아 문제집을 제작한 행위

031 A는 등록상표권자인데 우연히 B가 등록상표와 유사한 상표를 동일한 지정상품에 사용하여 영업하는 것을 알게 되었다. 이 경우 A 또는 B가 취할 수 있는 적절한 조치에 해당되지 않는 것은?

① A는 B에게 경고장을 통해 등록상표와 유사한 상표를 해당 지정상품에 사용하지 말 것을 요청할 수 있다.

② A는 B를 상대로 침해금지가처분 신청을 할 수 있다.

③ B는 A의 침해주장에 대해 권리범위확인심판을 제기할 수 있다.

④ A는 B에게 손해배상청구소송을 제기할 수 있다. 이 경우 B에게 상표침해의 고의 또는 과실이 인정되어야 한다.

⑤ A는 B에 대해 업무상의 신용회복에 필요한 조치를 취할 수 있다. 다만, 손해배상청구를 한 경우에는 그러하지 아니하다.

032 다음의 특허출원전략에 관한 대화 중 가장 타당하지 않은 이야기를 한 사람은?

> • 정아 : 발명이 완성되면 조속히 출원하는 것이 유리하다.
> • 현준 : 해외출원 시 국가를 정할 때에는 시장, 경쟁자, 경쟁자의 생산 기지를 고려하는 것이 좋다.
> • 서준 : 특허권의 조속한 확보가 요구되는 경우 우선심사를 활용할 수 있다.
> • 성화 : 하나의 특허보다는 다수의 특허를 확보하여 특허포트폴리오를 구축하는 것이 유리하다.
> • 태규 : 심사는 국가별로 독립적으로 이루어지는 것이므로 해외출원을 하려는 자는 국내출원의 심사결과를 참고하여 해외출원의 진행 여부를 결정할 필요가 전혀 없다.

① 정아   ② 현준
③ 서준   ④ 성화
⑤ 태규

033 A 교수가 디지털 캠코더 렌즈 개발과 관련된 연구제안서에 특허정보를 활용하고자 한다. 특허정보를 활용하는 방식으로 옳지 않은 것은?

① 연구주제 및 연구의 타당성을 특허정보를 활용하여 기술한다.

② 선행특허를 분석하여 회피설계방안, 특허획득방안을 상세히 기술한다.

③ 연구목표 설정 시 특허정보를 분석하여 연구에 대한 명확한 개념을 파악한다.

④ 연구제안서에 최대한 많은 특허정보를 적어 연구의 필요성을 부각시키도록 한다.

⑤ 선행특허를 조사하여 연구의 변경, 필요성 및 중요성을 설명한다.

034 대학원생 A는 노트북 컴퓨터에 들어가는 초소형 렌즈를 제조하는 방법에 관련된 아이디어를 도출하고 이와 관련한 영어 논문을 작성하였다. 그러나 렌즈 제조 업계에서 A의 아이디어와 유사한 발명이 출원될 것을 걱정한 대학원생 A는 해당 아이디어와 관련된 발명의 출원일 확보가 시급하다고 판단하였다. 이에 A는 청구범위유예제도를 활용하여 특허출원을 하려고 한다. 다음 중 A가 이용할 수 있는 청구범위유예제도와 관련하여 옳지 않은 것은?

① A는 영어 논문을 명세서로 하여 특허출원을 할 수 있다.

② A는 출원일로부터 1년 6개월 내에 청구범위를 포함하는 정식 명세서를 제출하여야 한다.

③ 외국어 특허출원인 경우 A는 출원일로부터 1년 2개월 내에 명세서 및 도면의 국어번역문을 제출하여야 한다.

④ A는 기제출한 국어번역문을 갈음하여 새로운 국어번역문을 제출할 수 있다.

⑤ A는 자진보정기간에 최종 국어번역문의 잘못된 번역을 정정할 수 있다.

035 A는 타인이 자신의 특허를 침해하고 있다는 사실을 확인하였다. 이때 A가 취할 수 있는 조치로 옳지 않은 것은?

① A는 타인을 상대로 적극적 권리범위확인심판을 청구할 수 있다.

② A는 타인을 상대로 침해금지가처분청구를 할 수 있다.

③ A는 타인을 상대로 침해금지청구를 할 수 있다.

④ A는 침해금지청구와 함께 침해행위를 조성한 물건에 대한 폐기를 청구할 수 있다.

⑤ A는 종업원이 특허를 침해한 경우, 종업원에 대해서만 침해죄로 처벌할 수 있다.

036 A사와 B사는 모두 핸드폰을 제조하는 업체이다. 어느 날 A사는 자신의 특허를 침해하고 있음이 의심되는 B사에게 특허침해금지청구소송을 제기하였다. 이에 대한 설명으로 옳은 것은?

① A사는 침해금지청구소송 이외에도 소극적 권리범위확인심판을 제기하는 것도 가능할 것이다.

② B사는 A사에게 특허무효소송과 함께 적극적 권리범위확인심판을 청구하는 것도 가능할 것이다.

③ A사는 B사의 특허권이 자신의 특허권에 포함된다는 적극적 권리범위확인심판을 청구할 수도 있다.

④ 권리범위확인심판의 심결은 민사소송에서 유력한 증거자료로 인정될 수 있다.

⑤ 민사소송에서 권리범위확인심판의 심결을 인정하여야 하는 구속력이 있으므로, 민사법원의 판사는 권리범위확인심판의 심결과 다른 판단을 할 수 없다.

037 김발명은 A라는 장치를 개발하여 이를 실시하고자 하는데, 이창작의 특허권의 권리범위에 속하는지를 사전에 알아보고자 한다. 이 경우 김발명의 조치로 가장 바람직한 것은?

① 이창작의 특허가 아직 출원 중인데 심사청구가 되어 있지 않은 경우 김발명은 이창작의 특허 출원에 대하여 심사청구를 할 수 없다.

② 이창작의 특허권에 대하여 무효심판을 청구한다.

③ 이창작의 특허권에 대하여 소극적 권리범위확인심판을 청구한다.

④ 이창작의 특허권에 대하여 전용실시권을 허락할 것을 특허청에 청구한다.

⑤ 이창작의 특허권에 대하여 적극적 권리범위확인심판을 청구한다.

038 A사는 B사의 특허권을 침해하였다는 경고장을 받았다. 이때 A사의 특허 담당자가 취할 수 있는 조치가 아닌 것은?

① B사의 특허권에 대한 무효심판청구

② B사의 특허권에 대한 적극적 권리범위확인심판청구

③ A사는 B사의 특허출원일 전부터 실시 중이었다는 항변이 적혀 있는 답변서 송부

④ B사의 특허권 침해가 아니라는 내용이 적혀 있는 답변서 송부

⑤ B사의 경고장 무시

001　다음 중 출원료 등의 면제 및 감면에 관한 설명으로 옳지 않은 것은?

① 출원료, 심사청구료, 최초 3년분 등록료, 적극적 권리범위확인심판청구료는 일정한 경우 면제 및 감면받을 수 있다.

② 장애인복지법상 등록 장애인은 발명자와 출원인이 동일한 경우에 한하여 특허출원료 및 심사 청구료를 면제받을 수 있다.

③ 국민기초생활보장법상 수급자는 발명자와 출원인이 동일한 경우가 아니라도 특허출원료 및 심사청구료를 면제받을 수 있다.

④ 등록 장애인임을 증명하는 서류를 이미 특허청장에게 제출한 경우에는 출원 시 해당 사유만 적으면 증명서류 제출 없이 특허출원료를 면제받을 수 있다.

⑤ 지방자치법 제2조에 따른 지방자치단체는 출원료 및 심사청구료를 50% 감면받을 수 있다.

002　본 출원발명의 청구범위 제1항은 a + b + c + d의 구성으로 작성되어 있고, 발명의 설명에 서는 a + b + c + d의 구성에 대한 자세한 기재 외에 e 구성이 부가될 수 있다고 적혀 있 다. 한편, 심사관은 출원인에게 거절이유를 통지하였는데, 인용발명 1에는 a + b + c가, 인 용발명 2에는 d 구성에 대한 내용이 적혀 있어, 제1항에 적혀 있는 발명은 인용발명 1과 인용 발명 2의 결합에 의해 통상의 지식을 가진 자가 쉽게 발명할 수 있는 것이라고 지적하였다. 이 경우 출원인의 적절한 대응방안과 거리가 먼 것으로만 짝지어진 것은?

> ㉠ a + b + c와 d를 결합하는 것이 구성상 매우 어려운 과제임을 의견서상에서 주장한다.
> ㉡ 청구항 1을 a + b + c + d + e로 수정하는 보정서를 제출한다.
> ㉢ 인용발명 1 및 인용발명 2는 본 출원발명과 동일한 분야의 발명임을 주장한다.
> ㉣ 발명의 설명에 적혀 있지 않았지만, d와 유사한 d1 구성을 선택하여 청구항 1을 a + b + c + d1으로 수정하는 보정서를 제출한다.

① ㉠, ㉡　　　　　　　　　　② ㉠, ㉢

③ ㉠, ㉣　　　　　　　　　　④ ㉡, ㉣

⑤ ㉢, ㉣

Part 1

Part 2

Part 3

Part 4

003 **신약을 개발한 제약업체의 특허 포트폴리오 구축 전략으로 적합하지 않은 것은?**

① 먼저 원천특허인 해당 신약의 조성과 관련된 특허를 출원하여 이를 권리화한다.

② 원천특허에 핵심특허로 같은 효과를 낼 수 있는 다른 조성이 있다면 이러한 조성을 빠짐없이 특허권으로 확보하고, 이러한 신약의 제조 방법에 관한 핵심기술을 핵심특허 내지 전략특허로 확보한다.

③ 원천특허와 전략특허를 확보한 후에는 신약과 관련된 주변기술인 약을 포장하는 방법, 판매하기 위한 방법, 약의 형상이나 색깔, 홍보하는 방법, 유통하는 방법, 관리하는 방법 등의 주변기술에 대한 특허권을 확보한다.

④ 경쟁자들이 하나의 특허를 회피하더라도 다른 특허권을 침해하도록 촘촘한 망을 구축하여 특허권의 포트폴리오를 완성한다.

⑤ 전략적인 특허 포트폴리오를 구축하지 않으면 실제 활용성이 떨어지거나 가치가 없는 특허권이 많아지게 되어 쓸데없는 비용이 절약된다.

004 **거래 업체와 물품의 공급 계약이나 기술의 공급 계약 등을 체결하는 경우, 해당 물품이나 기술의 채용 시 최종 생산품을 제조하는 기업은 적용된 부품이나 기술에 대한 특허침해로 분쟁에 휘말릴 수 있다. 다음 중 계약서 작성 시 유념해야 하는 사항으로 적합하지 않은 것은?**

① 물품이나 기술을 공급받는 측의 입장에서는 침해가 있는 경우 이를 보증하기 위한 조항을 계약에 삽입하기를 원하고, 공급하는 측에서는 침해소송으로 인한 위험을 최소화하는 것이 중요하다.

② 공급자의 입장에서는 "공급제품 외의 다른 부분으로 인한 소송의 제기에 대해서는 공급자의 책임은 없다."라는 제한 조항을 포함시키는 것이 바람직하다.

③ 공급받는 자의 입장에서는 "공급받는 자의 요구에 의해 채택된 제품 또는 기술에 대해서는 특허 등의 침해 문제가 발생하는 경우에도 공급자에게는 책임이 없다."는 등의 제한 조항을 포함시키는 것이 바람직하다.

④ 침해 등의 문제로 인한 방어로 발생하는 손해배상의 금액을 일정한 한도로 제한하는 것이 필요할 수도 있다.

⑤ 공급자나 공급받는 자가 제3자의 권리를 침해하는 것을 알았을 때는 서로에게 이를 상대방에게 통지하는 의무를 부과하거나, 공동으로 방어할 의무를 규정할 수 있다.

005 K기업의 연구원 X는 1주일 후 개최될 해외학회에 발표를 위하여 출장을 준비하던 중, 발표 대상 논문에 기재된 연구결과에 대하여 아직까지 특허출원을 하지 않았다는 사실을 알게 되어 특허팀에 급히 문의를 하였다. 아래는 이에 대하여 특허팀 회의에서 개진된 의견들이다. 다음 중에서 실무적으로 가장 바람직한 방안을 제시한 사람은?

> • 수연 : 학회에 논문이 제출된 이상 공지된 것으로 보아 특허획득 가능성은 없다.
> • 정석 : 공지예외제도가 있긴 하지만, 특허출원일의 조기 확정이 긴요하므로, 청구범위 유예제도를 활용하여 일단 신속하게 출원하자.
> • 남중 : 특허법상 공지예외제도를 통해 해결하면 되므로, 해외학회 발표 후 정상적으로 특허출원을 준비하자.
> • 선영 : 학회발표를 취소하도록 권유하고 조속히 출원절차를 밟도록 지원하자.

① 수연
② 정석
③ 남중
④ 선영
⑤ 없음

006 다음 중 특허 등의 IP 침해문제를 예방하기 위한 전략으로서 적합하지 않은 것은?

① 사업을 전개하는 국가에서의 특허출원 및 권리의 확보를 신속히 추진한다.
② 거래업체와 물품, 기술의 공급계약을 체결하는 경우에 특허의 보증이나 면책 조항을 삽입한다.
③ 미국 분쟁의 증거개시(Discovery)를 대비하여, 변호사-고객 특권(Attorney-client privilege)에 해당하는 것은 이를 표시하여 관리한다.
④ IP 마케팅을 위해서 해외 전시회 등에 적극적으로 참가한다.
⑤ 정기적으로 담당자를 정해서 경쟁사에 대한 특허감시 활동을 전개한다.

007 최근 K기업은 J기업으로부터 특허권 침해를 중지하라는 요구가 담긴 경고장을 접수하고, 발빠르게 특허분쟁에 대응할 팀을 구성하여 대책 마련을 위한 논의를 시작하였다. 경고장 수령 후 외부 변리사에 의뢰한 특허침해분석 결과, J기업의 주장은 어느 정도 근거가 있다는 의견이었다. 아래의 특허분쟁대응팀 회의에서 향후 대책안에 대하여 잘못된 의견을 개진한 사람은?

- 수연 : J사의 경고의도를 다각적으로 분석하여 향후 대책 마련에 참조하여야 하며, 경고장에 대해서는 J사가 제시한 기한 내에 반드시 회신하여야 한다.
- 정석 : 당사 특허권에 대한 검토를 통해 J사에 역경고를 할 수 있는지를 분석하여야 한다. 향후 라이선싱 협상을 대비해서라도 반드시 필요한 작업이다.
- 남중 : 개발팀의 검토 결과 회피설계가 가능하다는 의견이다. 따라서 회피설계를 실행할 경우에는 침해소송이 제기되더라도 전혀 문제될 것 없다.
- 선영 : J사 특허의 유효성에 대하여 전문가 의견서를 받아보고, 필요시 무효심판청구를 검토하여야 한다.

---

① 수연, 정석
② 정석, 남중
③ 남중, 선영
④ 수연, 선영
⑤ 수연, 남중

008 특허출원인 또는 특허권자가 취할 수 있는 조치에 관한 다음 설명 중 옳지 않은 것의 개수는?

- ㉠ 특허가 등록된 이후에 비로소 침해금지청구권을 행사할 수 있다.
- ㉡ 특허가 등록되기 전이라도 침해금지가처분을 신청할 수 있다.
- ㉢ 특허가 등록된 이후에 비로소 손해배상청구권을 행사할 수 있다.
- ㉣ 특허가 등록되기 전이라도 출원발명을 실시하는 자에게 경고장을 보낼 수 있다.
- ㉤ 특허가 등록되기 전이라도 보상금청구권을 행사할 수 있다.
- ㉥ 특허가 등록된 이후에 특허발명을 과실로 침해한 자를 침해죄로 고소할 수 있다.

---

① 0개
② 1개
③ 2개
④ 3개
⑤ 4개

009 특허출원 계속 중에 제3자가 출원 중인 발명을 실시하는 것을 확인하였다. 이때 출원인이 취할 수 있는 조치로서 가장 바람직하지 않은 것은?

① 심사청구가 되어 있지 않다면 조속히 심사청구를 한다.
② 현재 출원 중이며, 등록되면 보상금청구권을 행사하겠다는 경고장을 발송한다.
③ 출원 중에 미리 제3자를 상대로 적극적 권리범위확인심판을 청구한다.
④ 제3자의 침해 사실을 입증할 증거를 수집한다.
⑤ 빠른 등록을 위하여 우선심사를 청구한다.

010 김발명은 물질발명인 a + b, a + c 발명을 발명의 설명에 적었으나, 청구범위에는 a + b만을 적어 특허출원하였고, 현재 a + b가 신규성이 없다는 이유로 거절결정등본을 송달받은 상태이다. 현시점에서 a + c를 조속히 등록받기 위하여 김발명이 취할 수 있는 조치로서 가장 적절한 것은?

① a + b를 삭제하는 보정서를 제출한다.
② a + c를 청구범위에 적은 보정서를 제출한다.
③ a + b가 신규성이 있음을 다투는 거절결정불복심판을 청구한다.
④ a + c를 청구범위에 적은 변경출원을 제출한다.
⑤ a + c를 청구범위에 적은 분할출원을 제출한다.

011 A는 자신의 특허발명을 타인이 실시하고 있는 것을 확인하였다. 이때 A가 취할 수 있는 조치로서 바람직하지 않은 것은?

① 경고장 발송   ② 침해금지청구소송
③ 소극적 권리범위확인심판   ④ 침해행위를 입증할 증거 수집
⑤ 형사고소를 위하여 경찰서에 신고

012 다음 설명 중 옳지 않은 것의 개수는?

> ㉠ 실체심사를 통과하여 등록결정이 있은 날로부터 특허권이 발생한다.
> ㉡ 등록결정등본을 받은 날로부터 3개월 이내에 특허료를 납부해야 한다.
> ㉢ 최초 3년분의 특허료를 납부해야 설정등록된다.
> ㉣ 설정등록되면 등록공보가 발행된 날로부터 특허권이 발생한다.
> ㉤ 특허권 발생 후 4년 차부터는 특허료의 해당 연차분을 매년 납부해야 한다.
> ㉥ 연차등록료는 기간 경과에 따라 매년 감소한다.

① 1개 　　　　　　　　　　② 2개
③ 3개 　　　　　　　　　　④ 4개
⑤ 5개

013 A는 자신의 발명에 대한 논문을 특허출원 전에 공개하였다. 이 경우 다음 설명 중 옳지 않은 것은?

① 논문이 공개된 후로부터 12개월 이내로 출원하면서 공지예외주장을 신청하면 등록을 받을 수 있다.
② 논문이 온라인에서 공개되고, 이후 책자로 공개되었다면 온라인에서 공개된 날이 공개일이다.
③ 논문이 학위논문인 경우에도 출원 전에 공개된 경우 공지예외주장을 하여야 한다.
④ 논문공개일로부터 6개월이 경과되었어도 다른 나라에서 등록을 받을 수 있는 경우가 있다.
⑤ 논문이 공개된 후 6개월이 경과하지 않았다면 중국에서 공지예외주장을 하여 특허등록을 받을 수 있다.

014 A는 대한민국에서 세계 최초로 날개 없는 선풍기를 발명하는 데 성공하여 국내특허를 출원 등록하였다. 그런데 B가 아무런 허락 없이 중국에서 침해제품을 제작하여 국내에서 판매를 하고 있었다. 이에 대해 A가 취할 수 있는 조치로 가장 적당하지 않은 것은?

① B에 대해서 자신의 특허권을 침해하는 행위를 중지할 것을 경고하는 내용증명을 보낸다.
② 관할법원 소재지를 관할하는 고등법원이 있는 곳의 민사법원에 B에 대해 손해배상청구소송을 제기한다.
③ 중국에 있는 제조업체를 상대로 선풍기 제조행위의 중단을 구하는 침해금지청구소송을 제기한다.
④ B의 주소지를 관할하는 검찰청에 특허침해죄로 고소장을 접수한다.
⑤ 특허심판원에 B를 상대로 적극적 권리범위확인심판을 제기한다.

015 다음 중 A와 B의 대응으로 가장 적절하지 않은 것은?

> A는 캠핑용품에 관한 발명 X에 대한 특허권자이다. B는 A의 캠핑용품과 유사한 제품을 제조하여 홈쇼핑 C를 통해 판매하고 있다. 한편, A는 발명 X를 출원하기 전에 그 캠핑용품의 성능테스트를 위해 경기도의 한 캠핑장을 방문하여 임의의 두 가족에게 무료로 배포하고 소감을 물어본 사실이 있다.

① A는 B에게 특허권 침해행위 중지를 요청하는 경고장을 송부하였다.
② A는 C에게 판매행위를 중단해 줄 것을 요청하는 경고장을 송부하였다.
③ C는 A를 상대로 출원 전 공지를 근거로 하는 무효심판을 청구하였다.
④ B는 A를 상대로 자신의 제품은 특허발명 X와는 다르다고 주장하며, 적극적 권리범위확인심판을 청구하였다.
⑤ A는 경고장 송부 전, 자신의 청구범위에 오자가 있는 것을 발견하고, 정정심판을 청구하였다.

016 특허권자인 A는 B가 자신의 특허를 실시하고 있는 것을 발견하고 B를 고소하기로 하였다. 이 경우 행할 수 있는 형사적 조치로 적절치 않은 것은?

① A는 B에게 경고장을 발송한다.
② B가 A의 특허권을 고의로 침해한 사실이 명확하다면 A의 처벌을 원치 않는 명시적인 의사가 있어도 처벌받을 수 있다.
③ A는 B의 특허권 침해에 대한 모든 입증자료를 수사기관에 제출해야 하는 것은 아니다.
④ 특허권 침해죄가 확정되면 7년 이하의 징역 또는 1억 원 이하의 벌금형이 처해진다.
⑤ B의 종업원이 침해한 경우라도 사용인인 B도 처벌받는다.

017 A사는 B사로부터 특허권 침해경고를 받았다. 다음 중 A사가 분쟁해결을 위하여 취하여야 할 조치로 적절하지 않은 것의 개수는?

> • 해당 특허에 대한 무효심판청구
> • 해당 특허에 대한 라이선스 계약의 체결
> • 해당 특허에 대한 적극적 권리범위확인심판청구
> • A사가 실시하는 제품과 관련 있는 특허검색
> • B사 제품에 대한 판매금지가처분의 신청

① 1개　　　　　　　　　　② 2개
③ 3개　　　　　　　　　　④ 4개
⑤ 5개

018 A가 핸드폰 케이스에 관한 발명을 하였을 경우, 다음 중 가장 적절하지 않은 것은?

① A는 핸드폰 케이스에 관하여 특허출원을 한다.
② A는 핸드폰 케이스에 관하여 디자인출원을 한다.
③ A는 핸드폰 케이스를 제조하는 방법에 관하여 실용신안등록출원을 한다.
④ A는 핸드폰 케이스에 사용할 명칭을 만들어 상표출원을 한다.
⑤ A는 핸드폰 케이스에 관하여 특허출원도 하고 디자인출원도 한다.

019 A는 자신의 특허발명을 제3자가 실시하고 있다는 사실을 알고 특허심판 및 소송 등의 절차를 진행하려고 한다. 특허심판 및 소송에 대한 다음 설명 중 옳은 것의 개수는?

> ㉠ 특허권 침해소송을 관할법원 소재지를 관할하는 고등법원이 있는 곳의 지방법원에 제기한다.
> ㉡ 특허심판은 법원의 법관에 의하여 진행된다.
> ㉢ 특허심판의 심결에 불복하고자 하는 경우 특허법원에 심결취소소송을 제기하여야 한다.
> ㉣ A가 제기한 침해금지 및 손해배상청구소송 절차는 제3자가 A의 특허권을 대상으로 청구한 무효심판에 대한 심결이 확정될 때까지 당연히 중지된다.

① 0개   ② 1개
③ 2개   ④ 3개
⑤ 4개

020 A는 볼펜에 관한 발명을 완성하여 출원한 후 특허등록을 받았다. B는 A의 볼펜에 LED 조명을 추가하여 어두운 곳에서 글쓰기가 편리한 볼펜을 개발하여 특허등록을 받았다. 이 경우 다음 설명 중 옳지 않은 것은?

① A는 B가 자신의 특허발명을 실시하는 경우에 특허침해금지소송을 제기할 수 있다.
② B는 A로부터 허락을 얻거나 통상실시권허락심판에 의하지 않고서는 자신의 특허발명을 실시할 수 없다.
③ A가 B에게 자신의 발명을 실시할 수 있도록 허락하는 경우에 반드시 무상으로 허락하여야 한다.
④ A가 B에게 특허침해금지소송을 제기하는 경우 B는 자신도 특허권자라는 이유로 항변할 수 없다.
⑤ 통상실시권허락심판은 특허심판원에 제기할 수 있다.

021 공예가이자 사업가인 A는 독특한 모양의 찻잔을 디자인하여 제품으로 출시하였다. 그런데 어느 날 인사동을 돌아다니다 자신의 디자인을 거의 그대로 모방한 찻잔이 버젓이 팔리고 있는 것을 목격하였다. 이러한 상황에서 A가 자신의 찻잔 디자인을 보호하기 위해 취할 수 있는 조치로 가장 타당한 것은?

① 이미 제품으로 출시된 이상 어떠한 경우에도 디자인출원등록을 받을 수 없다.
② 찻잔 디자인에 대한 저작권등록을 한 후에 비로소 A는 저작권 침해를 주장할 수 있다.
③ 디자인등록을 하지 못하였다 하더라도 부정경쟁방지법상의 보호 방법을 강구할 수 있다.
④ 만약 침해자가 A보다 하루라도 먼저 찻잔을 제작하였다면 A에게는 찻잔 디자인에 대한 저작권이 인정되지 않는다.
⑤ 제품출시일로부터 6개월 이내라면 신규성 의제주장을 통해 디자인을 출원할 수 있다.

022 김발명이 2019년 9월 15일에 고휘도 LED램프 A를 한국특허청에 특허출원하고 조기공개신청하여 2020년 1월 15일에 공개되었으며, 2020년 4월 15일에 특허등록되었다. 다음 중 김발명으로부터 권리행사를 받을 가능성이 가장 낮은 사람은?

① 2020년 5월에 한국에서 금형을 제작한 이창작
② ①의 이창작이 생산한 제품을 2021년 2월 8일에 양도받아 보관 중인 박고도
③ 2020년 5월에 중국에서 금형을 제작한 이창작
④ ③의 이창작으로부터 받은 금형을 2020년 7월에 한국에 들여와서 생산준비를 시작한 박고도
⑤ 2020년 9월 14일부터 한국에서 생산을 시작한 최자연

023 A는 물건발명 X의 특허권자이고, B는 X 발명(확인대상물건)을 실시하고 있어 A는 B에게 특허권 침해금지청구를 하였다. 이때 B의 항변으로 부적절한 것은?

① 확인대상물건의 실시는 연구 또는 시험을 하기 위한 실시에 불과하다는 항변
② 확인대상발명 X는 출원 전 공지된 기술과 동일하다는 항변
③ A보다 출원일이 늦지만 B도 특허권자라는 항변
④ 확인대상물건은 A의 특허출원 시부터 국내에 있었던 물건이라는 항변
⑤ 확인대상물건과 특허발명 X는 기술이 상이하다는 항변

024   A사는 OLED 발광층 물질을 제조 및 판매하던 중, B사로부터 특허침해에 대한 경고장을 받았다. 이후 A사는 B사가 제시한 특허를 분석하던 중 심사 진행 중인 관련 특허가 추가로 존재함을 발견하였다. 이러한 상황에서 A사의 대응으로 적절한 것은?

> ㉠ 심사 진행 중인 건에 대하여 정보제공한다.
> ㉡ 경고장에 제시된 특허에 무효사유가 있는 경우 무효심판을 청구한다.
> ㉢ B사를 상대로 자신의 실시기술이 B사 특허의 권리범위에 속하지 않는다는 적극적 권리범위확인심판을 제기한다.
> ㉣ B사의 특허출원 전부터 실시하고 있는 기술에 대해서는 선사용에 의한 통상실시권을 주장한다.
> ㉤ 관련 기술에 대해 개량특허권을 가지고 있는 경우 통상실시권을 주장한다.

① ㉠, ㉡, ㉢   ② ㉢, ㉤
③ ㉢, ㉣, ㉤   ④ ㉠, ㉡, ㉣
⑤ ㉡, ㉢, ㉣

I
INTELLECTUAL

P
PROPERTY

A
ABILITY

T
TEST

www.**ipat**.or.kr

지식재산능력시험
예상문제집

지식재산 활용

STEP 1   난도 ▶ 하   정답 및 해설_p.73

001 지식재산을 활용한 지식재산 사업화 유형에 해당하지 않는 것은?

① 지식재산의 사업화를 위한 새로운 벤처기업을 설립하는 경우
② 지식재산을 이용하여 자신이 직접 제품을 제조하는 경우가 아닌 타인에게 라이선싱을 허락하여 사업화를 실시하는 경우
③ 보유 기업의 사업 활동에 비추어 필요성이 적은 지식재산을 다른 기업에 양도하는 경우
④ 합작투자는 지식재산 사업화에 부적합한 경우에 해당
⑤ 지식재산 사업화를 위해 기존의 기업이나 사업부를 매수(M&A)하는 경우

002 기술의 이전 및 사업화 촉진에 관한 법률에서 정의하고 있는 기술의 범주에 속하지 않는 것은?

① 출원된 특허   ② 등록된 특허
③ 디자인   ④ 반도체 집적 회로의 배치설계
⑤ 저작권

003 지식재산(IP)금융의 대표적 유형에 해당하지 않는 것은?

① IP보증   ② IP담보대출
③ IP투자   ④ IP사업화자금대출
⑤ IP보험

004 기술 사업화의 유형이 아닌 것은?

① 특허 기술 사업화   ② 오픈이노베이션 사업화
③ 연구개발 후속 사업화   ④ 저작권 사업화
⑤ 디자인권의 제품화

005 기술가치평가의 대상이 아닌 것은?

① 공개특허
② 상표권
③ 저작재산권
④ 저작인격권
⑤ 디자인권

006 지식재산 가치평가 접근법 중 평가대상 기술자산과 유사한 자산의 거래정보가 많은 경우 최적의 평가방법이라고 할 수 있으며 라이선스 조건이나 로열티 결정에 자주 이용되는 것은?

① 시장접근법
② 비용(원가)접근법
③ 소득(수익)접근법
④ 현금흐름할인법
⑤ 로열티공제법

007 라이선스의 전략적 실시에 있어서 다음 (   ) 안에 공통으로 들어갈 내용으로 적절한 것은?

> 라이선스의 허락은 실시 기간, (   ), 실시 형태 등을 정할 수 있으며, 라이선서는 라이선시의 사업능력을 참작하여 (   )을/를 특정하여야 하며, (   )을/를 나누어 여러 라이선시에게 실시를 허락할 수 있다. 반면 라이선시 입장에서는 장래의 사업 확대에 대응이 가능하도록 탄력적으로 (   )을/를 정하는 것이 바람직하다. 이러한 (   )에 대해 계약에서 별도의 정함이 없으면 허락특허권의 효력이 미치는 범위인 등록국가로 특정된다.

① 허락 지역
② 실시 수량
③ 실시행위의 형태
④ 허락 기간
⑤ 실시 분야

008 기술평가의 목적 중에서 기업 내부사용 목적에 해당하지 않는 것은?

① 재무회계 목적의 지식재산 평가
② 기업의 계획 수립과 관리
③ 다른 기업의 인수 및 합병
④ 재조직과 파산결정
⑤ 자금조달 · 기술담보대출

009 다음 설명과 관련된 라이선스는?

> - 2개 이상의 회사들이 자신이 특허받은 기술들의 일부 또는 전부를 서로 상대방에게 사용 허락하는 합의
> - 양 당사자의 기술이 서로 저촉, 보충 또는 이용관계에 있는 경우 필요

① 상표 라이선스　　　　　　　　② 서브 라이선스
③ 노하우 라이선스　　　　　　　④ 크로스 라이선스
⑤ 디자인 라이선스

010 정부기관이 기업의 R&D를 지원하기 위한 연구기획 과제를 심사·선정하는 과정에서 이루어 지는 기술평가는?

① 기술성평가　　　　　　　　　② 사업성평가
③ 기술가치평가　　　　　　　　④ R&D 경제성평가
⑤ R&D 과제심사평가

011 다음 설명과 관련된 라이선스는?

> - 내용이 공개될 경우 그 가치가 사라지기 때문에 라이선스에는 엄격한 비밀유지 조항이 요구된다.
> - 라이선스 기간이 종료된 후에도 비밀유지의무가 있으므로 이를 라이선서에게 반환하여야 하며 임의로 사용할 수 없다.
> - 특허권과 결합된 형태로 라이선스되는 경우가 많다.

① 상표 라이선스　　　　　　　　② 노하우 라이선스
③ 디자인 라이선스　　　　　　　④ 크로스 라이선스
⑤ 특허풀

012 라이선스 계약에 있어 당사자 간에 임의로 정할 수 있는 것만 골라 나열한 것은?

Part 1
Part 2
Part 3
Part 4

> ㉠ 허락 기간   ㉡ 실시 분야
> ㉢ 실시행위의 형태   ㉣ 실시 수량
> ㉤ 허락 지역

① ㉠, ㉡, ㉢   ② ㉢, ㉣, ㉤
③ ㉡, ㉣, ㉤   ④ ㉠, ㉢, ㉣
⑤ ㉠, ㉡, ㉢, ㉣, ㉤

013 다음 중 기술가치평가 목적으로 바르지 않은 것은?

① 기술의 혁신성, 시장성, 장래성을 명확히 한다.
② 사업 전개 시나리오를 명확히 한다.
③ 출원 건의 등록 여부를 명확히 판단한다.
④ 사업이 보유한 경영자원을 최대한 유효하게 활용할 수 있는 방책을 찾는다.
⑤ 미래의 불확실성을 수치로 정량화한다.

014 '당해 기술을 사업화하거나 당해 기술이 적용된 제품의 개발·생산·판매를 통해 요소 또는 복합기술이 창출할 경제적 가치를 담보로 하는 금전적인 대출'이 나타내는 것은?

① 정보통신진흥기금   ② 과학기술진흥기금
③ 기술담보대출   ④ 우수기초연구성과 활용지원기업
⑤ 기술평가

015 특허 라이선스에 대한 다음 설명 중 (　　) 안에 들어갈 내용이 순서대로 나열된 것은?

> 두 당사자 간에 청약과 실시허락의 의사가 합치되어 라이선스 계약이 성립되며, 라이선서는
> (　　)을/를 허락하고 라이선시는 이에 대해 (　　)을/를 지급한다.

① 노하우, 실시료   ② 특허실시권, 실시료
③ 특허실시권, 위약금   ④ 노하우, 위약금
⑤ 특허등록, 실시료

016 지식재산의 회계처리에 관한 설명으로 잘못된 것은?

① 지식재산의 가치를 평가하여 경제적인 효익을 제공하리라 추정되는 기간에 체계적으로 상각하여 회계처리를 한다.

② 특허권의 경우 상각기간은 특허권의 존속기간을 고려하여 20년을 초과할 수 없다.

③ 지식재산의 상각은 비용으로 인정되어 단기순이익과 납세금액을 줄인다.

④ 지식재산의 라이선스에 의해 지불한 대가는 비용으로 손실처리가 가능하다.

⑤ 지식재산의 라이선스에 의해 수취하는 실시료가 사업목적 범위에 있어도 영업매출이 될 수 없다.

017 다음 설명과 관련된 라이선스는?

> 라이선시가 타인의 업무에 관한 품질과 혼동을 일으킬 수 있도록 라이선싱 대상을 사용하는 경우 권리가 취소될 수 있다. 따라서 라이선서는 사용허락된 대상 제품이나 원재료, 부품 등이 품질규격에 적합한지 여부를 감독하여야 한다.

① 상표 라이선스 ② 노하우 라이선스
③ 크로스 라이선스 ④ 특허풀
⑤ 전용 실시권

018 다음 설명이 나타내는 기술가치평가기법은?

> • 해당 기술 창출에 소요된 비용을 가치로 산정
> • 기술 산출을 위한 투입 비용을 도출할 수 있고 측정이 비교적 용이함
> • 투입 비용과 향후 기대수익과의 관련성이 적어 신뢰도가 낮음

① 시장접근법 ② 비용접근법
③ 조건부 가치평가법 ④ 수익접근법
⑤ 실물옵션접근법

019 다음 중 기술가치평가기법에 해당하는 것은?

① 비용접근법 ② 고객접근법
③ 매출접근법 ④ 생산접근법
⑤ 영업접근법

020 당해 기술을 사업화하거나 당해 기술이 적용된 제품의 개발·생산·판매를 통해 요소 또는 복합기술이 창출할 경제적 가치를 담보로 한 금전적인 대출은?

① 연구담보대출　　　　　　　　② 기술담보대출
③ 자산담보대출　　　　　　　　④ 신용담보대출
⑤ 지식담보대출

021 특허 라이선스 계약의 내용으로 적절하지 않은 것은?

① 대상특허　　　　　　　　　　② 계약기간
③ 효력의 범위　　　　　　　　　④ 해제의 원인
⑤ 선행기술

022 2개 이상의 회사들이 자신이 특허받은 기술들의 일부 또는 전부를 서로 상대방의 제품 생산 또는 생산과정에서 사용허락하는 합의로, 경쟁사들 간의 미래의 지식재산권 분쟁을 회피하는 데 유용한 제도는?

① 특허 라이선스　　　　　　　　② 통상실시권 제도
③ 노하우 라이선스　　　　　　　④ 크로스 라이선스
⑤ 전용실시권 제도

023 다음 중 특허권자 입장에서의 특허 라이선스의 필요성과 관련이 없는 것은?

① 특허분쟁을 사전에 예방　　　　② 연구개발에 대한 위험부담 회피
③ 시장 개척 및 시장점유율 확보　④ 추가개발을 위한 전략적 수단
⑤ 로열티 확보

024 라이선스의 전략적 실시에 관한 다음 설명에서 (　　) 안에 들어갈 내용으로 적절한 것은?

> • 라이선서는 (　　)을 라이선시에게 계속적으로 개시하여 사용하게 함으로써 계약제품에 대한 라이선시의 경쟁력을 유지·강화하고 기술료 수입을 계속하여 확보할 수 있다.
> • (　　)은 개발한 자에게 귀속하므로 라이선서는 별도의 정함이 없으면 라이선시에게 (　　)을 제공할 의무가 없다.

① 분할출원
② 우선권주장
③ 원천기술
④ 핵심기술
⑤ 개량기술

025 기술가치평가방법 중 가치 추계의 대상인 지식재산으로 인해 야기되는 현금 흐름을 현재가치로 할인하여 평가하는 방법으로 현금흐름할인법이라고도 하는 평가방법은?

① 비용접근법
② 시장접근법
③ 수익접근법
④ 영업접근법
⑤ 매출접근법

026 이창작은 김발명의 A 특허에 대한 전용실시권자이다. A 특허는 적법하게 등록되었으나, 현재 특허료를 지불하지 않은 상태로 납부기간은 남아 있다. 한편, 박고도는 A 특허 기술과 유사한 기술을 실시하고 있는 자로 이창작의 경쟁사이다. 이와 관련해 다음 중 옳은 것은?

① 이창작은 A 특허의 특허권자가 아니므로 A 특허의 특허료를 납부할 수 없다.
② 이창작은 침해가 의심되는 박고도에게 A 특허를 기반으로 권리행사를 할 수 있다.
③ 이창작의 전용실시권이 등록원부에 등록되지 않아도 A 특허를 독점적으로 실시할 수 있다고 김발명에게 주장할 수 없다.
④ 김발명은 박고도에게 A 특허권을 행사할 수 있고, 이창작의 전용실시권이 등록된 경우에도 김발명은 자신의 특허발명을 스스로 자유롭게 사용할 수 있다.
⑤ 박고도는 권리범위확인심판청구 시 이창작을 피청구인으로 할 수 있다.

STEP 2 난도 ▶ 중 정답 및 해설_p.75

001 소득(수익)접근법의 실무적 평가방법인 IP요소법에서 추정하여야 하는 다섯 개 주요 변수에 해당하지 않는 것은?

① IP수명을 고려한 현금흐름 추정기간(T)
② 현금흐름 추정기간 동안의 연도별 잉여현금흐름(FCF)
③ 할인율(r)
④ IP기여도(IF)
⑤ 무위험이자율

002 기술가치평가의 사용처가 아닌 것은?

① IP금융 평가용　　　　　　　　② 기술지주회사의 현물출자용
③ 자회사의 현물출자용　　　　　　④ 전용실시권 기술거래용
⑤ 연구용역용

003 발명의 창출, 보호 및 활용의 순서로서 올바르지 않은 것은?

① 특허등록 → 기술설명회 → 기술이전
② 특허공개 → 기술설명회 → 기술사업화
③ 기술이전 → 특허공개 → 기술설명회
④ 특허공개 → 기술설명회 → 기술이전
⑤ 특허등록 → 기술설명회 → 기술사업화

004 기업의 지식재산 활용 활동으로 적합하지 않은 것은?

① IP금융 활동　　　　　　　　　② 기술이전 활동
③ 오픈이노베이션 활동　　　　　　④ 기술사업화 활동
⑤ 브랜드네이밍 활동

005 기업의 지식재산의 활용에 관한 활동으로 적합하지 않은 것은?

① 특허등록유지료 납부   ② 상표권의 존속기간갱신등록신청
③ 실시권 설정   ④ 사용권 설정
⑤ 우선권주장

006 다음의 가치평가에 대한 설명 중 잘못된 것은?

① 기술가치평가의 평가대상은 '기술'로서 기술노하우와 IP를 모두 포함하는 경우도 있고, 또는 IP 없이 기술노하우만 대상으로 하는 경우도 있다.
② IP가치평가에서 IP에 중대한 권리하자가 있다면 가치산정이 무의미할 수 있기 때문에 전문가 합의에 의하여 평가종료를 고려하는 것이 타당하다.
③ 기술가치평가의 기술기여도 도출과정에서 'IP 자산'이 공헌한 상대적 비중을 고려한다.
④ IP가치평가에서 IP 없이 기술노하우만 평가하는 경우도 있다.
⑤ 기술가치평가와 IP가치평가는 평가 대상을 제외하고는 상당 부분 유사하다.

007 최근 들어 기술 또는 지식재산 중심의 평가를 기반으로 한 금융 공급의 중요성이 커지고, 그에 따라 지식재산 금융 활성화가 화두로 대두되고 있다. 지식재산 금융에 대한 다음 설명 중 잘못된 것은?

① 지식재산 가치평가를 통해 기술을 개발하고 사업화하는 기업에 금융 접근성을 제고하기 위한 활동으로 볼 수 있다.
② 지식재산 자체를 수익창출 수단으로 하는 '창의자본형'과 지식재산을 매개로 금융서비스를 제공하는 '창의기업형'으로 구분할 수 있다.
③ 일반적 유형으로서, 지식재산 담보대출, 지식재산 보증, 지식재산 투자로 나누기도 한다.
④ 가장 밀접한 법률은 지식재산 기본법이다.
⑤ 시중은행이 정식담보로 지식재산을 취급하면서 점차 창의자본형 금융형태로 자리를 잡아가고 있다.

008 기술가치평가방법 중 위험도를 기준으로 할인율을 설정하여 장래의 수익을 현재의 가치로 평가하기 위한 방법으로, 지식재산권에 대한 가치평가에 가장 주된 방법으로 적용되는 평가방법은?

① 비용접근법   ② 시장접근법
③ 수익접근법   ④ 대체비용접근법
⑤ 실물옵션접근법

009 특허 라이선스에 대한 다음 설명 중 옳지 않은 것은?

① 특허발명을 독점적으로 실시하기 위한 전용실시권은 설정등록하여야 제3자에게 효력을 주장할 수 있다.

② 전용실시권은 특허청에 등록하여야 그 효력이 발생된다.

③ 특허발명을 비독점적으로 실시하기 위해서 통상실시권을 설정등록할 수 있다.

④ 통상실시권은 특허청에 등록하여야 그 효력이 발생된다.

⑤ 특허권의 통상실시권은 특허권자의 동의 없이 타인에게 양도될 수 없다.

010 다음 설명이 나타내는 것은?

> 특허에 대한 공동의 이익을 목적으로 결성한 단체로 회사의 성격을 갖고 있으며 특히 표준화 대상 기술에 포함된 특허를 대상으로 관련 회사가 모여 풀을 만들고 풀에 포함된 회사는 권리를 상호 공유하지만 포함되지 않은 회사는 실시료를 지불하고 사용하여야 한다.

① 특허풀   ② 크로스 라이선스
③ 전용실시권   ④ 통상실시권
⑤ 노하우 라이선스

011 2개 이상의 회사들이 자신이 특허받은 기술들의 일부 또는 전부를 상대방의 제품 생산 또는 생산과정에서 사용허락하거나 서로 특허권의 침해를 주장하지 않겠다는 합의는?

① 사이드 라이선스   ② 크로스 라이선스
③ 체인지 라이선스   ④ 세컨드 라이선스
⑤ 노하우 라이선스

012 라이선서(기술공급자) 입장에서의 특허 라이선스의 필요성을 골라 나열한 것은?

> ㉠ 로열티 확보
> ㉡ 타인이 개발한 기술을 이용하여 신제품 개발
> ㉢ 특허분쟁 예방
> ㉣ 기술을 확보하고 있는 기업으로부터 기술 획득
> ㉤ 기업의 주력 사업이 아닌 부분의 특허를 처분하여 이윤 확대

① ㉠, ㉢, ㉤   ② ㉡, ㉣
③ ㉡, ㉣, ㉤   ④ ㉠, ㉡, ㉢
⑤ ㉢, ㉣

013 다음 실시권과 관련된 사례 중 옳지 않은 것은?

> 기업 A는 자사 보유 제품의 IP 강화를 위해 연구소 B의 보유 특허에 대해 실시권 설정 계약을 맺었다. 계약 내용은 다음과 같다. 기업 A는 영업적 이유로 인해, 실시권 계약에 대해 연구소 B 등록 특허의 특허 원부에 실시권 계약 사항을 등기하지는 않았다.
> 1. 특허 실시의 지역적, 시기적 범위
> 2. 후속 특허에 대한 우선 라이선스 협상권
> 3. 서브 라이선스 금지
> 4. 실시료 지급 방법

① 연구소 B가 보유 특허에 대해 기업 A의 경쟁사 기업 C에 추가적으로 라이선스를 주는 경우 기업 A는 기업 C의 라이선스를 취소시킬 수 있다.
② 기업 A는 공동 연구를 하는 기업 D에 해당 특허에 대한 라이선스를 부여할 수 없다.
③ 경쟁사 E가 기업 A와 유사한 사업을 하는 경우, 기업 A는 라이선스를 맺는 특허를 기초로는 침해금지청구를 할 수 없다.
④ 기업 A는 연구소 B의 후속 특허에 대한 추가 라이선스의 우선권이 있다.
⑤ 라이선스 계약에 명시되지 않은 사항은 민법 등 상위법의 해석에 따르게 된다.

014 라이선스 계약 시 고려하여야 할 사항으로 적합하지 않은 것은?

① 라이선스의 종류가 전용실시권인지 통상실시권인지를 명확히 하여야 한다.

② 라이선시 입장에서는 계약 후에 라이선서에 의해 개량된 기술로 특허를 받는 경우 기존의 계약에 이 기술에 대한 사용이 포함되도록 규정하는 것이 유리하다.

③ 특허권자의 입장에서는 개량 기술에 대해서는 계약상 라이선시가 사용할 수 있는 기술에서 제외하는 것이 유리하다.

④ 경상실시료는 라이선스의 대가로 한 번에 또는 이를 나누어 수년에 걸쳐 정해진 일정 금액을 지급하는 방식이다.

⑤ 특허권자와 라이선스 계약을 체결한다고 해도 라이선시가 제3자의 또 다른 권리로부터 자유로운 것은 아니므로 제3자의 특허권을 침해하는지 여부에 대한 검토도 진행되어야 한다.

015 록 가수 David Bowie가 자신이 소유하고 있던 앨범 25장을 통하여 얻을 수 있는 로열티를 담보로 5500만 달러, 기간 10년의 채권을 발행하여 자금을 조달한 바 있다. 이 사례에 해당하는 것은?

① 특허권 유동화 사례
② 상표권 유동화 사례
③ 저작권 유동화 사례
④ 초상권 유동화 사례
⑤ 기술권 유동화 사례

016 지식재산 평가에 대한 다음 설명 중 옳지 않은 것만으로 짝지은 것은?

> ㉠ 비용접근법은 회계기록을 근거로 평가하지 않기 때문에 평가를 하기가 용이하지 않다.
> ㉡ 시장접근법은 현재의 시장가치를 근거로 평가하기 때문에 장래의 이익이나 위험이 반영될 여지가 없다.
> ㉢ 수익접근법은 미래의 수익을 평가하는 방법으로 위험도가 높으면 자산은 작게 평가되고 위험도가 낮으면 자산은 높게 평가된다.
> ㉣ 신용평가등급이 낮거나 신용평가가 불가능한 기술주도형 기업의 경우 기술평가를 통해 기업의 가치를 계산할 수 있다.

① ㉠, ㉡
② ㉠, ㉢
③ ㉠, ㉣
④ ㉡, ㉢
⑤ ㉡, ㉣

017   다음 설명이 나타내는 기술가치평가기법은?

> • 공정한 거래를 전제로 한 시장가치를 측정하려는 방법으로 기존의 실제 거래자료와 당시의 시장 상황 및 현재의 시장 상황에 대한 평가를 근거로 기술가치를 평가함
> • 장래의 이익이나 위험이 반영된 기술가치를 평가할 수 있으나 거래의 가격에서 다른 자산의 시장가치를 유추하기 어려운 단점이 있음

① 비용접근법   ② 시장접근법
③ 수익접근법   ④ 현금흐름할인법
⑤ 실물옵션접근법

018   기술평가의 목적 중 기업 외부사용 목적에 해당하지 않는 것은?

① 기업보유 지식재산의 실사
② 지식재산의 매매
③ 기업의 인수 및 합병
④ 지식재산 라이선스에 대한 적절한 로열티률 산정
⑤ 자본가와의 연결을 위한 지식재산 평가

019   지식재산에 대한 다음 설명 중 옳지 않은 것은?

① 재무제표 작성 시에 지식재산은 무형자산에 포함된다.
② 무형재산을 구입하였거나 개발한 경우에 재무제표에 나타내기 위해서 가치평가가 필요하다.
③ 지식재산, 기술의 가치를 평가하는 것은 경제적 가치를 화폐금액으로 측정하는 것이다.
④ 현행 기업회계기준에 따르면 지식재산의 최초 평가는 취득원가를 중심으로 이루어진다.
⑤ 지식재산의 가치는 시간이 흘러도 불변한다.

STEP 3 난도 ▶ 상

정답 및 해설_p.77

001 다음 중 지식재산 가치평가 기법 중 소득(수익)접근법에 대한 설명으로 옳지 않은 것은?

① 소득접근법은 기업의 가치가 모든 자산의 수익획득 능력에 의존하고 있다는 가정하에 평가를 수행한다.

② 소득접근법은 IP를 활용한 사업을 통해 미래에 예상되는 기대수익을 예측하고 이를 현재가치화하는 방법이다.

③ 소득접근법은 기업의 이윤추구의 원리에 입각하여 IP의 가치를 평가하기 때문에 가장 현실적이라는 장점이 있다.

④ 미래가치의 예측 및 기업의 총 산출물 중 IP의 기여도를 산정하는 과정에서 투입되는 변수들이 모두 예측 변수로서, 추정변수들의 분산이 급격히 커져 추정 자체가 무의미하게 될 가능성은 없다.

⑤ 소득접근법은 미래의 수익에 대한 현재가치를 기초로 하므로 여러 가지 불확실한 요인과 리스크를 고려하여, 미래의 수익을 현재가치로 환산할 때는 할인율로 조정하여야 한다.

002 기술 라이선싱 거래에서 비독점적 라이선싱(통상실시권 허여)이 갖는 특징을 설명한 것 중 적절하지 않은 것은?

① 라이선서와 라이선시 모두에게 리스크를 최소화한다.

② 특약이 없으면 라이선시에 의한 개량기술에 대한 권리는 라이선서가 자동적으로 보유한다.

③ 라이선서는 대상 기술에 대하여 더 강한 통제권을 유지할 수 있다.

④ 대상 기술의 용도가 증대할 경우 낮은 로열티 조건으로 새로운 라이선시와 추가적 라이선싱 거래를 추진할 수 있다는 점에서 제품과 기술의 효용성을 증대시킨다.

⑤ 한국의 경우 특허청 등록원부에 설정등록을 하게 되면 제3자 대항력을 발생시킨다.

003 기술가치평가기법의 유형 중 비용접근법에 대한 설명으로 옳지 않은 것은?

① 비용접근법은 지식재산의 취득에 필요한 비용이 얼마인가를 계산하여 지식재산의 가치를 산정하는 방법이다.

② 사용하는 지식재산에 대응하는 지식재산의 재제작비용 또는 대체비용을 측정하여 가치를 산정한다.

③ 다른 평가방법에 비해 상대적으로 객관적이다.

④ 장래의 위험이나 이익 등이 가치산정에 반영될 수 있다.

⑤ 현재 시점에서의 대체비용을 기준으로 가치를 산정한다.

004 다음 설명이 나타내는 기술가치평가기법은?

- 지식재산으로 인해 야기되는 현금흐름을 현재가치로 할인하여 평가함
- 위험도가 높은 자산은 가치가 작게 평가되고, 위험도가 낮은 자산은 가치가 높게 평가되어 지식재산의 경제적 가치를 적절히 반영할 수 있음

① 수익접근법
② 비용접근법
③ 시장접근법
④ 실물옵션접근법
⑤ 답 없음

005 기술가치평가기법의 비용접근법에 대한 설명을 골라 짝지은 것은?

ⓐ 해당 기술 창출에 소요된 비용을 가치로 산정한다.
ⓑ 유사 사례의 시장거래 금액을 가치로 산정한다.
ⓒ 해당 기술이 장래에 얻을 수 있는 가치를 산정한다.
ⓓ 투입비용과 향후 기대수익과의 관련성이 적은 것이 단점이다.
ⓔ 유사 사례를 발굴하기 어려운 단점이 있다.

① ⓑ, ⓒ
② ⓐ, ⓑ
③ ⓑ, ⓓ
④ ⓒ, ⓔ
⑤ ⓐ, ⓓ

006 다음 중 수익접근법에 해당하는 설명을 골라 짝지은 것은?

ⓐ 장래의 위험이나 이익을 반영할 수 있다.
ⓑ 시가를 근거로 가치평가를 하는 방법이다.
ⓒ 현금흐름할인법이라고도 한다.
ⓓ 다른 기법에 비해 신뢰도가 낮다.

① ⓐ, ⓓ
② ⓐ, ⓑ
③ ⓐ, ⓒ
④ ⓑ, ⓒ
⑤ ⓑ, ⓓ

007   기술가치평가에 대한 다음 설명 중 옳지 않은 것은?

① 비용접근법은 지식재산의 취득에 필요한 비용이 얼마인가를 계산하여서 지식재산의 가치를 평가하는 방법이다.

② 수익접근법은 가치 추계의 대상인 지식재산으로 인해 야기되는 현금흐름을 현재 가치로 할인하여 평가하는 방법으로 현금흐름할인법이라고도 한다.

③ 시장접근법은 공정한 거래를 전제로 한 시장가치를 측정하여 지식재산의 가치를 평가하는 방법이다.

④ 지식재산권에 대한 가치평가는 수익접근법에 의하는 경우가 많다.

⑤ 정부의 주도로 기술가치평가를 실시하여 기술에 대한 권장가격을 책정한 후 안정된 기술거래 시장을 형성하는 것이 세계적인 추세이다.

008   라이선스에 있어서 개량기술에 대한 설명으로 옳은 것을 골라 짝지은 것은?

> ㉠ 원천기술을 발명한 라이선서(licensor)는 상용화 능력을 갖춘 라이선시(licensee)에게 실시권을 허여하고 개량발명에 대한 공동소유를 목적으로 라이선스를 할 수 있다.
> ㉡ 개량기술은 개발한 자에게 귀속하나 라이선서는 별도 정함이 없어도 라이선시에 개량기술을 제공할 의무가 있다.
> ㉢ 라이선시에 의해 개발된 개량기술의 소유권을 무상으로 라이선서에게 귀속(assign back)하게 하는 의무를 부과하는 것은 독점규제법상의 문제가 없다.
> ㉣ 라이선서는 개량기술을 라이선시에 지속적으로 개시하여 사용하게 함으로써 계약제품에 대한 라이선시의 경쟁력을 유지시킬 수 있다.
> ㉤ 라이선서는 개량기술을 통해 라이선시가 계약기간을 연장하도록 유도할 수 있다.

① ㉡, ㉢   ② ㉠, ㉡
③ ㉠, ㉣, ㉤   ④ ㉢, ㉣, ㉤
⑤ ㉡, ㉣

009   노하우 라이선스에 대한 설명으로 옳지 않은 것은?

① 노하우가 공개될 경우 그 가치는 사라지기 때문에 엄격한 비밀유지 조항이 요구된다.

② 노하우는 특허권과 별개로 단독으로 성립할 수 있다.

③ 라이선시는 라이선스 기간이 종료된 후에도 임의로 노하우를 사용할 수 있다.

④ 라이선시는 노하우 내용을 정확히 파악하기 위해 옵션계약을 활용할 수 있다.

⑤ 발명의 기본사항만 특허로 보호받은 경우, 특허권과 노하우가 결합된 형태로 라이선스될 수 있다.

2024 개정판 | 국가공인자격

지식재산능력시험
예상문제집

초판인쇄	2024년 3월 15일
초판발행	2024년 3월 20일
편 저 자	박문각 IPAT연구소
발 행 인	박 용
발 행 처	(주)박문각출판
등 록	2015. 4. 29. 제2015-000104호
주 소	06654 서울시 서초구 효령로 283 서경빌딩
교재주문	(02)6466-7202

저자와의
협의하에
인지생략

정가 25,000원
ISBN 979-11-6987-838-8 / ISBN 979-11-6987-836-4(세트)

지식재산능력시험 기본서
지식재산능력시험 예상문제집

2024 개정판
국가공인자격

지식재산
능력시험
예상문제집

2024 개정판

지식재산
능력시험
예상문제집

박문각 IPAT연구소 편저

정답 및 해설

INTELLECTUAL

PROPERTY

ABILITY

TEST

I

P

A

T

www.ipat.or.kr

국가
공인
자격

지식재산능력시험이란?

한국발명진흥회에서 주관하는 지식재산 전 분야의
기본적이고 실무적인 능력을 검증하는 국가공인 민간자격 시험입니다.

2024 개정판

지식재산
능력시험
예상문제집

박문각 IPAT연구소 편저

정답 및 해설

INTELLECTUAL

I

P

PROPERTY

A

ABILITY

T

TEST

www.**ipat**.or.kr

국가
공인
자격

빠른 정답 찾기

STEP 2 본책_p.92

001	②	002	①	003	③	004	④	005	④
006	⑤	007	⑤	008	②	009	①	010	④
011	②	012	④	013	①	014	④	015	①
016	②	017	②	018	③	019	①	020	③
021	⑤	022	③	023	⑤	024	①		

STEP 3 본책_p.100

001	③	002	③	003	③	004	④	005	①
006	①	007	①	008	①	009	①	010	⑤
011	⑤	012	④	013	②	014	③	015	⑤

Chapter 4 상표제도 및 권리화

STEP 1 본책_p.105

001	③	002	④	003	⑤	004	⑤	005	①
006	③	007	①	008	②	009	④	010	②
011	②	012	④	013	④	014	②	015	③
016	②	017	①	018	②	019	④	020	④
021	②	022	④	023	③	024	②	025	⑤
026	④								

STEP 2 본책_p.113

001	①	002	④	003	①	004	③	005	③
006	②	007	②	008	①	009	④	010	②
011	③	012	③	013	③	014	③	015	③
016	④	017	④	018	①	019	①	020	③
021	⑤								

STEP 3 본책_p.120

001	③	002	②	003	④	004	②	005	④
006	⑤	007	②	008	②	009	①	010	④
011	②	012	②	013	③	014	③	015	④

Chapter 5 저작권제도

STEP 1 본책_p.127

001	②	002	①	003	④	004	①	005	④
006	④	007	①	008	④	009	③	010	①
011	⑤	012	①	013	②	014	⑤	015	④
016	④	017	②	018	⑤	019	④	020	④
021	⑤	022	②	023	④				

STEP 2 본책_p.134

001	②	002	③	003	②	004	④	005	②
006	③	007	①	008	④	009	③	010	②
011	②	012	⑤	013	⑤	014	④	015	①
016	④	017	①	018	④	019	②	020	⑤
021	④	022	②	023	①	024	①	025	⑤
026	①	027	②						

STEP 3 본책_p.142

001	④	002	④	003	②	004	④	005	⑤
006	④	007	②	008	④	009	③	010	①
011	③	012	②	013	④	014	③		

Chapter 6 지식재산권법 종합

STEP 1 본책_p.148

001	②	002	⑤	003	②	004	⑤	005	①
006	⑤	007	⑤	008	④	009	④	010	③

STEP 2 본책_p.151

001	③	002	③	003	④	004	④	005	③
006	③	007	②	008	⑤	009	⑤	010	②
011	①	012	③	013	③	014	⑤	015	③
016	③								

STEP 3 본책_p.155

001	③	002	③	003	③	004	③	005	②
006	④								

Chapter 7 지식재산권 분쟁(심판과 소송)

STEP 1 · 본책_p.157

001	③	002	④	003	④	004	②	005	③
006	⑤	007	②	008	②	009	③	010	⑤
011	④	012	⑤	013	③	014	⑤	015	③
016	⑤	017	⑤	018	⑤	019	③	020	⑤
021	①	022	③	023	②	024	④	025	⑤
026	①	027	⑤	028	②	029	②	030	②
031	⑤	032	③	033	③	034	④	035	②
036	①	037	②	038	②	039	⑤	040	④
041	②	042	③	043	③	044	①	045	③
046	②	047	③	048	③	049	③	050	⑤
051	③	052	②	053	④	054	②	055	⑤
056	④	057	④	058	④	059	④	060	④
061	⑤	062	②	063	⑤	064	④	065	④

STEP 2 · 본책_p.175

001	①	002	④	003	⑤	004	③	005	③
006	③	007	④	008	①	009	⑤	010	④
011	③	012	①	013	③	014	④	015	③
016	③	017	④	018	③	019	③	020	③
021	③	022	②	023	①	024	⑤	025	⑤
026	②	027	④	028	②	029	①	030	③
031	③	032	③	033	③	034	③	035	⑤
036	⑤	037	①	038	④	039	⑤	040	⑤
041	⑤	042	①	043	④				

STEP 3 · 본책_p.189

001	③	002	②	003	⑤	004	⑤	005	④
006	④	007	②	008	⑤	009	③	010	④
011	⑤	012	④	013	②	014	⑤	015	②
016	①	017	③	018	②	019	②	020	②
021	⑤	022	③	023	③	024	④	025	①
026	③	027	②	028	④				

PART 2 지식재산 창출

STEP 1 · 본책_p.204

001	④	002	③	003	①	004	④	005	⑤
006	⑤	007	③	008	③	009	⑤	010	①
011	③	012	②	013	⑤	014	④	015	④
016	⑤	017	⑤	018	⑤	019	④	020	①
021	④	022	④	023	②	024	④	025	⑤
026	①	027	⑤	028	⑤	029	①	030	②
031	②	032	①	033	④	034	③	035	②
036	③	037	③	038	①	039	⑤	040	④
041	④	042	③	043	⑤	044	④	045	③
046	②	047	①	048	①	049	⑤	050	③
051	⑤	052	⑤	053	②	054	①	055	⑤
056	③	057	①	058	⑤	059	①	060	⑤
061	③	062	⑤	063	⑤	064	③	065	⑤
066	③	067	⑤	068	①	069	③	070	①
071	②	072	④	073	③				

STEP 2 · 본책_p.224

001	②	002	③	003	①	004	①	005	⑤
006	⑤	007	①	008	④	009	③	010	①
011	②	012	②	013	②	014	⑤	015	④
016	③	017	②	018	①	019	③	020	③
021	③	022	③	023	④	024	②	025	③
026	③	027	④	028	①	029	④	030	④
031	⑤	032	③	033	④	034	④	035	③
036	④	037	①	038	⑤	039	①	040	③
041	⑤								

STEP 3 · 본책_p.239

001	②	002	④	003	①	004	④	005	③
006	④	007	③	008	④	009	⑤	010	②
011	⑤	012	②	013	⑤	014	③	015	④
016	③	017	⑤						

PART 3 지식재산 보호

STEP 1 본책_p.250

001	⑤	002	⑤	003	⑤	004	④	005	①
006	⑤	007	②	008	⑤	009	①	010	③
011	⑤	012	③	013	①	014	①	015	②
016	②	017	②	018	①	019	②	020	⑤
021	④	022	③	023	④	024	④	025	②
026	③	027	④	028	④	029	④	030	③
031	③	032	⑤	033	③	034	②	035	②
036	②	037	④	038	②	039	③	040	①
041	②	042	③	043	④	044	④	045	②
046	③	047	④	048	③	049	⑤	050	③
051	③	052	③	053	④	054	⑤	055	②
056	③	057	⑤	058	④	059	④	060	④
061	①	062	④	063	②	064	③	065	③
066	②	067	⑤						

STEP 2 본책_p.269

001	③	002	②	003	③	004	④	005	④
006	⑤	007	⑤	008	⑤	009	②	010	①
011	③	012	④	013	⑤	014	⑤	015	④
016	②	017	⑤	018	①	019	⑤	020	①
021	④	022	①	023	④	024	⑤	025	②
026	②	027	④	028	④	029	④	030	②
031	⑤	032	④	033	④	034	②	035	⑤
036	④	037	③	038	②					

STEP 3 본책_p.282

001	③	002	⑤	003	⑤	004	④	005	②
006	④	007	⑤	008	④	009	③	010	⑤
011	③	012	③	013	⑤	014	④	015	④
016	②	017	②	018	④	019	③	020	③
021	③	022	③	023	③	024	④		

PART 4 지식재산 활용

STEP 1 본책_p.294

001	④	002	⑤	003	④	004	④	005	④
006	①	007	④	008	⑤	009	④	010	⑤
011	②	012	⑤	013	③	014	③	015	②
016	⑤	017	①	018	⑤	019	①	020	④
021	④	022	④	023	④	024	⑤	025	③
026	②								

STEP 2 본책_p.301

001	⑤	002	⑤	003	③	004	⑤	005	⑤
006	④	007	④	008	③	009	④	010	①
011	②	012	①	013	①	014	④	015	③
016	①	017	②	018	①	019	⑤		

STEP 3 본책_p.307

001	④	002	②	003	④	004	①	005	⑤
006	③	007	⑤	008	③	009	③		

정답 및 해설

Chapter 1 지식재산 제도 일반

STEP 1 난도 ▸ 하 본책_p.12

| 001 | ④ | 002 | ② | 003 | ⑤ | | | | |

001 | ④

특허권, 저작권 등의 전통적인 지식재산권 범주로는 보호가 어려운 컴퓨터 프로그램, 유전자 조작 동식물, 반도체 설계, 인터넷, 캐릭터 산업 등과 관련된 지식재산권을 신지식재산권이라 한다.

④ 저작인접권은 실연자, 음반제작자, 방송사업자에게 부여되는 권리로, 전통적인 저작권의 범위에 속하는 것으로 볼 수 있다.

002 | ②

산업재산권에는 특허권, 상표권, 디자인권, 실용신안권이 있다.

003 | ⑤

⑤ 저작권은 창작과 동시에 발생하며 아무런 절차나 방식을 요구하지 않는다. 이를 '무방식주의'라고 하는데 이 점이 등록출원을 해야 권리가 발생하는 특허, 디자인, 상표 등 산업재산권과 다른 점이다.

STEP 2 난도 ▸ 중 본책_p.13

| 001 | ⑤ | 002 | ② | | | | | | |

001 | ⑤

⑤ 저작권은 지식재산권의 하나이다. 지식재산권은 크게 산업재산권, 저작권, 신지식재산권으로 분류할 수 있다. 신지식재산권은 기존 산업재산권과 저작권으로 분류하기 힘든 새로운 유형의 지식재산권을 의미한다.

002 | ②

② 지식재산권은 점유할 수 없는 무체재산권이다.

STEP 3 난도 ▸ 상 본책_p.14

| 001 | ④ | 002 | ① | 003 | ④ | | | | |

001 | ④

④ 사업가는 헌법 제22조 제2항에 의해 보호되는 대상이 아니다.

002 | ①

영업비밀로 보호받기 위하여는 비밀성, 경제적 유용성, 비밀관리성이 필요하며, 기술상 또는 경영상 정보에 해당하여야 한다.

① 산업상 이용가능성은 특허에서 필요한 요건이다.

003 | ④

④ 판매 방법과 같은 경영상의 정보도 영업비밀에 포함될 수 있다.

Chapter 2 특허제도와 실용신안제도 및 권리화

STEP 1 난도 ▸ 하 본책_p.15

001	④	002	⑤	003	④	004	②	005	③
006	⑤	007	④	008	⑤	009	⑤	010	③
011	⑤	012	⑤	013	③	014	②	015	⑤
016	⑤	017	①	018	②	019	③	020	⑤
021	④	022	④	023	③	024	①	025	④
026	①	027	②	028	⑤	029	②	030	②
031	③	032	④	033	①	034	③	035	③
036	④	037	②	038	②	039	⑤	040	②
041	③	042	⑤	043	④	044	②	045	③
046	⑤	047	③	048	④	049	⑤	050	②
051	③	052	①	053	②	054	②	055	③
056	①	057	③	058	⑤	059	②	060	⑤
061	③	062	⑤	063	②	064	②	065	②
066	④	067	①	068	②	069	④	070	④
071	①	072	②	073	②	074	②	075	③
076	⑤	077	②	078	③	079	⑤	080	⑤
081	⑤	082	③	083	②	084	①	085	③
086	②	087	②	088	①	089	④	090	④
091	②	092	④	093	④	094	②	095	②
096	①	097	②	098	②	099	①	100	⑤
101	⑤	102	①	103	⑤	104	①	105	②
106	②	107	①	108	④	109	④		

001 | ④

④ 특허법은 발명을 보호·장려하고 그 이용을 도모함으로써 기술의 발전을 촉진하여 산업발전에 이바지함을 목적으로 한다.

002 | ⑤

⑤ 문화산업의 향상 발전은 저작권법의 목적이고, 특허제도와는 무관하다.

003 | ④

④ 특허법을 포함한 산업재산권의 목적은 산업발전이다.

004 | ②

우리 특허법은 권리주의, 도달주의, 심사주의, 출원공개주의, 선출원주의를 채택하고 있다.

005 | ③

우리나라 특허법은 심사주의, 선출원주의, 등록주의, 방식주의, 공개주의를 채택하고 있다.

006 | ⑤

⑤ 구술주의가 아닌 서면주의를 원칙으로 한다.

007 | ④

④ 심사를 거치므로 법적 안정성이 확보될 수 있다는 장점이 있다.
①③ 최근 기술의 진보에 따라 출원 건수가 급증한 결과 심사 적체에 따라 권리화가 지연될 수 있다.
② 심사주의는 권리의 안정성 및 신뢰성을 도모하고, 특허분쟁을 사전에 방지한다.
⑤ 심사는 특허심사국에서 1차적으로 행하여진다.

008 | ⑤

⑤ 첫 번째 빈칸에는 '특허', 두 번째와 세 번째 빈칸에는 '영업비밀'이라는 말이 들어간다.
제시문은 특허와 영업비밀의 장단점에 대해 언급하고 있는 것으로, 특허제도와 영업비밀로의 보호는 아이디어의 특징이나 특허로서 보호 가능성, 보호 필요기간, 비밀유지 가능성, 특허침해 입증의 용이성 등에 대한 종합적인 판단이 필요하다.

009 | ⑤

⑤ 특허법 제2조의 발명의 정의 규정에 따르면 발명이란 자연법칙을 이용한 기술적 사상의 창작으로서 고도한 것을 말한다.

010 | ③

③ 발명은 경제적 이익을 고려하지 않는다.

011 | ⑤

⑤ 인터넷 비즈니스와 관련된 발명인 BM발명은 특허법상 발명에 해당한다.

012 | ⑤

⑤ 약물의 제조 방법은 산업상 이용할 수 있는 발명에 해당한다.
①② 발명이 인간의 정신활동(영업계획, 금융 방법 그 자체 등)을 이용하고 있는 경우에는 발명에 해당하지 않는다.
③ 야구 선수의 타격 동작에 특징이 있는 타격 방법 등의 기능은 개인의 숙련에 의하여 달성될 수 있는 것으로서 제3자에게 지식으로서 전달될 수 있는 객관성이 결여되어 있다. 따라서 기능은 발명에 해당하지 않는다.
④ 주소록이 저장된 데이터베이스는 단순히 정보의 제시를 주된 목적으로 하므로 발명에 해당하지 않는다.

013 | ③

㉠㉢ 발명은 자연법칙을 이용한 기술적 사상이어야 하므로, 순수한 컴퓨터 프로그램이나 데이터베이스 자체는 특허를 받을 수 있는 발명의 범주에 포함되지 않는다. 한편, 컴퓨터 프로그램이나 데이터베이스가 구체적인 구성에 합체되어 청구범위에 기술된다면 발명으로 취급될 여지는 있다.

014 | ②

㉣ 의료 기기에 관한 발명은 산업상 이용가능성이 인정된다.
㉠㉡㉢ 의료업의 경우 인간을 대상으로 하는 수술 방법, 치료 방법, 진단 방법, 인체로부터 채취한 것을 채취한 자에게 치료를 위해 되돌려줄 것을 전제로 하여 처리하는 방법 등 인체를 직접적인 구성요소로 하는 발명은 산업상 이용가능성이 인정되지 않는다.
㉢ 순수한 영업발명과 추상적 아이디어와 같이 컴퓨터상에서 구현되는 구성의 한정이 없는 유형은 발명의 성립성이 부정된다.

015 | ⑤

(1) 그 청구항이 비치료적 용도(**예** 미용용도)로만 한정되어 있고, (2) 명세서에 기재되어 있는 발명의 목적, 구성 및 효과를 종합적으로 고려할 때 비치료적 용도로 그 방법의 사용을 분리할 수 있으며, (3) 어느 정도의 건강증진 효과가 수반된다고 하더라도 그것이 비치료적인 목적과 효과를 달성하기 위한 과정에서 나타나는 부수적 효과인 경우에는, 치료방법에 해당한다고 볼 수 없어서 산업상 이용가능성이 있다.

016 | ⑤

⑤ 인간을 직접적 대상으로 하거나, 인간에게 다시 되돌릴 것을 전제로 하지 않는 한 산업상 이용 가능하다.

017 | ①

① 특허법은 신규한 발명을 공개한 자에 대하여만 공개의 대가로 특허권을 부여하고, 공개된 기술을 이용하여 산업발전에 이바지하기 위해 신규성을 특허요건으로 규정하고 있다.

018 | ②

② 신규성을 상실하는 경우는 불특정 다수가 해당 정보에 접근이 가능한 상태에 놓여 있는지 여부에 따라 판단한다. 따라서 대출이력이 없더라도 도서관에 비치된 경우 누구나 이에 접근할 수 있는 상태에 놓여 있는 것이므로, 신규성이 상실된다.

019 | ③

③ 신규성의 상실은 비밀유지의무가 없는 불특정 다수인이 발명 내용을 알 수 있는 상태에 놓여지는 것으로 충분하며, 그 장소와는 무관하다.

020 | ⑤

⑤ 특허출원된 발명이 공지된 기술로부터 쉽게 발명할 수 있다면 진보성이 없는 것이다.

021 | ④

④ 반포된 간행물에 대한 판단은 국제주의가 기준이 되므로, 외국에서만 반포된 간행물에 적혀 있는 발명도 특허받을 수 없는 것이 원칙이다.

022 | ④

④ 개인적 연구에 의해서는 불특정 다수에게 발명의 내용이 알려질 가능성이 희박하므로 신규성 상실 사유와는 거리가 멀다.

023 | ③

③ 해당 분야의 통상의 기술자가 선행기술로부터 쉽게 발명할 수 있으면 진보성 상실로 특허를 받을 수 없다.

024 | ①

① 진보성의 판단주체는 당해 기술분야에서 통상의 지식을 가진 자를 말하는데, 이는 평균적 기술을 가진 자를 의미한다.

025 | ④

④ 진보성 판단 시에는 2개 이상의 선행기술을 조합하여 판단할 수 있다.

026 | ①

㉠㉡㉣ 진보성 판단의 주요 기준이다.
㉢㉤ 진보성 판단의 참고적 판단 기준이다.

027 | ②

우리 특허법은 공개주의, 선출원주의, 등록주의, 심사주의를 채택하고 있다.

028 | ⑤

⑤ 출원공개와 선출원주의의 적용은 무관하다.
① 미국은 American Invent Act의 개정으로 선발명주의에서 선출원주의로 전환하였다.

029 | ②

② 주어진 지문은 확대된 선출원에 위반되므로 이창작의 후출원이 거절된다.
①④ 이창작의 출원 전 김발명의 출원이 공개된 것이 아니므로 신규성, 진보성을 판단할 수 없다.

030 | ④

④ 확대된 선출원주의는 다른 출원과 그 출원의 출원인이 동일한 경우 적용되지 않는다.

031 | ③

㉠㉡ 공서양속에 반하는 마약 흡입 기구와 인체를 대상으로 하는 수술 방법은 특허를 받을 수 없다.

032 | ④

특허등록을 받기 위해서는 산업상 이용가능성, 신규성, 진보성, 선출원주의가 요구된다.
㉣ 심미성은 디자인의 성립요건이다.

033 | ①

① 경제성은 특허요건이 아니다.

034 | ③

③ 심사관은 일부 청구항에 특허요건흠결이 있는 경우에 출원 전체를 거절결정한다.

035 | ③

① 특허출원서는 출원인의 서지사항이 적혀 있는 서면을 말한다.
② 특허보정서는 출원서 또는 명세서에 적혀 있는 내용을 변경하는 서면을 말한다.
④ 발명신고서는 직무발명에서 종업원이 사용자에게 제출하는 발명에 대한 서류를 말한다.
⑤ 심사청구서는 출원에 대한 심사를 청구하는 서면을 말한다.

036 | ④

④ 발명자 정보는 출원서에 적는다.

037 | ②

② 청구범위에 의해 권리가 해석되므로 청구범위는 출원 시 권리요구서, 등록 후에는 권리서의 역할을 담당한다.

038 | ②

② 기술분야는 해당 사항이 없으면 적지 않을 수 있다.

039 | ⑤

특허의 권리범위는 청구범위를 기준으로 하되, 불명확한 부분에 대해서는 발명의 설명 및 도면을 참조하여 해석할 수 있다. 또한 보정서 및 의견서를 통해 추후 균등론의 범위가 달라질 수 있다.

040 | ②

② 청구범위유예제도는 특허법 제42조의2를 따른다.

041 | ③

③ 하나의 청구항에 발명의 구성요소를 많이 적을수록 권리범위는 좁아지므로, 많은 구성요소를 적는 것은 바람직하지 않다.

042 | ⑤

⑤ '발명의 설명'의 기재요건이다.

043 | ④

④ 청구범위를 적으면서 다른 청구항을 인용할 때는 택일적으로 적어야 한다. "청구항 1항 및 2항"식으로 적은 것은 택일적 기재에 해당하지 않는다.

044 | ②

② 문제에서는 특허법 제45조의 단일성 요건에 대한 설명을 하고 있다. 특허출원은 하나의 발명마다 하나의 특허출원으로 하는 것이 원칙이나, 하나의 총괄적 발명의 개념을 형성하는 일군(群)의 발명에 대하여 하나의 특허출원으로 할 수 있다는 것이 발명의 단일성이다.

045 | ③

③ 출원인이 공지 등이 된 날로부터 12개월 이내에 출원하는 경우 그 발명에 대하여 신규성 또는 진보성의 규정을 적용할 때 그 발명은 공지되지 아니한 발명으로 본다.

046 | ⑤

제30조 제3항의 신설로 인하여, 공지예외적용 주장요건을 완화하여 현행 '출원 시'뿐만 아니라 '설정등록 이전'도 가능하도록 공지예외적용 주장 가능 기간이 확대되었다.

047 | ③

③ 출원인은 특허결정의 등본을 송달하기 전과 최초거절이유를 송달받기 전에 자진보정할 수 있다.

048 | ④

④ 의견제출기간 내에는 분할출원을 할 수 있다.

049 | ⑤

⑤ 거절결정등본이 아니라 특허결정등본을 송달하기 전까지 분할출원할 수 있다.

050 | ②

② 분할출원의 경우 원출원일로 출원일이 소급되는 혜택이 있으나, 원출원과는 별개의 출원으로 '공지예외적용주장', '우선권주장' 등 원출원에서 이루어진 절차상의 효력이 그대로 승계되지 않는다.

051 | ③

③ 출원인은 심사관으로부터 거절결정을 받고, 이에 대해 거절결정불복심판청구를 하였으나 기각된 경우 그 심결의 등본을 송달받은 날부터 30일 이내에 거절결정이 대상이 되지 않은 청구항에 대해서 새로운 특허출원으로 분리출원할 수 있다.

052 | ①

① 신규사항 추가금지 범위를 벗어난 경우, 출원일로부터 1년이 지나지 아니한 경우에는 국내우선권주장출원을 하여 극복할 수 있다.

053 | ②

② 국내우선권주장출원을 위해서는 선출원이 계속 중이어야 한다.

054 | ④

④ 우선권주장의 기초가 된 선출원의 최초 명세서 등에 기재되지 아니한 발명은 우선권주장출원일에 출원한 것으로 본다.

055 | ③

③ 출원공개 후 특허출원인이 아닌 자가 업(業)으로서 특허출원된 발명을 실시하고 있다고 인정되는 경우에는 출원공개를 전제로 하나, 대통령령으로 정하는 특허출원으로서 긴급하게 처리할 필요가 있다고 인정되는 경우나 대통령령으로 정하는 특허출원으로서 재난의 예방·대응·복구 등에 필요하다고 인정되는 경우는 출원공개를 전제로 하지 않는다.

056 | ①

① 심사청구는 출원일로부터 3년 내 누구든지 할 수 있다.
② 심사청구의 순서에 따라 심사한다.
③ 심사청구 여부와 출원공개는 무관하다.
④ 출원심사의 청구는 취하할 수 없다.
⑤ 특허출원의 심사청구는 특허출원일로부터 3년 이내에 하여야 한다.

057 | ①

① 심사청구제도는 한국, 일본, 중국, 유럽 등 많은 국가가 채택하고 있으나, 미국 등 일부 국가는 채택하고 있지 않다.

058 | ⑤

⑤ 출원된 특허는 심사청구 순서에 따라 심사되며 출원 순서에 따르지 않는다.

059 | ③

③ 특허출원 후 3년 이내에 심사청구하지 아니하면 취하 간주되고, 심사청구는 취하할 수 없다.

060 | ⑤

⑤ 청구범위는 출원 시 제출하지 않아도 되며 출원일부터 1년 2개월이 되는 날까지 제출하면 되나(특허법 제42조의2), 명세서에 청구범위를 적지 아니한 특허출원에 대하여는 심사청구를 할 수 없다(특허법 제59조 제2항).

061 | ③

㉠ 심사청구제도는 특허법 및 실용신안법에만 존재하며, 디자인권이나 상표권에는 적용되지 않는다.

㉡ 방식심사는 특허청의 행정직 직원이 출원 시를 비롯하여 수시로 행하며, 심사청구가 있는 경우 심사관은 실체심사를 행한다.

㉢ 심사는 통상 심사청구순에 따라 진행하나 우선심사의 경우처럼 특별한 경우에는 다른 출원에 우선하여 심사하기도 한다.

062 | ⑤

⑤ 거절결정불복심판은 특허출원에 대하여 특허거절결정을 받은 자가 이에 불복하여 그 거절결정을 취소하여 줄 것을 요구하는 것이다. 따라서 심사관으로부터 거절결정을 받아야 불복심판을 청구할 수 있으며, 거절이유통지만으로는 불복심판을 청구할 수 없다.

① 거절이유통지가 부당하다고 판단되는 경우, 출원인은 의견서를 통하여 의견을 제시할 수 있다.

063 | ②

② PCT출원에 있어서 등록이라는 것은 없으므로, 등록공보도 존재하지 않는다.

064 | ①

① 제3자는 출원공개 여부와 무관하게 정보제공을 할 수 있다(특허법 제63조의2).

065 | ②

② 출원공개는 출원일로부터 1년 6개월 후에 이루어진다.

066 | ④

④ 순차적으로 '선행기술', '정보제공제도'라는 말이 들어간다. 정보제공제도는 공개된 특허출원의 등록을 저지하기 위한 제도이다.

067 | ①

① 조기공개신청은 출원인 또는 승계인만 가능하다.

④ 국방상 비밀유지의 필요성이 있는 특허가 무조건 공개되지 않는 것은 아니다. 정부는 국방상 필요한 경우 외국에 특허출원을 금지하거나 발명자 등에게 특허출원의 발명을 비밀로 취급하도록 명할 수 있다(특허법 제41조 제1항).

068 | ①

① 출원공개 후 경고를 받거나 출원공개를 알고 실시한 자는 경고를 받거나 또는 출원공개를 안 때부터 등록까지의 기간 동안 실시한 통상 금액에 대하여, 보상금청구권을 가지게 된다. 다만, 보상금청구권은 등록 이후에만 행사 가능하다.

069 | ④

④ 현행 특허법상 이의신청제도는 폐지되었다.

070 | ④

④ 선등록제도는 우리 특허법상에 없다.

071 | ①

② 특허출원 후 심사청구를 해야 심사를 받을 수 있다.

③ 공개공보는 등록결정과 무관하게 발간된다.

④ 특허권은 심사에 의해 특허결정된 경우에 한하여 부여된다.

⑤ 특허권은 특허등록 후 출원일로부터 20년이 될 때까지 보호된다.

072 | ②

② 통상실시권은 채권적 권리로서 특허원부에의 등록 없이도 발생원인에 의해 그 효력이 인정된다.

073 | ③

③ 특허출원 후 설정등록 이전의 상태를 '발명'이라 하고 특허법에서는 이를 '특허를 받을 수 있는 권리'라고 한다. 설정등록 이후에는 특허라는 용어를 쓰며 특허법에서는 이를 '특허권'이라고 한다.

074 | ①

① 특허권의 발생은 설정등록일부터이다.

075 | ③

③ 제3자의 피해 방지를 위해 보정의 경우 시기적, 범위적 제한이 있으며, 최초 명세서 등에 포함되지 않은 발명을 이후 보정을 통해 추가하는 것은 허용되지 않는다.

076 | ⑤

⑤ 전용실시권자는 특허권자의 허락을 받아야 제3자에게 통상실시권을 허락할 수 있다.
① 특허권은 속지주의의 원칙이 적용되어 각 국가에서 특허등록을 해야 행사할 수 있다.

077 | ②

② 특허발명의 실시를 위해 다른 법령의 규정에 의하여 허가 등을 받아야 하는 경우와 같이 일정 요건을 충족하면 5년의 기간 내에 연장하는 것이 가능하다.

078 | ③

③ 특허법 제89조 제5항에 따라 특허권의 존속기간을 연장등록할 수 있는 기간은 그 특허발명을 실시할 수 없었던 기간으로서 5년 이내로 제한된다.

079 | ⑤

⑤ 수출은 특허발명의 실시에 해당하지 않는다.

080 | ⑤

⑤ 혈액 분석 장치는 특허대상이며 병원에서 사용하는 것에는 효력이 미친다.

081 | ⑤

특허법 제96조에 따라 연구 또는 시험을 하기 위한 특허발명의 실시, 국내를 통과하는 데 불과한 선박·항공기·차량 또는 기계·기구·장치 그 밖의 물건, 특허출원을 한 때부터 국내에 있는 물건, 약사법에 따른 조제행위와 그 조제에 의한 의약에는 미치지 아니한다.
⑤ 공익 목적에 부합하더라도 특허발명의 실시에 특허권의 효력이 제한되는 것은 아니다.

082 | ④

④ 특허발명 자체의 실험 및 연구는 효력이 제한되나, 특허를 이용한 추가 연구에는 특허권의 효력이 미친다.

083 | ①

① 특허발명의 실시는 타방 공유자의 동의 없이 가능하다.

084 | ①

① 특허가 등록되기 전에는 적극적인 법의 보호를 받지 못한다. 하지만 출원공개 후에는 보상금청구권을 설정등록 후 3년 이내 행사할 수 있고, 우선심사 신청도 가능하다.

085 | ③

③ 문제는 실시권제도에 대한 설명이다. 실시권은 특허권자 이외의 자가 특허발명을 실시할 수 있는 법적인 권리이다.

086 | ②

① 전용실시권은 특허청에 등록하여야 효력이 발생한다.
③④ 법정실시권 및 강제실시권은 통상실시권에 해당한다.
⑤ 전용실시권자는 특허권자를 통하지 않고도 타인의 무단 실시를 금지시킬 수 있다.

087 | ②

② 독점·배타적 권리인 전용실시권이 설정된 범위 내에서는 특허권자라 하더라도 특허발명을 실시할 수 없다.

088 | ①

① 특허법 제103조에 따르면 특허출원 시에 그 특허출원된 발명의 내용을 알지 못하고 그 발명을 하거나 그 발명을 한 사람으로부터 알게 되어 국내에서 그 발명의 실시사업을 하거나 이를 준비하고 있는 자는, 그 실시하거나 준비하고 있는 발명 및 사업목적의 범위에서 그 특허출원된 발명의 특허권에 대하여 선사용에 의한 통상실시권을 가진다.

089 | ④

④ 법은 전시, 위난에 대한 강제실시권을 허용하고 있다.

090 | ④

④ 통상실시권의 경우 사인의 계약에 의해 발생된다.
②⑤ 배타권이 포함된 전용권의 경우 등록이 효력발생요건이다.

091 | ②

② 특허발명의 실시 여부는 특허권의 소멸사유가 될 수 없다.

092 | ④

④ 특허권이 양도되어도 소유자만 변경될 뿐 나머지 권리의 형태는 변경되지 않는다.

093 | ④

④ 조약우선권제도 또는 PCT국제출원을 통해 해외출원을 할 수 있다.

094 | ②

파리협약의 3대 원칙으로는 특허독립의 원칙, 내외국인 평등의 원칙, 우선권주장의 원칙이 있다.
㉠ 최혜국 대우의 원칙은 일방 회원국에 의해 다른 회원국의 국민에게 부여되는 이익, 특전 또는 면책은 즉시 그리고 무조건적으로 다른 모든 회원국의 국민에게 부여된다는 원칙으로, WTO협정의 원칙이다.

095 | ②

② 파리조약은 제1국 출원에 기초한 제2국 출원에 대한 우선권의 이익에도 불구하고, 양자의 출원에 기초한 특허권은 각각 독립적으로 존속 및 소멸한다는 취지의 원칙으로서, 특허독립의 원칙을 규정하고 있다.

096 | ①

① 조약우선권제도란 파리협약의 한 체약국(A국)의 출원을 기초로 우선권을 주장하면서 일정 기간 이내에 다른 체약국(B국)에 출원하면 B국의 출원일을 A국의 출원일로 소급해 주는 제도이다.

097 | ②

② 파리조약에 의한 우선권은 선출원 후 1년 이내에 타국에 출원되어야 한다.

098 | ⑤

⑤ PCT출원의 경우에는 개별 국가에서 소요되는 비용과는 별도로 PCT출원 비용이 발생한다.

099 | ④

④ PCT국제출원으로 특허를 획득할 수는 없다.

100 | ③

③ PCT국제출원의 경우에도 가급적 신속한 공개를 위해 우선일로부터 18개월 경과 후 국제공개가 이루어진다.

101 | ⑤

⑤ 유럽, 한국 등은 31개월이며, 미국·일본·중국은 30개월이다.

102 | ①

실용신안법 제22조 제1항에 따르면 실용신안권의 존속기간은 설정등록을 한 날부터 실용신안등록출원일 후 10년이 되는 날까지다.

103 | ⑤

⑤ 실용신안 심사청구기간은 3년이며, 특허심사청구기간도 5년에서 3년으로 단축되었다(2017. 3. 1. 시행).

104 | ③

㉠ 방법은 실용신안의 대상이 아니다.
㉣ 물질은 실용신안의 대상이 아니다.
㉡㉢㉤ 냉장고, 안마 기구와 신발은 물품의 형상·구조 또는 조합에 관한 고안에 해당하므로 실용신안 대상이다.

105 | ②

② 실용신안법은 물품에 관한 고안만을 보호대상으로 한다.
① 국기 또는 훈장과 동일하거나 유사한 고안은 보호대상이 아니다.
③ 방법에 관한 고안은 보호대상이 아니다.
④ 공공의 질서 또는 선량한 풍속을 문란하게 할 수 있는 고안은 보호대상이 아니다.
⑤ 공중의 위생을 해칠 염려가 있는 고안은 보호대상이 아니다.

106 | ②

② 실용신안도 심사청구가 있어야 심사를 받을 수 있다.

107 | ①

① 방법에 관한 고안은 실용신안법의 보호대상이 아니다.

108 | ④

④ 실용신안은 종전 무심사등록으로 운영되다가, 부실권리의 남발을 막기 위해 2006년 법 개정을 통해 심사하여 등록하는 것으로 변경되었다.

109 | ④

④ 방법과 관련된 것은 실용신안으로 등록할 수 없다.

STEP 2	난도 ▶ 중			본책_p.43	
001 ④	002 ④	003 ④	004 ②	005 ②
006 ④	007 ④	008 ④	009 ③	010 ④
011 ⑤	012 ③	013 ④	014 ③	015 ③
016 ④	017 ①	018 ①	019 ④	020 ④
021 ③	022 ③	023 ②	024 ③	025 ①
026 ④	027 ④	028 ④	029 ④	030 ④
031 ⑤	032 ②	033 ④	034 ①	035 ⑤
036 ④	037 ⑤	038 ①	039 ③	040 ④
041 ④	042 ④	043 ④	044 ④	045 ④
046 ④	047 ④	048 ⑤	049 ②	050 ⑤
051 ④	052 ④	053 ④	054 ④	055 ④
056 ④	057 ④	058 ⑤	059 ④	060 ④
061 ④	062 ①	063 ②	064 ④	065 ③
066 ④	067 ②	068 ④	069 ⑤	070 ④
071 ④	072 ⑤	073 ⑤	074 ①	075 ⑤
076 ③	077 ②	078 ⑤	079 ②	080 ⑤
081 ②	082 ①	083 ⑤	084 ④	085 ⑤
086 ①	087 ⑤	088 ④	089 ④	090 ①

001 | ④

④ 우리나라의 경우 발명, 디자인, 상표 및 저작권에 관한 한일조약에 의하여 1908년 8월 12일 한국특허령이 공포되었다.

002 | ④

④ NDA계약에 의한 실시계약이 가능하다.

003 | ④

④ 영업비밀은 별도의 등록이 없고, 비밀로서 관리되는 것이므로 독자적으로 제3자가 개발한 기술에 대해 영업비밀로서의 권리행사를 할 수 없다.
② 영업비밀은 보호기간의 제한이 없다.

004 | ②

ⓒ 단순한 정보의 집합체에 불과한 판매 데이터는 발명이 아니므로, 특허로서 보호될 수 없다.
ⓛ 영업비밀은 비공개를 전제로만 보호된다.
ⓔ 영업비밀에 대한 보호에 있어서는 특허와는 달리 신청, 심사 등의 방식이 요구되지 않는다.
ⓜ 영업비밀에 대한 기술 이전이 가능하다.

005 | ②

② 어떤 자연법칙을 이용했는지 구체적으로 밝힐 필요는 없다.
③ 특허법과 실용신안법은 모두 자연법칙을 이용한 기술적 사상의 창작을 보호대상으로 하며, 단지 고도한지 여부에 있어서 차이가 있다.

006 | ④

④ 인체를 대상으로 하는 위암 진단 방법은 산업상 이용가능성이 없으므로 특허법상 발명이 아니다.

007 | ④

X선 발생 장치, 미생물과 물질의 신규한 용도 발견이 발명에 해당한다.

008 | ④

④ 전기 분해 장치는 자연법칙을 이용한 발명에 해당한다.

009 | ③

㉠ 컴퓨터 프로그램의 경우 하드웨어 등과 결합 시에 발명의 성립성을 인정받을 수 있는 경우가 있다.
㉣ 발명의 성립성은 발명의 정의규정(자연법칙을 이용한 기술적 사상의 창작으로서 고도한 것)을 만족하여야 하는 특성으로서, 등록요건이자 무효사유이다.

010 | ④

④ 특허를 받을 수 있는 권리가 공유인 경우 공동으로 출원하여야 하며(특허법 제44조), 이에 위반할 경우 거절이유 및 무효사유에 해당한다.

011 | ⑤

⑤ 발명을 한 자 또는 그 승계인이 특허를 받을 수 있는 권리를 가지며, 발명을 도용한 자 또는 그 승계인은 특허를 받을 수 없다.

012 | ③

③ 특허를 받을 수 있는 권리는 발명자 또는 그 승계인이 가진다. 따라서 A사는 승계의 계약에 의해서만 특허를 받을 수 있는 권리를 가진다.

013 | ③

③ 정당한 권리자는 무권리자의 특허에 대해 직접 법원에 이전청구를 할 수 있다(특허법 제99의2).

014 | ③

③ 발명이 장래에 실시될 수 있어도 이용가능성이 인정된다.

015 | ③

③ 특허법에서 말하는 산업은 유용하고 실용적인 기술에 속하는 모든 활동을 포함하는 최광의 개념이다.

016 | ④

④ B는 신규성 상실사유로 등록받을 수 없다.

017 | ①

① 독립항이 신규성이 없는 경우 종속항은 개별적으로 신규성 여부를 판단하여야 한다.

018 | ①

① 불특정인은 그 발명에 대하여 비밀을 준수할 의무가 없는 일반 공중을 말한다.

019 | ④

④ 변리사는 비밀유지의무가 있는 자이므로, 변리사와의 상담으로 인하여 신규성이 상실되지는 않는다.

020 | ④

④ 신규성이 만족된 발명에 대해서만 진보성을 판단하는 것이 원칙이다.

021 | ③

㉠ 진보성 판단은 출원 시를 기준으로 한다.
㉣ 판단의 주체는 그 기술분야에서 통상의 지식을 가진 자이다.

022 | ③

③ 당사자 간 협의 불성립 시 모두 특허를 받지 못한다.

023 | ②

㉠ 2 이상의 출원이 같은 날에 출원된 경우에는 협의에 의하여 결정한다.
㉣ 선출원주의는 선출원된 특허명세서의 청구범위와 후출원된 특허명세서의 청구범위를 대비하여 판단한다.

024 | ③

③ 선출원이 공개되었다면 이후 취하되어도 적용된다.

025 | ①

① 특허법 제29조 제3항, 소위 확대된 선원주의는 선출원의 공개 또는 공고를 전제로 적용 가능하다.

026 | ④

④ 발명의 실시가 공연한 음란행위를 필연적으로 수반할 것이 예상되는 경우에는 불특허발명으로서 특허를 받을 수 없다.

027 | ③

컴퓨터 소프트웨어 관련 발명과 인터넷 영업 방법은 특허받을 수 있다.

028 | ④

④ 명세서는 국어가 아닌 영어로 기재해도 출원이 가능하다. 다만 최우선일로부터 1년 2개월 내에 정식 명세서 또는 국어번역문을 제출하여야 한다.

029 | ④

④ 명세서에 적은 용어는 해당 기술분야에서 통상적으로 사용되는 언어를 사용하는 것이 좋다. 그러나 필요한 경우 출원인이 스스로 정의하여 사용할 수 있으며, 이 경우에는 발명의 설명에 그 용어의 구체적인 의미를 명확하게 적어야 한다.

030 | ②

② 구성요소 완비의 법칙(AER)상 청구범위의 구성요소가 전부 포함되어야 권리범위에 속한다.

031 | ⑤

⑤ 정정청구는 (1) 청구범위의 감축, (2) 잘못된 기재의 정정, (3) 불분명한 기재의 명확화의 경우에만 가능하다.

032 | ②

② 청구범위 해석의 원칙인 구성요소 완비의 원칙에 의하면, 일반적으로 구성요소가 많아질수록 권리범위는 좁아진다.
③ 청구범위를 적을 때에는 보호받고자 하는 사항을 명확히 할 수 있도록 발명을 특정하는 데 필요하다고 인정되는 구조, 방법, 기능, 물질 또는 이들의 결합관계 등을 적을 수 있다(특허법 제42조 제6항).

033 | ⑤

⑤ 종속항은 독립항과 다른 종속항을 인용하여 적을 수 있다.
② 빠른 출원일 확보를 지원하기 위해, 출원 시에 청구범위를 적지 않고 출원할 수 있는 청구범위제출 유예제도를 운영하고 있다.

034 | ①

ⓒⓔ 청구범위에는 발명을 불명료하게 하는 표현은 원칙적으로 허용되지 않는다. '거의', '필요에 따라'는 발명을 불명료하게 하는 표현들이다.

035 | ⑤

청구범위를 적을 때는 명확하고 간결하게 적어야 한다(특허법 제42조 제4항). '많은 양', 상한이 특정되지 않는 수치한정, '필요에 따라' 등은 청구범위를 불명료하게 하는 표현들이다.

036 | ④

④ 2 이상을 인용하는 청구항에서 인용되는 청구항이 다시 2 이상의 항을 인용해서는 안 된다. 청구항 4가 2 이상의 항을 인용하고 있는데, 그 인용되는 청구항인 청구항 3이 2 이상의 청구항을 인용하고 있어 청구범위 기재 방법에 위배된다.

037 | ⑤

⑤ 【청구항 5】는 다중인용으로 기재불비이고, 【청구항 6】은 제외클레임으로 부적법하다.

038 | ①

① 특허법 제45조 소위 단일성 요건은 절차적 요건인바 심사과정에서의 등록요건이지만, 특허가 등록된 경우 하자가 치유되어 무효사유에는 해당하지 않는다.

039 | ③

③ 물건발명을 그 물건을 생산하는 방법으로 특정할 수 있다. 이를 '방법한정 물건청구항(product by process claim)'이라고 한다(**예** ~하는 방법으로 제조된 −물건).
① 발명이 단일성이 있다고 하려면 적어도 청구된 발명들이 동일하거나 상응하는 기술적 특징을 가지고 있어야 한다.

040 | ⑤

⑤ 유럽의 경우 6개월의 시기적 제한이 있다.

041 | ⑤

⑤ 신규성이 상실되는 공지는 그 발명이 불특정 다수인이 알 수 있는 상태에 놓여진 것을 말하므로, 발명자가 자신의 발명을 집에서 혼자 실시한 경우에는 신규성이 상실되지 않는다.

042 | ④

④ 미국 출원에서도 공지예외를 인정받기 위해서는 우선권기간 내라도, 공개일로부터 1년 내에 미국에 출원하여야 한다.

043 | ③

㉠ 거절결정등본 송달 후에 실체보정을 하려면 재심사를 청구해야 한다(특허법 제67조의2).

㉡ 거절이유통지에 대응 또는 재심사청구에 따른 명세서 또는 도면의 보정은 특허출원서에 최초로 첨부한 명세서 또는 도면에 기재된 사항의 범위에서 하여야 한다(특허법 제47조 제2항).

㉣ 최후거절이유통지를 받은 후 보정을 하는 경우 신규사항추가(특허법 제47조 제2항) 또는 이하 특허법 제47조 제3항의 요건을 만족하지 못하는 경우에는 보정각하된다(특허법 제51조 제1항).

1. 청구항을 한정 또는 삭제하거나 청구항에 부가하여 청구범위를 감축하는 경우

2. 잘못 기재된 사항을 정정하는 경우

3. 분명하지 아니하게 기재된 사항을 명확하게 하는 경우

4. 제47조 제2항에 따른 범위를 벗어난 보정에 대하여 그 보정 전 청구범위로 되돌아가거나 되돌아가면서 청구범위를 제1호부터 제3호까지의 규정에 따라 보정하는 경우

㉢ 최후거절이유통지에 대한 보정은 청구항을 한정 또는 삭제하거나 청구범위를 감축하여야 하며, 변경 또는 확장해서는 안 된다(특허법 제47조 제3항).

044 | ④

④ 특허출원인은 특허결정등본을 받기 전에는 언제든지 횟수에 제한 없이 보정할 수 있다. 그러나 심사가 착수되어 거절이유가 통지된 이후에는 그 거절이유통지에 따라 의견서를 제출할 수 있는 기간이거나 재심사를 청구하면서가 아니면 보정할 수 없다.

045 | ④

분리출원된 이후에는 파생출원이 불허된다.

046 | ④

④ 심판의 대상이 되는 특허거절결정에서 특허가능한 청구항만을 분리출원할 수 있다.

047 | ②

② 우선권주장된 특허출원의 경우 선출원의 최초 명세서에 포함한 발명(a, b)은 선출원 시점인 2020년 1월 1일로 판단 시점이 소급되나, 우선권주장출원을 통해 새롭게 추가된 발명(c)은 우선권주장출원시점에서 등록요건을 판단받게 된다.

048 | ⑤

⑤ 국·공립학교의 직무에 관한 출원으로서 국·공립학교 안에 설치된 기술이전·사업화 전담조직에 의한 특허출원은 우선심사 대상이나 사립학교의 전담조직에 의한 특허출원은 우선심사 대상이 아니다.

049 | ②

② 심사청구가 된 경우에 한하여 우선심사신청을 할 수 있다.

050 | ⑤

⑤ 심사관이 직권보정을 하려면 특허결정의 등본 송달과 함께 그 직권보정사항을 특허출원인에게 알려야 한다.

051 | ⑤

⑤ 특허결정 이후 설정등록 전까지 해야 하고, 설정등록 이후에는 특허무효심판 등으로 다투어야 한다.

052 | ④

④ 재심사청구는 취하할 수 없다.

053 | ④

① 그 특허출원에 관하여 특허결정의 등본을 송달받은 날부터 특허료 납부에 따른 설정등록을 받기 전까지의 기간에 재심사를 청구할 수 있다.

② 재심사를 청구할 때에 이미 재심사에 따른 특허여부의 결정이 있는 경우에는 재심사를 청구할 수 없다.

③ 그 특허출원이 분리출원인 경우에는 재심사를 청구할 수 없다.

⑤ 거절결정불복심판에서 환송되었는데 심사관이 다시 거절결정을 한 경우에는 재심사에 따른 거절결정이 아닌 일반심사에 따른 거절결정이기 때문에 다시 재심사를 청구할 수 있다.

054 | ④

④ 특허침해금지청구권은 설정등록이 된 후 특허권자 또는 전용실시권자에게 부여되는 민사적 구제조치에 해당한다.

055 | ④

④ 보상금청구권은 등록결정이 아닌, 설정등록이 있은 후에 행사할 수 있다.

056 | ③

③ 출원인은 설정등록 시 청구항별 포기가 가능하므로, 설정등록료의 납부는 청구항별로 가능한 절차이다.

057 | ③

③ 특허권은 물권에 준하는 성질도 갖는다.

058 | ⑤

⑤ 이용발명이라고 하여도 선행 특허권 권리자의 허락 없이 실시하는 경우, 침해를 구성하게 된다.

059 | ③

③ 업으로의 실시를 판단할 때 규모, 비영리사업 여부 등은 고려 대상이 아니다.

060 | ④

④ 대한민국의 특허권은 대한민국에서만 효력이 있다.

061 | ③

③ 특허권의 존속기간은 특허법 제88조 및 제89조에 따라 일정 요건을 갖추는 경우 연장될 수 있다.

062 | ①

① 특허권의 존속기간 만료일은 출원일 후 20년이 되는 날이다. 따라서 2040년 1월 1일이 만료일이 된다.

063 | ②

② 우선권주장출원의 경우도 당해 출원의 출원일을 기준으로 한다.
① 특허권은 출원일 후 20년까지 존속한다. 다만, 존속기간연장제도상 예외가 있다.
③④ 분할·변경출원은 원출원의 출원일을 기준으로 한다.
⑤ 존속기간연장은 최대 5년까지 가능하다.

064 | ④

① 모든 허가에 대한 것이 아닌, 실제로 특허권을 실시할 수 없었던 기간에 대해 연장등록출원이 가능하다.
② 존속기간연장등록출원은 1회만 가능하다.
③ 기간에 대한 제한은 없다.
⑤ 1회에 한해, 5년 이하로 가능하다.

065 | ③

③ 특허발명의 실시에는 생산, 사용, 양도, 대여 등이 포함되는데 이들 각각이 독립적이라는 것이 실시행위독립의 원칙이다.

066 | ⑤

⑤ 특허권은 청구항별로 권리가 발생하나, 이전은 특허권 단위로 해야 한다.

067 | ②

② 특허권이 공유인 경우 심판의 결과가 모두에 대해 합일적으로 확정될 필요가 있기 때문에, 심판을 청구하고자 하는 자는 그 공유자 모두를 피청구인으로 하도록 규정하고 있다.
④ 특허권이 공유인 경우에는 각 공유자는 다른 공유자 모두의 동의를 받아야만 그 특허권에 대하여 전용실시권을 설정하거나 통상실시권을 허락할 수 있다(특허법 제99조 제4항).

068 | ③

③ 특허권이 공유인 경우에는 모든 공유자의 동의가 있어야 그 지분을 양도하거나 질권을 설정할 수 있다(특허법 제99조 제2항 참조). 또한 특허권이 공유인 경우에는 다른 공유자 모두의 동의가 있어야 특허권에 대한 실시권을 설정할 수 있다(특허법 제99조 제4항).
④ 공유특허권의 분할청구가 가능하다. 다만, 무체물이기 때문에 현물분할은 인정될 수 없고 현금분할만 인정될 뿐이다.

⑤ 특허권에 부수하는 실시권은 특허권의 유효한 존재를 전제로 하는 것이기 때문에, 특허권이 소멸되면 같이 소멸된다. 또한 국방상 필요 등에 의해 정부가 특허권을 수용하는 경우에도 특허권만 남고, 실시권 등 부수적인 권리는 모두 소멸한다.

069 | ⑤

⑤ 특허권이 공유인 경우, 각 공유자는 상대방의 동의를 얻어 전용실시권설정, 통상실시권허락, 질권 설정, 지분 이전이 가능하고, 각자 실시는 동의 없이 가능하다.

070 | ③

③ 전용실시권자가 자신의 전용실시권을 이전하기 위해서는 특허권자의 동의가 있어야 한다. 반면 미국이나 중국에서는 계약상의 특별한 정함이 없는 경우에는 특허권자의 동의 없이 자유롭게 이전할 수 있다.

071 | ④

④ 법정실시권은 특별한 정책적 목적에 따라 특허법에 규정하여 부여되는 통상실시권이고, 허락실시권은 특허권자 또는 전용실시권자가 허락으로 부여하는 통상실시권이다.
① 전용권은 배타권을 가지기에 특허권자도 실시에 제약을 받는다.

072 | ⑤

⑤ 통상실시권은 채권적 권리이기 때문에 중복 설정이 가능하다.
① 통상실시권은 독점·배타성이 없는 채권적 권리이다.
② 통상실시권의 등록은 효력발생요건이 아니라, 제3자 대항요건이다.
③ 통상실시권은 계약의 내용 또는 법규에 따라 유무상의 실시가 모두 가능하다.
④ 통상실시권자는 배타적 권리행사를 할 수 없다.

073 | ⑤

⑤ 통상실시권은 채권적 권리로서 포기는 행위 자체로서 특허원부상에 등록이 없어도 효력이 발생한다.

074 | ①

① 종업원의 직무발명을 제3자가 특허 취득한 경우에 그 사용자는 해당 특허발명에 대해 '무상의 법정통상실시권'을 가진다.

075 | ②

ⓒ 우선심사권허여에 의한 통상실시권은 존재하지 않는다.

076 | ③

③ 직무발명에 대한 통상실시권은 무상의 실시권이며, 나머지는 유상의 실시권으로 법정되어 있다.

077 | ②

② 선사용권을 포함한 법정실시권은 상속 그 밖의 일반승계의 경우 또는 실시사업과 함께 이전하는 경우에는 특허권자의 동의 없이도 이전이 가능하다.
① 선사용권은 무상의 법정실시권이다.
③ 선사용권을 포함한 법정실시권은 법정요건을 만족하였을 때 그 효력이 발생된다.
④ 법정실시권에 대한 질권 설정에 있어서는 특허권자의 동의가 필요하다.
⑤ 선사용권의 성립요건인 출원 전의 실시 등은 국내에서의 실시 등을 의미한다.

078 | ⑤

⑤ 재정에 의한 통상실시권은 공익적 이유에 따른 강제 실시권으로서, 담보의 대상으로 삼을 수 없다.

079 | ②

② 특허발명의 불실시 또는 불충분 실시를 이유로 재정청구를 하기 위해서는 출원일로부터 4년이 경과되어야 한다.

080 | ⑤

⑤ 특허권자의 특허표시 행위는 의무가 아니다. 다만, 제품에 특허를 표시하는 경우 추후 침해자의 고의를 입증하는 부분에서 유리할 수 있다.

081 | ②

② PCT출원을 한 경우 우선일로부터 30개월 내에 각 지정국의 국내단계로 진입하여야 하고, PCT출원비용과 각 국내단계에서의 비용이 각각 발생한다.

082 | ①

① PCT출원 후 지정국에서 권리행사를 하기 위해서는, 그 지정국에 진입하여 심사와 등록절차를 거쳐야 한다.

083 | ⑤

⑤ 한국특허청을 수리관청으로 해도 영문 등의 국제출원 언어로 출원이 가능하다.

084 | ④

④ PCT출원 시에도 조약우선권제도의 활용이 가능하다.

085 | ⑤

⑤ 출원인은 국제조사보고서를 받아볼 수 있으며, 이로부터 일정 기간 내에 PCT 제19조에 따른 보정을 할 수 있다.

086 | ①

① 국제조사보고서의 작성 후에 가능한 국제단계에서의 보정인, PCT 제19조에 따른 보정은 청구범위에 대해서 1회만 인정된다.

087 | ⑤

⑤ 번역문 제출은 각 지정국 특허청에 하여야 한다.

088 | ④

④ 베른협약은 저작권보호를 위한 국제협약이다.

089 | ④

④ 특허실체법조약에서 특허대상 확대에 관해서는 선진국과 다른 국가들 사이의 이견이 있다.
⑤ WTO/TRIPs협정에서는 인간과 동물의 질병진단·치료 방법과 미생물이 아닌 동식물에 대해 각 회원국이 특허부여 여부를 결정할 수 있도록 규정하고 있다.

090 | ①

㉠ 방법은 실용신안의 대상이 아니다.
㉢ 특허와 실용신안 사이의 변경은 모두 가능하다.
㉣ 실용신안에서는 고도성을 요구하지 않는다.

001	③	002	②	003	④	004	④	005	②
006	②	007	①	008	④	009	②	010	④
011	②	012	⑤	013	③	014	④	015	②
016	②	017	①	018	③	019	③	020	③
021	②	022	③	023	⑤	024	④	025	⑤
026	①	027	⑤	028	①	029	②	030	②
031	②	032	③	033	③	034	③	035	⑤
036	②	037	③	038	④						

001 | ③

㉠ Know—How는 산업상 이용가능성 등의 요건이 필요 없다.
㉣ Know—How는 행정절차가 불필요하다.

002 | ②

② 보정은 최초 출원한 명세서의 범위 내에서만 가능한 제한이 있기 때문에 미완성인 발명은 출원 이후 보정이 허용되지 않는다.

003 | ④

④ 특허권이 공유인 경우, 처분은 공유자 모두의 동의가 필수요건이다. 다만, 상속에 의한 특허권 지분 이전은 다른 공유자의 동의를 받지 않아도 된다.

004 | ④

㉡㉤ 암 수술 방법, 백혈병 치료 방법과 같이 인체를 직접적 대상으로 하는 것은 특허받을 수 없다.
㉢ 컴퓨터 프로그램 자체는 저작물이다.

005 | ②

② 진단하는 장치 및 수술용 의료 기기는 특허 대상이다.

006 | ②

② 발명의 설명에 적혀 있는 발명은 신규성을 만족시키지 않아도 된다.

007 | ①

① 대통령령이 정하는 전기통신회선이라는 제한은 현행법상 삭제되었다.

008 | ④

④ 본 발명의 명세서의 실시예에 기재된 구성요소 B는 특허출원 전 공지기술이 아니기 때문에 이를 인용발명으로 하여 진보성을 판단할 수 없다.

009 | ②

② 진보성 판단의 인용발명 또는 기술이 되려면 출원 시를 기준으로 공지 또는 공개된 것이어야 한다. 따라서 본 사안과 같이 인용발명 또는 기술이 공개되기 전에 출원된 경우에는 진보성 판단의 인용발명으로 할 수 없다. 따라서 이창작의 출원발명 b'는 비록 김발명의 발명 b로부터 통상의 기술자가 쉽게 발명할 수 있는 것이라 하더라도 진보성이 문제되지는 않는다.

010 | ④

2019허4833 판례 해석 문제이다(원부 생성 시점이 공개 시점으로 설정등록 시 특허의 공개 시점을 특정함).

011 | ②

① 분할출원에서 확대된 선출원주의의 다른 출원으로서 지위는 원출원일로 소급하지 아니한다.

012 | ⑤

㉠ 공서양속을 위반하므로 특허받을 수 없다.
㉡ 인체를 직접적인 대상으로 하므로 특허받을 수 없다.
㉢ 컴퓨터 프로그램은 컴퓨터를 실행하는 명령에 불과한 것으로 그 자체만으로 발명이 될 수 없다.
㉣ 자연법칙에 위배되므로 특허받을 수 없다.
㉤ 단순 발견이므로 특허받을 수 없다.

013 | ③

③ 이창작의 출원발명 중 A, B는 김발명의 특허공개공보에 의해 신규성 위반이지만, 확대된 선출원의 지위 위반은 아니다. 등록공고가 확대된 선출원의 지위의 적용의 요건에 해당하는 때는 출원공개가 되지 않은 상태로 등록공고가 되는 경우이다.

014 | ④

④ 이창작의 출원이 공개되기 전에 신규성 위반으로 거절결정이 확정된다면 김발명은 등록이 가능하다.

015 | ②

② 이창작이 김발명보다 먼저 출원하였다 하더라도 김발명의 발표에 의해 신규성을 상실한다.
① 국내외를 무관하고 신규성을 상실한다.
③ 이창작의 출원이 등록된다 하더라도 김발명의 발표에 의해 신규성을 상실하므로, 무효사유를 갖게 된다.
④ 김발명이 신규성 상실의 예외를 적용받는다 하더라도 이창작이 김발명보다 먼저 출원되었으므로 특허받을 수 없다. 다만, 이창작의 출원이 거절결정 확정되거나 무효확정될 경우 특허받을 수 있다.
⑤ 상업적 성공은 등록요건 중 진보성 판단의 참고자료일 뿐이다.

016 | ②

② A가 공지예외주장(특허법 제30조)을 하면서 X'를 출원하였다면, A가 공개한 X를 인용발명으로 하여 진보성을 부정할 수 없다.

017 | ①

① 청구범위를 적지 않은 명세서로 출원한 출원인은 제3자의 심사청구가 있는 경우, 심사청구의 취지를 통지받은 날로부터 3개월 또는 출원일이나 최선일로부터 1년 2개월이 되는 날 중 빠른 날까지 청구범위를 적는 보정을 하여야 한다.

018 | ③

③ 특정 방법을 구성하는 프로세스로 적은 물건발명은 특별한 사정이 없는 한 그 물건 자체로 해석하며, 그 방법에 진보성이 있더라도 최종의 물건이 종래기술로부터 용이하게 발명할 수 있다면 진보성이 없는 것으로 취급한다.

019 | ③

③ 독립항이 불명료하더라도 그 종속청구항에서 독립항의 불명료한 항목을 구체화하여 명료한 경우가 있으므로 독립항이 불명료하다고 당연히 그 종속청구항도 불명료한 것은 아니다.

020 | ③

㉠ "바람직하게"와 같은 기재는 한국 실무에 적절하지 않다.

㉡ 청구항을 3개 이상 인용하는 경우, 택일적으로 기재되어야 한다.

㉣ 한국 실무상 용도 발명이 허용되지 않는다.

㉤ 중량% 기재 시, 하나의 최젓값과 나머지 최댓값의 합이 적어도 100이 되어야 한다.

021 | ②

㉡ 함량 조건을 이중으로 한정하게 되면 구체적으로 어떤 범위의 발명을 청구하는지 알 수 없어, 불명료한 기재로 취급되므로 출원이 거절된다.

㉣ 관절염 치료방법은 산업상 이용가능성이 인정되지 않으므로 해당 청구항은 거절된다.

022 | ③

㉥ 중국 및 유럽특허제도에도 공지예외적용 규정이 있으나 박람회 출품에 의한 공지와 의사에 반한 공지만을 구제하고 있다.

㉠ 공개일로부터 12개월 이내에 공지예외주장출원을 함으로써, 특허등록을 받을 수 있다.

㉢ 공지예외주장출원기간은 6개월이 아니라 12개월이다.

㉣ 미국특허제도에도 공지예외적용규정이 있다.

㉤ 일본특허제도에도 공지예외적용규정이 있다. 다만, 일본특허법에서는 공지예외적용사유를 간행물 발표, 학술단체 서면발표 등으로 제한하고 있다.

023 | ⑤

⑤ 제3자가 특허를 받을 수 있는 권리를 가진 자의 의사에 반하여 발명 내용을 공개한 경우에도 공지예외적용을 받을 수 있다. 그러나 발명자가 공개한 발명과 동일한 발명을 제3자가 먼저 출원하면 공지예외적용을 받더라도 확대된 선출원주의 위배로 특허를 받을 수 없게 될 수 있다.

024 | ④

④ 이런 경우는 김발명은 신규성 상실로, 이창작은 후출원으로 모두 특허를 받을 수 없다.

③ 출원일이 소급되는 것이 아니고 신규성과 진보성 판단시점이 소급된다.

025 | ⑤

⑤ 조기공개신청을 한 출원은 우선심사신청 대상이 아니다. 우선심사신청은 정책적 목적에 따라 방위산업에 필요한 경우, 환경문제를 해결할 수 있는 경우 등 필요한 경우에만 할 수 있도록 규정되어 있다.

026 | ①

① 출원 이후 제3자의 무단 실시가 있을 경우, 공개의 효과인 경고를 활용할 수 있도록 조기공개신청을 하고, 보상금청구권 및 특허권 행사를 위한 우선심사를 통해 조속히 권리화를 꾀하는 것이 바람직하다.

027 | ⑤

㉢ 출원공개는 출원일 후 1년 6개월이 될 때 이루어진다.

028 | ①

① 심사청구는 출원일로부터 3년이 경과한 2022년 3월 6일까지 할 수 있다.

② 특허권의 존속기간은 출원일로부터 20년이다.

③ 파리조약에 근거한 우선권주장이 가능한 기간은 출원일로부터 1년이다.

④ 출원공개는 출원일(우선권주장이 있는 경우 최선일)로부터 1년 6개월이 경과한 때이다.

⑤ 특허무효심판은 특허권 존속 중은 물론 특허권이 장래를 향해 소멸된 경우라도 이해관계인 또는 심사관이 청구할 수 있다.

029 | ②

㉠ 발명가의 권리는 헌법에 의하여 보호된다.

㉢ 특허법상의 발명은 반드시 경제적 이익을 수반하여야 하는 것은 아니다.

㉡ 특허권은 상속인이 없을 때 소멸한다.

030 | ②

② 특허권이 공유인 경우 다른 공유자의 동의 없이 지분의 전부를 양도하는 경우뿐만 아니라 일부 양도도 불가능하다.

031 | ②

② 특허발명인 프로펠러를 국내에서 제작한 것은 존속기간 만료 이전에 이루어진 것이므로 D사는 한국에서의 특허권 침해에 대한 책임을 물을 수 있다.

032 | ③

③ 방법발명인 경우 실시는 그 방법을 사용하는 행위 또는 그 방법의 사용을 청약하는 행위이다. 보기의 행위는 침해로 보는 행위이므로 특허발명의 실시는 아니다.

033 | ③

③ 특허권의 양도나 실시권 설정으로 발생한 수익은 공유자가 지분의 비율로 수익 배분을 하여야 하지만, 공유자가 실시하여 발생한 수익은 그 공유자의 몫으로 보는 것이 정설이다.

034 | ③

③ 특허권을 공유한 경우 공유자 모두가 청구해야 한다.

035 | ⑤

⑤ 통상실시권허락심판에 의한 통상실시권은 이용·저촉 관계인 후 특허권자의 심판에 의해 발생하는 실시권으로 법정실시권과는 구별된다.
①②③④ 모두 법으로 정해져 있는 법정실시권이다.

036 | ②

② 특허협력조약(PCT)은 국제단계에서의 절차적 사항만을 통일적으로 규율할 뿐, 개별국에서의 절차적 진행과 실체적 심사 및 그에 따른 특허권의 발생은 개별국에서 각각 독립적으로 진행된다.

037 | ③

③ 대만은 PCT협약국이 아니므로 PCT출원에 기초하여 대만에 출원할 수 없다. 파리조약에 의한 우선권을 이용하여야 한다.

038 | ④

④ 고혈압 치료제는 실용신안 보호대상이 아니다.

Chapter 3 디자인제도 및 권리화

STEP 1 난도 ▶ 하 본책_p.85

001	⑤	002	②	003	①	004	⑤	005	②
006	②	007	⑤	008	③	009	①	010	②
011	④	012	④	013	⑤	014	②	015	④
016	④	017	①	018	④	019	③	020	③
021	④	022	①	023	④	024	②		

001 | ⑤

디자인보호법에서 보호하는 디자인은 물품의 형상, 모양, 색채 또는 이들을 결합한 것으로서 시각을 통하여 미감을 일으키는 것을 말한다. 즉, 디자인으로 성립되기 위해서는 물품성, 형태성, 시각성 및 심미성을 갖추어야 한다.
⑤ 진보성은 디자인등록의 요건이 아니며, 특허 및 실용신안의 등록요건이다.

002 | ②

② 동적디자인제도란 창작적 가치가 있는 물품의 변화상태를 전체로서 1디자인으로의 성립을 인정하여 권리를 부여하는 제도를 말한다. 동적디자인으로 성립되기 위해서는 이하의 요건이 요구된다.
1. 물품의 형태가 기능에 기초하여 변화할 것
2. 변화가 시각에 의해 감지될 것
3. 변화가 용이하게 예측되지 아니할 것
4. 변화의 일정성이 있을 것

003 | ①

① 아파트는 부동산으로서 디자인등록의 대상이 되는 물품에서 제외된다.

004 | ⑤

⑤ 서비스디자인은 물품의 본래적 형태가 아닌 변형된 형태로서 디자인등록의 대상이 아니다.

005 | ②

② 공지 등이 된 디자인 또는 국내 및 국외의 주지 형태로부터 쉽게 창작할 수 있는 디자인은 창작성(디자인보호법 제33조 제2항) 위반을 이유로 디자인등록을 받을 수 없도록 하고 있다.

006 | ②

② 확대된 선출원 규정(디자인보호법 제33조 제3항)이 적용되기 위해서는 후출원 디자인이 선출원 디자인의 일부와 동일하거나 유사하여야 한다. 또한 선·후출원인이 동일인이 아니어야 한다. 따라서 동일인의 선·후출원 간에서는 확대된 선출원 규정이 적용되지 않는다(디자인보호법 제33조 제3항 단서).

007 | ⑤

⑤ 지문의 경우 디자인보호법 제33조 제2항(창작비용이성) 위반으로 등록받을 수 없다.
① 제34조 제1호 ② 제34조 제2호 ③ 제34조 제3호 ④ 제34조 제4호

008 | ③

③ 도면에는 물품류 및 디자인의 대상이 되는 물품의 명칭이 적혀 있어야 한다. 디자인의 대상이 되는 물품의 명칭을 적지 않은 경우에는 해당 출원서류가 불수리된다.

009 | ①

① 견본은 도면에 갈음하여 제출하여야 한다. 즉, 도면과 견본을 함께 제출할 수 없다. 출원인은 도면, 사진 또는 견본 중 어느 하나를 선택하여 디자인등록출원서류에 첨부할 수 있다.

010 | ②

② 디자인보호법 제38조는 디자인출원 시 도면·사진 또는 견본을 제출하지 않은 경우 기간을 정해서 제출하도록 보완 명령을 하고, 그 기간 내에 보완하지 않으면 부적합한 출원으로 보아 반려할 수 있게 규정하고 있다.

011 | ④

④ 현행 디자인보호법에 따르면, 디자인의 요지를 파악할 수 있다는 것을 전제하에 1 이상의 도면을 제출하면 충분하다. 즉, 사시도를 반드시 제출하여야 하는 것은 아니다.

012 | ④

④ 디자인등록출원을 하기 위해서 출원인은 출원서 및 도면을 제출한다. 여기서 출원인의 정보는 출원서를 통해 특정한다.

013 | ⑤

② 디자인보호법에 변경출원제도는 없으며, 보정을 통해 해결할 수 있다.
③ 디자인보호법에는 디자인권 존속기간연장등록제도가 없다.

014 | ②

② 디자인권의 존속기간은 설정등록일부터 출원일 후 20년이 되는 날까지이다(디자인보호법 제91조 제1항).
③ 제35조에 따라 관련디자인으로 등록된 디자인권의 존속기간 만료일은 그 기본디자인의 디자인권 존속기간 만료일로 한다.

015 | ④

④ 디자인권은 설정등록일부터 출원일 후 20년이 되는 날까지 존속되며, 갱신등록제도가 없다. 다만, 지정국을 대한민국으로 하여 국제등록된 디자인은 5년마다 갱신하는 제도를 두고 있다.

016 | ④

④ 디자인권의 침해를 구성하는 행위란 "등록디자인의 보호범위 내에서 정당한 권원이 없는 자가 업으로서 실시하는 것"을 말한다. 여기서 등록디자인의 보호범위는 등록디자인 또는 이와 유사한 디자인까지 미친다.

017 | ①

① 디자인권은 설정등록일부터 출원일 후 20년이 되는 날까지 존속한다.

018 | ④

④ 존속기간연장등록출원제도는 특허법에만 존재하는 제도이다.

019 | ③

③ 디자인보호법은 심사가 쉬워 심사기간이 짧으므로, 심사청구제도를 두지 아니한다. 또한 출원의 순위에 따라 디자인 심사를 진행하나, 우선심사신청이 가능하다(제61조).

020 | ③

③ 복수디자인등록출원된 일부 디자인에 대한 디자인등록결정 또는 디자인등록거절결정이 가능하다.

021 | ④

④ 일부심사등록출원의 경우 공업상 이용가능성, 국내외 주지 형태로부터의 창작비용이성, 1디자인 1출원 여부와 같이 선행디자인의 검색이 요구되지 않는 등록요건만을 심사한다. 신규성은 선행디자인의 검색이 요구되므로 일부심사 등록출원의 원칙적인 심사 사항이 아니다. 다만, 정보제공이 있는 경우 심사관은 제공된 정보 및 증거를 근거로 모든 등록요건을 심사할 수 있다.

022 | ①

① 복수디자인등록출원·정보제공·출원공개신청·비밀디자인·무효심판의 청구는 심사, 일부심사를 구분하지 않고 모두 가능하다.
③ 이의신청은 일부심사등록 디자인권에만 청구가 가능하다.

023 | ④

④ 관련디자인권의 존속기간의 만료일은 기본디자인권의 존속기간의 만료일로 한다. 기본디자인과 관련디자인권의 중첩적인 범위의 존속기간이 연장되는 것을 방지하기 위함이다.

024 | ②

② 건강상 해로운지 여부는 디자인등록에 영향을 미치지 않으므로 한 벌의 흡연 용구 세트도 한 벌 물품으로서 디자인등록이 가능하다.

STEP 2	난도 ▶ 중							본책_p.92	
001	②	002	①	003	③	004	④	005	④
006	⑤	007	⑤	008	②	009	①	010	④
011	②	012	④	013	①	014	④	015	①
016	②	017	②	018	③	019	①	020	③
021	⑤	022	③	023	⑤	024	①		

001 | ②

디자인이란 물품의 형상, 모양, 색채 또는 이들을 결합한 것으로서 시각을 통하여 미감을 일으키게 하는 것을 말한다(디자인보호법 제2조 제1호).

002 | ①

② 이 경우 디자인등록을 받을 수 있는 권리는 공유한다.
③ 디자인등록을 받을 수 있는 권리를 공유하는 경우 상

속, 그 밖의 일반승계의 경우를 제외하고는 타 공유자의 동의가 있는 경우에만 디자인등록을 받을 수 있는 권리를 양도할 수 있다.
④ 디자인등록출원을 취하하면 원칙적으로 선출원의 지위를 상실한다.
⑤ 디자인등록을 받을 수 있는 권리에는 질권을 설정할 수 없다.

003 | ③

③ 물품류는 통일적인 물품의 명칭의 기재를 위한 것으로서, 같은 물품류에 속하는 경우라도 비유사한 물품의 관계에 있을 수 있고, 다른 물품류에 속하는 물품이라도 동일한 물품으로 취급될 수 있다.

004 | ④

④ 디자인의 유사 여부 판단에 있어 디자인의 관찰은 육안에 의한 간접적 대비 관찰에 의한다. 따라서 원칙적으로 확대경 또는 현미경을 이용하여 관찰하는 것은 허용되지 아니한다. 다만, 물품의 거래계에서 확대하여 관찰하는 것이 통상적인 직물 패턴, 보석 세공, 발광 다이오드와 같은 물품에 대해서는 확대경과 같은 보조 도구를 사용한 관찰이 예외적으로 허용된다.

005 | ④

④ 자기 의사에 의한 경우나 반한 경우 모두 공지일로부터 1년 이내에 출원하여야 한다.

006 | ⑤

⑤ 출원 전에 공개된 디자인이 출원된 디자인과 동일하거나 유사한 디자인이 아니라도 창작비용이성 심사자료가 될 수 있으므로, 신규성 상실의 예외를 주장할 필요가 있다.

007 | ⑤

⑤ 첨성대는 저명한 건축물이므로 이의 형태를 전용하여 다른 물품에 표현한 경우에는 디자인보호법 제33조 제2항 위반을 이유로 디자인등록을 받을 수 없다.

008 | ②

② 가방은 일부심사물품에 해당되지만 공업상 이용가능성은 심사대상이다.

009 | ①

㉠ 부동산이라도 다량생산 및 이동이 가능하면 디자인등록이 가능하다.

㉢ 한 벌의 글자꼴은 디자인보호법상 글자체디자인으로서 디자인등록이 가능하다.

㉡ 63빌딩은 저명한 건축물이므로 이의 형태를 전용하여 디자인등록출원한 경우 창작성 위반의 거절이유를 갖는다.

㉣ 표준이 정하여진 물품의 형상은 준필연적 형상으로서, 디자인보호법 제34조 제4호 위반의 거절이유를 갖는다.

㉤ 타인의 업무와 관련된 물품과 혼동을 일으킬 우려가 있는 디자인은 디자인보호법 제34조 제3호 위반을 이유로 디자인등록받을 수 없다. 다만, 자신의 출처를 표시하는 표장 등을 이용한 경우에는 그렇지 않다.

010 | ④

④ 자연물 자체의 형상이 아닌 이를 모티브로 하여 창작적인 요소를 가미시켰다면 디자인등록의 대상이 될 수 있다.

① 국가 원수의 초상을 모티브로 한 디자인은 디자인보호법 제34조 제2호 위반의 거절이유를 가진다.

② 국기를 모티브로 한 디자인은 디자인보호법 제34조 제1호 위반의 거절이유를 가진다.

③ 국제기관의 표장을 모티브로 한 디자인은 디자인보호법 제34조 제1호 위반의 거절이유를 가진다.

⑤ 물품의 기능발휘를 위한 필연적 형상만으로 된 디자인으로서 디자인보호법 제34조 제4호 위반의 거절이유를 가진다.

011 | ②

② 1디자인 1출원주의 위반은 무효사유에 해당하지 않는다.

012 | ④

④ 디자인일부심사등록의 이의신청은 설정등록이 있는 날부터 등록공고일 후 3개월 이내에 할 수 있다.

013 | ①

① 통상실시권은 여러 명에게 허여할 수 있다.

014 | ④

④ 일부심사등록출원도 실체심사를 행한다. 구체적으로 창작성 중 국내외 주지 형태로부터의 창작성, 공업상 이용가능성 판단 등과 같이 선행디자인의 심사가 요구되지 않는 실체심사를 수행하고 디자인등록을 행한다.

015 | ①

일부심사등록출원의 경우 선행디자인의 검색이 요구되는 등록요건은 원칙적으로 심사에서 제외된다.

㉢㉣ 선행디자인의 검색이 요구되므로 일부심사등록출원의 원칙적인 심사사항이 아니다. 다만, 정보제공이 있는 경우에는 심사관은 제공된 정보 및 증거를 근거로 모든 등록요건을 심사할 수 있다.

016 | ②

② 부분디자인등록출원의 디자인등록 대상이 되는 물품의 명칭은 전체디자인과 마찬가지로 독립하여 거래되는 물품의 명칭으로 적어야 하고, 컵의 손잡이나 컵의 손잡이 부분과 같은 물품의 명칭은 정당하지 않은 물품의 기재로 본다.

① 부분디자인제도는 물품의 부분에 관한 창작을 디자인권으로서 보호하는 제도이다.

③ 부분디자인으로 등록받고자 하는 부분은 실선으로, 그 이외의 부분은 파선으로, 경계가 모호한 경우에는 일점쇄선으로 이를 표현하여 출원한다.

④ 부분디자인권이 발생된 경우에는 제3자가 해당 부분만을 포함하여 실시하더라도 부분디자인권의 침해를 구성한다.

017 | ②

② 부분디자인의 경우 전체디자인과 동일한 물품명인 '컵'으로 기재하여야 한다.

018 | ③

③ 제94조 제2항 제1호에 의해서 효력이 미치지 않는다.

019 | ①

① 일부심사등록출원된 디자인에 대해서는 출원 전 공지 등이 된 디자인과 동일하거나 유사한지 여부를 심사하지 않는다. 따라서 일부심사등록출원된 디자인은 정보제공이 없는 이상 신규성 위반을 이유로 거절되지 않는다.

020 | ③

③ 한 벌 물품의 디자인이란 2 이상의 물품이 전체로서 통일성이 있는 경우 1디자인으로 권리를 부여하는 제도를 말한다. 2 이상의 물품이 시스템 디자인을 구성하는 경우 전체로서 권리를 인정하는 것이 디자인 창작의 의도에 부합하기 때문이다.

021 | ⑤

⑤ 기본디자인권과 관련디자인권은 분리하여 양도할 수 없다 (디자인보호법 제96조 제1항 단서).

022 | ③

③ 비밀디자인은 설정등록 전까지 청구할 수 있다. 따라서 디자인권이 등록된 이후에는 비밀디자인을 청구할 수 없다.

023 | ⑤

⑤ 비밀디자인의 청구는 디자인등록출원인만이 가능하며, 이해관계인과 같은 제3자는 이를 신청할 수 없다.

024 | ①

① 이러한 제한은 없다. 우리나라 기업이 필요에 따라 미국에만 디자인권을 등록받고 한국에는 디자인권을 등록받지 않는 경우가 있다.

003 | ③

③ 디자인등록의 대상이 되는 물품은 독립하여 거래되는 구체적인 유체동산으로서, 공업적 생산 방법에 의해 동일한 물품이 양산이 가능하여야 한다. 따라서 토지에 고정된 건축물과 같은 부동산은 원칙적으로 디자인등록의 대상이 아니다. 다만, 부동산이라고 할지라도 토지에 정착되기 전에 다량생산이 가능하고 이동이 가능한 경우(조립식 가옥, 조립식 울타리 등)에는 동산적 태양으로 거래되는 시기가 있으므로, 디자인보호법의 목적인 물품의 수요증대에 따른 산업발전에 이바지하는 것이 가능하여, 예외적으로 디자인등록의 대상으로 하고 있다.

004 | ④

디자인의 유사 판단은 요부를 위주로 하는 전체관찰에 의한다. 즉, 디자인 창작의 특징적인 부분이나 수요자가 특히 관심을 가지고 관찰하는 특이한 형태를 취하는 부분을 요부로 파악하고, 이를 중심으로 전체적으로 유사하거나 상이한 미감을 발휘하는지의 여부를 판단한다. 참신한 형태·새로운 형태·수요자가 관심을 갖는 부분의 형태 등은 디자인의 요부를 구성하므로 이를 위주로 판단하고, 물품의 일반적 형태·기능적 형태·당연히 있어야 하는 형태 등은 디자인 창작의 요부라 할 수 없으므로 중요도를 낮게 보아야 한다.

STEP 3	난도 ▶ 상			본책_p.100					
001	③	002	③	003	③	004	④	005	①
006	①	007	①	008	①	009	①	010	⑤
011	⑤	012	④	013	②	014	③	015	⑤

001 | ③

디자인등록의 대상이 되는 물품은 독립하여 거래되는 구체적인 유체동산으로서, 공업적 생산 방법에 의해 동일한 물품이 양산이 가능하여야 한다.
ⓒ 찹쌀로 만든 떡은 정형적으로 고정되어 있고 독립단위로 판매할 수 있으므로 디자인등록받을 수 있다.
ⓐ 칵테일 음료는 담는 용기에 따라 그 형태가 변화하므로 구체성이 결여되어 디자인등록받을 수 없다.
ⓜ 나비 모양으로 접은 손수건은 물품의 원래적 형태가 아니므로 디자인등록의 대상이 되지 않는다.

002 | ③

ⓔ 디자인등록의 대상이 되는 물품은 독립하여 거래되는 구체적인 유체동산으로서, 공업적 생산 방법에 의해 동일한 물품의 양산이 가능하여야 한다. 장미꽃은 천연 자연력에 의해 양산되는 것으로서, 동일한 물품의 양산화가 불가능하다.

005 | ①

①②③ 자신의 디자인이 출원 전에 공지된 경우에도 신규성 상실의 예외 제도(디자인보호법 제36조)를 이용하면 예외적으로 공지되지 아니한 것으로 취급될 수 있다. 다만, 최초의 공지일부터 12개월 이내에 출원되어야 하며, 취지를 적은 서면 및 이를 증명할 수 있는 서류를 법에서 정하는 기간 이내에 제출하여야 한다.

006 | ①

① 최초 공지일이 2019년 11월 4일이므로 1년이 지난 2020년 12월 디자인출원은 신규성 상실 예외를 주장할 수 없다.

007 | ①

① 제36조 제1항 단서 및 특허법원 2019허2653 판례취지상 미국에서 등록공고된 공지의 경우에는 신규성 상실 예외 주장을 할 수 없다.

008 | ①

① 완성품디자인은 그 자체로 1디자인으로 성립되므로 부품별로 디자인권이 발생되는 것이 아니라, 전체로서 1디자인권이 발생된다. 따라서 완성품디자인에 관한 디자인권을 부품별로 양도하거나, 실시권을 설정하는 등의 활용을 할 수 없다.

009 | ①

① '인형'과 '메달'은 물품이 비유사하여 디자인권 침해에 해당되지 않는다.

010 | ⑤

⑤ 로카르노 협정에 따른 물품류 중 제1류(식품), 제2류(의류 및 패션잡화용품), 제3류(가방 등 신변품), 제5류(섬유제품, 인조 및 천연 시트직무류), 제9류(포장용기), 제11류(보석, 장신구) 및 제19류(문방구, 사무용품, 미술재료, 교재)에 해당하는 물품은 디자인일부심사등록출원을 할 수 있고, 나머지 류에 속하는 물품은 디자인심사등록출원을 해야 한다.

011 | ⑤

⑤ 의류는 일부심사 물품에 해당하여 선출원주의를 심사하지 않는다.

012 | ④

④ 부분디자인으로 등록받고자 하는 부분을 '실선'으로, 그 이외 부분은 '파선'으로 표현하여 명확히 구별하고, 만약 경계가 불명확한 경우에는 그 경계를 1점 쇄선으로 표시하여야 할 수 있고, 사진으로 출원하는 경우 등록받고자 하는 부분과 그 이외의 부분에 색채를 달리 표현하여 명확히 구별할 수도 있다.

013 | ②

② 디자인보호법 제35조 제2항

014 | ③

③ 디자인보호법은 출원인의 신청에 의해 설정등록일부터 3년 이내의 기간을 정하여 등록디자인의 내용을 비밀로 할 수 있는 비밀디자인제도(디자인보호법 제43조)를 두고 있다. 비밀디자인의 청구가 있는 경우 비밀기간 내의 등록공개공보에는 디자인의 실체적인 내용이 게재되지 아니하며, 서지적 사항만이 게재된다. 이후 비밀기간이 만료되면 실체적 내용이 포함된 등록공고를 다시 행한다.

015 | ⑤

⑤ 비밀디자인이 청구된 디자인등록출원이라도 출원공개를 신청할 수 있다. 다만, 출원공개를 신청하는 경우 비밀디자인의 청구가 철회된 것으로 본다.

Chapter 4 상표제도 및 권리화

STEP 1	난도 ▶ 하								본책_p.105
001	③	002	④	003	⑤	004	⑤	005	①
006	③	007	②	008	②	009	④	010	②
011	②	012	④	013	④	014	⑤	015	③
016	②	017	②	018	②	019	③	020	④
021	②	022	④	023	③	024	⑤	025	②
026	④								

001 | ③

상표의 기능에는 자타상품 식별기능, 출처표시기능, 품질보증기능, 광고선전기능, 경쟁적 기능 등이 있으며, 문화창달 기능은 상표법과는 무관하다.

002 | ④

㉠㉣ 상표법은 서면주의를 채택하여 상표등록출원서 등의 제출을 서면에 의하도록 하고 있으며, 무심사주의가 아닌 심사주의를 채택하고 있다.
㉡ 상표법 또한 특허와 마찬가지로 선출원주의를 채택하고 있으므로 선사용주의는 상표법이 채택한 원칙이 아니다.

003 | ⑤

현행 상표법상의 표장은 제2조 제1항 제2호 내지 다목에 따라 입체적 형상, 색채, 홀로그램, 동작 등의 시각적 표장과 소리, 냄새 등의 비시각적 표장이 모두 해당될 수 있다.

004 | ⑤

⑤ 상표란 타인의 상품과 식별하기 위하여 사용되는 표장으로서, 홀로그램과 동작 또한 표장에 포함된다.
① 상표법 제34조 제1항 제7호에 따라 선출원에 의한 타인의 등록상표와 동일·유사한 상표로서 그 지정상품과 동일·유사한 상품에 사용하는 상표는 상표등록을 받을 수 없다.
② 2016년 상표법 개정에 따라 상표의 정의에서 "상품의 생산·가공 또는 판매를 업으로 하는 자"에 대한 부분이 삭제되었고 상표란 자기의 상품과 타인의 상품을 구별하기 위하여 사용하는 표장으로 정의된다.

③ 상표법은 산업발전에 이바지함과 아울러 수요자의 이익 보호를 목적으로 한다.

④ 상표는 상표에 화체된 신용과 이익을 보호, 유지하고 수요자가 원하는 상품을 정확하게 선택할 수 있도록 하는 데 목적이 있다.

005 | ①

① 현행 상표법상의 표장은 제2조 제1항 제2호에 따라 홀로그램, 동작 등의 시각적 표장과 소리, 냄새 등의 비시각적 표장이 모두 해당될 수 있으며, 입체상표는 이미 1997년 상표법에서 도입하였다.

006 | ③

③ 지리적 표시는 지리적 표시 단체표장으로 보호가 가능하다.

007 | ②

② 단순한 지리적 명칭이 아닌 '현저한 지리적 명칭'에 해당하여야 거절된다(상표법 제33조 제1항 제4호).
① 제33조 제1항 제1호 ③ 제33조 제1항 제5호 ④ 제33조 제1항 제6호 ⑤ 제33조 제1항 제2호

008 | ②

② '상표의 보통명칭화'란 원래는 특정한 상품을 식별하게 하는 특정인의 상표가 일반 수요자 및 동종업자들의 반복된 사용에 의하여 식별력을 상실함으로써 특정상품의 보통명칭이 되는 현상을 말한다.

009 | ④

④ 상표법 제33조 제2항에 따른다.
① 저명한 국제기관의 명칭은 등록이 불가하다(제34조 제1항 제1호 다목).
② 공공단체의 비영리 표장으로서 저명한 것과 동일·유사한 것은 등록될 수 없다(제34조 제1항 제3호).
③ 공서양속에 반하여 등록될 수 없다(제34조 제1항 제4호).
⑤ 흑인 인종을 비하하는 것으로 등록될 수 없다(제34조 제1항 제2호).

010 | ②

② 동일인 간에는 상표법 제34조 제1항 제7호가 적용되지 않으므로 부등록사유에 해당하지 않는다.
① 제34조 제1항 제7호 ③ 제35조 ④ 제34조 제1항 제9호 ⑤ 제34조 제1항 제11호

011 | ②

ⓒ 2007년 개정 상표법은 본 호의 인식도를 완화하여 '특정인의 상품을 표시하는 것이라고 인식'되면 본 호의 인용상표가 될 수 있는 것으로 하였다.
ⓒ 본 호는 상품면에 있어서는 제한 없이 적용될 수 있다.
㉠ 법문상 부당한 이익을 얻으려 하거나 특정인에게 손해를 가하려고 하는 경우는 부정한 목적의 예시에 불과하다.
㉣ 2016년 개정에 따라 상표부등록 사유의 판단시점은 출원 시를 기준으로 판단하여야 한다.
㉤ 이른바 희석화 목적의 출원도 본 호에 해당하는 것으로 본다.

012 | ④

상표등록이 가능하기 위하여는 식별력이 있고, 부등록사유에 해당하지 않아야 하며, 선출원주의에 따라 가장 빠른 출원이어야 한다.
④ 상표는 선택된 표지로서 인간의 지적창작물이 아니므로 창작성은 필요치 않다.

013 | ④

상표법상의 출원 또는 신청에는 상표등록출원, 상표등록분할출원, 존속기간갱신신청, 지정상품추가등록출원 등이 있으며, 무심사출원은 존재하지 않는다.

014 | ②

② 상표법은 특허와 달리 심사청구제도 자체가 없다.
① 상표법은 '1상표 다류 1출원주의'를 채택하고 있다. 따라서 하나의 출원에 상표는 반드시 하나이어야 하나, 상품은 복수로 적을 수 있다.
③ 상표법은 심사청구제도는 없으나 우선심사신청제도는 있으며, 출원인이 출원상표를 지정상품 전부에 사용하고 있거나 사용 준비 중인 것이 명백한 경우에는 다른 출원에 우선하여 심사할 수 있다.
④ 상표법 제55조에 따르면 심사관이 상표등록 거절결정을 하고자 할 때에는 출원인에게 거절이유를 통지하고 의견서를 제출할 수 있는 기회를 주어야 한다.
⑤ 하나의 출원 시에 상품과 서비스업을 동시에 적는 것은 별도의 제한이 없어 가능하다.

015 | ③

③ 지정상품의 경우 지정상품을 감축하는 보정이 허용된다.

016 | ②

② 상표법에는 이의신청제도뿐만 아니라 정보제공제도도 있다.

017 | ②

② 출원인이 당해 상표등록출원의 사본을 제시하는 경우에는 출원공고 전이라도 서면으로 경고할 수 있다.
① 손실보상청구권은 당해 상표등록출원에 대한 상표권의 설정등록이 있은 후가 아니면 이를 행사할 수 없다.
③ 출원공고 전에는 출원서 사본을 제시하여 경고할 수 있다.
④ 경고 여부와 관계없이 등록된 상표권은 행사할 수 있다.
⑤ 상표법상의 손실보상청구권은 마드리드 의정서에 의한 국제출원에 대하여는 인정되지 않는다.

018 | ②

② 상표권은 갱신이 가능하다.
① 상표권의 존속기간은 설정등록이 있는 날부터 10년이다.
③ 갱신신청의 횟수는 제한이 없다.
④ 상표법상의 등록주의 원칙에 따라 상표권은 등록결정에 의하여 발생한다.
⑤ 상표권은 지정상품마다 분할하여 이전할 수 있다.

019 | ④

④ 상표권은 존속기간갱신등록제도에 의하여 반영구적으로 보호가 가능하다.

020 | ④

상표법 제2조 제1항 제11호에 따라, (1) 상품 또는 상품의 포장에 상표를 표시하는 행위, (2) 상품 또는 상품의 포장에 상표를 표시한 것을 양도 또는 인도하거나 그 목적으로 전시·수출 또는 수입하는 행위, (3) 상품에 관한 광고·정가표·거래서류·간판 또는 표찰에 상표를 표시하고 전시 또는 반포하는 행위는 상표의 사용에 해당한다.
④ 상품의 포장에 상표를 표시한 것을 보관하는 행위는 상표의 사용에 해당하지 않는다.

021 | ②

상표법 제2조 제1항 제11호에 따라, (1) 상품 또는 상품의 포장에 상표를 표시하는 행위, (2) 상품 또는 상품의 포장에 상표를 표시한 것을 양도 또는 인도하거나 그 목적으로 전시·수출 또는 수입하는 행위, (3) 상품에 관한 광고·정가표·거래서류·간판 또는 표찰에 상표를 표시하고 전시 또는 반포하는 행위는 상표의 사용에 해당한다.
ⓒ 상표는 상품과의 관계가 특정되어야 하므로, 상품을 표시하지 않고 기업광고에 상표를 광고한 것은 상표의 사용으로 보기 어렵다.
ⓔ 판촉물은 상표법상 상품이 아니므로 판촉물에 상표를 표시하여 무상으로 배포한 경우도 상표의 사용으로 보기 어렵다.

022 | ④

④ 통상사용권은 채권적 권리에 불과하므로, 상표권에 대하여 통상사용권이 설정되어 있는 경우라도 상표권의 적극적 효력은 제한되지 않는다.
⑤ 상표법 제98조 제1항에 따르면 저촉관계에 있는 타인의 선출원 특허권이 있는 경우에 상표권의 적극적 효력은 제한된다.

023 | ③

③ 식별표지로서 사용하는 경우는 등록상표의 효력제한 사유가 될 수 없다.
①②④ 상표법 제90조 제1항 제1호 및 제2호에 따라 효력이 제한된다.
⑤ 제90조 제1항 제4호에 따라 효력이 제한된다.

024 | ②

② 전용사용권은 독점적 권리이므로, 상표권에 전용사용권이 설정된 경우에는 특약이 없는 한 전용사용권자만이 상표권을 사용할 수 있다.

025 | ③

③ 상표권자는 사용권을 통하여 타인에게 상표의 사용을 허락해 줄 수 있으며, 사용권은 실시권에 대응되는 용어이다.

026 | ④

④ 특허법원 2022허2042 판결에 따라 김상표는 자기의 상호를 상거래 관행에 따라 사용하는 것이므로 상표법 제90조 제1항 제1호에 따라 홍길동의 상표권의 효력은 제한된다.

STEP 2 난도 ▶ 중   본책_p.113

001	①	002	④	003	①	004	③	005	③
006	②	007	②	008	①	009	④	010	②
011	③	012	③	013	③	014	③	015	③
016	④	017	④	018	①	019	①	020	③
021	⑤								

001 | ①

상표법 제1조에 따라 상표법은 상표를 보호함으로써 상표 사용자의 업무상의 신용유지를 도모하여 산업발전에 이바지함과 아울러 수요자의 이익을 보호함을 목적으로 한다.

002 | ④

④ 부정경쟁방지법은 등록 여부와 무관하게 거래계에서 주지된 상표 등을 보호한다.

003 | ①

① 조어상표 − 임의선택표장 − 암시적상표 − 기술적상표 − 보통명칭 순이 식별력이 강한 순서이다. 한편, 기술적상표와 보통명칭 등은 원칙적으로 상표등록이 불가하다.

004 | ③

㉠㉡㉢ 지정상품과의 관련성에 따라 등록 여부가 달라질 수 있다.
㉣ 지정상품과의 관련성과 무관하다.

005 | ③

처음에는 특정인의 상표였다가 상표관리의 소홀 등으로 특정 상품에 대한 보통명칭이 되는 것을 '상표의 보통명칭화'라 한다. 이를 방지하기 위해서는 상표 관리에 만전을 기하고, 상표의 사용 시 등록상표임을 표시하며, 상표를 동사나 소유격으로 사용하면 안 된다.

006 | ②

② 사용에 의한 식별력을 취득하면 그 식별력을 취득한 상표와 동일한 상표를 동일한 상품에 등록받을 수 있다.
③ 상표법 제34조 제1항 제7호
④ 타인의 선등록상표를 양수받으면 타인 간이 아니므로 등록이 가능하다.
⑤ 상표법 제34조 제1항 제9호

007 | ②

② 상표의 구성 중 일부분이 식별력이 없더라도 나머지 부분이 식별력이 있어 상표로 기능할 수 있다면 상표등록을 받을 수 있다.
① 보통명칭 해당 여부는 지정상품별로 달라질 수 있다. 예컨대 사과라는 표장이 컴퓨터를 지정상품으로 하여 출원된 경우에는 상표등록이 가능하다.

008 | ①

㉠ 상표의 유사판단은 양 상표의 외관, 호칭, 관념을 전체적·객관적·이격적으로 관찰하여 상품출처의 오인·혼동이 존재하는지를 기준으로 한다.
㉡ 상표와 상품이 모두 동일 또는 유사하여야 하므로, 상품의 유사판단과 상표의 유사판단이 함께 고려되어야 침해 판단이 가능하다.
㉢ 상품의 유사판단 기준이 상품류구분표에 의한다는 것은 특허청의 입장이며, 대법원은 상품의 속성과 거래실정 등을 고려하여 판단한다.
㉣ 일체불가분적인 결합의 경우 분리관찰이 불가능하다.

009 | ④

④ 외관, 호칭, 관념 중 하나가 유사한 경우라도 전체적으로 명확히 출처의 혼동을 피할 수 있는 경우에는 유사한 상표가 아니다.
①② 상표권의 소극적 효력은 유사범위까지 미친다.
⑤ 문자 상표는 호칭의 유사 여부가 가장 중요하다.

010 | ②

② 상표 유사판단 시에는 식별력 있는 요부를 중심으로 관찰하여야 하는데, 껌에 대한 풍선껌은 식별력이 없으므로 양 상표는 서로 유사한 상표가 아니다.
① 외관이 유사하여 유사성이 있다.
③④ 호칭이 유사하여 유사성이 있다.
⑤ 관념이 유사하여 유사성이 있다.

011 | ③

③ 이의신청은 누구든지 가능하며, 이해관계를 요하지 않는다.
①④ 이의신청은 출원공고 후 2개월간 가능하다.

012 | ③

③ 대법원 2019후10739 판결을 변형한 문제로서, 김상표의 상표 출원은 제34조 제1항 제20호의 거절이유가 있으나 제20호의 요건상 비유사한 '의류'에 대해서는 제20호의 거절이유가 없다.

013 | ③

③ 2023년 2월 3일 개정법에 의하면 상표법도 '부분거절제도'를 도입하여 거절이유가 없는 '신발'은 등록이 가능하다.

014 | ③

③ 상표권자는 등록상표와 동일한 상표를 사용하여야 한다.
① 갱신등록은 별도의 실체심사가 없다.
④ 제119조 제1항 제3호에 따라 상표권자가 등록상표를 3년 이상 사용하지 않으면 상표등록이 취소될 수 있다.
⑤ 상표권의 존속기간갱신등록신청은 존속기간 만료 전 1년 이내에 신청하여야 하지만 만료 후 6개월까지도 가능하다(제84조 제2항 단서).

015 | ③

③ 지정상품추가출원으로 상표를 변경할 수는 없고, 등록상표의 변경이 필요하다면 결국 새롭게 출원하여야 한다.

016 | ④

④ 상표권의 존속기간갱신은 횟수에 제한 없이 계속 가능하다.

017 | ④

④ 상표의 등록 후 유명해진 것을 알고 그와 유사한 표장을 상호로 사용하는 경우에는 부정경쟁의 목적이 있으므로, 상표법 제90조 제1항 제1호의 효력제한 사유에 해당하지 않는다. 이 경우는 침해에 해당한다.
①②③ 제90조에 따라 상표권의 효력이 제한된다.
⑤ 사용권자의 사용은 상표권 침해가 아니다.

018 | ①

① 대법원 2018다253444 전원합의체 판결에 따라, 김상표가 등록상표를 사용하더라도 무효사유가 명백한 등록상표를 사용한 것에 해당되어 홍길동의 선등록상표와 저촉되므로 상표권 침해에 해당한다.

019 | ①

① 상표권은 지정상품별로 분할이전할 수 있다.
②③④⑤ 상표법 제93조에 따른 이전 제한에 해당한다.

020 | ③

③ 특허청장의 직권에 의한 상표등록취소는 존재하지 않는다.
① 상표법 제106조 제1항 ② 제84조 ④ 제117조 ⑤ 제119조

021 | ⑤

ㄴ 상표와 상품이 모두 동일 또는 유사하여야 침해이므로, 상표가 동일 또는 유사한 경우라도 지정상품이 다른 상품에 대하여는 상표권의 효력이 미치지 않는다.
ㄹ 상표권은 그 지정상품마다 분할하여 이전할 수 있으며, 이 경우 유사한 지정상품을 함께 이전하여야 한다(상표법 제93조 제1항).

STEP 3	난도 ▶ 상								본책_p.120
001	③	002	②	003	④	004	②	005	④
006	⑤	007	②	008	②	009	①	010	④
011	②	012	②	013	③	014	③	015	④

001 | ③

상표법상 '상표'란 자기의 상품과 타인의 상품을 식별하기 위하여 사용하는 표장을 말하며, 여기에서 표장이란 기호, 문자, 도형, 소리, 냄새, 입체적 형상, 홀로그램·동작 또는 색채 등으로서 그 구성이나 표현방식에 상관없이 상품의 출처를 나타내기 위하여 사용하는 모든 표시를 말한다.

002 | ②

ㄴ 상호는 상인의 인적 표지이고, 상표는 상품에 대한 식별표지이다.
ㄷ 상표는 비시각적인 것이 가능하나, 상호는 비시각적인 것이 불가능하다.
ㄹ 상표는 등록을 받아야 독점적 권리를 인정받을 수 있다.
ㅁ 상표는 전국적 보호가 가능하나, 상호는 전국적으로 보호되는 것이 아니다.

003 | ④

④ 현저한 지리적 명칭도 사용에 의한 식별력을 취득하면 상표법 제33조 제2항에 따라 상표등록을 받을 수 있다.
① 제33조 제1항 제3호에 따라 상표등록을 받을 수 없다.
② 제34조 제1항 제4호에 따라 상표등록을 받을 수 없다.
③ 제33조 제3항 등에 따라 옳은 지문이다.

004 | ②

② 대법원 2019후11787 판결을 변형한 것으로서, 식별력 여부는 출원 시가 아닌 등록여부결정 시를 기준으로 판단한다.

005 | ④

④ 상표법으로 보호받지 못하는 표장이라도 부정경쟁방지법에 의한 보호를 받을 수 있다.
② 사용에 의한 식별력을 취득하면 상표법 제33조 제2항으로 등록이 가능하다.
③ 국내에 널리 인식되면 상표법 이외에 부정경쟁방지법에 의한 보호가 가능하다.

006 | ⑤

⑤ 식별력 있는 표장으로서 원칙적으로 등록에 문제가 없다.
①②③④ 모두 상품의 성질을 직감케 하는 표장으로서 상표법 제33조 제1항 제3호에 따라 등록될 수 없다.

007 | ②

② 계약관계를 통하여 타인이 사용 중인 상표임을 알고 이를 동일하게 모방하여 상표등록출원을 한 경우라도 타인이 사용 중인 상표의 사용상품과 동일 또는 유사한 상품을 지정상품으로 한 경우에만 거절된다(상표법 제34조 제1항 제20호).
③ 제34조 제1항 제11호 후단에 따라 동일 또는 유사한 상품이 아니더라도 거절될 수 있다.
④ 제34조 제1항 제13호
⑤ 대법원 2012. 6. 28. 선고 2011후17?? 판결 등

008 | ②

② 홍길동은 상표권자이므로 방송사 SBS의 동의를 받을 필요는 없다.

009 | ①

① 제9호는 국내에 주지성이 있음을 필요로 하므로, 미국에서만 주지성이 있는 경우는 제9호에 해당되지 않는다.

010 | ④

④ 대법원 2020후11431 판결에 따라, 상표권의 권리 귀속 주체가 변경되었으므로 노단자의 주지성은 치다에게 승계된 것으로 보는 것이 타당하다.

011 | ②

② 1상표 1출원주의 위반은 거절이유에는 해당되나, 무효사유에는 해당되지 않는다.

012 | ②

② 등록상표권자의 적극적 사용권은 동일범위에 한하므로, A사는 신사복과 유사한 여성복에 대해서는 a 상표를 독점적으로 사용할 수 없다.
⑤ 존속기간갱신신청은 존속기간 만료 후 6개월까지 가능하다(상표법 제84조 제2항 단서).

013 | ③

③ 상표법 제90조는 상표권의 효력의 범위가 제한될 등록상표의 요건에 관한 규정이 아니라, 등록상표권의 금지적 효력을 받지 않고 자유로이 사용할 수 있는 사용상표의 요건에 관한 규정이다.

014 | ③

③ 부정경쟁방지법은 상표등록과 무관하며, 홍길동의 A상표는 특정인의 출처표시로 널리 알려져 있으므로 '박침해'의 행위는 부정경쟁행위에 해당한다.

015 | ④

④ 상표권자가 상표등록출원일 전에 출원·등록된 타인의 선출원 등록상표의 동일·유사한 상표를 등록받아 선출원 등록상표권자의 동의 없이 이를 선출원 등록상표의 지정상품과 동일·유사한 상품에 사용하였다면 후출원 등록상표의 적극적 효력이 제한되어 후출원 등록상표에 대한 등록무효심결의 확정 여부와 상관없이 선출원 등록상표권에 대한 침해가 성립한다(대법원 2021. 3. 18. 선고 2018다253444 전원합의체 판결).

Chapter 5 저작권제도

STEP 1　난도 ▶ 하　　　　　　　본책_p.127

001	②	002	①	003	④	004	①	005	④
006	④	007	①	008	④	009	③	010	①
011	⑤	012	①	013	②	014	⑤	015	④
016	④	017	②	018	⑤	019	④	020	④
021	⑤	022	②	023	④						

001 | ②

② 저작권은 저작물의 위법성을 따지지 않으므로 포르노 동영상도 저작권의 보호대상이 될 수 있다.
①④ 서적의 제호, 기암괴석은 저작권의 보호대상이 아니다.
③ 판례는 글자체의 저작물성을 부정하고 있다.
⑤ 판결문은 보호받지 못하는 저작물이다.

002 | ①

저작권법 제2조 제15호에 따르면 "응용미술저작물"은 "물품에 동일한 형상으로 복제될 수 있는 미술저작물로서 그 이용된 물품과 구분되어 '독자성'을 인정할 수 있는 것을 말하며, '디자인' 등을 포함한다." 한편, 이러한 독자성은 물리적 독자성뿐 아니라 관념적 독자성도 포함된다.

003 | ④

④ 창작적 표현에 해당하는 이상 유치원생의 편지도 저작권의 보호대상이다.
① 단순한 문안 인사는 창작성이 없어 저작권의 보호대상이라 보기 어렵다.
② 자신의 감정이나 사상을 표현한 편지는 저작권의 보호대상에 해당한다.
③ 편지의 저작권은 실제 편지를 작성한 저작자에게 있다.
⑤ 창작적 표현에 해당하는 이상 저작권의 보호대상이다.

004 | ①

① 저작물은 남의 것을 베낀 것이 아니라는 것과 최소한도의 창작성이 있으면 족하다.
④ 창작적 표현에 해당하는 이상 저작물에 해당하며, 설령 해당 저작물에 비윤리적·비도덕적 내용이 있다 하여도 저작물로 인정받는다.

005 | ④

④ 독일어 원작 소설을 영어로 번역한 경우 이를 '2차적 저작물'이라고 하는데, 2차적 저작물의 이용 시는 원저작자와 2차적 저작물의 저작자 모두의 동의를 받아야 한다.

006 | ④

④ 원저작물의 저작권이 소멸된다고 하더라도 2차적 저작물의 저작권은 소멸하지 않는다.

007 | ①

저작권법 제2조 제21호에 따르면 "공동저작물"은 "2인 이상이 공동으로 창작한 저작물로서 각자의 '이바지한 부분'을 '분리하여 이용'할 수 없는 것을 말한다." 다만, 이러한 분리는 '물리적 분리'를 의미하는 것은 아니다.

008 | ④

④ 즉흥적 음악 연주도 창작성이 있는 이상 저작물이 될 수 있다.
① 번역물은 2차적 저작물로서 보호된다.
② 저작권법 제4조에 따른다.
③ 데이터베이스는 원칙적으로 저작권법 제4장(데이터베이스 제작자의 보호)에 의하여 보호를 받으나, 그 소재의 선택, 배열 또는 구성에 창작성이 있으면 편집저작물로 보호받을 수 있다.
⑤ 이른바 상대적 창작성이라 하며 이 점이 특허의 신규성과 구별되는 점이다.

009 | ③

③ 단순히 창작에 동인을 제공한 것에 불과한 경우는 저작자가 될 수 없다.
② 저작물의 원본이나 그 복제물에 저작자로서의 실명 또는 이명(예명·아호·약칭 등을 말한다.)으로서 널리 알려진 것이 일반적인 방법으로 표시된 자는 저작자로 추정된다(저작권법 제8조 제1항 제1호).
④ 저작물을 공연 또는 공중송신하는 경우에 저작자로서의 실명 또는 저작자의 널리 알려진 이명으로서 표시된 자는 저작자로 추정된다(제8조 제1항 제2호).

010 | ①

저작인격권은 공표권, 성명표시권, 동일성유지권으로 구성된다.

011 | ⑤

⑤ 영상제작은 2차적 저작물 작성에 해당한다.
① 일시적 복제에 해당한다.

Part 1

Part 2

Part 3

Part 4

012 | ①

① 저작권법상 "공중송신"은 저작물·실연·음반·방송 또는 데이터베이스를 공중이 수신하거나 접근하게 할 목적으로 무선 또는 유선통신의 방법에 의하여 송신하거나 이용에 제공하는 것을 말한다(제2조 제7호).

013 | ②

② 저작재산권의 전부를 양도하는 경우에 특약이 없는 때에는 2차적 저작물을 작성하여 이용할 권리는 포함되지 아니한 것으로 추정한다(저작권법 제45조).
③ 제46조 ④ 제48조 ⑤ 제49조

014 | ⑤

⑤ 저작권법 제13조 제2항 제2호에 따라 '건축물의 증축·개축 그 밖의 변형'은 본질적인 내용의 변경이 아닌 한 저작자의 허락을 받을 필요가 없다.
①②③ 저작인격권에는 공표권, 성명표시권, 동일성유지권이 있다.
④ 저작인격권은 일신전속적 권리이므로 원칙적으로 양도·상속될 수 없다.

015 | ④

④ 업무상 저작물의 저작자는 '법인'이 되므로(저작권법 제9조), 저작인격권 또한 법인에게 귀속된다.
①② 저작인격권은 일신전속적 권리로 양도 및 상속이 불가능하다.
③ 저작권자가 저작재산권을 타인에게 이전한 경우 저작재산권자와 저작인격권자가 서로 달라진다.
⑤ 실연자에게도 동일성유지권이 인정된다.

016 | ④

④ 원저작자의 동의를 얻어 작성된 2차적 저작물 또는 편집저작물이 공표된 경우에는 그 원저작물도 공표된 것으로 본다(저작권법 제11조 제4항).
① 제11조 제1항 ② 제11조 제2항 ③ 제11조 제3항 ⑤ 제11조 제5항

017 | ②

①② 공표된 저작물을 영리를 목적으로 하지 아니하고 개인적으로 이용하거나 가정 및 이에 준하는 한정된 범위 안에서 이용하는 경우에는 이를 복제할 수 있다. 다만, 공중의 사용에 제공하기 위하여 설치된 복사기기에 의한 복제는 그러하지 아니하다(저작권법 제30조).
③④⑤ 모두 저작권법 제4절 제2관에 의하여 저작재산권이 제한되는 경우이다.

018 | ⑤

⑤ 저작권법 제29조에 따라 영리를 목적으로 하지 않는 공연·방송은 허용되나, 제29조 제2항 단서에 따라 음악을 감상하는 설비를 갖추고 음악 저작물을 감상하는 것을 영업의 주요 내용의 일부로 하는 공연은 허용되지 않는다.
① 현행 저작권법은 저작물의 공정이용에서 영리성, 비영리성 부분을 구분하고 있지 않다.
② 제33조(시각장애인 등을 위한 복제)
③ 제34조(방송사업자의 일적 녹음, 녹화)
④ 제32조(시험문제로서의 복제)

019 | ④

④ 저작재산권은 저작자가 생존하는 동안과 사망한 후 70년간 존속한다(저작권법 제39조).

020 | ④

저작권법은 창작에 준하는 활동을 통해 저작물의 전달자로서의 역할을 수행하는 자에게 저작인접권을 인정하고 있다. 저작인접권의 주체는 실연자(연주자, 가수 등), 음반제작자, 방송사업자 등이다.
㉠㉤ 작곡자는 저작권을 가지며, 데이터베이스 제작자는 데이터베이스 제작자의 권리를 가진다.

021 | ⑤

⑤ 공중송신권은 저작자에 한하여 인정되며, 실연자는 저작권법 제73조 및 제74조에 따라 방송권 및 전송권을 가진다.

022 | ②

② 저작권법 제112조에 따라 '한국저작권위원회'는 저작권에 관한 사항을 심의하고 저작권에 관한 분쟁을 알선·조정하며, 저작권의 부흥 및 공정한 이용에 필요한 사업을 수행한다.

023 | ④

④ 부당이득의 사유가 될 수 있다.
② 심판이기에 일사부재리의 원칙이 적용된다.

001	②	002	③	003	②	004	④	005	③
006	③	007	①	008	④	009	③	010	②
011	②	012	⑤	013	⑤	014	④	015	①
016	④	017	①	018	④	019	②	020	⑤
021	④	022	②	023	①	024	①	025	⑤
026	①	027	②						

001 | ②

② 코끼리가 그린 그림은 저작물이 아니므로, 코끼리가 그린 그림을 산 사람이 그 그림을 복사하여 제3자에게 팔려고 하는 경우에도 사전에 코끼리 주인의 허락을 받을 필요는 없다.
① 저작물은 '인간'의 사상 또는 감정을 표현하여야 한다. 따라서 코끼리가 그린 그림은 저작물이 아니다.
④ 코끼리가 그린 그림은 저작물이 아니므로 옳은 지문이다.

002 | ③

③ 만화를 원저작물로 하여 영화를 제작하는 경우 이는 2차적 저작물에 해당한다. 한편, 영화 제작자가 만화에 대한 저작권자의 허락 없이 영화를 제작하였다 하여도 이는 2차적 저작물로서 독자적으로 보호받을 수 있다. 다만, 이 경우 만화 저작권자에 대한 저작권 침해문제는 별개이다.

003 | ②

② 데이터베이스 제작자는 데이터베이스가 저작물이 아닌 경우라도 데이터베이스의 전부 또는 상당한 부분을 복제·배포·방송 또는 전송할 권리를 가진다(저작권법 제93조).
① 저작권법 제2조 제18호에 따른다.
③ 공동저작물의 저작재산권은 그 저작재산권자 모두의 합의에 의하지 아니하고는 이를 행사할 수 없다(제48조).
④ 제9조에 따라 업무상의 저작물에 해당한다.
⑤ 편집저작물의 보호는 그 편집저작물의 구성부분이 되는 소재의 저작권에 영향을 미치지 아니한다(제33조).

004 | ④

④ 위법한 저작물도 창작성이 있는 한 보호받을 수 있으므로, 이적 표현물은 저작권법상 보호를 받을 수 있다.
①②③ 저작권법 제7조에 따라 1. 헌법·법률·조약·명령·조례 및 규칙, 2. 국가 또는 지방자치단체의 고시·공고·훈령 그 밖에 이와 유사한 것, 3. 법원의 판결·결정·명령 및 심판이나 행정심판절차 그 밖에 이와 유사한 절차에 의한 의결·결정 등, 4. 국가 또는 지방자치단체가 작성한 것으로서 제1호 내지 제3호에 규정된 것의 편집물 또는 번역물, 5. 사실의 전달에 불과한 시사보도는 저작권법에 의한 보호를 받지 못한다.
⑤ 모나리자 작품을 그대로 모사한 그림은 창작성이 없으므로 보호받을 수 없다.

005 | ③

③ 신문의 사설은 저작권법상의 저작물에 해당한다.
저작권법 제7조에 따라, 1. 헌법·법률·조약·명령·조례 및 규칙, 2. 국가 또는 지방자치단체의 고시·공고·훈령 그 밖에 이와 유사한 것, 3. 법원의 판결·결정·명령 및 심판이나 행정심판절차 그 밖에 이와 유사한 절차에 의한 의결·결정 등, 4. 국가 또는 지방자치단체가 작성한 것으로서 제1호 내지 제3호에 규정된 것의 편집물 또는 번역물, 5. 사실의 전달에 불과한 시사보도는 이 법에 의한 보호를 받지 못한다. 따라서 ①②④⑤는 저작권법상 보호를 받지 못한다.

006 | ③

③ 컴퓨터 프로그램은 특허가 아닌 저작권법상의 저작물로 보호받는다.
⑤ 저작권법 제7조에 따라 헌법과 법률의 조문은 저작권으로 보호받지 못한다.

007 | ①

① 법정허락 등 공익상 이유에서 저작권의 이용허락이 존재한다(저작권법 제50조 등).

008 | ④

④ 저작인격권은 일신전속적 권리이므로 상속성이 없다.

009 | ③

ⓒ 저작인격권은 양도 및 상속이 불가능하다.
ⓔ 저작권의 보호기간은 원칙적으로 저작자 생존기간 및 사망 후 70년이므로 저작자의 생존기간에 따라 총 기간이 달라진다.
ⓜ 저작권의 침해는 원칙적으로 친고죄이나, 영리를 목적으로 또는 상습적으로 저작재산권을 침해한 경우 비친고죄이다(저작권법 제140조).
ⓐⓑ 저작권은 등록과 무관하게 창작으로 발생하며, 미완성이어도 무방하다.

010 | ②

저작인격권인 공표권, 성명표시권, 동일성유지권은 양도가 불가능하다.
나머지 권리는 저작재산권으로 양도의 대상이 된다.

011 | ②

공표권은 저작재산권이 아니라 '저작인격권'이다.

012 | ⑤

⑤ 저작권법상 '공표'란 저작물을 공연, 공중송신 또는 전시 그 밖의 방법으로 공중에게 공개하는 경우와 저작물을 발행하는 경우를 말한다(제2조 제25호).

013 | ⑤

⑤ 공동저작물의 저작인격권은 저작자 모두의 합의에 의하지 아니하고는 이를 행사할 수 없다(저작권법 제15조).
① 제11조 ② 제12조 ③ 제13조 ④ 제14조

014 | ④

④ 저작인격권은 저작자 일신에 전속하며, 양도 및 상속이 불가능하다.
⑤ 동일성유지권의 침해가 아니므로 저작권법상 문제되지 않는다.

015 | ①

① 사적이용을 위한 복제(제30조)에 해당하여 복제권 침해가 아니다.

016 | ④

④ 저작재산권이 제한되는 경우가 아니므로 저작권자의 허락을 받아야 한다.
①②③⑤ 모두 저작권법 제4절 제2관에 의하여 저작재산권이 제한되므로, 저작권자의 허락을 받을 필요가 없다.

017 | ①

① 저작권법 제30조(사적 이용을 위한 복제)는 "공표된 저작물을 영리를 목적으로 하지 아니하고 개인적으로 이용하거나 가정 및 이에 준하는 한정된 범위 안에서 이용하는 경우에는 그 이용자는 이를 복제할 수 있다. 다만, 공중의 사용에 제공하기 위하여 설치된 복사기기에 의한 복제는 그러하지 아니하다."라고 규정하고 있다.
② 제25조 학교교육 목적 등에의 이용에 따른다.
③ 제23조 재판절차 등에서의 복제에 따른다.
④ 제26조 시사보도를 위한 이용에 따른다.
⑤ 제28조 공표된 저작물의 이용에 따른다.

018 | ④

④ 저작권법 제35조 제2항 제4호의 취지상 판매목적으로 복제하는 경우에는 저작재산권이 제한되지 않으며, 판례(서울중앙지방법원 2022. 1. 14. 선고 2021가합512773판결)상 공정이용에도 해당되지 않는다.

019 | ②

② 아이디어만 이용한 것에 해당하여 아이디어·표현 이분법상 저작권 침해주장도 할 수 없다.

020 | ⑤

⑤ 영상저작물의 저작재산권은 공표한 때부터 70년간 존속한다. 다만, 창작한 때부터 50년 이내에 공표되지 아니한 경우에는 창작한 때부터 70년간 존속한다(제42조).

021 | ④

④ 저작재산권은 포기가 가능하므로, 이 경우는 저작권으로 보호되지 않는다.
① 저작권의 존속기간은 저작자 사망 후 70년까지이다.
②③ 저작물에 해당한다.
⑤ 자선 단체에 기부하였기 때문에 저작권은 자선 단체에 있다.

022 | ②

② 전시권은 음반제작자의 권리가 아닌 미술·건축·사진 저작자의 권리이다.

023 | ①

① 저작권자와 저작인접권자 모두에게 인정되는 권리는 복제권이다.

024 | ①

① 저작인격권에는 공표권이 있지만 실연자의 인격권에는 공표권이 없다.
⑤ 실연자와 음반제작자의 권리는 보호기간이 70년이지만 방송사업자의 권리는 보호기간이 50년으로 더 짧다.

025 | ⑤

⑤ 소유권과 저작권은 별도로 이전될 수 있으므로 저작물의 소유권자와 저작권자는 분리될 수 있다.
① A가 저작권자이며, 동인을 제공한 것에 불과한 B는 원칙적으로 저작자가 아니다.
② 미술품을 구매하였다고 하여 저작권까지 이전받는 것은 아니다.
③ 영상제작자와 영상저작물의 제작에 협력할 것을 약정한 자가 그 영상저작물에 대하여 저작권을 취득한 경우, 특약이 없는 한 그 영상저작물의 이용을 위하여 필요한 권리는 '영상제작자(감독)'가 양도받은 것으로 추정한다.
④ 저작물 편찬을 위하여 사실과 아이디어를 단순 제공한 자는 원칙적으로 저작권자가 될 수 없다.

026 | ①

① 서울중앙지방법원 2021. 4. 9. 선고 2019가단5027564 판결을 변형한 사례로서, 홍길동의 A사진은 업무상저작물에 해당하여 저작인격권도 대한일보가 보유한다.

027 | ②

② 김저작은 a가 포함된 A홍보물을 배포하고 있으므로 배포권 침해책임을 진다. 다만, 김저작은 홍길동에게 구상권 청구가 가능하다.

STEP 3	난도 ▶ 상							본책_p.142	
001	④	002	④	003	②	004	④	005	⑤
006	④	007	②	008	③	009	③	010	①
011	③	012	②	013	④	014	③		

001 | ④

④ 도형저작물은 '지도·도표·설계도·약도·모형 그 밖의 도형저작물'을 말한다(저작권법 제4조).
① 제2조 제3호 ② 제2조 제22호 ③ 제2조 제34호 ⑤ 제2조 제19호

002 | ④

④ 공동저작물의 저작재산권은 그 저작재산권자 모두의 합의에 의하지 아니하고는 이를 행사할 수 없다(저작권법 제48조). 따라서 D가 복제권을 침해하는 경우 A와 B 저작재산권자 전원의 합의에 의하여 저작재산권을 행사하여야 한다.

① 2차적 저작물을 만들 경우 원저작자 모두의 동의를 받아야 한다.
② 2차적 저작물은 원저작물과 별개의 독자적 저작물로 보호된다.
③ 2차적 저작물을 이용하는 경우에는 2차적 저작물의 저작자뿐 아니라 원저작자의 동의도 받아야 한다.
⑤ 정당한 범위 안에서의 패러디는 허용된다.

003 | ②

② 크리에이티브 커먼즈 라이선스(Creative Commons License)란 저작물 사전 이용 허락 표시로 CCL이라고도 한다. 즉, 창작자가 자기의 창작물에 대해 일정한 조건을 지키면 얼마든지 이용해도 좋다는 내용을 표시해 둔, 일종의 약속 기호이다. 이는 창작자는 자기 저작물의 이용 조건을 미리 알리고, 이용자는 저작물을 이용할 때 창작자에게 사전 허락을 받을 필요가 없게 함으로써, 저작물을 이용하는 것을 무조건 막는 대신 일정 조건을 걸고 누구나 쉽게 저작물을 쓰게 하는 것이다. 저작권의 과도한 강화에 저항하는 운동으로 볼 수 있는데, 그렇다 하여 저작물을 공짜로 맘대로 갖다 쓰라는 뜻은 아니다.

004 | ④

④ 대법원 2009. 11. 26. 선고 2008다77405 판결은 심층링크 또는 직접링크는 저작권법상 복제, 전송에 해당하지 않는다고 하였다.
① 인격권은 일신전속적 권리로서 양도가 불가능하다.
② 사적자치의 원칙상 시간적, 장소적, 내용적으로 제한하면 양도 가능하다.
③ 아이디어는 저작권의 보호대상이 아니다.
⑤ 아이디어의 영역으로 볼 수 있기 때문이다. 다만, 반드시 그렇다고 단정할 수는 없으므로 구체적 사건별로 달라질 수는 있다.

005 | ⑤

⑤ 등록되어 있는 저작권을 침해한 자는 그 침해행위에 과실이 있는 것으로 '추정'한다(저작권법 제125조 제4항). 즉 '간주규정(본다)'이 아니라 '추정규정'에 해당한다.
① 유체물에의 고정 여부는 저작물 보호와 무관하다.
③ 출판권의 설정·이전·변경·소멸 또는 처분제한은 등록하지 아니하면 제3자에게 대항할 수 없다.
④ 저작물의 원본이나 그 복제물에 저작자로서의 실명 또는 이명(예명·아호·약칭 등을 말한다.)으로서 널리 알려진 것이 일반적인 방법으로 표시된 자는 저작자로 추정된다(제8조 제1항 제1호).

006 | ④

④ 제호에는 저작물성이 없음이 판례이므로 제호를 사용한 것에 대해서는 저작권 침해주장을 할 수 없다.

007 | ②

② 비록 주문자라 하여도 그 조형물에 대한 본질적 변경은 허용되지 않으므로 저작자가 이의를 제기할 수 있다.

저작권법 제13조에 따르면, 1. 학교교육 목적 등에의 이용 시 학교교육 목적상 부득이하다고 인정되는 범위 안에서의 표현의 변경, 2. 건축물의 증축·개축 그 밖의 변형, 3. 특정한 컴퓨터 외에는 이용할 수 없는 프로그램을 다른 컴퓨터에 이용할 수 있도록 하기 위하여 필요한 범위에서의 변경, 4. 프로그램을 특정한 컴퓨터에 보다 효과적으로 이용할 수 있도록 하기 위하여 필요한 범위에서의 변경, 5. 그 밖에 저작물의 성질이나 그 이용의 목적 및 형태 등에 비추어 부득이하다고 인정되는 범위 안에서의 변경은 동일성유지권의 침해가 아니라고 보고 있다. 따라서 ①③④⑤의 경우 저작권자가 이의를 제기할 수 없다.

008 | ③

③ 서울고등법원 2021. 10. 21. 선고 2019나2016985 판결을 사례화한 것으로서, 가사를 전부 변형한 경우라면 실질적 유사성이 없으므로 2차적저작물작성권 침해에 해당하지 않는다.

009 | ③

③ 저작권법 제29조 제1항에 따라 공연권의 침해라 보기 어렵다.
① 저작재산권자가 저작물의 복제를 허락한 경우라도 그 저작물의 공연을 위해서는 다시 저작권자의 허락을 받아야 한다. 따라서 노래방 반주기를 통해 칩에 내장된 음악을 틀어준 경우에도 공연에 대한 허락을 받지 않는 한 침해이다.
② 무도회의 경우 영업의 성격상 음악의 사용이 필수적, 대량적이므로 저작권법 제29조 제2항 단서에 따라 저작권법 시행령 제11조에 의하여 상업용 음반 등의 사용에 따른 대가를 지불하여야 한다.
④ 백화점이나 대형 마트에서의 공연은 저작권법 제29조 제2항 단서에 따라 공연권이 제한되지 않는다.
⑤ 유흥 음식점에서의 공연은 저작권법 제29조 제2항 단서에 따라 공연권이 제한되지 않는다.

010 | ①

① 홍길동은 소유권자로서 저작권 침해주장을 할 수 없다.
② 사진은 창작성이 없는바, 저작권이 없으므로 복제권 침해주장을 할 수 없다.
③ 저작권법 제128조에 의거하여 저작자 사후 인격적 이익이 보호된다.
④ 소유권자의 동의를 받을 필요는 없다.
⑤ 저작재산권이 소멸되었으므로 반 고흐 유족은 중단요청을 할 수 없다.

011 | ③

③ 음반제작자는 성명표시권이 없으므로 주장할 수 없다.

012 | ②

② 저작인격권은 일신전속성으로 양도되지 않았으므로 '동일성유지권' 침해주장을 할 수 있다.

013 | ④

④ 저작권법 제103조에 따른 권리주장자의 전송 중단 요구에 대하여 온라인 서비스 제공자가 이를 수용하지 않으면, 면책이 적용되지 않는다(제102조).
①② 저작권법 제102조는 온라인 서비스 제공자의 책임 제한이라는 제목 아래 온라인 서비스 제공자의 면책규정을 두고 있다. 따라서 온라인 서비스 제공자는 침해에 대하여 민·형사상 책임을 지게 되는 경우도 있으나, 책임이 면제되는 경우도 있다.

014 | ③

③ 저작권법 제86조에 따른다.
① 한·EU FTA 관련 개정법에서 저작권 보호기간을 저작자 사망 후 50년에서 70년으로 연장하였다.
② 한미 FTA 관련 개정법에서 저작인접권(방송을 제외) 보호기간을 50년에서 70년으로 연장하였다.
④ 한·EU FTA 관련 개정법은 법적안정성을 위하여, 저작권 보호기간에 관한 규정은 한·EU FTA가 발효된 후 2년이 되는 날부터 시행한다고 규정하고 있다.
⑤ 일반공중의 저작물 이용을 위하여 적정 수준의 기간으로 제한되어야 한다.

Chapter 6 | 지식재산권법 종합

STEP 1 | 난도 ▸ 하 | 본책_p.148

001	②	002	⑤	003	②	004	⑤	005	①
006	⑤	007	⑤	008	④	009	④	010	③

001 | ②

② 발명과 고안은 모두 기술적 사상이다. 다만, 발명은 고도한 기술적 사상이고, 고안은 고도하지 않아도 되는 기술적 사상이라는 점에서 구별된다.

002 | ⑤

⑤ 특허통합의 원칙은 국제적 보호의 원칙에 해당하지 않는다.

003 | ②

② 물품의 제조 '방법'은 실용신안의 대상이 아니다.

004 | ⑤

⑤ 수학식은 자연의 법칙 이외의 법칙에 해당되는 것이기 때문에 특허출원의 대상이 아니다.

005 | ①

상표법은 출원공개제도, 심사청구제도, 일부심사등록제도, 강제실시권제도를 채택하고 있지 않다.

006 | ⑤

⑤ 디자인보호법에서는 일부 물품에 대해서만 일부심사등록제도를 운영하고 있다. 즉, 물품구분표상 1류, 2류, 3류, 5류, 9류, 11류, 19류에 속하는 물품에 대해서만 일부심사등록제도를 운영하고 있다.

007 | ⑤

⑤ 디자인권자는 등록디자인 또는 이와 유사한 디자인을 독점적으로 실시할 수 있다.

008 | ④

④ 상표권은 그 성격상 갱신등록에 의하여 반영구적으로 사용이 가능하다.

009 | ④

④ 보정을 통해 출원 시 명세서에 없는 새로운 사항은 추가할 수 없다.

010 | ③

③ 특허출원에 대한 이의신청제도는 폐지되었다.

STEP 2 | 난도 ▸ 중 | 본책_p.151

001	③	002	③	003	④	004	④	005	③
006	③	007	②	008	⑤	009	⑤	010	②
011	①	012	③	013	③	014	⑤	015	④
016	③								

001 | ③

③ 상표법은 상표의 이용과 사용을 통해 산업발전뿐만 아니라 수요자의 이익을 보호하고자 한다. 상표의 창작 장려는 상표법의 목적이 아니다.

002 | ③

① 특허는 발명, 실용신안은 고안을 보호한다.
② 실용신안과 특허의 진보성 판단은 상이하다.
④ 저작권은 별도의 절차 없이 창작 시 발생한다.
⑤ 실용신안권은 방법발명에 대해서는 불인정된다.

003 | ④

④ 지리적 표시 단체표장은 상표법의 보호대상이다.

004 | ④

㉠ 방법은 실용신안의 보호대상이 아니다.
㉢ 이중출원제도는 현재 폐지되었다.
㉣ 물품의 부분에 불과한 디자인도 부분디자인등록출원을 할 수 있다.

005 | ③

㉠ 산업재산권제도는 서면주의를 채택하고 있다.
㉣㉤ 산업재산권제도는 선발명주의가 아닌 선출원주의를 채택하고 있다.
㉡ 산업재산권제도는 사용주의가 아닌 등록주의를 채택하고 있다.
㉢ 산업재산권제도는 무심사주의가 아닌 심사주의를 채택하고 있다.

006 | ③

③ 상표법상 출원공고제도는 심사관의 출원공고결정에 의해서만 가능하다.

007 | ②

② 실용신안권법에서 현재 무심사제도는 운영되고 있지 않다.

008 | ⑤

⑤ 특허출원의 취하는 출원계속의 효과를 소급적으로 소멸시키는 것을 말하므로 소급효가 있다.

009 | ⑤

㉠ 저작권은 등록이 필요하지 않다.
㉣ 물품의 기능을 확보하는 데에 불가결한 형상만으로 된 디자인은 디자인보호법에 의하여 보호받을 수 없다.
㉡ 특허법은 도면의 제출이 필수적이지 않다.
㉢ 상표권은 존속기간갱신등록제도에 의하여 반영구적이다.

010 | ②

② 상표권은 등록에 의해 권리가 발생한다.

011 | ①

① 저작권법상의 창작성은 절대적 창작성이 아닌 상대적 창작성(남의 것을 베끼지 않음)이므로, 경우에 따라서 저작권은 동일한 대상에 대한 권리의 병존이 있을 수 있다.
③ ①과 같은 이유로 산업재산권의 독점성은 저작권보다 강하다.

012 | ③

③ 디자인보호법 개정에 따라 특허와 동일하게 출원일로부터 20년까지 디자인권의 존속기간이 인정된다.

013 | ③

③ 저작재산권은 이전이 가능하다. 다만, 저작인격권은 일신전속적 권리로 이전이 불가능하다.
⑤ 저작권법상의 저작물(로고 등)이 타인에 의하여 상표등록이 된 경우 양자 간에 저촉이 발생할 수 있다.

014 | ⑤

⑤ 특허법에는 존속기간연장등록출원 제도를 허용하고 있다.

015 | ④

④ 마드리드 협정 의정서는 국제사무국에서 국제등록을 한다.

016 | ③

③ 저작권의 등록은 입증의 편리성을 위한 것이며, 등록하지 않더라도 저작권을 행사하는 것은 가능하다.

STEP 3	난도 ▶ 상								본책_p.155
001	③	002	③	003	③	004	③	005	②
006	④								

001 | ③

③ 독특한 사용방법은 '특허권'으로 보호받을 수 있다.

002 | ③

③ 인터넷 기술공지제도를 이용하여 기술이 공개되더라도, 그 공개일부터 1년 이내에 특허출원을 진행하면서 공지예외를 주장하면 특허권을 받을 수 있는 경우가 있다.

003 | ③

① 저작권도 지식재산권에 해당한다.
② 컴퓨터 프로그램 그 자체는 저작권법으로 보호받는다.
④ 상호에 관한 상법상 권리는 사용과 동시에 발생한다.
⑤ 저작권은 산업재산권보다는 상대적으로 독점성이 약하다.

004 | ③

③ 건축물의 디자인은 저작권의 대상이 될 수 있다.
① 건축물의 경우 디자인보호법상의 보호대상이 아니다.
② 상표법 역시 건축물 자체에 대한 보호를 제공하지는 않는다.
④ C 건물의 저작자는 B이며, 저작재산권자는 A이다.
⑤ 저작재산권은 계약에 의해 양도될 수 있다.

005 | ②

© 디자인의 보호기간은 등록일부터 출원 후 20년이다.
© 상표의 보호기간은 등록 후 10년(갱신 가능)이다.
® 상호권의 보호기간은 상호를 사용하는 한 영구적이다.

006 | ④

저작권 침해죄만 고소가 있어야 공소제기를 할 수 있는 친고죄이다. 특허권 침해죄, 실용실안권 침해죄와 디자인권 침해죄는 반의사불벌죄이고, 상표권 침해죄는 비친고죄이다. 따라서 4개이다.

Chapter 7 　지식재산권 분쟁(심판과 소송)

STEP 1　난도 ▶ 하　　　　본책_p.157

001	③	002	④	003	④	004	②	005	③
006	⑤	007	②	008	②	009	③	010	⑤
011	④	012	⑤	013	②	014	⑤	015	③
016	⑤	017	⑤	018	②	019	③	020	⑤
021	②	022	③	023	②	024	④	025	⑤
026	①	027	⑤	028	②	029	②	030	②
031	⑤	032	③	033	③	034	④	035	②
036	①	037	②	038	②	039	⑤	040	④
041	②	042	⑤	043	⑤	044	①	045	②
046	②	047	③	048	③	049	③	050	⑤
051	⑤	052	⑤	053	②	054	②	055	⑤
056	④	057	④	058	③	059	④	060	④
061	⑤	062	②	063	⑤	064	④	065	④

001 | ③

③ 거절결정불복심판은 당사자계 심판이 아니기에 참가가 인정되지 않는다.

002 | ④

④ 심리종결 이전에는 참가가 허용되나, 심리가 종결된 이후에는 참가가 허용되지 않는다.

003 | ④

④ 심결각하는 심결을 위한 소가 요건을 갖추지 못해 판결할 수 없는 경우 내리는 결정으로, 확인대상특허가 존재하지 않게 되어 본안 심리가 불가능한 경우에 한다.

004 | ②

② 특허제도의 공익성으로 인해 특허심판은 직권심리주의에 의해 운영되고 있다.

005 | ③

③ 일사부재리는 심판의 심결이 확정된 때에는 같은 사건에 대하여 누구든지 동일사실 및 동일증거에 의하여 그 심판을 다시 청구할 수 없다는 원칙이다.

006 | ⑤

⑤ 무효심판은 청구인과 피청구인이 대립되는 당사자계 심판이다.
① 무효심판의 피청구인은 특허권자가 된다.
② 권리범위확인심판은 청구인과 피청구인이 대립되는 당사자계 심판이다.
③ 심사관은 무효심판에서의 청구인 적격이 인정된다.
④ 특허심판은 특허심판원의 전속 관할에 속한다.

007 | ②

② 명세서를 보정할 수 있는 때는 특허결정등본을 받기 전으로서, 심사가 착수되었다면 거절이유를 통지받고 의견서를 제출할 수 있는 기간과 재심사를 청구할 때로 제한된다.

008 | ②

② 제시문은 거절결정불복심판에 대한 인용심결을 내리는 경우의 심결주문이다.

009 | ③

③ 거절결정불복심판 청구기간은 법정기간 중에서 예외적으로 연장이 가능한 기간이다.

010 | ⑤

⑤ 동일한 발명의 출원에 대해서는 제36조의 거절이유가 발생할 수 있으나, 이는 국내출원에 한해 적용된다. 이때 거절이유는 무효심판사유와 동일하다.

011 | ④

④ 하나의 특허출원범위에 위반된 것은 거절사유에는 해당되나, 무효사유에는 해당되지 않는다.

012 | ⑤

⑤ 등록된 권리를 무효시키기 위해서는 등록무효심판을 청구해야 하며, 청구사유는 거절이유와 동일하다.

013 | ③

③ 등록 이후에는 청구항별로 권리가 인정되므로, 청구항별로 무효심판청구가 가능하다.

014 | ⑤

① 심사관은 공익의 대변자로 심판을 청구할 수 있는 것이며, 이해관계인은 아니다.
② 특허발명에 대한 동종업자는 이해관계인이므로 특허무효심판을 청구할 수 있다.
③ 특허무효심판 절차 내에서 특허권자에게 방어적 기회를 인정하기 위해 규정된 제도가 정정청구제도이다.
④ 특허권자가 무효심판의 피청구인이다.

015 | ③

③ 무효심판은 이해관계인도 청구 가능하다. 판례에 따르면 실시권자도 이해관계인으로 인정된다.

016 | ⑤

⑤ 후발적 무효사유인 경우 그 발생시점까지만 소급된다.

017 | ⑤

⑤ 직렬적 구성요소의 삭제는 청구범위를 확장하는 것으로서 부적법한 정정에 해당한다.

018 | ⑤

⑤ 판례는 일부 청구항에 대해서만 무효심결을 내리는 일부무효심결을 인정하고 있다.

019 | ③

③ 특허권의 권리범위를 공적으로 확인받는 심판은 권리범위확인심판으로, 이 중 권리자인 특허권자가 청구하는 심판은 적극적 권리범위확인심판이다.

020 | ⑤

⑤ 권리 대 권리의 권리범위확인심판의 경우, 양 고안의 등록 효력을 부정하지 않고 권리범위를 확인할 수 있는 경우에 해당하면 청구 가능하다.
① 전용실시권자도 적극적 권리범위확인심판 청구가 가능하다.
② 소극적 권리범위확인심판은 이해관계자가 제기할 수 있다.
③ 특허권이 무효로 확정된 경우에는 권리범위확인심판을 제기할 수 없다.
④ 미국과 일본은 권리범위확인심판제도를 갖고 있지 않다.

021 | ①

① 판례는 특허권이 소멸한 후에는 권리범위확인심판에서의 확인의 이익이 없다고 판시한다.

022 | ③

③ 특허권자에게 자신의 특허명세서에 대해 정정할 수 있는 기회를 부여하는 심판은 정정심판이다.

023 | ②

② 직렬적 구성요소의 삭제는 청구범위의 확장에 해당하므로 부적법한 정정에 해당한다.

024 | ④

④ 무효심판이 계속 중인 경우에는 무효심판 절차 내에서의 정정청구가 가능하므로, 별도의 정정심판 청구는 허용되지 않는다.

025 | ⑤

⑤ 자신의 특허발명이 법 제98조의 규정에 따라 타인의 특허발명과 이용관계에 있어 실시의 허락을 받고자 하는 경우에 그 타인이 정당한 이유 없이 허락하지 아니한 경우 자신의 특허발명의 실시에 필요한 범위 안에서 통상실시권 허락의 심판을 청구할 수 있다(특허법 제138조 제1항).

026 | ①

027 | ⑤

⑤ 보정각하에 대한 불복은 거절결정에 대한 불복에서 다투며, 보정각하불복심판을 단독으로 규정하고 있지 않다.

028 | ②

② 거절결정불복심판은 나머지의 당사자계 심판들과는 달리 당사자 대립구조가 없는 결정계 심판이다.

029 | ②

② 보정각하에 대해서는 거절결정불복심판에서 함께 다툴 수 있으나, 단독으로 불복할 수는 없다.

030 | ②

② 새로운 선행문헌을 제시하여야 한다.

031 | ⑤

⑤ 디자인보호법은 정정제도를 두고 있지 않으므로 정정의 청구, 정정심판, 정정무효심판 등의 정정과 관련된 제도가 없다.

032 | ③

① 권리범위확인심판은 이해관계인도 청구할 수 있다. 이를 소극적 권리범위확인심판이라 한다.
② 기본디자인이 무효가 되어도 관련디자인등록은 무효가 되지 않는다.
④ 각하심결인 경우에는 일사부재리가 적용되지 않는다.
⑤ 후발적 무효사유로 무효로 된 것이 아니라면 디자인권은 처음부터 없었던 것으로 본다.

033 | ③

③ 무효확정된 경우 등록상표가 소급적으로 소멸되므로, 무효심판은 상표권이 소멸한 이후에도 청구할 수 있다.
① 무효심판은 이해관계인 또는 심사관이 청구할 수 있다.
② 무효심판은 지정상품별 일부청구가 가능하다.
④ 등록상표가 식별력을 상실하였다는 이유로 후발적으로 무효가 된 경우에는 식별력을 상실한 때로부터 없었던 것으로 본다.
⑤ 소송절차의 중지는 재량사항이므로 반드시 중지하여야 하는 것은 아니다.

034 | ④

④ 심결취소소송의 판단 주체는 법관이나, 법관의 기술에 대한 판단을 보조하기 위하여 기술심리관을 두고 있다.

035 | ②

② 적극적 권리범위확인심판은 특허심판원에 청구하여야 한다.

036 | ①

① 특허권 수용에 관한 소송은 행정소송사건으로 행정법원이나 민사법원에서 관할한다.

037 | ②

② 심결에 대한 소는 심결등본을 송달받은 날로부터 30일 이내에 제기하여야 한다.

038 | ②

② 통상실시권자는 특허권자의 동의 여부와 무관하게 근본적으로 독점·배타적 지위가 인정되지 않아 침해금지청구 소송을 제기할 수 없다.

039 | ⑤

⑤ 부지에 대한 부분은 고의성과 관련되어 형사소송에서는 의미가 있을 수 있으나, 침해소송에서는 항변 사유가 될 수 없다.

040 | ④

④ 특허로 보호받고자 하는 발명은 청구범위에 적어야 하며 청구범위에 적혀 있는 사항에 의해서만 보호범위가 정해진다(특허법 제97조). 청구범위 해석은 청구범위를 기초로 하되 불명료하여 발명의 파악이 불가능한 경우에는 발명의 설명을 참고하여 해석할 수 있다.

041 | ②

특허발명의 보호범위에 관한 판단기준으로는 청구범위 기준의 원칙, 발명의 설명 참작의 원칙, 출원경과 참작의 원칙, 구성요소 완비의 원칙, 공지기술 참작의 원칙, 특허권 하자 참작의 원칙이 있다.

042 | ③

③ 특허발명의 보호범위는 청구범위에 적혀 있는 사항에 의하여 정하여진다(특허법 제97조).

043 | ③

③ 청구범위에 재질의 한정이 없기 때문에 의자의 형상을 모두 구비하면 침해의 가능성이 매우 높다.
①② 구성요소를 제외하여 실시하는 비침해 가능성이 높다.
④ 업으로 실시하지 않는 경우 비침해 가능성이 높다.
⑤ 특허권의 효력이 제한되는 경우이다.

044 | ①

① 출원경과 참작의 원칙(file wrapper estoppel 또는 prosecution history estoppel)은 청구범위 해석에 있어서 출원 후 심사 및 등록 과정에서 출원인 또는 특허청의 의견을 참작하고, 금반언의 법리에 의해 이와 반대되거나 모순되는 주장을 할 수도 없다는 원칙이다.

045 | ③

③ 보정에 의해 a + b + c는 의식적으로 제외되었기에 균등 주장이 불가능하다.

046 | ②

①④ A와 B의 관계는 이용관계로, A는 B의 허락 없이 자신의 발명을 실시할 수 있으며, B는 A의 허락이 있어야 자신의 발명을 실시할 수 있다.
③④ A 역시 B의 발명을 실시하려면 B의 허락이 필요하다.

047 | ③

③ 개인적·가정적 사용에 해당하여 업으로서의 실시가 아닌 경우에는 침해를 벗어나게 된다.

048 | ③

③ 특허권의 침해는 업으로 실시하면 침해이고, 침해품 구매 시 개인적·가정적 실시는 선의와 악의를 불문하고 비침해이다.

049 | ③

③ 특허침해가 성립되기 위해서는 업으로서의 실시가 이루어져야 하므로, 개인적·가정적 실시는 침해를 구성하지 않는다.

050 | ⑤

⑤ 단순 실험은 업으로 실시한 것이 아니므로 침해행위에 해당되지 않는다.

051 | ③

③ 침해의 성립 여부를 판단함에 있어서 침해자의 고의, 과실 등의 주관적 의사는 고려하지 않는다.
① 특허품의 개조가 재생산으로 인정된다면 침해가 성립된다.
② 수출은 특허법상 발명의 실시태양에 포함되어 있지 않으므로 수출행위 자체는 침해가 성립되지 않는다.
④ 침해의 우려가 있는 경우에 특허권자는 침해예방청구를 할 수 있다.
⑤ 김발명과 이창작은 각각 생산행위와 양도행위를 한 자로서 실시 독립의 원칙에 따라 각각 침해를 구성한다.

052 | ②

② 침해의 개연성이 높은 행위에 대해서도 특허권자는 간접침해규정을 근거로 권리를 행사할 수 있다.

053 | ④

④ 간접침해의 기준인 전용성 부분을 만족하지 않아 간접침해가 성립하지 않는다.
① 간접침해에 해당한다.
② 구성을 추가하여도 직접침해에 해당한다.
③ 간접침해에 해당한다.
⑤ 간접침해에 해당한다.

054 | ②

② 선풍기의 조립세트를 판매하는 것은 간접침해이지만, 김발명이 구입하는 것은 간접침해가 아니고, 또한 김발명은 집에서 조립(생산) 및 사용하였기 때문에 직접침해도 아니다.

055 | ⑤

⑤ 물건을 생산하는 방법의 발명에 관하여 특허가 된 경우에, 그 물건과 동일한 물건은 그 특허된 방법에 의하여 생산된 것으로 추정한다. 따라서 물건의 생산 방법발명의 특허권자는 그 방법으로 도출되는 물건과 동일한 완제품에 대하여 특허침해를 주장할 수 있다.

056 | ④

④ 특허권자의 동의 없이도, 상속 그 밖의 일반승계의 경우나 실시사업과 함께 이전하는 경우에는 타인에게 통상실시권의 양도가 가능하다.

057 | ④

④ 정지될 수도 있으나, 반드시 정지되는 것은 아니다.
⑤ 특허침해소송에서 무효 여부를 판단할 수 있으나, 특허가 무효로 확정되는 것은 아니기에 별도의 무효심판청구가 필요하다.

058 | ③

③ 특허권 침해죄는 7년 이하의 징역 또는 1억 원 이하의 벌금에 처해질 수 있다.

059 | ④

④ 무효심판은 등록된 특허를 무효화시키는 것으로, 특허권자가 특허권 보호를 하는 것과는 관련이 없다.

060 | ④

④ 특허침해죄의 경우 징역형의 상한은 7년이다.

061 | ⑤

⑤ 간접침해는 특허권자 등을 보호하기 위하여 민사책임을 부과하는 정책적 규정일 뿐, 이를 특허권 침해행위를 처벌하기 위한 형벌법규의 구성요건으로서까지 규정하지는 않는다(대법원 1993. 2. 23. 선고 92도3350).

062 | ②

② 특허침해죄는 반의사불벌죄이며, 7년 이하의 징역 또는 1억 원 이하의 벌금에 처한다.

063 | ⑤

⑤ 상표권 침해금지소송을 제기하기 위하여는 반드시 상표 등록이 되어야 한다.

064 | ④

④ 사죄광고의 청구는 헌법이 규정하는 양심의 자유에 반한다는 한정 위헌 결정이 있었다.

065 | ④

④ 저작재산권은 상속이 가능하다.
① 저작자의 생존기간 및 사망 후 70년이다.
② 업무상저작물의 저작재산권은 공표한 때부터 70년간 존속한다.
③ 저작재산권은 양도될 수 있다.
⑤ 저작권은 저작물을 창작한 때부터 자동으로 발생하므로 등록이 따로 필요 없다.

STEP 2	난도 ▶ 중			본책_p.175
001 ①	002 ④	003 ⑤	004 ③	005 ③
006 ③	007 ④	008 ①	009 ⑤	010 ④
011 ③	012 ①	013 ③	014 ④	015 ③
016 ③	017 ④	018 ③	019 ③	020 ③
021 ③	022 ②	023 ①	024 ⑤	025 ⑤
026 ②	027 ④	028 ②	029 ①	030 ③
031 ③	032 ③	033 ③	034 ③	035 ⑤
036 ⑤	037 ①	038 ④	039 ③	040 ⑤
041 ⑤	042 ①	043 ④		

001 | ①

① 특허출원 거절결정에 대하여 거절결정불복심판을 특허심판원에 제기할 수 있고, 이에 대한 심결취소의 소를 특허법원에 제기할 수 있으며, 이에 대한 불복으로 대법원에 상고할 수 있다.

002 | ④

④ 결정계 심결불복소송에서는 특허청장이 피고가 되지만 당사자계 심결불복소송에서는 심판의 승자가 피고가 된다.

003 | ⑤

⑤ 심판의 공정을 기대하기 어려운 사정이 있는 경우는 제척사유가 아니고, 기피사유에 해당한다.

004 | ③

③ 상대방의 동의가 있는 경우에는 특허무효심판을 취하할 수 있다.

005 | ③

③ 인용심결뿐만 아니라, 기각심결이 확정되어도 일사부재리 원칙이 적용된다.
① 결정계 심판의 경우에 인용심결에 대해서는 불복할 수 없지만, 기각심결에 대해서는 특허법원에 심결취소소송을 제기할 수 있다.

006 | ③

㉣ 정정심판은 결정계 심판이다.
㉰ 심판 실무상 결정계 심판에 대해서는 일사부재리가 실질적으로 적용될 여지가 없다.
㉯ 결정계 심판의 심판 비용은 항상 청구인이 부담한다.

007 | ④

④ 특허법 제162조 제1항에 따른다.
① 본안 심결이 확정된 경우에 한해 일사부재리 원칙이 적용되며, 각하 심결이 확정된 경우에는 일사부재리 원칙이 적용되지 않는다. 또한 일사부재리 원칙은 '동일사실 및 동일증거'이어야 한다.
② 심결에 심리종결일이 적혀 있어야 하는 것은 아니다.
③ 심판장은 사건이 심결을 할 정도로 성숙하였을 때에는 심리의 종결을 당사자 및 참가인에게 통지하여야 한다.
⑤ 특허법 제162조 제2항 각호에 따라 심결에는 심결연월일이 반드시 적혀 있어야 한다.

008 | ①

① 심사단계에서는 재심사청구를 하거나 거절결정불복심판밖에 없고 ④ 분리출원은 심판 단계에서 취할 수 있다.

009 | ⑤

⑤ 청구항별로 무효심판을 청구하는 것이 가능하다.

010 | ④

④ '심판장'이 아니라, '특허심판원장'이다.

011 | ③

③ 소멸된 특허에 대해서도 과거의 침해에 대한 문제가 있을 수 있어, 연장등록 무효심판청구가 가능하다.

012 | ①

① 제시문은 소극적 권리범위확인심판에 대한 설명이다. 이는 특허심판원에 자신의 실시기술(확인대상발명)이 특허권자의 권리범위에 속하지 않는다는 심결을 구하는 심판이다.

013 | ③

㉡㉷ 무효심판 및 정정심판은 과거의 침해에 대한 판단의 필요성으로 권리기간 만료에 따른 소멸된 특허에 대해서도 청구 가능하다.
㉢㉣㉤ 거절결정불복심판, 취소결정불복심판 및 보정각하결정불복심판 모두 결정등본을 송달받은 날부터 3개월 이내에 심판을 청구할 수 있다.

014 | ④

④ 정정심판은 결정계심판으로 특허청을 상대로 하는 심판이다.

015 | ③

③ 상표법 제119조 제1항 제3호에 따라 등록상표가 3년 이상 불사용된 경우 취소심판의 대상이 된다.

016 | ③

③ 실시행위의 독립성이란 각각의 실시행위는 서로 독립적이므로 침해 여부 역시 각각 독립적으로 판단해야 한다는 것을 말한다.

017 | ④

④ 보정에 대한 부분은 추후 균등론 적용 시 의식적 제외로 해석될 수 있다.
① 구성요소 완비의 원칙이 기준이나, 예외적인 균등론의 적용이 있을 수 있다.
③ 청구범위에 다수의 청구항을 적을 수 있다.

018 | ③

㉠ 권리범위는 청구항의 기재로 판단하되, 그 기재가 불명확한 경우 발명의 설명을 참조할 수 있다.
㉡ 출원경과 중 권리범위가 감축되는 경우, 의식적 제외로 해석될 수 있고 추후 균등 주장에서 불리할 수 있다.

019 | ③

특허권의 침해가 성립되기 위해서는 확인대상발명이 특허발명의 모든 구성요소를 포함하여야 하며, 확인대상발명이 특허발명의 모든 구성요소를 포함하는 한 구성의 추가가 있다 하더라도 침해에서 벗어날 수 있는 것은 아니다.

020 | ③

③ 균등론은 확인대상발명이 특허발명의 구성요소 중 일부를 변경하여 실시하더라도 과제해결원리가 동일하고, 실질적으로 동일한 작용 효과를 가지며, 그러한 변경이 통상의 기술자에게 자명하다면 특별한 사정이 없는 한 확인대상발명은 특허발명의 권리범위에 속한다는 이론이다.

021 | ③

침해가 성립되기 위해서는 특허발명의 구성요소가 실시발명에 모두 완비된 경우이어야 한다. 다만, 일부 구성이 구비되지 않았다 하더라도 해당 구성이 균등물로 치환된 경우에는 침해가 성립된다. 따라서 ⓒⓓⓔ의 경우가 침해에 해당한다.

022 | ②

㉠ 이창작의 발명 특허는 김발명의 발명 특허에 대한 이용발명 특허에 해당한다.
㉡ 이용발명에 대한 특허출원은 특허법상 요건이 만족되면 특허등록받을 수 있다.
㉣ 김발명의 특허발명이 아닌 이창작의 발명을 김발명이 실시하고자 하는 경우이므로 이창작의 허락을 받지 않으면 특허침해에 해당하게 된다.
㉢ 이용발명 특허권자인 이창작은 자기의 등록특허라도 김발명의 허락을 받아야 실시가 가능하다. 따라서 김발명의 허락 없는 이창작의 자기 등록특허의 실시는 김발명의 특허권에 대하여 이용침해를 구성한다.

023 | ①

① 자신의 특허발명이라도 타인의 특허발명에 대한 이용발명인 경우에는 침해가 성립된다.

024 | ⑤

⑤ 개인적·가정적 실시는 업으로서 실시하는 것이 아니므로 특허권의 침해를 구성하지 않는다.

025 | ⑤

특허권 침해행위에 해당되는 것은 ㉠ⓒ②ⓜ㉺이다.
ⓒ 해당 물건을 분해하는 것은 침해행위가 아니다.
ⓗ 특허법 제2조, 제3조에 따라 특허권의 실시태양에 해당하지 않는다.

026 | ②

② 특허권자는 침해자를 상대로 적극적 권리범위확인심판을 청구할 수 있다.

027 | ④

④ B사는 현재 실시 형태가 없기 때문에, 별도의 소송을 제기하여 대응하기는 어렵다.

028 | ②

② 특허의 침해를 판단할 때 제품 간의 모방이 아닌, 보유 특허권의 청구범위와 실시 형태를 검토해야 한다.

029 | ①

① 판례는 김발명이 B를 따로 제조, 판매하고 있을 것을 전제로 간접침해의 성립을 인정하였다.

030 | ③

③ 특허발명의 전용품을 생산 및 양도하는 행위로서 이는 간접침해(침해로 보는 행위)에 해당한다.
① 이는 전용품을 사용하는 행위로서 직접침해에 해당한다.
② 특허발명의 부품을 특허발명과 무관한 용도로 사용하는 것은 침해가 성립되지 않는다.
④ 연구 또는 시험행위에 대해서는 특허법 제96조에 의해 특허권의 효력이 제한된다.
⑤ 전용품의 생산행위가 국내에서 이루어졌다면 간접침해를 구성하지만, 외국에서 이루어졌으므로 속지주의의 원칙에 의해 간접침해가 성립되지 않는다.

031 | ③

③ 특허권의 침해금지 및 예방을 청구할 수 있는 자는 특허권자 또는 전용실시권자이다. 특허법 제126조는 "특허권자 또는 전용실시권자는 자기의 권리를 침해한 자 또는 침해할 우려가 있는 자에 대하여 그 침해의 금지 또는 예방을 청구할 수 있다."라고 규정하고 있다.

032 | ③

③ 고의가 아닌 과실이 추정된다.

033 | ③

① 침해금지청구는 침해 우려가 있는 자에게도 행할 수 있다.
② 간주되지 않고 추정된다.
④ 침해가 발생한 것을 안 날로부터 3년 이내에 청구하여야 한다.
⑤ 침해에 대한 민사소송에 대해서 손해배상청구권은 가해자의 고의 또는 과실 책임능력을 요건으로 하나 부당이득반환청구권은 고의 또는 과실을 요건으로 하지 아니한다.

034 | ③

③ 통상실시권은 채권적 권리여서 제3자가 권리침해를 한다고 해도 스스로 이를 배척할 수 없고 특허권자 또는 전용실시권자를 통해 간접적으로 구제 행위를 할 수 있다.

035 | ⑤

⑤ 이 경우는 특허권의 간접침해에 해당되며 특허권 설정등록 후에는 침해행위를 조성한 물건의 폐기를 청구할 수 있다.

036 | ⑤

① 반의사불벌죄이므로 고소가 없더라도 피해자의 명시적인 의사에 반하지 않으면 처벌할 수 있다.
② 특허권의 침해죄는 권원 없는 제3자가 고의로 특허발명을 업으로서 실시한 때에 그 객관적 사실만으로 성립하는 것으로 침해자가 재산적 이득을 얻었는가와는 무관하다.
③ 종업원 등의 특허권 침해에 대해 언제나 사용자 등이 양벌규정에 의한 벌금형에 처해지는 것이 아니며, 종업원 등의 침해행위가 사용자 등의 업무에 관해서 이루어진 경우에 한한다. 다만, 법인 또는 개인이 그 위반행위를 방지하기 위하여 해당 업무에 관하여 상당한 주의와 감독을 게을리 하지 아니한 경우에는 그러하지 아니하다.
④ 상표권에 관한 침해죄는 상표권자의 고소가 없더라도 논할 수 있는 비친고죄로 하고 있는데 이는 상표의 보호가 수요자의 이익보호라는 공익적 측면이 강하다는 것을 고려한 것이다.

037 | ①

① 특허침해에 대한 형사처벌은 반의사불벌죄에 해당한다.

038 | ④

④ 디자인권의 침해행위가 확인되면, 분쟁의 조기해결 및 원만한 협상의 유도를 위하여 경고장을 발송하는 것이 바람직하다. 경고장은 디자인등록번호 및 상대방의 실시행위를 특정하며, 내용증명으로 보내는 것이 일반적이다.

039 | ⑤

⑤ 타인의 저명상표와 동일·유사한 상표를 그 저명상표의 지정상품(사용상품)과 비유사한 상품에 사용하는 경우, 상표등록출원이 거절되거나 등록 시 무효원인은 될 수 있으나, 그런 사용행위가 침해로 되지는 않는다.

040 | ⑤

⑤ 상표권 침해죄는 7년 이하의 징역 또는 1억 원 이하의 벌금에 처해질 수 있다.

041 | ⑤

⑤ 표절이 반드시 저작권법상의 법적 침해를 의미하는 것은 아니며, 양자는 법적으로 다른 개념이다.
①②③ 저작권 침해가 되기 위하여는 타인의 저작물에 의거하는 '의거성'과 양 저작물 사이의 '실질적 유사성'이 인정되어야 하며, 이를 통하여 모방 사실이 입증되어야 한다.
④ 양 저작물 사이에 동일한 오류가 있는 경우 의거성이 추정된다.

042 | ①

①② 저작권 침해가 되기 위하여는 타인의 저작물에 의거하는 '의거성'과 양 저작물 사이의 '실질적 유사성'이 인정되어야 하는데, '의거성'은 타인의 저작물에 접근할 기회가 있었는지를 뜻하는 '접근성' 유무로 판단한다.
④ 양 저작물 사이에 동일한 오류가 있었는지 여부는 침해 판단의 한 요소이다.
⑤ 어문저작물유사성에는 부분적·문언적 유사성과 포괄적·비문언적 유사성이 있다. 부분적·문언적 유사성은 저작물 속의 특정한 행이나 절 또는 기타 세부적인 부분이 복제된 경우이고, 포괄적·비문언적 유사성은 저작물의 구조와 근본적인 본질이 유사한 경우이다. 이 경우 문장끼리 대응되는 유사성은 없어도 전체적으로 포괄적인 유사성이 인정될 수 있다(서울중앙지법 2006나16757 판결 참조).

043 | ④

④ 저작권법 제30조(사적 이용을 위한 복제)에 따라 침해라 보기 어렵다.
② A가 저작재산권 일체를 박물관에 양도한 이상 침해에 해당한다.
③ 동일성유지권의 침해이다.

001	③	002	②	003	⑤	004	⑤	005	④
006	④	007	②	008	⑤	009	③	010	④
011	⑤	012	④	013	②	014	⑤	015	②
016	①	017	③	018	②	019	②	020	②
021	⑤	022	③	023	③	024	④	025	①
026	③	027	②	028	④				

001 | ③

특허청장을 피청구인으로 하는 결정계 심판으로는 보정각하에 대한 심판, 거절결정불복심판, 정정심판 등이 있다.

002 | ②

② 직렬적으로 부가된 구성요소를 삭제하는 것은 청구범위를 확장하는 것으로서 부적법한 정정에 해당한다.

003 | ⑤

⑤ 무효심결이 확정된 연도의 다음 연도부터의 특허료 선납분에 대해서만 반환받을 수 있다.

004 | ⑤

⑤ 현재 한국 기준으로 기업의 실시 여부는 권리행사의 주요 요건이 되지 못한다.

005 | ④

㉠ 상표법 제119조 제3항
㉡ 제119조 제2항
㉢ 심판청구일로부터 3년의 불사용을 적용요건으로 한다.
㉣ 사용권자의 사용에 의하여도 상표등록취소를 면할 수 있다.
㉤ 제119조 제1항 제3호에 의한 상표등록취소심판은 누구든지 청구할 수 있다.

006 | ④

①② 디자인된 로고 A와 영문자 B가 포함된 상표를 출원하여 등록을 받은 후, 변경된 로고 C와 B를 포함하는 상표를 사용하였다면 등록상표와 동일한 상표의 사용으로 볼 수 없으므로, 제119조 제1항 제3호에 의하여 취소될 수 있으나 자동으로 취소되지는 않는다.
③ 유사한 상표의 사용은 등록상표의 사용으로 인정되지 않는다.
⑤ 등록상표의 일부 구성요소를 삭제하는 제도는 없다.

007 | ②

㉠㉤ 무효심판과 거절결정불복심판은 특허심판원이 관할한다.
㉡ 무효심판의 결과인 무효심결에 대한 불복소송인 심결취소소송은 특허법원이 관할한다.
㉢㉣ 2016년 1월 1일부터는 지식재산권(특허권, 실용신안권, 디자인권, 상표권, 품종보호권) 침해 민사본안소송의 관할을 1심은 고등법원 소재지가 있는 6개 지방법원(서울중앙지방법원, 대구지방법원, 대전지방법원, 광주지방법원, 부산지방법원, 수원지방법원)이 전속적으로 맡고, 2심은 특허법원으로 집중하게 되도록 민사소송법 및 법원조직법이 개정되었다. 따라서 1심은 특허법원이 아닌 6개 지방법원에 소를 제기해야 한다.

008 | ⑤

⑤ 거절결정불복심판청구는 심사단계에서 거절결정 시 특허청에 청구하는 심판이다.

009 | ③

㉡ 특허심판은 심판관 합의체에 의해 진행된다.
㉣ 타 절차와의 관계를 고려한 소송 절차의 중지 여부는 법관의 재량행위이다.

010 | ④

④ 권리소진이 적용되어 침해가 아니다.

011 | ⑤

⑤ 권리소진이 적용되어 침해가 되지 않는다.

012 | ④

㉠ 보호범위를 해석할 때 청구범위가 불명료한 경우에는 예외적으로 발명의 설명을 참작할 수 있다.

㉡ 발명의 보호범위는 발명의 설명 중 실시예 등에 의해 정해지는 것이 아니라 청구범위에 적혀 있는 사항에 의해서 정해진다.

013 | ②

② 구성요소 완비의 원칙(AER)에 따라 청구범위에 완전히 일치하지 않는 경우에도 치환된 일부 구성요소가 특허청구항에 대응되는 구성요소의 균등범위에 속하는 경우에는 침해로 인정될 수 있다.

① 실시권이 있는 경우나 개인적·가정적 실시는 침해가 아니다.

③ 중복특허의 발생을 방지하기 위한 것이다.

④ 청구범위 해석 시 상세한 설명을 참작할 수 있다.

⑤ 출원경과 참작의 원칙에 의해 심사관의 견해 또한 참작의 대상이 된다.

014 | ⑤

⑤ 의식적으로 제외되지 않아야 한다.

015 | ②

㉡㉣ 특허발명의 구성요소인 a + b' + c를 완비하여 침해가 성립되는 경우이다.

㉠ 균등침해를 검토할 수 있으나, 출원 과정에서의 보정으로 인한 의식적 제외 이론이 적용되어 침해가 성립되지 않는다.

016 | ①

① 홍길동이 특허받은 의자의 구성에 '바퀴' 구성을 추가하는 경우 이 발명은 홍길동 특허발명과 이용관계가 성립된다.

017 | ③

㉠ 특허권자 아닌 자로부터 구입한 침해제품의 사용행위로서 침해를 구성한다.

㉢ 결과적으로 특허발명과 동일한 a"를 실시하는 것으로서 침해를 구성한다.

㉣ 특허권자의 허락이 없는 상태에서의 실시이므로 침해를 구성한다.

㉡ 특허권자로부터 적법하게 구입한 특허제품에 대한 실시행위로서 특허권 소진이론에 따라 침해를 구성하지 않는다.

㉢ 특허권자 아닌 자로부터 구입한 침해제품이지만, 가정적 실시는 침해를 구성하지 않는다.

㉣ 특허발명에 대한 연구 또는 시험행위로서 특허권의 효력이 미치지 않는 경우이다. 따라서 침해가 성립되지 않는다.

018 | ②

② 특허출원 전에 이미 구리 재질의 안경테가 공지되어 있다면, 구리의 상위 개념인 금속 재질의 안경테 발명은 신규성을 상실한 것이므로 무효사유가 존재한다.

019 | ②

② 침해예방청구권의 행사는 침해할 것을 요하지 않으며, 침해할 우려가 있는 경우에 행사할 수 있다. A의 소지는 장차 A를 실시할 개연성이 높으므로 이러한 경우 침해예방청구권을 행사할 수 있다.

① 실시권은 실시의 태양 중 일부에만 허락될 수 있다.

020 | ②

㉡ 특허법원은 2심으로 가처분은 일반법원 1심에 제기하여야 한다.

㉣ 가처분과 무효심판은 별도로 대응해야 하며, 동시에 진행할 수 있다.

㉤ 특허무효심판과 권리범위확인심판을 동시에 제기할 수 있다.

021 | ⑤

⑤ 특허권 침해 시 발명의 실시에 대하여 통상받을 수 있는 금액에 상당하는 액을 손해의 액으로 배상 청구할 수 있다.

022 | ③

㉠ 2020년 10월 20일 시행 특허법에서 반의사불벌죄로 개정되었다.

㉢ 손해배상액 산정의 실효성을 높이기 위한 취지로 2020년 12월 10일 시행된 개정 특허법에 도입되어 '징벌적 손해배상제'를 보완할 것으로 예상된다.

㉤ 직접침해와 간접침해 모두 특허침해죄를 구성한다.

023 | ③

③④ 균등론에 의해 B사의 행위는 A사의 특허권을 침해한 것으로 볼 수 있으나, A사가 심사과정에서 특허성 확보를 위하여 c'로 보정하였으므로, 포대금반언의 원칙에 기초하여 균등론이 제한된다.

① c'와 c의 구성이 동일하지 않으므로, 구성요건 완비의 법칙(all element rule)에 의해 B사의 행위는 A사의 특허권을 침해하지 않은 것이다.
⑤ 등록된 청구범위를 기준으로 침해 여부를 판단한다.

024 | ④

④ 소멸된 특허권에도 무효심판 청구가 가능하며, 무효심판 내 정정 청구가 가능하다.

025 | ①

① 재질을 변경하여도 구조를 이용하는 경우 침해이다.

026 | ③

③ 아이디어는 저작권의 보호대상이 아니므로 아이디어의 유사성은 판단대상이 아니다.
① 저작권 침해가 되기 위하여는 타인의 저작물에 의거하는 '의거성'과 양 저작물 사이의 '실질적 유사성'이 인정되어야 하는데, '의거성'은 타인의 저작물에 접근할 기회가 있었는지를 뜻하는 '접근성' 유무로 판단한다.
② 양 저작물 사이에 동일한 오류가 있었는지 여부는 침해 판단의 한 요소이다.
④ 사건의 플롯이나 줄거리는 아이디어의 영역으로 볼 수 있기 때문이다. 다만, 반드시 그렇다고 단정할 수는 없으므로 구체적 사건별로 달라질 수 있다.

027 | ②

② 보호기간이 만료되었다면 저작권 침해에는 해당될 수 없으나, 표절문제는 여전히 존재할 수 있다.
① 표절은 반드시 저작권법상의 법적침해를 의미하는 것은 아니다. 따라서 그 대상물이 저작권법상 보호되지 않는 경우도 있다.
⑤ 저작권 침해는 타인의 저작물에 의거하여 실질적 유사성이 인정되면 충분하며, 자신의 것처럼 속이거나 또는 그러한 의도를 요하지 않는다.

028 | ④

④ 저작권법 제21조(대여권)에 따라 저작자는 상업용 음반이나 상업적 목적으로 공표된 프로그램을 영리를 목적으로 대여할 권리를 가지므로, 이는 저작권 침해에 해당한다.
① 최초판매의 원칙에 따라 저작재산권의 침해가 아니다(제20조 단서).
② 실제 사진을 촬영한 촬영자에게 저작권이 있으므로 문제되지 않는다.
③ 아이디어는 저작권의 보호대상이 아니므로 문제되지 않는다.
⑤ 공연 허락을 받아 영업하는 경우이므로 문제되지 않는다.

PART 2 지식재산 창출

STEP 1		난도 ▶ 하						본책_p.204	
001	④	002	③	003	①	004	④	005	⑤
006	⑤	007	③	008	③	009	⑤	010	①
011	③	012	②	013	⑤	014	④	015	④
016	②	017	⑤	018	⑤	019	④	020	①
021	④	022	④	023	②	024	①	025	⑤
026	④	027	③	028	⑤	029	①	030	②
031	③	032	①	033	③	034	③	035	②
036	③	037	②	038	①	039	⑤	040	④
041	③	042	③	043	⑤	044	②	045	①
046	②	047	⑤	048	①	049	⑤	050	③
051	⑤	052	①	053	②	054	①	055	⑤
056	③	057	①	058	⑤	059	①	060	⑤
061	④	062	⑤	063	⑤	064	③	065	⑤
066	④	067	⑤	068	①	069	③	070	①
071	②	072	④	073	③				

001 | ④

④ 국가 간 심사 공조체제의 확대의 일환으로 국가 간 PPH 협정이 증가하고 있다.

002 | ③

③ 타사의 영업비밀을 확보해 특허등록하는 것은 타사 영업비밀의 무단 유출 등으로 인한 2차 분쟁 발생 가능성도 있을 뿐만 아니라, 실제 발명자가 아닌 무권리자 출원에 해당하기 때문에 특허출원의 실효성도 낮다.

003 | ①

① 지식재산감사(audit)는 지식재산 경영에 있어서 자신이 보유한 지식재산을 파악하고, 분석하는 것을 의미한다.

004 | ④

④ 최신 기술의 개발은 R&D 부서에서 할 일이며, 이렇게 개발한 기술을 지식재산으로 권리를 취득하고 관리하는 것이 지식재산 관리부서의 임무이다.

005 | ⑤

지식재산 관리부서는 지식재산과 관련한 업무를 기획, 실행하는 부서이다. 따라서 지식재산과 관련한 대부분의 업무를 수행하는 것이 일반적이다.

006 | ⑤

⑤ 특허심판 중에 특허권을 양도해 달라고 요청하는 심판은 없다.

007 | ③

③ 미국을 포함한 대부분의 나라가 선출원주의이므로, 발명의 완성시점은 고려대상이 아니다.

008 | ③

③ 선출원주의에 따라 특허출원은 되도록 빨리하는 것이 바람직하나, 경우에 따라 출원을 지연하는 전략을 사용할 수도 있고, 발명이 완성되지 않은 상태에서 출원을 서두르다 보면 등록받지 못할 수도 있으므로 무조건 빨리 출원을 하는 것이 항상 바람직한 것은 아니다.

009 | ⑤

⑤ 종래의 카메라에서 필름을 제외한 것이 디지털 카메라이며, 이는 빼기 기법에 해당한다.

010 | ①

① 종업원·법인의 임원 또는 공무원이 그 직무에 관하여 발명한 것이 사용자·법인 또는 국가나 지방자치단체의 업무범위에 속하고, 그 발명을 하게 된 행위가 종업원 등의 현재 또는 과거의 직무에 속하는 발명일 경우 직무발명에 해당한다.

011 | ③

③ 직무발명제도에서는 발명, 고안, 창작을 발명의 대상으로 한다. 한편, 창작은 디자인보호법상 보호대상이기도 하다.

012 | ②

직무발명의 정의는 "종업원, 법인의 임원 또는 공무원이 그 직무에 관하여 발명한 것이 성질상 사용자 법인 또는 국가나 지방자치단체의 업무 범위에 속하고 그 발명을 하게 된 행위가 종업원 등의 현재 또는 과거의 직무에 속하는 발명"이다.

013 | ⑤

① 타이어 회사의 영업사원의 직무에는 타이어 개발이 포함되지 않으므로, 직무발명에 해당하지 않는다.
② 간호사의 직무에는 암 진단이 포함되지 않으므로, 직무발명에 해당하지 않는다.
③ 특허법인 소속 도면사의 직무에는 전자출원 명세서 작성이 포함되지 않으므로, 직무발명에 해당하지 않는다.
④ 외주업체에 의뢰하여 납품받은 것은 고용관계가 성립되지 않으므로 직무발명에 해당되지 않는다.

014 | ④

④ 종업원이 재직 중에 한 발명이라도 자신의 직무와 무관하다면 직무발명에 해당하지 않는다.

015 | ④

④ 종업원이란 고용주와 고용 계약을 체결하고 일정한 보수를 받으며 일하기로 합의한 사람을 말한다. 고용 계약을 체결하지 않은 회사 고문은 종업원으로 보지 않는 것이 통설이다.

016 | ②

② 종업원의 자유발명에 대해 특허받을 수 있는 권리를 사용자에게 미리 승계시키기로 한 계약 및 그 규정은 무효이다.

017 | ⑤

⑤ 불승계 통지에 따른 보상은 없다.

018 | ⑤

⑤ 직무발명의 보상은 출원보상을 시작으로 등록보상과 실시보상이 이루어지며, 출원보상이 등록보상에 비해 상대적으로 적다. 실시보상은 매년 이루어지며, 보상액이 매출액 또는 영업이익 등에 비례하여 산정되고, 금액도 상당액에 이르는 경우가 일반적이다.

019 | ④

④ 공무원의 직무발명도 직무발명에 관한 일반 법리가 동일하게 적용되어 보상금을 지급하여야 한다.

020 | ①

① 한국특허정보원에서 운영하는 키프리스 사이트를 통해 국내는 물론 해외특허, 상표, 디자인에 대해 무료로 검색·활용할 수 있다.

021 | ④

④ INID코드는 'Internationally agreed Numbers for the Identification of bibliographic Data'의 약자로서 WIPO에서 사용자가 이해하기 쉽도록 특허문서에 국제적으로 정해진 번호를 부여하는 코드를 의미한다.

022 | ④

④ 공개특허공보는 특허등록 전에 발행되므로, 등록일자 정보는 알 수 없다.

023 | ②

② IPC 항목은 정해진 기준에 따른 특허분류코드를 입력해야 하며, 키워드 입력 시 조회되지 않는다.

024 | ④

④ 키워드 간에 OR 연산자를 이용하여 검색식을 작성하면 너무 많은 조회 건수가 나오므로 비효율적이다.

025 | ⑤

⑤ 특허권, 실용신안권, 디자인권 및 상표권과 같은 산업재산권과 달리, 저작권은 저작물이 완성된 시점에서 즉시 권리가 발생한다.

026 | ④

④ 특허맵 작성에 있어 핵심을 이루는 과정 중 하나로 데이터들을 이용하여 테이블을 그리거나 그래프로 표현하는 등 수치적인 접근을 하는 것이 '정량 분석'이다.

027 | ③

③ 특허맵을 통해서는 제3자의 자사특허 무단 실시 여부를 명확히 파악하기 어렵다.

028 | ⑤

㉣ 경쟁제품의 매출현황 파악은 특허맵의 작성 목적과 거리가 멀다. 특허맵을 활용하여서는 주로 연구개발전략, 경영전략, 특허전략 등을 수립하게 된다.

029 | ①

① 디자인을 포함한 전체를 대상으로 하여야 관련된 모든 선행 정보를 확인할 수 있다. 통상 산업재산권 검색이 가능한 사이트에서는 모든 관련 정보를 제공한다.

030 | ②

전자출원 절차는 ㉠ 특허고객번호 부여 신청 및 전자문서 이용 신고 − ㉢ 인증서 등록 − ㉣ 문서 작성 S/W 및 서식 작성 S/W 설치 − ㉱ 명세서 서식 작성 − ㉡ 온라인 제출 − ㉤ 제출결과 조회 순으로 이뤄진다.

031 | ②

② http://ep.espacenet.com은 유럽특허청 특허정보검색 사이트이다. 미국특허청의 특허정보검색 사이트는 http://patft.uspto.gov이다.

032 | ①

① 전자문서 이용신고는 특허고객번호 부여 신청이 되었더라도 다시 하여야 한다.

033 | ③

③ 키워드 검색에 특허분류를 이용한 검색을 병행하면 노이즈 발생을 줄일 수 있다.

034 | ③

③ 공동발명자는 발명의 완성에 실질적 기여를 한 자를 의미하며, 단순히 상급자로서 발명의 완성을 지시한 자는 공동발명자로서의 지위가 인정되지 않는다.

035 | ②

② 고무장갑은 재료 바꾸기의 대표적인 예이다.

036 | ③

③ 발명자는 실제로 발명의 착상에 기여한 자를 의미하며, 단순히 필요한 조건만을 제시한 자나 지시에 의해 단순한 실험만을 실시한 자는 발명자에 해당하지 않는다.

037 | ②

② 직무발명은 (1) 종업원의 발명으로서 (2) 사용자의 업무 범위에 속하며 (3) 종업원의 현재 또는 과거의 직무에 속하는 경우에 인정된다.

038 | ①

① 직무발명의 사용자와 종업원의 권리 및 의무는 특허법이 아니라 발명진흥법에서 규정하고 있다.

039 | ⑤

⑤ 종업원이 직무발명에 대하여 가치평가를 할 의무는 없다.

040 | ④

④ 회피설계는 선행특허를 명확히 확인한 때에 가능하므로 연구 전에 특허정보 검색을 필수적으로 수행하여야 한다. 회피설계를 위해 구성요소를 변형하는 과정에서 특허정보 검색결과가 활용되기도 하며, 회피설계를 하기 위해서는 회피하고자 하는 특허의 청구범위를 해석하여 확인하여야 한다.

041 | ③

③ 상표제작자의 명칭은 상표의 검색에서 활용될 수 없다.

042 | ③

ⓒ 특허정보가 전 세계적으로 통일되고 있는 것은 사실이나 기재양식이 일률적으로 같지는 않다.
ⓔ 특허정보를 검색할 때 출원일자 등을 활용하여 효율적으로 검색하는 것이 제한된 시간 내에 원하는 정보를 검색할 수 있는 지름길이다.

043 | ⑤

⑤ IPC는 International Patent Classification의 약어로, 전 세계의 특허청이 통일적으로 사용하고 있는 국제특허분류이다.

044 | ②

② KPI는 Key Performance Indicators의 약자로 기업의 목표 달성 정도를 측정하는 지표이다.
IPC는 국제특허분류, ECLA는 유럽의 특허분류, UPC는 미국의 특허분류, F-Term은 일본의 특허분류 체계이다.

045 | ①

① 특허정보조사를 통해 타인의 특허에 대해 회피설계 및 우회발명을 할 수 있다.

046 | ②

② 특허정보는 특허의 서지적 사항과 권리 사항에 대한 것을 의미하는 것으로 경쟁사의 현금 흐름과 같은 재무적 상황 등과는 무관하다.

047 | ①

① 특허정보 조사를 통해서 일반적으로 특허권의 발명자, 출원인, 출원일/출원번호, 공개일/공개번호, 등록일/등록번호, IPC분류코드 등을 알 수 있는데, 발명의 완성일자는 알 수 없다.

048 | ①

① 회피설계의 타진 또는 해당 권리의 무효화 추진을 위한 특허정보 조사의 목적은 특허분쟁 대응 자료조사에 해당한다.

049 | ⑤

특허검색 DB인 키프리스를 통해 한국, 미국, 일본, 유럽, 중국, 대만 등의 특허정보를 확인할 수 있다. 대만특허의 경우 1950년 9월 20일 이후 특허에 대해 서지사항 및 요약을 제공하고 있다.
⑤ 영업비밀은 비밀로 유지하여야 하는 정보이므로 공개되지 않는다.

050 | ③

③ 특허맵(patent map)은 특허정보를 분석하여 특허정보의 각종 서지사항의 분석항목을 정리하고, 특허정보의 기술적 사항의 분석항목을 가공하여 특허정보만이 가지고 있는 권리정보로서의 특징을 효율적으로 이용, 분석한 자료이다.

051 | ⑤

특허맵은 ⓒ 대상 기술을 한정한 후 ⑭ 기술분류표를 작성하고, ⑩ 각 분류별로 검색식을 작성하여 ⓛ 데이터를 추출하면서 시작되며, ⓔ 정량분석을 바탕으로 ⊙ 정성분석이 행해지는 것이 일반적이다.

052 | ①

① TRIZ는 창의적 사고방법의 하나로서, 특허에 나타난 문제해결 방법을 조사·분석하여 도출된 발명적 문제해결 원리를 제공하는 도구이다.

053 | ②

② 간단하지만 흔히 볼 수 없는 표장으로 구성된 상표는 식별력이 인정되어 상표등록을 받을 수 있다.
① 상표법 제33조 제1항 제2호에 따라 등록될 수 없다.
③ 제34조 제1항 제6호에 따라 등록될 수 없다.
④ 제34조 제1항 제10호에 따라 등록될 수 없다.
⑤ 제34조 제1항 제1호에 따라 등록될 수 없다.

054 | ①

① 청구범위는 명세서에 적을 사항이다. 특허출원서에는 발명의 명칭이나 발명자, 대리인 등 출원의 서지적 사항만을 적는다.

055 | ⑤

⑤ 선행기술조사서는 우선심사를 청구할 때 제출하는 경우가 있을 뿐, 특허출원을 위해 반드시 제출하여야 할 서류에는 포함되지 않는다.
④ 잘못 납부된 특허료 및 수수료 등의 경우에는 납부한 자의 신청에 의해 반환된다(특허법 제84조 제1항).

056 | ③

직무발명은 종업원 등이 그 직무에 관하여 발명한 것이 성질상 사용자 등의 업무 범위에 속하고, 그 발명을 하게 된 행위가 종업원 등의 현재 또는 과거의 직무에 속하는 발명을 말한다.
③ 대학생은 대학의 종업원도 아닐뿐더러 대학의 업무범위는 연구와 교육에 있으므로, 교육을 받는 대학생에 있어 직무발명이 성립할 여지는 없다.

057 | ①

직무발명은 (1) 종업원의 발명으로서 (2) 사용자의 업무범위에 속하고 (3) 종업원의 현재 또는 과거의 직무에 속할 것을 성립요건으로 한다.

058 | ⑤

⑤ and 연산자의 경우, WIPS는 'and'를 사용하고, KIPRIS는 '*'를 사용한다.

059 | ①

① 발명진흥법에서는 직무발명에 대하여만 권리와 의무를 규정하고 있고, 업무발명의 경우에는 종업원과 사용자가 사인 간의 계약으로 정한 바에 따라 처리될 뿐이다.

060 | ⑤

⑤ 등록상표의 존속기간 만료일은 등록일로부터 10년인바, 등록일에 관한 정보가 없어서 알 수 없다.

061 | ③

① patent troll(특허괴물)은 NPE(Non Practicing Entity)를 부정적 견지에서 가리키는 말이다.
② brain storming은 확산적 사고기법의 일종이다.
④ patent map은 특허정보를 기초로 일목요연하게 작성한 보고서를 가리키는 것이다.
⑤ six sigma는 완벽에 가까운 제품 또는 서비스를 지향하는 품질경영 기법 또는 철학을 가리키는 것이다.

062 | ⑤

창의적 사고의 구성요소로는 상상력, 융통성, 민감성, 정교성이 있다.
⑤ 보편타당성은 오히려 관습과 상식에 관한 것으로 창의성과는 거리가 있다.

063 | ⑤

⑤ IPC 분류를 활용하여 더욱 효과적인 선행기술 검색이 가능하다.

064 | ③

③ 창의적 사고기법에는 크게 수렴적 사고기법과 확산적 사고기법이 있고, 확산적 사고기법에서는 많은 양의 대안들로부터 유용한 대안을 발굴하는 '양의 중시'도 유의할 사항이다.

065 | ⑤

⑤ 심판번호는 특허공보에 적지 않는다.

066 | ③

③ 위장 전략에 대한 설명이다.

067 | ⑤

⑤ 지식재산 공백 탈피 전략은 지식재산 관리단계의 가장 낮은 단계로서 지식재산의 전략이 부재한 조직의 경우에 이를 탈피하기 위한 전략이다.

068 | ①

피라미드형 발전단계는 '방어 단계 → 비용관리 단계 → 가치 획득 단계 → 기회의 통합 단계 → 미래의 형성 단계'로 구성된다. 따라서 3단계는 '가치획득 단계'이다.

069 | ③

③은 분산형 조직에 관한 내용이다.

070 | ①

① 제품 출시·논문 발표보다 특허출원이 우선이다. 특허제도는 이미 일반에 알려진 발명에 대하여는 특허권을 부여하지 않기 때문이다.

071 | ②

② '연구개발을 위한 선행기술 검색'은 내부로부터 특허를 취득하는 방법에 관한 내용이다.

072 | ④

관찰(observe), 방향 설정(orient), 결정(decide), 실행(act)의 첫 글자를 따 'OODA루트'라고 한다.

073 | ③

③ 크기 바꾸기 기법의 예이다. 크기 바꾸기 기법은 부피를 줄여 자리를 덜 차지할 수 있고, 재료의 낭비를 줄일 수 있으며, 휴대하기 편하게 할 수 있는 효과가 있다.

STEP 2	난도 ▶ 중							본책_p.224	
001	②	002	③	003	①	004	①	005	⑤
006	⑤	007	①	008	④	009	③	010	①
011	②	012	②	013	②	014	⑤	015	④
016	③	017	③	018	①	019	③	020	③
021	③	022	③	023	④	024	②	025	③
026	③	027	②	028	①	029	④	030	④
031	⑤	032	①	033	⑤	034	③	035	③
036	④	037	①	038	⑤	039	①	040	③
041	⑤								

Part 1
Part 2
Part 3
Part 4

001 | ②

② 수지 A에 대해서는 a1으로 보정한 이력이 있어 균등론 적용 가능성이 매우 적다.

002 | ③

③ 한국의 분할출원 범위는 원출원 범위이다. 미국에서는 CIP 출원이 가능하다.

003 | ①

① 미국에서 도출된 특허를 미국에 먼저 출원 후 해외 출원 승인 절차를 거치지 않으면, 추후 권리행사에 문제가 생길 수 있다.

004 | ①

① 출원 중인 특허에 대해서도 FTO 검토가 필요하다.

005 | ⑤

⑤ 유럽은 출원 유지료 제도가 존재하여 비용 부담이 있다.
① 중국은 심사청구제도가 있다.
② 유럽은 가속 심사에 추가 관납료가 없다.
③ 유럽, 일본 등 다수 국가에서 다중 인용항에 대한 다중 인용을 허용한다.
④ 미국 출원은 20개 청구항(독립항 3개 포함)까지 관납료가 동일하다.

006 | ⑤

⑤ 공동 침해가 실질적으로 성립되는 사례가 없어, 기업 B의 특허는 어떠한 회사에도 특허권 행사를 하기는 어렵다.

007 | ①

① NPE(Non-Practicing Entity)는 특허발명을 실시하지 않으면서 라이선스나 소송을 통하여 수익을 얻는 기업 또는 단체를 의미한다.

008 | ④

④ 상표는 신규성이 문제되지 않는다.

009 | ③

③ 지식재산 관리부서는 연구개발자나 기술자가 만들어 낸 발명을 효과적으로 권리화하기 위한 부서로 선행기술조사, 특허맵 작성, 신기술 트렌드 예측 등의 역할을 한다.

010 | ①

① 각국 특허청의 중복심사 등에 따른 심사일정 지연과 행정력 낭비 방지 등을 위해 특허심사 하이웨이(Patent Prosecution Highway, PPH)를 실시하고 있다.

011 | ②

② 미국에는 실용신안제도가 없다.

012 | ②

② 특허명세서에 실시예를 많이 기재하면, 향후 특허침해 소송 시 권리범위가 넓게 해석될 수 있어 특허권자에게 유리하다.

013 | ②

② 특별한 사유 없이 4회까지 연장이 가능하며, 특별한 이유가 있는 경우 심사관의 허가를 통해 추가 연장이 가능하다.

014 | ⑤

⑤ 미국 한정요구에서는 반박(traverse)을 하더라도 반드시 하나의 그룹을 선택하여야 한다.

015 | ④

④ 박 팀장이 A사 재직 중에 직무와 관련하여 이루어진 발명이기 때문에 이는 직무발명에 해당한다. 따라서 A사는 발명진흥법에 의해 무상의 통상실시권을 가진다.

016 | ③

③ 마스코트 캐릭터는 저작물에 해당하며, 이는 직무발명으로 보호받을 수 있는 발명에 해당하지 않는다.

017 | ②

② 직무발명의 보호에 관한 규정은 특허법이 아닌 발명진흥법에 규정되어 있다.

018 | ①

① 사용자 등은 직무발명에 대한 보상에 대하여 보상형태와 보상액을 결정하기 위한 기준, 지급 방법 등이 명시된 보상규정을 작성하여야 한다.

019 | ③

③ 위반 시 사용자에게 형사적 제재는 없으며, 과태료 500만 원(1회 위반 시), 750만 원(2회), 1천만 원(3회)의 제재를 받게 된다.

020 | ③

③ 직무발명은 발명을 하게 된 행위가 종업원 등의 현재 또는 과거의 직무에 속하는 발명을 모두 포함한다. 김발명이 발명한 휴대폰 X는 과거의 직무에 연관된 것으로서 직무발명에 해당한다.

021 | ③

㉠ X사는 통상실시권을 가질 수 있다.
㉢ 사용자 등이 발명의 완성 사실을 통지받은 날로부터 4개월 이내에 승계 여부를 통지하지 않은 경우에 사용자 등은 그 발명에 대한 권리를 포기한 것으로 보며, 종업원의 동의를 받지 아니하고는 통상실시권을 가질 수 없다.
㉺ 발명자와 출원일이 동일할 필요는 없고, 이는 직무발명의 경우에도 마찬가지이다.

022 | ③

① 자유검색란에 입력하면 관련 없는 건까지 포함된 너무 많은 건수가 조회되어 비효율적이다.
② 키프리스에서 연산자 +는 OR 연산자이므로 에어컨과 관련 없는 건까지 포함되어 비효율적이다.
④ IPC란에는 해당 기술의 특허분류코드를 입력하여야 한다.
⑤ 발명의 명칭란에 입력한 키워드는 AND 연산자로 검색되므로, 특허문헌이 여전히 조회되지 않는다.

023 | ④

④ 주요 출원인별 및 관련기술별 출원국가를 분석하는 것은 정량분석에 해당한다.

024 | ②

② 일본 특허공보의 연도표시가 平○○와 같이 헤이세이 연호를 이용하여 표시된 경우, ○○에 1988을 더하면 서기연도로 변환되므로, 지문의 平10의 경우 1998년이 된다.

025 | ③

③ 경쟁사의 활용가능성 높은 특허는 침해가능성을 발생할 수 있으므로 바람직하지 않다.

026 | ③

③ IPC, F-Term, ECLA, UPC, CPC 등이 특허정보 체계의 분류코드에 해당된다.

027 | ②

② 특허권의 권리범위는 청구범위에 기재된 바에 따라 해석되는 것이 원칙이다. 이는 특허법 제97조에서 "특허발명의 보호범위는 청구범위에 적혀 있는 사항에 의하여 정하여진다."라고 규정하고 있다.

028 | ①

ⓒ 예약승계 규정에 의해 회사가 승계하더라도 A는 발명자 게재권 등의 권리를 갖는다.
ⓓ 발명 X는 직무발명으로 인정되고, 발명 Y는 자유발명으로 취급된다.

029 | ④

처음에는 특정인의 상표였다가 상표관리의 소홀 등으로 특정 상품에 대한 보통명칭이 되는 것을 '상표의 보통명칭화'라 하며, 이를 방지하기 위해서는 상표관리에 만전을 기하고, 상표의 사용 시 등록상표임을 표시하며, 상표를 동사나 소유격으로 사용하면 안 된다.
④ 자신의 상표가 유명하다는 것을 알리기 위해 자신의 상표가 해당 상품을 지칭하는 것으로 일반적으로 사용된다고 홍보하는 경우, 오히려 보통명칭에 해당하게 될 가능성이 더 높아진다.

030 | ④

④ 사용자가 승계 의사를 통지하는 때에 승계가 이루어지는 것으로 본다.

031 | ⑤

ⓒ 번호 검색은 출원번호, 공개번호, 등록번호 어느 것으로도 가능하다.
ⓓ 무효자료는 당해 등록특허의 출원일 전 공개된 모든 형태의 기술자료를 포함한다.

032 | ①

① 직무발명은 발명진흥법상 규정되는 것으로서 특허, 실용신안, 디자인을 포함하는 개념이다.

033 | ⑤

(1) 종업원의 발명으로서 (2) 사용자의 업무범위에 속하고 (3) 종업원의 현재 또는 과거의 직무에 속하는 경우에는 직무발명으로 인정된다.
① 과거 부서의 직무와 관련된 발명도 직무발명에 포함된다.
② 무상의 통상실시권을 가질 수 있다.
③ 직무발명에 대한 예약승계 규정은 유효하다.
④ 예약승계 규정에 의해 A 회사로 양도된 경우라도 보상을 받을 수 있다.

034 | ③

③ 심사청구는 출원일로부터 3년이 되는 날까지 가능하므로, 이미 출원일로부터 3년을 경과한 경우에는 취하 간주되어 특허를 받을 수 없다.

035 | ③

③ 우리나라는 국제특허분류(IPC)를 공식적으로 사용하며 자체적으로 제작한 특허분류는 없다.

036 | ④

특허맵 작성은 분석 목적을 명확히 하는 것을 시작으로 기술분류표를 작성하고 검색식을 만든 후, 검색결과를 가공하여 정량적, 정성적 분석을 하는 식으로 진행된다.

037 | ①

① 일반적으로 하나의 특허는 공개 공보와 등록 공보 2가지 형태로 공개되기 때문에, 기술 종류의 개수로 보려면 이들의 중복을 제거할 필요가 있다.

038 | ⑤

⑤ 질의 중시는 계속적인 문제에 대한 탐구를 진행하는 기법으로 상대적으로 시간이 소요되는 특징이 있다.

039 | ①

ⒸⓂ 비밀유지의무 및 보상금청구권은 직무발명을 한 종업원의 의무와 권리에 해당한다.

040 | ③

③ 아이디어를 선택하거나 개발하여 초점화하는 것은 수렴적 사고에 해당한다. 확산적 사고는 특정 문제를 해결할 수 있는 다양한 아이디어를 도출할 때 활용된다.

041 | ⑤

⑤ 직무발명이 아닌 자유발명에 대한 예약승계 등은 무효이다.

STEP 3		난도 ▶ 상						본책_p.239	
001	②	002	④	003	①	004	④	005	③
006	④	007	③	008	④	009	⑤	010	②
011	⑤	012	⑤	013	⑤	014	③	015	⑤
016	③	017	⑤						

001 | ②

한국과 미국 모두 출원 중인 특허를 기초로 하여, 분할, 계속출원 등을 진행할 수 있으며, 이때 최초 명세서 내 기재를 근거로 하면 문제없이 출원될 수 있다. 미국은 신규 사항을 추가한 CIP 출원도 가능하다. 이중 특허에 대한 대응으로 존속기간 포기서(terminal disclaimer)를 제출할 수 있으며, 이때 양 특허의 존속기간은 동일하게 된다. 이중 특허를 지적받은 특허의 권리행사를 하려면 양 특허가 모두 같은 소유주에게 있어야 한다.

002 | ④

④ PCT출원 시 국내단계 진입은 우선일로부터 30개월이므로, 이 경우 30개월의 기산일은 PCT출원일이 아니라 국내출원일이다.

003 | ①

중국은 공지예외적용 학회가 중국 내 특정 학회로 제한되기에 특허 유예 기간(grace period) 활용이 실질적으로 어렵다. 일본은 우선일이 아닌 일본 자국 출원일 기준으로 특허 유예 기간을 고려하기에 제시된 사례에 적용이 어렵다.

004 | ④

각각의 특허는 모두 등록에 문제가 없으며, 각각의 실시를 위해 모두 허락을 받아야 한다.

005 | ③

PCT를 통해 DE에 직접 진입할 수 있다. AR은 PCT 체약국이 아니어서 PCT 제도 이용이 어렵다. 미국은 기타 언어 출원 후 추후 영문 번역문 제출이 가능하다.

006 | ④

④⑤ 발명자 A는 최초 출원명세서 내 정정이 가능하기에 30 내지 40중량%는 정정 범위 위반이다. 미국에서 CIP 제도를 활용한 신규 출원이 가능하다.
① 발명자 B의 행위는 특허권 침해이다.
② 효과의 현저성으로 진보성이 인정될 수 있어 별도 등록이 가능하다.

007 | ③

ⓒ 이는 물리적 모순에 해당하는 것으로, 물리적 모순이란 시스템의 어느 한 특성이 동시에 서로 상반된 값을 가져야 하는 것을 의미한다.

008 | ④

④ 트리즈에서 기술적 모순은 시스템의 어느 한 특성을 개선하고자 할 때 그 시스템의 다른 특성이 악화되는 상황을 의미하는 것으로서, 자동차 엔진 시스템에서 연비와 출력은 상호 충돌하는 기술적 모순 관계이다.

009 | ⑤

⑤ 직무발명은 종업원이 직무수행 과정에서 개발한 발명을 의미하는 것으로서, 사전예약승계와 무관하게 그 직무발명에 대한 특허받을 수 있는 권리는 일차적으로 종업원에게 귀속된다.
③ 발명진흥법 제10조 제1항 단서에 따르면, 사용자 등이 중소기업기본법 제2조에 따른 중소기업이 아닌 기업인 경우 사전예약승계 설정이 이루어지지 아니한 경우에는 무상의 통상실시권을 가지지 아니한다.

010 | ②

② 직무발명은 종업원 등의 현재 또는 과거의 직무에만 해당되고, 미래의 직무에는 해당되지 않는다.

011 | ⑤

① 발명의 완성 시점이 아닌 최초 공개된 시점으로부터 1년 이내에 특허출원을 하여야 한다.
② 발명이 공개되었다면, 공개된 시점으로부터 1년 내에 특허출원을 하여야 하나 반드시 출원 시 공지예외주장을 하여야 하는 것은 아니다.
③ 직무발명의 여부는 발명의 완성된 시점을 기준으로 판단하므로, B 제약사와 이창작 연구원 간 사전예약승계가 설정된 경우 이창작 연구원의 지분에 대한 공동출원인 적격을 가진다.
④ 이창작 연구원은 발명 완성 이후 A 대학에 취업하였으므로, B 제약사가 직무발명 승계의사를 표시하지 않아 이창작 연구원의 발명에 대한 지분을 포기한 것으로 간주되더라도 여전히 이창작 연구원은 신약 발명에 대한 공동출원인 적격을 가진다.

012 | ②

② 이직을 하더라도 보상금은 지급하여야 한다.

013 | ⑤

⑤ 해당 특허공보에 기재된 발명은 분할출원된 것으로서, 분할출원일은 2021년 10월 6일이나, 출원일은 원출원일인 2017년 5월 25일 소급된다. 그러므로 적어도 원출원일 이전에 공개된 선행문헌이어야 진보성 판단의 선행문헌으로 적격을 가진다.

014 | ③

③ 특허출원일 후 2개월도 경과하기 전에 특허등록이 이루어졌으므로, 우선심사를 신청한 것으로 추정된다.
① 출원발명이 설정등록된 이후에는 누구나 열람·복사가 가능하므로, 특허공개 없이 설정등록된 경우에는 설정등록일을 최초 공개일로 보아야 한다(특허법 제216조).
② 특허공보에 별도의 공개번호나 공개일자가 기재되지 않은 것으로 보아 조기공개 신청은 없었던 것으로 추정된다.
④ 특허공보에 표시된 선행기술조사문헌 끝에 'A'가 기재된 것으로 보아 등록특허공보가 아닌 공개특허공보이다.
⑤ 분할출원의 경우 분할출원임이 표시되며 원출원 관련 정보가 기재되나, 해당 특허공보의 경우 이러한 사항이 기재되지 않았으므로 분할출원된 것으로 볼 수 없다.

015 | ④

④ KIPRIS 검색 사이트나 WIPS 검색 사이트에서는 OR 연산자 대신 한 칸 띄어 입력할 수 있으며, 이 경우 조회 건수는 증가된다.
① 추가한 키워드를 AND 연산자를 이용하여 검색할 경우 조회 건수가 감소된다.
② 통상 발명의 명칭란에 키워드를 입력할 경우 조회 건수가 감소된다.
③ 키워드 외에 특허분류코드를 함께 입력할 경우 조회 건수가 감소된다.
⑤ 근접연산자를 사용할 경우 AND 연산자에 비해 조회 건수가 감소된다.

016 | ③

③ 특허고객번호가 적혀 있지 않은 출원에 대해서는 특허청장이 직권으로 특허고객번호를 부여한다.

017 | ⑤

⑤ 침해경고를 받은 자의 가장 근본적인 대응방안은 해당 특허권을 무효화시키는 것이다. 무효는 소급효를 갖기 때문이다.

PART 3 지식재산 보호

본책_p.250

001	⑤	002	⑤	003	⑤	004	④	005	①
006	⑤	007	②	008	⑤	009	①	010	③
011	⑤	012	③	013	①	014	①	015	②
016	②	017	②	018	①	019	③	020	⑤
021	④	022	③	023	④	024	④	025	②
026	③	027	④	028	④	029	④	030	③
031	③	032	③	033	③	034	②	035	②
036	③	037	③	038	②	039	③	040	①
041	②	042	③	043	④	044	④	045	②
046	③	047	③	048	⑤	049	⑤	050	③
051	③	052	③	053	④	054	⑤	055	②
056	③	057	③	058	④	059	③	060	④
061	①	062	④	063	②	064	③	065	③
066	②	067	⑤								

001 | ⑤

⑤ 최근에는 전자연구노트가 많이 보급되어 활용되고 있다.

002 | ⑤

⑤ 속지주의의 원칙상 등록된 특허권은 해당 국가 내에서만 활용 가능하다. 따라서 한국 이외의 해외로 사업을 진행하는 경우, 해당 국가의 특허출원 및 권리획보는 필요하다.

003 | ⑤

⑤ 우선권주장출원의 경우 출원일 이후 1년 이내면 가능하므로, 특허출원 전에 우선적으로 고려할 사항과는 가장 거리가 멀다.

004 | ④

④ 특허는 출원 후 1년 6개월이 도과될 경우 공개되기 때문에 영업비밀 및 노하우로 보호하기 위해서는 비밀을 유지하기 위해 특허출원을 진행하지 않는 것이 바람직할 수 있다.

005 | ①

① 심사관으로부터 의견제출통지서를 받은 경우, 그 통지서에서 지적한 부분만을 보정할 수 있는 것이 아니라 명세서 또는 도면에 적혀 있는 사항 모두를 보정할 수 있다.

006 | ⑤

⑤ 공동출원의 경우, 불이익한 행위는 모두가 함께해야만 하고, 의견서 제출과 같은 이익 행위는 각자가 모두를 대표할 수 있다.

007 | ②

② 투자자들의 투자자금을 끌어들이기 위해서는 오히려 지식재산권을 확보하고 있는 것이 유리하므로, 특허출원을 지연시킬 이유가 없다.

008 | ⑤

⑤ 특허법상 등록을 하여야만 효력이 발생하는 것은 통상실시권이 아닌 전용실시권이다. 전용실시권의 설정, 이전 등은 등록하여야 효력이 발생하지만, 상속이나 그 밖의 일반승계의 경우는 그러하지 아니하다(특허법 제101조 제1항).

009 | ①

① 100% 감면은 국민기초생활보장법상 수급자, 국가유공자 및 그 유족, 가족, 장애인, 초・중・고등학교 학생, 만 6세 이상 19세 미만의 청소년, 군복무 중인 사병 등이 해당한다. 만 19세 이상의 대학원생은 70% 감면된다.

010 | ③

③ 설정등록료는 특허결정등본을 받은 날부터 3개월 이내에 납부하여야 한다.

011 | ⑤

⑤ 무효심판청구료는 수수료 감면 대상이 아니다.

012 | ③

③ 통상실시권과 통상사용권은 비독점실시권이다.

013 | ①

① 전용실시권은 독점・배타적인 권리로, 전용실시권이 설정된 범위 내에서는 특허권자라도 특허발명을 실시할 수 없다.

014 | ①

① '오프쇼어 아웃소싱(offshore outsourcing)'이라고도 칭하며 아웃소싱의 일종이다.

015 | ②

② 영업비밀 내용이 기재된 전자문서를 원본증명기관에 등록하여 분쟁 발생 시 해당 영업비밀의 존재, 원본 보유자 및 보유시점을 입증할 수 있도록 한 것이다.

016 | ②

② 특허심사 하이웨이(PPH : Patent Prosecution Highway) 제도

017 | ②

② 소극적 권리범위확인심판은 특허권자 등의 특허침해 주장에 대하여 상대편이 방어적 방안으로 검토할 수 있는 제도이다.

018 | ①

① 미국 실무상 경고장을 무시할 경우 향후 소송 전개 시 법원이나 배심원에게 나쁜 인상을 주게 될 우려가 있으므로, 적절한 회신으로 대응하는 것이 바람직하다.

019 | ②

020 | ⑤

⑤ A가 통상실시권허락심판을 청구하기 위해서는 이용관계에 있는 특허를 보유하고 있어야 한다.

021 | ④

④ 영업비밀로 보호받기 위해서는 그 공개가 필연적으로 수반되는 특허출원을 하여서는 안 된다.

022 | ③

③ 보존 등이 필요하기에 탈부착이 가능한 형태는 부적절하다.

023 | ④

④ 2016년 1월 1일부터는 지식재산권(특허권, 실용신안권, 디자인권, 상표권, 품종보호권) 침해 민사본안소송의 관할을 1심은 고등법원 소재지가 있는 6개 지방법원(서울중앙지방법원, 대구지방법원, 대전지방법원, 광주지방법원, 부산지방법원, 수원지방법원)이 전속적으로 맡고, 2심은 특허법원으로 집중하게 되도록 민사소송법 및 법원조직법이 개정되었다. 따라서 1심은 특허법원이 아닌 6개 지방법원에 소를 제기하여야 한다.

024 | ④

④ 수입행위는 적법 여부를 불문하고 국내에서의 특허발명의 실시에 해당되므로, 국내 특허권의 침해를 구성한다.

025 | ②

② 등록결정 이후, 설정등록이 있는 날로부터 특허권이 발생한다.

026 | ③

③ 미국에서만의 실시에 대해서는 한국특허를 기준으로 침해주장을 할 수 없다.

027 | ④

④ 통상실시권허락심판은 이용·저촉관계에 있는 특허권자의 권리이다.

028 | ④

④ 특허괴물의 권리행사 및 이를 통한 수익 창출을 통해 지식재산권의 가치에 대한 사회적 인식이 더욱 높아지고 있다.

029 | ④

④ 복수의 특허권자들이 각자의 특허권에 대한 공동의 권리행사를 위해 형성한 특허권의 집합체를 실무상 '특허풀'이라고 한다.

030 | ③

③ NPE는 Non Practicing Entity의 약어로, 특허 관리 회사 또는 특허괴물과 유사한 개념이다.

031 | ③

③ 적극적 권리범위확인심판은 특허권자 측에서 제기하는 것이며, 상대방은 소극적 권리범위확인심판을 제기함으로써 특허심판원으로부터 비침해의 행정적 확인을 구할 수 있다.

032 | ⑤

⑤ 출원공개된 발명을 실시하는 자에게 경고를 함으로써 보상금청구권이 발생되지만, 보상금청구권의 행사는 특허권의 설정등록이 된 후에만 가능하다.

033 | ③

③ B의 경고장은 법적인 기일이 존재하지 않은 사인 간의 서신일 뿐이다. 이에 요청 기한 내에 굳이 답변할 필요는 없다.

034 | ②

② 출원 전 자기 실시에 의해 공지되었다 하더라도 공지예외적용제도를 통한 구제가 가능하다.

035 | ②

② 경고장에 대한 답변서는 소송에서 충분히 증거 자료로 이용될 수 있다.

036 | ②

② 특허심사 시에는 등록 여부와 무관하게 출원 전 공개된 모든 선행특허 문헌과 대비하는 조사가 이루어진다.

037 | ④

ⓒ 대한민국 특허청을 수리관청으로 하는 PCT출원은 국어, 영어, 일어 중에서 작성 언어를 선택할 수 있다.

038 | ②

② 특허권의 설정등록이 있기 전에는 특허권의 행사는 인정되지 않는다.

039 | ③

제3자가 특허를 침해하는 경우 특허권자는 침해금지청구소송, 손해배상청구소송, 적극적 권리범위확인심판을 제기할 수 있다.

040 | ①

① 최초 3년분의 특허료는 일시에 내야 한다.

041 | ②

② 가처분 청구에 따른 피해는 보상받을 수 있다.

042 | ③

③ 키프리스는 한국특허청이 제공하고 있는 특허 DB 서비스이다. 무료이며, 한국을 포함한 주요 해외국의 특허를 확인할 수 있다.
① 미국특허청 DB는 한국특허검색이 불가능하다.
② 일본특허청 DB는 한국특허검색이 불가능하다.

043 | ④

④ 이용관계에 대한 주장은 침해에 대한 항변으로 부적절하다.
① 선사용권의 주장이 가능하다.
② 자유기술의 항변이 가능하다.
③ 비침해 주장이 가능하다.
⑤ 업으로의 실시가 아니라는 항변이 가능하다.

044 | ④

④ 특허권은 속지주의로 인해 당해 국가에만 권리가 미친다. 이에 미국에서의 실시에 대해서는 한국 특허로 어떠한 조치도 취할 수 없으므로 신속한 미국 출원이 필요하다.

045 | ②

② 특허권자의 상대방이 청구할 수 있는 심판은 소극적 권리범위확인심판이다.

046 | ③

③ 회피설계가 가능하다면, 특허침해가 있다고 판단되는 특허의 라이선스 계약을 체결할 필요가 없다.

047 | ③

③ 특허맵은 특정 기술의 특허동향을 파악하여 출원동향, 주요 연구 기관 등을 파악하는 것으로 기술개발 방향을 수립할 때 사용한다.
① 특허무효조사는 당해 특허에 대한 선행기술을 찾아 권리를 무효화시키는 것이다.
② 특허가치평가는 라이선스 등을 위한 특허권 자체의 가치를 평가하는 것이다.
④ 특허라이선스는 특허권의 사용을 위한 계약을 의미한다.
⑤ 특허풀은 일정 기준의 특허를 모아 둔 형태를 의미하며, 다양한 목적이 있을 수 있다.

048 | ③

① 의견제출통지서가 발행되고 나면, 보정 시기에 제한이 있다.
② 분할출원, 거절결정불복심판 등의 방법이 있다.
④ 이해관계인, 심사관의 무효심판에 의해 무효가 될 수 있다.

049 | ⑤

⑤ 특허권은 공개를 전제로 하기 때문에 노하우의 별도 관리가 필요하다.

050 | ③

③ 기술표준에 대한 합의체가 제정한 규격을 충족하는 특허를 표준특허라 하며, 표준특허는 회피설계가 실질적으로 불가능하다는 점에서 매우 강력한 특허로서 인정된다.

051 | ③

③ 영업비밀은 보호기간이 규정되어 있지 않다.

052 | ③

특허권자로부터 경고장을 수령한 경우 제기할 수 있는 심판으로는 소극적 권리범위확인심판과 무효심판이 있다.

053 | ④

④ 영업비밀 자체도 사계약을 통해 실시계약을 체결할 수 있다.

054 | ⑤

⑤ 외국에서 제품을 생산하여 국내로 수입하는 경우 등과 같이, 외국에서 특허권의 확보가 필요한지 여부를 고려하여야 한다.

055 | ②

㉠ 대만은 PCT체약국이 아니다.
㉤ 조약우선권을 주장하면서 제2국(대만)에 특허출원하는 경우 최초출원의 명세서·도면에 적지 아니한 개량발명은 우선권의 혜택을 볼 수 없다.

056 | ③

㉢ 미국특허청장과 한국특허청장의 우선심사에 관한 업무 협의인 하이웨이제도가 체결되어 있다.
㉤ 특허출원국이 많은 경우에는 출원인은 PCT출원을 통해 지정국의 국내단계 진입에 따른 비용 지출의 시기와 해외 출원국의 결정 시기를 늦출 수 있다는 장점이 있다.
㉠ 해외특허출원은 크게 해외 국가에 직접출원, PCT출원 및 지역특허출원으로 구분할 수 있다. 마드리드 출원은 해외상표출원을 하는 하나의 방법을 의미한다.
㉡ PCT출원은 출원인에게 유리한 점뿐만 아니라 절차의 복잡, 비용의 과다 등의 단점도 있다.
㉣ PCT출원은 지정국의 국내단계 진입 기한을 30개월 내지 31개월로 연장시켜 주므로, 일반적으로는 개별국 출원보다 특허권의 확보가 늦어진다.

057 | ⑤

⑤ 통상실시권허락심판은 이용관계에 있는 특허권자의 권리이다.

058 | ④

④ 소극적 권리범위확인심판은 비침해에 대한 확인을 위한 것이다.

059 | ④

④⑤ 특허출원과 실용신안등록출원 상호 간의 출원의 변경이 허용된다.
① 심사청구는 출원 후 3년 이내에 해야 한다.
② 청구범위기재유예제도를 활용하는 경우에는 청구범위의 출원 후 적는 것도 가능하다.
③ 출원 시 최초 첨부된 명세서 또는 도면에 적혀 있는 발명이라면, 보정을 통해 청구범위에 적는 것은 적법한 보정이다.

060 | ④

④ 보상금청구권의 행사는 특허출원 중의 제3자의 실시에 대한 보상을 청구하는 것으로서 특허권 침해와는 무관하다.

061 | ①

① 미국과 한국은 심사 하이웨이제도를 두고 있다. 한국에 등록 가능하다고 판단받은 청구범위와 선행 문헌 자료를 함께 제출하여 신청할 수 있다.
② PCT는 국제출원의 절차적인 부분을 통합한 조약이다.
③ WIPO는 세계지식재산권기구이다.
④ SPLT는 각국 실체적인 부분의 통합을 위한 조약이다.
⑤ PLT는 각국 국내출원 절차의 통합을 위한 조약이다.

062 | ④

④ NPE도 특허권자가 될 수 있다.

063 | ②

'연구 및 개발 업무'는 일반적으로 아웃소싱하는 분야가 아니다.

064 | ③

특허침해주장을 당한 자는 해당 특허권을 검토하여 권리범위를 확인하고, 이를 회피할 수 있는 기술을 개발하거나, 협상을 할 수 있고, 실시권 계약을 체결하거나 해당 특허를 매입하는 방안을 생각해 볼 수 있다.
③ 경쟁사 영업비밀 파악은 대응방안으로 적절하지 않다.

065 | ③

③ 특허권이 소급적으로 무효가 되는 경우, 무효심판 청구인은 무효가 된 특허권자의 특허권을 무효시킨 후 심판비용을 청구할 수 있다.

066 | ②

② 최근 국제특허분쟁의 특징 중 하나는 선소송, 후협상의 경우가 많아지고 있다는 것이다.

067 | ⑤

⑤ 경고장은 특허침해소송 진행에 앞서 침해 사실을 통지하는 동시에 손해배상청구 등에 필요한 고의·과실 요건을 입증하는 데 활용할 수 있다.

STEP 2		난도 ▶ 중						본책_p.269	
001	③	002	②	003	③	004	④	005	④
006	③	007	⑤	008	⑤	009	②	010	①
011	③	012	④	013	⑤	014	⑤	015	④
016	②	017	⑤	018	①	019	⑤	020	①
021	④	022	①	023	④	024	⑤	025	⑤
026	②	027	③	028	④	029	④	030	④
031	⑤	032	⑤	033	④	034	②	035	⑤
036	④	037	③	038	②				

001 | ③

③ 연구노트는 위·변조가 불가능하여야 하므로, 수정이 불가능한 볼펜 등을 사용하여야 한다.

002 | ②

② 특허출원 시에 제출하는 명세서는 해당 기술분야의 통상의 지식을 가진 자가 발명의 내용을 보고 쉽게 실시할 수 있는 정도로 적어야 하므로, 발명이 완성되지 않은 경우에 특허출원을 하면 등록받지 못할 가능성이 높으므로 바람직하지 않다.

003 | ③

ⓛ 특허출원은 당장 실시를 전제하고 있지 않다.
ⓜ 논문 발표의 경우에도 1년의 공지예외기간이 적용되는 바 무작정 출원을 미루는 것이 좋은 방법은 아니다.
㉠ 특허의 등록유효성 측면에서 출원을 지연할 필요가 있다.
ⓒ 글로벌 시장 진출을 염두에 둔 PCT출원 우선권주장(원출원으로부터 1년 이내)을 위해 출원을 지연할 필요가 있다.
㉣ 경쟁사 등의 회피설계 방지 등을 위한 완성도 제고 등의 측면에서 출원을 지연할 필요가 있다.

004 | ④

ⓒ PCT출원의 경우 조약 체결국에 일괄 출원할 수 있는 제도일 뿐 실제 각 국가에서의 특허등록 여부는 각국 특허청의 별도 심사에 의한다.
㉣ 국내우선권주장 역시 선출원일로부터 1년 이내에 진행되어야 한다.

005 | ④

④ 심사관의 거절이유통지에 대응한 보정은 실체보정이다.

006 | ③

① 특허출원인은 출원 상태에서도 경고장 발송이 가능하다.
② 경고장을 받은 실시자를 포함하여 누구나 이에 대해 정보제공 등의 조치를 통해 출원특허의 등록을 저지할 수 있다.
④ 정보제공은 누구나 할 수 있다.
⑤ 심사관은 정보제공의 활용 여부에 대해 정보제공자에게 통지하나, 반드시 심사에 참고하여야 하는 것은 아니고, 특허법에 이러한 규정은 없다.

007 | ⑤

⑤ 심사관이 지적한 이유와 특허받을 수 있는 청구항을 고려하여 의견서를 제출하지 않고 보정서만 제출할 수 있다.

008 | ⑤

⑤ 구성상의 유사점이 있다고 하더라도 현저한 효과가 있음을 주장함으로써 진보성에 대한 거절이유를 극복할 수 있다.

009 | ②

① 특허료의 납부는 특허권자에게 이익이 되는 것이므로 누구나 할 수 있다.
③ 전용실시권자도 특허권자와 마찬가지로 권리행사를 할 수 있으며, 전용실시권은 등록이 효력발생요건이나 등록을 하지 않은 경우에는 독점적인 통상실시권의 성격을 가지며, 당사자 간에는 효력이 있다.
④ 특허권자가 전용실시권을 설정하고 등록한 경우 전용실시권자가 해당 특허발명을 독점적으로 실시할 권한이 있고, 이 범위 내에서 특허권자의 실시는 제한된다.
⑤ 소극적 권리범위확인심판의 피청구인은 특허권자만이 될 수 있다.

010 | ①

① 상표는 부기적인 부분의 삭제만이 가능한데, '박하'는 부기적인 부분이 아니므로, 이를 삭제하는 보정을 할 수는 없다.
② 지정상품의 감축은 적법한 보정이다.
③ 류구분의 변경은 적법한 보정이다.
④ 상표는 부기적인 부분의 삭제만 가능한데, 'ⓡ'은 부기적인 부분이므로, 삭제하는 보정이 가능하다.
⑤ 상표의 유형을 잘못 선택한 경우 보정에 의하여 치유 가능하다.

011 | ③

③ 기술분야별로 원천특허를 중심으로 그 주위를 전략특허들이 감싸고, 또 다시 이러한 특허들을 상대적으로 중요하지 않은 주변특허 내지 개량특허로 둘러싸 다중의 벽을 형성하는 것을 말한다.

012 | ④

특허청에서 개인 발명가에게 면제하거나 감면하여 주는 수수료 항목으로는 출원료, 심사청구료 및 최초 3년분의 등록료가 있다.

013 | ⑤

⑤ 표준특허를 근거로 침해소송을 제기하는 것은 일반적이지 않고, 표준특허의 특허권자는 FRAND 사항을 준수하여야 하는 의무가 있다.

014 | ⑤

⑤ NPE는 직접적으로 제조업을 수행하지 않는다.

015 | ④

④ 라이선서는 라이선스 계약에 따라 라이선시의 실시에 따른 실시료를 징수하여 수익을 창출할 수 있다.

016 | ②

② 우리나라의 실무는, 진보성 판단에 있어서 소위 2차적 고려사항(secondary consideration)만으로 진보성을 인정하지 않으며, 다른 사유를 보완하는 주장으로서의 의미를 인정하고 있다.

017 | ⑤

① 재심사청구 시 명세서 또는 도면의 보정은 필수이다.
② 보정 없이 청구 가능하다.
③ 비거절 청구항만 분리해야 한다.
④ 거절결정등본송달일로부터 3월 이내 청구 가능하다.

018 | ①

② 실무적으로 3~4개국을 초과할 경우 PCT 루트를 사용하는 경우가 파리조약 루트에 비해 비용우위가 있다고 알려져 있다.

③ PCT 루트에 관한 설명이다.

④ PCT 출원을 이용할 경우 권리화가 지연되고 절차가 복잡하다는 것이 단점이다.

⑤ 파리조약 루트의 장점으로 비용 측면 외에도, 조속한 권리화가 가능하다는 점도 간과할 수 없다.

019 | ⑤

⑤ 소극적 권리범위확인심판은 특허권과의 관계에서 실시(예정)발명이 침해가 성립되지 않는다는 것을 확인받기 위해 청구하는 것이다.

020 | ①

①② 통상실시권을 등록원부에 등록하여야만 나중에 특허권 등을 취득한 자에게 대항 가능하다.

③ 이용관계에 있을 경우에만 통상실시권허락심판을 청구할 수 있다.

④ C는 등록말소신청을 할 수 없다.

021 | ④

④ 거절결정을 받은 경우에 출원인은 거절결정불복심판을 청구하거나, 재심사를 청구할 수 있다.

① 무효심판을 청구할 수 없다.

② 이용관계에 해당하는 경우에만 통상실시권허락심판을 청구할 수 있다.

③ 특허청에 재심사를 청구할 수 있다.

⑤ 변경출원 또한 가능하지만, 실용신안등록출원으로의 변경출원을 하여도 신규성 흠결을 극복하기는 실질적으로 어렵다.

022 | ①

① 선행의 특허권이 존재하는 경우 이의 개량발명을 실시하는 제3자가 해당 개량발명의 존재를 이유로 선행 특허권의 침해를 부정할 수는 없으므로, 자신의 특허권 소유 사실은 적절한 항변사항이 될 수 없다.

023 | ④

④ B는 직무발명에 대해 무상의 통상실시권을 가지기 때문에 A는 B에 대해 침해 주장을 할 수 없다.

024 | ⑤

⑤ 구성을 추가하여 실시하더라도 이는 침해일 가능성이 매우 높다. 한편, 추후 출원하여 등록되면 이용관계가 된다.

025 | ⑤

⑤ 이 경우에도 소정의 요건하에 특허권의 회복 신청이 가능하다.

026 | ②

② 특허권의 공유자 중 일부의 무단 실시 허락 등에 대해서, 다른 공유자가 제재를 가할 수 있는 특허법상의 근거 규정이 없다.

027 | ④

④ 특허권과 관련된 형사소송을 제외하고 특허권에 대한 부지는 항변 사유가 될 수 없다. 반면 형사소송에서는 특허권에 대한 부지가 고의성에 대한 부분에 일부 영향을 미칠 수 있다.

028 | ④

④ 특허권이 확보되었다면 이는 공개가 된 것을 의미하기 때문에 비밀유지계약의 대상이 될 수 없다.

029 | ④

ⓒ 손해배상은 침해 시를 기준으로 하기에, 특허권이 소멸되어도 침해 시에 존재하였다면 무효심판 제기가 필요하다.

ⓒ 특허권자를 대상으로 무효심판을 청구하여야 한다.

ⓜ 특허권자에게 합의금을 지급하여야 한다.

㉠ 통상실시권자의 침해 경고는 부적절하다.

030 | ④

④ 저작권법 제30조(사적 이용을 위한 복제)에 따라 침해라 보기 어렵다.

② A가 저작재산권 일체를 박물관에 양도한 이상 침해에 해당한다.

③ 동일성유지권의 침해이다.

031 | ⑤

⑤ 상표권자는 침해자에 대하여 침해금지경고, 침해금지청구, 침해금지가처분, 권리범위확인심판, 손해배상청구, 신용회복청구가 가능하며, 신용회복청구는 손해배상청구와 함께도 가능하다(상표법 제113조).

032 | ⑤

⑤ 국가별 심사행정행위는 절차적으로는 독립적으로 이루어지지만, 국내에서의 심사결과를 통해 해외에서의 심사결과를 일정 정도 예측할 수 있다.

033 | ④

④ 연구제안서에 적는 특허정보의 양보다는 질이 우선되어야 한다.

034 | ②

② 특허법 제42조의2의 제2항에 따라 특허출원일로부터 1년 2개월이 되는 날까지 명세서에 청구범위를 적는 보정을 하여야 한다.

① 제42조의2의 제1항에 따라 형식에 상관없이 논문이나 연구결과를 정리한 연구노트 등 완성된 아이디어의 설명 자료를 적어 특허출원을 할 수 있으며, 제42조의3의 제1항에 따라 명세서의 기재에 있어서 국어가 아닌 영어로 적어도 출원이 가능하다.

③ 제42조의3의 제2항

④ 제42조의3의 제3항

⑤ 제42조의3의 제6항

035 | ⑤

⑤ 침해죄는 양벌규정으로서 종업원에 대한 처벌과는 별도로 사용자를 상대로 한 벌금의 부과가 가능하다.

036 | ④

④⑤ 권리범위확인심판의 심결과 민사소송은 별개의 절차이므로, 심결과 상반된 판결이 이루어질 수도 있으나, 통상 권리범위확인심판의 심결은 특허침해소송에서 유력한 증거자료로 인정되는 경우가 많다.

① 소극적 권리범위확인심판은 침해의심자가 제기하는 것이다.

② 적극적 권리범위확인심판은 특허권자가 제기하는 것이다.

③ 권리 대 권리의 적극적 권리범위확인심판은 무효심판에 의하지 아니하고 제3자의 권리를 부정하는 결과가 되므로 부적법하여 각하된다.

037 | ③

③ 소극적 권리범위확인심판은 자신의 실시기술이 다른 자의 특허권의 권리범위에 속하지 않는다는 확인을 구하는 심판이므로, 김발명은 이창작의 특허권에 대해 소극적 권리범위확인심판을 청구할 수 있다.

① 출원인이 심사청구를 하지 않고 있으면 제3자가 심사청구할 수 있다.

038 | ②

② 특허권자의 특허권에 대해 침해 경고장을 수령한 자는 자신의 사용 기술이 특허권의 권리범위에 속하지 않는다는 심결을 구하기 위해 소극적 권리범위확인심판을 제기할 수 있다.

STEP 3	난도 ▶ 상							본책_p.282	
001	③	002	⑤	003	⑤	004	③	005	②
006	④	007	⑤	008	④	009	③	010	⑤
011	③	012	⑤	013	⑤	014	③	015	④
016	②	017	⑤	018	⑤	019	⑤	020	③
021	③	022	③	023	③	024	④		

001 | ③

③ 수수료 전액 면제는 발명자와 출원인이 동일한 것을 전제로 인정된다.

002 | ⑤

ⓒ 이 주장은 오히려 진보성을 부정하는 근거가 된다.

ⓔ d1으로의 보정은 신규사항 추가로 판단될 위험성이 있다.

003 | ⑤

⑤ 전략적인 특허 포트폴리오를 구축하지 않으면 실제 활용성이 떨어지거나 가치가 없는 특허권이 많아지게 되어 쓸데없는 비용이 소모된다.

004 | ③

③ 공급자의 입장에서는 "공급받는 자의 요구에 의해 채택된 제품 또는 기술에 대해서는 그것이 특허 등의 침해 문제가 발생하는 경우에도 공급자에게는 책임이 없다."는 등의 제한 조항을 포함시키는 것이 바람직하다.

005 | ②

② 특허법 규정 관점에서 남중이 개진한 의견도 근거가 있으나, 출원일의 조기확정의 중요성을 감안할 때 청구범위 유예제도의 활용을 검토해 볼 만하다.

006 | ④

④ 라이선싱 아웃 전략을 추진할 때 IP 마케팅이 필요하다.

007 | ⑤

⑤ 경고장 회신은 법적 의무사항이 아니고, 회피설계를 하더라도 그 이전의 침해에 대한 책임문제는 여전히 남게 된다.

008 | ④

㉡ 침해금지가처분신청은 특허가 등록된 후에 할 수 있다.
㉤ 보상금청구권은 설정등록 이후에 행사 가능하다.
㉥ 고의가 있어야 침해죄로 고소할 수 있다.

009 | ③

③ 권리범위확인심판청구는 특허권이 존속 중인 경우에만 청구할 수 있다.

010 | ⑤

⑤ 거절결정불복심판과 분할출원을 동시에 진행할 수도 있다. 만약 거절결정단계가 아니라면, 방법은 크게 두 가지가 있다.

- 방법1 : 청구항 a + b 삭제 및 청구항 a + c 신설하는 보정서 제출
- 방법2 : a + c 분할출원

다만, 주어진 지문은 거절결정단계이기에 청구범위의 감축 등의 사유가 있어야 보정이 가능하다.
①② 보정서 제출과 함께 재심사청구는 불가능하다.
③ 분할출원 없이 a + b에 대해 불복심판으로 다투게 되면, 더 이상 a + c에 대한 권리화의 기회를 잃어버리게 된다.
④ 변경출원은 실용신안으로 출원하는 것이지만 물질발명은 실용신안의 대상이 아니다.

011 | ③

③ 소극적 권리범위확인심판이 아닌 적극적 권리범위확인 심판청구가 필요하다.

012 | ③

㉠㉣ 설정등록이 있는 날로부터 특허권이 발생한다.
㉥ 연차등록료는 매년 증가한다.

013 | ⑤

⑤ 중국특허제도는 박람회 출품에 의한 공지와 의사에 반한 공지에 대해서만 공지예외적용을 인정해 주며, 논문 공개에 대해서는 구제해 주지 않는다. 아울러 중국의 경우에도 공지일로부터의 출원 기한은 6개월로 규정되어 있다(중국전리법 제24조).

014 | ③

③ 특허권은 속지주의가 원칙으로 중국의 생산행위 자체는 국내특허로 대응할 수 없다. 다만, 국내에 수입 및 판매하는 행위는 국내특허로 대응 가능하다.

015 | ④

④ 특허권의 대항을 받는 자가 특허권자를 상대로 청구하는 심판은 소극적 권리범위확인심판이다.

016 | ②

② 특허권의 침해죄는 피해자의 명시적인 의사에 반하여 공소를 제기할 수 없는 반의사불벌죄이다.

017 | ②

적극적 권리범위확인심판 및 판매금지가처분 신청은 특허권자가 청구하는 절차이다.

018 | ③

③ 실용신안은 물품의 구조 또는 형상을 그 대상으로 하며 제조 방법은 실용신안의 대상이 아니다.

019 | ③

㉡ 특허심판은 심판관 합의체에 의해 진행된다.
㉣ 타 절차와의 관계를 고려한 소송 절차의 중지 여부는 법관의 재량행위이다.

020 | ③

③ 특허권자는 특허발명의 실시를 허락함에 있어서, 계약자유의 원칙에 따라 유·무상의 허락 중에서 자유롭게 결정할 수 있다.

021 | ③

①⑤ 제품출시일부터 12월 이내라면 신규성 상실 예외주장을 통해 디자인권을 획득하는 것이 가능하다.
② 저작권은 창작과 동시에 발생되는 것이므로 저작권의 행사를 위해 별도의 등록을 요하지 않는다.
④ 저작권은 정당한 창작자에게 모두 인정되는 권리이므로 A와 침해자 모두 저작권을 갖는 것으로 된다.

022 | ③

③ 속지주의 원칙상 국내에서 실시하지 않고 외국에서 실시의 준비를 하고 있는 경우에는 특허권의 행사가 원칙적으로 불가능하다.
④ 침해 제품을 수입하는 경우도 침해행위에 속한다.
⑤ 생산은 실시의 태양에 속하므로 침해행위이다.

023 | ③

③ B가 보유하고 있는 특허권을 기반으로 실시하고 있는 사업이 A의 특허권에 저촉되는 경우에는 B의 보유 특허권 존재 여부와 무관하게 A의 특허침해를 구성한다.

024 | ④

㉠ 심사가 진행 중인 경우에는 정보제공으로 등록을 저지할 수 있다.
㉡ 등록이 된 경우에는 무효심판을 청구하여 무효화시킬 수 있다.
㉢ B사를 상대로 자신의 실시기술이 B사의 특허권리범위에 속하지 않는다고 주장하는 심판은 소극적 권리범위확인 심판이다.
㉣ 관련 기술을 보유하고 있는 경우에는 크로스 라이선스를 시도해 볼 수 있다.

PART 4 지식재산 활용

STEP 1		난도 ▶ 하						본책_p.294	
001	④	002	⑤	003	⑤	004	④	005	④
006	①	007	①	008	③	009	④	010	⑤
011	②	012	⑤	013	③	014	③	015	②
016	⑤	017	①	018	②	019	①	020	②
021	⑤	022	④	023	②	024	⑤	025	③
026	②								

001 | ④

④ 합작투자는 지식재산 사업화의 한 형태이다.

002 | ⑤

⑤ 기술의 이전 및 사업화 촉진에 관한 법률에서 정의하고 있는 기술에는 저작권은 포함되지 않는다.

003 | ⑤

⑤ 지식재산(IP)금융의 대표적 유형에 IP보험은 포함되지 않는다.

004 | ④

④ 저작권의 사업화는 일반적으로 기술 사업화로 보지 않는다.

005 | ④

④ 저작인격권은 기술가치평가의 대상이 아니다.

006 | ①

① 시장접근법(market approach)은 해당 지식재산과 유사한 지식재산이 거래된 가격을 조사하여 평가대상 지식재산의 가치를 산정하는 방법이다.

007 | ①

라이선스 계약은 기간, 지역, 실시 유형 등을 구분하여 체결될 수 있다.

008 | ③

기술평가의 목적 중 기업 내부사용 목적으로는 재무회계 목적, 기업의 계획 수립과 관리, 공정한 대체가격 결정, 재조직과 파산결정, 자금조달 및 기술담보대출 등이 있다.

③ 다른 기업의 인수 및 합병은 기업 내부사용 목적과 관련이 없다.

009 | ④

④ 크로스 라이선스(cross license)는 2 이상의 특허권자들이 자신이 특허받은 기술의 일부 또는 전부를 상대방의 제품 생산 또는 생산과정에서 사용할 것을 허락하는 합의를 말한다.

010 | ⑤

⑤ 정부 지원 R&D 과제의 선정 심사를 위한 기술평가는 R&D 과제심사평가로 과제심사평가위원들이 과제 선정에 앞서 R&D 지원과제로의 적절성 등을 평가한다.

011 | ②

② 제시문은 노하우 라이선스(knowhow license)에 대한 설명이다. 한편, 특허권과 노하우를 결합한 라이선스를 하이브리드 라이선스(hybrid license)라 한다.

012 | ⑤

라이선스는 사적자치의 원칙에 따라 계약으로 효력이 발생하며, 기간, 분야, 실시행위의 형태, 수량, 지역 등 모든 것을 당사자 간의 합의에 의해 결정할 수 있다.

013 | ③

③ 기술가치평가는 기술의 가치를 금전적으로 환산하는 평가의 하나로 등록 여부 판단 자체는 그 평가의 목적으로 볼 수 없다.

014 | ③

③ 부동산 담보대출과 같은 유형자산이 아닌 무형자산인 기술을 담보대상으로 인정하여 대출을 진행하는 금융상품을 '기술담보대출'이라 한다.

015 | ②

② 특허권에 기반한 라이선스 계약의 일부 조항과 관련된 내용으로 권리자인 라이선서는 특허권에 기한 특허실시권을 라이선시에게 허락하며, 라이선시는 허락받은 특허권의 실시를 위한 실시료(로열티)를 납부하게 된다.

016 | ⑤

⑤ 영업매출은 기업의 사업목적 범위 내에 속하는 영업 활동을 통해 창출되는 매출 등 수익을 반영하는 항목인바, 해당 기업이 NPE와 같이 지식재산을 전문적으로 라이선싱하는 것을 주요 영업목적 범위로 하고 있을 경우 라이선스에 의해 수취하는 금전적 수익은 영업매출로 인식할 수 있다.

017 | ①

① 제시문은 상표 라이선스에 관한 설명이다. 상표법은 제73조 제1항 제8호에서 상표등록의 취소사유를 "전용사용권자 또는 통상사용권자가 지정상품 또는 이와 유사한 상품에 등록상표 또는 이와 유사한 상표를 사용함으로써 수요자로 하여금 상품의 품질의 오인 또는 타인의 업무에 관련된 상품과의 혼동을 생기게 한 경우. 다만, 상표권자가 상당한 주의를 한 경우에는 그러하지 아니하다."라고 규정하고 있다.

018 | ②

② 제시문은 비용접근법에 대한 설명이다. 비용접근법은 해당 기술을 창출하기 위한 비용이나 대체기술을 개발하기 위한 비용을 산정하는 방식이다.

⑤ 실물옵션(real option)접근법은 수익접근법으로부터 파생된 것으로, 최근에 각광받고 있는 기술가치평가기법이다.

019 | ①

① 기술가치평가기법에는 비용접근법 외에도 시장접근법, 수익접근법 등이 있다.

020 | ②

② 부동산담보대출의 담보물건인 '부동산'과 같이 기술담보대출은 '기술'을 담보로 은행 등 금융권에서 대출을 받을 수 있는 금융상품이다.

021 | ⑤

⑤ 라이선스 계약은 대상이 되는 특허, 계약기간, 범위, 해제의 원인 등에 대한 내용을 반드시 포함하는 것이 일반적이며, 선행기술 등에 대한 내용은 라이선싱 계약에 앞서 라이선시가 사전 확인하여야 할 내용이다.

022 | ④

④ 크로스 라이선스(cross license)는 실제 제조기업 간 분쟁에서 많이 진행되는 라이선스 합의로 상호 간의 특허 실시를 허락함으로써 향후 분쟁을 예방하고, 각 사의 기술사업화를 계속 안정적으로 진행할 수 있다는 장점이 있다.

023 | ②

② 특허권자 입장에서는 라이선스를 주었다고 하여 연구개발에 대한 위험부담이 사라지는 것은 아니다.

024 | ⑤

⑤ 제시문은 '개량기술'과 관련된 내용으로 '개량기술'의 개발과 관리를 통해 원천기술 보유자인 라이선서가 지속적으로 지배력을 확대할 수 있다.

025 | ③

③ 전통적인 기술가치평가방법으로는 비용접근법, 수익접근법, 시장접근법이 있으며, 이 중 현금흐름할인법(discounted cash flow)이라고도 하는 수익접근법이 가장 많이 활용되고 있다.

026 | ②

① 특허료의 납부는 특허권자에게 이익이 되는 것이므로 누구나 할 수 있다.
③ 전용실시권자도 특허권자와 마찬가지로 권리행사를 할 수 있으며, 전용실시권은 등록이 효력발생요건이나 등록을 하지 않은 경우에는 독점적인 통상실시권의 성격을 가지며, 당사자 간에는 효력이 있다.
④ 특허권자가 전용실시권을 설정하고 등록한 경우 전용실시권자가 해당 특허발명을 독점적으로 실시할 권한이 있고, 이 범위 내에서 특허권자의 실시는 제한된다.
⑤ 소극적 권리범위확인심판의 피청구인은 특허권자만이 될 수 있다.

STEP 2		난도 ▶ 중						본책_p.301	
001	⑤	002	⑤	003	③	004	⑤	005	⑤
006	④	007	④	008	③	009	④	010	①
011	②	012	①	013	①	014	④	015	③
016	①	017	②	018	①	019	⑤		

001 | ⑤

소득(수익)접근법의 실무적 평가방법인 IP요소법에서 추정해야 하는 다섯 개 주요 변수는 IP수명을 고려한 현금흐름 추정기간(T), 현금흐름 추정기간 동안의 연도별 잉여현금흐름(FCF), 할인율(r), IP기여도(IF), 이용률이다.

002 | ⑤

⑤ 일반적으로 연구용역을 목적으로 하는 기술가치평가는 없다.

003 | ③

③ 일반적으로 특허출원 이후 특허공개가 이루어지고, 이어서 심사청구에 의한 특허등록결정이 이루어지며, 기술이전 및 기술사업화를 위한 기술설명회는 특허공개 또는 특허등록 이후에 진행하는 것이 일반적이다.

004 | ⑤

⑤ 일반적으로 브랜드네이밍은 지식재산의 활용단계가 아닌 지식재산의 창출단계 등에서 이루어진다.

005 | ⑤

기업의 IP의 보호 및 활용 활동으로는 특허등록유지료 납부, 상표권의 존속기간갱신등록, 실시권의 설정, 사용권의 설정 등이 있다.

006 | ④

④ 기술가치평가에서는 기술노하우와 IP 모두를 대상으로 할 수 있으나, IP가치평가의 경우는 IP를 전속대상으로 삼는다.

007 | ④

④ 동산·채권 등의 담보에 관한 법률의 제정(2012년 6월 11일 시행)으로 금융기관은 투자자산, 지식재산권 등 모든 자산을 대상으로 담보권 설정이 가능하게 되었다.

008 | ③

③ 기술가치평가방법에는 비용접근법, 시장접근법, 수익접근법 등 다양한 방법이 있으며, 이 중에서 실제 기술이 적용되는 제품의 시장가치에 위험성과 할인율을 적용하여 현재가치화된 금전적 가치로 환산하는 평가기법은 수익접근법이다.

009 | ④

④ 전용실시권은 등록을 하여야 효력이 발생하고, 등록을 하지 않으면 통상실시권으로서의 효력만 인정되는 반면, 통상실시권은 당사자 간의 계약에 의해 효력이 발생하며, 등록은 제3자에 대한 대항요건이다.

010 | ①

① 제시문은 특허풀(patent pool)에 대한 설명으로 이는 2 이상의 다자간에 성립되며, 특허풀에 대한 관리는 별도로 설립된 단일 주체가 하는 것이 일반적이나, 반드시 그러한 것은 아니다.

011 | ②

② 문제는 크로스 라이선스(cross license)에 대한 설명을 하고 있다. 한편, 영미법에서는 라이선스를 사용허락으로 보지 않고, 기본적으로 소송을 하지 않을 것(not to sue)을 약정하는 것으로 보고 있다.

012 | ①

ⓒⓔ 타인의 기술을 이용하는 것이나 기술을 확보하고 있는 기업으로부터 기술을 획득하는 것은 라이선시(licensee)의 입장이다.

013 | ①

① 등기되지 않았기 때문에, 선의의 제3자의 라이선스는 보호된다.

014 | ④

④ 경상실시료는 해당 제품의 매출 또는 이익에 따라 일정 비율로 실시료를 지급하는 것이고, 정액실시료는 라이선스의 대가로 한 번에 또는 이를 나누어 수년에 걸쳐 정해진 일정 금액을 지급하는 방식이다.

015 | ③

③ 록 가수의 앨범은 저작권으로 보호받을 수 있으므로, 저작권 유동화 사례에 해당한다.

016 | ①

㉠ 비용접근법은 기술확보에 소요된 비용을 회계자료를 통하여 산정하므로 평가가 쉽다는 장점이 있다.
ⓒ 수익접근법은 제품의 판매에 따른 미래 수익을 시장위험을 반영하여 현재가치로 환산하는 평가방법으로, 장래의 이익이나 위험이 반영되어 있는 평가방법이라 볼 수 있다.

017 | ②

② 제시문은 기술가치평가방법 중 시장접근법에 대한 설명이다. 이 방법은 참고가 되는 시장에서의 거래 사례가 많지 않으며, 신기술에는 적용하기 어렵다는 단점이 있다.

018 | ①

① 기업보유 지식재산의 실사는 내부 자산에 대한 평가의 일환으로 볼 수 있다.

019 | ⑤

⑤ 지식재산의 가치는 시간에 따라 변하게 된다. 관련 제품의 시장이 커질수록 가치는 증가하고, 권리의 존속기간이 줄어들수록 가치는 하락하는 것이 일반적이다.

STEP 3 난도 ▶ 상   본책_p.307

001	④	002	②	003	④	004	①	005	⑤
006	③	007	⑤	008	③	009	③		

001 | ④

④ 미래가치의 예측 및 기업의 총 산출물 중 IP의 기여도를 산정하는 과정에서 투입되는 변수들이 모두 예측 변수로서, 추정변수들의 분산이 급격히 커져 추정 자체가 무의미하게 될 가능성이 존재하는 단점이 있다.

002 | ②

② 개량기술에 대한 권리 귀속은 라이선싱 계약의 주요 협상 쟁점이다.

003 | ④

④ 장래의 위험이나 이익 등이 가치산정에 반영되는 것은 수익접근법이다.
비용접근법은 해당 기술 확보를 위해 투입된 비용을 회계자료 등을 기본으로 산정하는 평가기법으로, 타 평가기법에 비해 객관적이고 산정하기 쉽다는 장점은 있으나, 과거 자료를 중심으로 판단하는 평가기법의 특성상 미래 가치를 적절히 반영하지 못한다는 단점이 있다.

004 | ①

① 제시문의 설명은 지식재산에 기인한 미래의 수익을 현재가치로 할인하여 평가하는 수익접근법에 관한 것이다.

005 | ⑤

㉠㉡㉢ 비용접근법은 실제 해당 기술의 확보에 소요된 비용을 회계자료 등을 통해 확인, 산정하는 평가기법으로, 내부 자료를 통해 비교적 손쉽게 도출할 수 있다.
㉣ 비용접근법은 과거와 관련된 자료로 실제 기술의 미래 시장 가치를 반영하지 못한다는 단점이 있다.
㉤ 유사 사례를 발굴하기 어려운 방법은 시장접근법이다.

006 | ③

㉠㉡ 수익접근법은 기술을 통해 미래 확보 가능한 경제적 가치를 금전적으로 환산하는 평가기법으로 장래의 위험이나 이익을 반영할 수 있다.
㉢ 수익접근법은 현금흐름할인법이라고도 하며 실제 유통이 가능한 가격을 산출할 수 있다는 장점이 있다.
㉣ 수익접근법의 신뢰도는 다른 방법에 비해 신뢰도가 높다고 평가된다.

007 | ⑤

⑤ 중국 등 일부 국가의 경우 정부 주도로 기술가치평가가 진행되기도 하나, 미국 등 선진국의 경우 민간 주도로 자율적인 기술가치평가가 진행되고 있는 것이 일반적이다.

008 | ③

㉡ 개량기술을 개발한 자가 기술을 소유하는 것이 원칙이고, 라이선서는 계약상에 별도로 정한 것이 없다면 개량기술을 제공할 의무는 없다.
㉢ 개량기술의 소유권을 라이선서에게 무상으로 귀속하게 하는 의무를 부과하는 것은 독점규제법상 문제가 있을 수 있으므로 주의가 필요하다.

009 | ③

③ 라이선시는 라이선스 계약에 의해 정해진 범위와 기간에 한해 기술을 실시할 수 있으며, 기간이 종료된 이후에는 별도의 특약 등이 없는 한 임의 실시는 할 수 없다.

2024 개정판 | 국가공인자격

지식재산능력시험
예상문제집

정답 및 해설

초판인쇄	2024년 3월 15일	
초판발행	2024년 3월 20일	
편 저 자	박문각 IPAT연구소	
발 행 인	박 용	
발 행 처	(주)박문각출판	
등 록	2015. 4. 29. 제2015-000104호	
주 소	06654 서울시 서초구 효령로 283 서경빌딩	
교재주문	(02)6466-7202	

저자와의
협의하에
인지생략

ISBN 979-11-6987-838-8 / ISBN 979-11-6987-836-4(세트)

지식재산
능력시험
예상문제집

14320

9 791169 878388

ISBN 979-11-6987-838-8
ISBN 979-11-6987-836-4(세트)

국가공인자격
지식재산능력시험

IPAT

Intellectual Property Ability Test